**DIREITO DE FAMÍLIA
CONFORME INTERPRETAÇÃO DO STJ**

ORGANIZADORES

**RUI
PORTANOVA**

**RAFAEL
CALMON**

20
22

AUTORES

ALEXANDRE **FREITAS CÂMARA**

ANA VLÁDIA
**MARTINS FEITOSA**

ANDREA **RODRIGUES AMIN**

CAROLINE **POMJÉ**

DIMAS MESSIAS
**DE CARVALHO**

DIMITRE BRAGA
**SOARES DE CARVALHO**

GUSTAVO **D'ALESSANDRO**

J. M. LEONI LOPES
**DE OLIVEIRA**

JONES **FIGUEIRÊDO ALVES**

LUCIANO **BADINI**

LUIZ PAULO VIEIRA
**DE CARVALHO**

MÁRIO LUIZ **DELGADO**

NEWTON
**TEIXEIRA CARVALHO**

PATRICIA **NOVAIS CALMON**

RACHEL **DELMÁS LEONI**

ROLF **MADALENO**

SANDRO **GASPAR AMARAL**

SIMONE TASSINARI
**CARDOSO FLEISCHMANN**

SUELI APARECIDA **DE PIERI**

# REGIME DE COMUNHÃO PARCIAL DE BENS

PREFÁCIO
**MINISTRO LUIS
FELIPE SALOMÃO**

**Dados Internacionais de Catalogação na Publicação (CIP) de acordo com ISBD**

R335

Regime de comunhão parcial de bens / Alexandre Freitas Câmara ... [et al.] ; coordenado por Rafael Calmon, Rui Portanova. - Indaiatuba, SP : Editora Foco, 2022.

272 p. ; 17cm x 24cm. – (Direito de família conforme interpretação do STJ)

Inclui bibliografia e índice.

ISBN: 978-65-5515-480-1

1. Direito. 2. Direito de família. 3. Regime de Comunhão parcial de bens. I. Câmara, Alexandre Freitas. II. Feitosa, Ana Vládia Martins. III. Amin, Andrea Rodrigues. IV. Pomjé, Caroline. V. Carvalho, Dimas Messias de. VI. Carvalho, Dimitre Braga Soares de. VII. D'Alessandro, Gustavo. VIII. Oliveira, J. M. Leoni Lopes de. IX. Alves, Jones Figueirêdo. X. Badini, Luciano. XI. Carvalho, Luiz Paulo Vieira de. XII. Delgado, Mário Luiz. XIII. Carvalho, Newton Teixeira. XVI. Calmon, Patricia Novais. XVII. Leoni, Rachel Delmás. XVIII. Madaleno, Rolf. XIX. Amaral, Sandro Gaspar. XX. Fleischmann, Simone Tassinari Cardoso. XXI. Pieri, Sueli Aparecida De. XXII. Calmon, Rafael. XXIII. Portanova, Rui. XXIV. Título. XXV. Série.

2022-580

CDD 346    CDU 347

**Elaborado por Vagner Rodolfo da Silva - CRB-8/9410**

**Índices para Catálogo Sistemático:**

1. Direito privado 346

2. Direito privado 347

# DIREITO DE FAMÍLIA
## CONFORME INTERPRETAÇÃO DO STJ

ORGANIZADORES

RUI
**PORTANOVA**

RAFAEL
**CALMON**

AUTORES

ALEXANDRE **FREITAS CÂMARA**

ANA VLÁDIA
**MARTINS FEITOSA**

ANDREA **RODRIGUES AMIN**

CAROLINE **POMJÉ**

DIMAS MESSIAS
**DE CARVALHO**

DIMITRE BRAGA
**SOARES DE CARVALHO**

GUSTAVO **D'ALESSANDRO**

J. M. LEONI LOPES
**DE OLIVEIRA**

JONES **FIGUEIRÊDO ALVES**

LUCIANO **BADINI**

LUIZ PAULO VIEIRA
**DE CARVALHO**

MÁRIO LUIZ **DELGADO**

NEWTON
**TEIXEIRA CARVALHO**

PATRICIA **NOVAIS CALMON**

RACHEL **DELMÁS LEONI**

ROLF **MADALENO**

SANDRO **GASPAR AMARAL**

SIMONE TASSINARI
**CARDOSO FLEISCHMANN**

SUELI APARECIDA **DE PIERI**

# REGIME DE COMUNHÃO PARCIAL DE BENS

PREFÁCIO
**MINISTRO LUIS
FELIPE SALOMÃO**

2022 © Editora Foco

**Organizadores:** Rui Portanova e Rafael Calmon

**Autores:** Alexandre Freitas Câmara, Ana Vládia Martins Feitosa, Andrea Rodrigues Amin, Caroline Pomjé, Dimas Messias de Carvalho, Dimitre Braga Soares de Carvalho, Gustavo D'Alessandro, J. M. Leoni Lopes de Oliveira, Jones Figueirêdo Alves, Luciano Badini, Luiz Paulo Vieira de Carvalho, Mário Luiz Delgado, Newton Teixeira Carvalho, Patricia Novais Calmon, Rachel Delmás Leoni, Rafael Calmon, Rolf Madaleno, Rui Portanova, Sandro Gaspar Amaral, Simone Tassinari Cardoso Fleischmann e Sueli Aparecida De Pieri

**Diretor Acadêmico:** Leonardo Pereira

**Editor:** Roberta Densa

**Assistente Editorial:** Paula Morishita

**Revisora Sênior:** Georgia Renata Dias

**Revisora:** Simone Dias

**Capa Criação:** Leonardo Hermano

**Diagramação:** Ladislau Lima e Aparecida Lima

**Impressão miolo e capa:** FORMA CERTA

**DIREITOS AUTORAIS:** É proibida a reprodução parcial ou total desta publicação, por qualquer forma ou meio, sem a prévia autorização da Editora FOCO, com exceção do teor das questões de concursos públicos que, por serem atos oficiais, não são protegidas como Direitos Autorais, na forma do Artigo 8º, IV, da Lei 9.610/1998. Referida vedação se estende às características gráficas da obra e sua editoração. A punição para a violação dos Direitos Autorais é crime previsto no Artigo 184 do Código Penal e as sanções civis às violações dos Direitos Autorais estão previstas nos Artigos 101 a 110 da Lei 9.610/1998. Os comentários das questões são de responsabilidade dos autores.

*NOTAS DA EDITORA:*

**Atualizações e erratas:** A presente obra é vendida como está, atualizada até a data do seu fechamento, informação que consta na página II do livro. Havendo a publicação de legislação de suma relevância, a editora, de forma discricionária, se empenhará em disponibilizar atualização futura.

**Erratas:** A Editora se compromete a disponibilizar no site www.editorafoco.com.br, na seção Atualizações, eventuais erratas por razões de erros técnicos ou de conteúdo. Solicitamos, outrossim, que o leitor faça a gentileza de colaborar com a perfeição da obra, comunicando eventual erro encontrado por meio de mensagem para contato@editorafoco.com.br. O acesso será disponibilizado durante a vigência da edição da obra.

Impresso no Brasil (03.2022) – Data de Fechamento (03.2022)

**2022**

Todos os direitos reservados à
Editora Foco Jurídico Ltda.
Avenida Itororó, 348 – Sala 05 – Cidade Nova
CEP 13334-050 – Indaiatuba – SP

E-mail: contato@editorafoco.com.br
www.editorafoco.com.br

# NOTA DOS ORGANIZADORES

A ideia desta coleção nasceu da necessidade de consolidar, ao menos numa primeira assentada, análise de juristas interessados na temática dos regimes de bens entre cônjuges e companheiros.

Em face da abrangência do tema foi necessário fechar o foco. Daí porque, aqui, o enfrentamento tomou em consideração as decisões vindas exclusivamente do Superior Tribunal de Justiça.

Esta foi a forma que imaginamos para tentar aliar o entendimento da literatura sobre os regimes patrimoniais à orientação do Tribunal encarregado de dar a última palavra do Judiciário sobre o tema, com alguma ideia de atender as peculiaridades vindas com a dinamicidade dos novos tempos.

Neste volume, o regime abordado é o da comunhão parcial.

Tendo em vista a dimensão continental de nosso Brasil, buscamos juristas de muitos recantos e entendimentos. E, objetivando dar nossa contribuição à redução do déficit na participação feminina na literatura jurídica nacional, convidamos muitas mulheres para participar do projeto.

O resultado: um livro que reúne diversos sotaques, posicionamentos e culturas.

Com o material doutrinário recolhido e o apoio irrestrito da Editora Foco, é hora de agradecer aos autores dos textos e colocar à disposição do público esta contribuição, que nos engrandeceu em conhecimento e, esperamos, também seja relevante para os leitores.

Porto Alegre e Vitória, fevereiro de 2022.

*Rui Portanova*

Pós-Doutor (Universidade de Bruxelas). Doutor (PUC/RS) e Mestre (UFRGS) em Direito (UFPR). Doutor em Letras (PUC/RS). Desembargador do TJRS.

*Rafael Calmon*

Doutor (UERJ) e Mestre (UFES) em Direito. Juiz de Direito do TJES.

# PREFÁCIO

O ordenamento jurídico legitima-se devido à capacidade que possui de bem regular os fatos da vida e de sua aptidão para evoluir e responder de maneira eficiente às demandas da sociedade.

Num mundo em que as relações sociais estão em constante transformação, por certo, o Direito de Família é instado a reescrever-se, para que as situações derivadas daquele progresso sejam adequadamente harmonizadas em tempo adequado.

Relembre-se, ilustrativamente, que, antes mesmo da codificação civil de 2002, em meados da década de 1980, os novos arranjos sociais mostraram-se tão evidentes que as estruturas antigas foram incapazes de se sustentar – como, por exemplo, o monopólio do casamento como forma de constituição da família e também a posição da mulher perante o marido -, impondo-se a realidade à ficção jurídica.

O perfil da nova sociedade contrastou-se, deveras, com o ordenamento até então vigente, impondo-se a necessidade de uma revolução normativa que albergasse fatos jurídicos contemporâneos, rompendo-se tradições seculares, em prol da garantia de direitos até então negligenciados. Entre tantos outros exemplos, o casamento, civil ou religioso, deixou de reinar absoluto como instrumento vocacionado à formação da entidade familiar.

Com a promulgação da Carta Constitucional de 1988, inaugurou-se uma nova fase no Direito de Família, marcada pela legitimidade do polimorfismo familiar, em que núcleos de conviventes multifacetados possuem legitimidade incontestável para receber especial proteção do Estado.

No mesmo rumo, a legislação infraconstitucional, destacadamente o Código Civil de 2002, ampliou o campo de proteção, motivada pelo destacamento de valores como a dignidade e a igualdade, gradualmente reconhecidos como os mais caros à pessoa humana.

Por certo, o Direito de Família evoluiu a partir dos avanços estabelecidos pela Lei Maior, que sugere a *solidariedade* e a *afetividade* como valores de elevada grandeza, sem descuidar-se, entretanto, de destacar a *vida privada* e a *intimidade* com a cláusula da inviolabilidade (art. 5º, X).

Em consonância com o prestígio conferido à "privatividade" das relações familiares, despontaram-se proposições legislativas que evidenciaram essa inclinação, como a EC n. 66/2010, que franqueou aos casais a via do divórcio direto, suprimindo-se o requisito da separação judicial prévia por mais de um ano ou de fato por mais de dois; e a Lei n. 11.441/2007, que, acrescentando o art. 1.124-A ao CPC/1973, possibilitou a separação e o divórcio consensuais por escritura pública, sem intervenção judicial, assim como a mutabilidade do regime de bens do casamento instituída pelo art. 1.639, § 2°, do CC/2002, antes vedada pelo diploma de 1916.

Diante desse cenário, como não poderia deixar de ser, um número considerável de questões relacionadas ao Direito de Família foi apresentado ao Supremo Tribunal Federal e ao Superior Tribunal de Justiça e o que se percebe das soluções apresentadas em seus julgados é a confirmação de um saudável distanciamento do Estado do ambiente doméstico.

Nessa linha, o STJ, no cumprimento de seu maior mister, consistente na interpretação final do direito federal, apresenta-nos, por meio de seus julgados, inúmeras análises relativas ao direito patrimonial da família.

Decerto que o magistrado interpreta a norma legal situado numa estrutura de poder, que lhe confere competência para convertê-la em *decisão*, que passa a ser tida norma particular do caso concreto decidido.

A interpretação do juiz, é a boa doutrina que afirma, possui grau maior de legitimidade, porque se estrutura na bagagem de vida do operador, na moral (valores) e na técnica, espacial e temporal. Na lição de Mário Guimarães, "não se dirá, entretanto, com muita propriedade, que o juiz cria o direito. Aperfeiçoa-o, eis a diferença. A semente originária é lançada pelo legislador" (*O juiz e a função jurisdicional*. São Paulo: Forense, 1958, p. 197).

Assim é que vem a público a presente obra, cuja proposta consiste na apresentação, por renomados autores, de questões solucionadas pelo Superior Tribunal de Justiça, complementada por uma análise abrangente e multidisciplinar.

Coordenam este livro o desembargador Rui Portanova, do Tribunal de Justiça do Estado do Rio Grande do Sul e o juiz de direito Rafael Calmon, do Tribunal de Justiça do Estado do Espírito Santo, destacados estudiosos do Direito de Família.

Entre os doutrinadores, compõem a lista, em ordem alfabética: Alexandre Freitas Câmara; Ana Vládia Martins Feitosa; Andrea Rodrigues Amin; Caroline Pomjé; Dimas Messias de Carvalho; Dimitri Braga Soares de Carvalho; Gustavo D'Alessandro; J. M. Leoni de Oliveira; Jones Figueirêdo Alves; Luciano Bradini; Luiz Paulo Vieira de Carvalho; Mário Luiz Delgado; Newton Teixeira Carvalho; Patrícia Novais Calmon; Rachel Delmás Leoni; Rolf Madaleno; Sandro Gaspar Amaral; Simone Tassinari Cardoso Fleischmann e Sueli Dipieri.

Neste trabalho, os juristas examinam, por exemplo, o debate realizado por uma das Turmas de Direito Privado do Superior em torno da possibilidade de partilha do FGTS, quando ocorrido o divórcio. Na ocasião, estabeleceu-se que os valores recebidos a título de fundo de garantia pertencem ao patrimônio individual do trabalhador, mas que, durante a vigência da relação conjugal, os proventos recebidos pelos cônjuges compõem o patrimônio comum do casal, a ser partilhado na separação, tendo em vista a formação de sociedade de fato, configurada pelo esforço conjunto dos consortes.

Outro debate que será aqui descortinado diz respeito aos valores aportados em planos de previdência privada aberta, cuja possibilidade de partilha por ocasião da dissolução da união estável foi reconhecida pelo STJ, fixando-se, então o entendimento de que, antes de sua conversão em renda e pensionamento ao titular, aquela importância possui natureza de aplicação e investimento.

Igualmente relevante, o leitor desta obra recebe o estudo da jurisprudência que considera legítimo o pedido de indenização pelo ex-cônjuge, privado da fruição do bem pelo uso exclusivo do imóvel comum pelo outro, após a separação ou o divórcio, como forma de afastar o enriquecimento sem causa do coproprietário. Além de análise aprofundada de recentíssimo julgado, que acrescentou, nas hipóteses em que o bem também for utilizado por descendente dos coproprietários, que não se configuraria o fato gerador da obrigação reparatória.

Ademais, têm espaço garantido neste compêndio temas como a controvérsia relativa à dissolução de união estável de companheiro sexagenário e a necessidade da prova do esforço comum para fins de partilha, que ganhou contornos interessantíssimos com o questionamento apresentado àquela Corte de Justiça acerca da comunicabilidade do prêmio de loteria.

Deveras, embora se constitua a família de um complexo acervo de relações e vínculos afetivos, indiscutível é a importância de um patrimônio mínimo para a satisfação das necessidades básicas da vida, justificativa bastante à disciplina para o legislador de regimes de bens, possibilitando-se a escolha, por parte dos nubentes, do substrato patrimonial da união efetivada.

Especificamente quanto ao regime de comunhão parcial de bens, o ordenamento prevê que os adquiridos durante a vigência do matrimônio integrarão o patrimônio comum de ambos os consortes, ao tempo que os bens anteriores ao casamento permanecerão no acervo particular dos nubentes, de forma que, num eventual divórcio, não seriam objeto da partilha.

Tomando a disposição literal do Código Civil como ponto de partida para solução das questões pertinentes ao ponto, o resultado dessa exegese poderia considerar os proventos do trabalho pessoal de cada cônjuge, por exemplo, como de sua exclusiva titularidade, afastando-os da divisão.

No entanto, nesta obra, os autores mostram, com acentuada competência, como o STJ, de maneira técnica, nos revela o Direito numa sucessão harmônica de decisões, anunciando um processo hermenêutico adequado e comprometido com a realidade.

Assim é que cada um dos artigos, cuidadosamente elaborados e harmoniosamente apresentados ao longo deste livro, evidencia que, no direito contemporâneo, a técnica interpretativa estritamente regulamentar cede espaço às cláusulas gerais, habilidade essa de irrefutável eficiência diante da multiplicidade e complexidade das relações.

Assim, reformula-se a antiga noção de segurança jurídica, que não se identifica mais, exclusivamente, com a obediência à literalidade da regra abstrata, senão com a argumentação coerente que fundamenta e motiva as decisões, priorizando a condição humana e as expectativas mais caras do projeto existencial do sujeito de direito.

Boa leitura!

Brasília, janeiro de 2022.

*Luis Felipe Salomão*

Ministro do Superior Tribunal de Justiça.

# SUMÁRIO

**NOTA DOS ORGANIZADORES**

Rui Portanova e Rafael Calmon ............................................................... V

**PREFÁCIO**

Luis Felipe Salomão............................................................................ VII

**COMUNHÃO DE BENS, EXECUÇÃO MOVIDA CONTRA UM DOS CÔNJUGES E POSSIBILIDADE DE PENHORA DE DINHEIRO DEPOSITADO EM CONTA DO OUTRO CÔNJUGE. UM COMENTÁRIO AO RESP 1869720/DF**

Alexandre Freitas Câmara e Luciano Badini............................................. 1

**A COMUNICABILIDADE DOS DEPÓSITOS FUNDIÁRIOS SOB A PERSPECTIVA DE GÊNERO**

Andrea Rodrigues Amin e Sandro Gaspar Amaral .................................... 15

**PARTILHA DA PREVIDÊNCIA PRIVADA**

Rolf Madaleno.................................................................................... 29

**CONTRATOS INTRAMATRIMONIAIS E O NECESSÁRIO REAJUSTE ECONÔMI-CO PARA CASAMENTO E UNIÃO ESTÁVEL À LUZ DA JURISPRUDÊNCIA DO STJ**

Dimitre Braga Soares de Carvalho ........................................................ 43

**DA COMUNICABILIDADE DAS VERBAS TRABALHISTAS E FGTS NO REGIME DA COMUNHÃO PARCIAL DE BENS**

Dimas Messias de Carvalho.................................................................. 57

**IMPOSSIBILIDADE DE COBRANÇA DE ALUGUÉIS PELO USO EXCLUSIVO DE IMÓVEL COMUM POR EX-CONSORTE E O SISTEMA JURÍDICO DE PROTEÇÃO AOS SUJEITOS FAMILIARES VULNERÁVEIS: RELATIVIZAÇÃO DO PRINCÍPIO DO ENRIQUECIMENTO SEM CAUSA NA VISÃO DO STJ**

Ana Vládia Martins Feitosa ................................................................. 73

## O REGIME DE COMUNHÃO PARCIAL DE BENS E A RESPONSABILIDADE PATRIMONIAL DO CÔNJUGE: UMA ANÁLISE À LUZ DA JURISPRUDÊNCIA DO STJ

Gustavo D'Alessandro ......................................................................... 101

## O REGIME DE SEPARAÇÃO OBRIGATÓRIA DE BENS PERANTE A SÚMULA 377 DO STF E A NOVA INTERPRETAÇÃO DO FATO-ESFORÇO PELO STJ

Jones Figueirêdo Alves ......................................................................... 125

## DA (IN)COMUNICABILIDADE DE FGTS E PREVIDÊNCIA PRIVADA NA PERSPECTIVA DO STJ

J. M. Leoni Lopes de Oliveira e Rachel Delmás Leoni.............................. 143

## O REGIME DE COMUNHÃO PARCIAL DE BENS E A PARTILHA DE PARTICIPAÇÕES SOCIETÁRIAS NO DIVÓRCIO E NA DISSOLUÇÃO DE UNIÃO ESTÁVEL

Mário Luiz Delgado.............................................................................. 157

## DA SUB-ROGAÇÃO NO REGIME DA COMUNHÃO PARCIAL DE BENS. APLICABILIDADE E EFEITOS

Luiz Paulo Vieira de Carvalho............................................................... 179

## PACTO ANTENUPCIAL NO REGIME DE COMUNHÃO PARCIAL

Newton Teixeira Carvalho..................................................................... 195

## O STJ E A PARTILHA INTERNACIONAL DE BENS

Patricia Novais Calmon ........................................................................ 209

## A COMUNICABILIDADE DAS BENFEITORIAS E FRUTOS DOS BENS IMÓVEIS PARTICULARES NO REGIME DE COMUNHÃO PARCIAL DE BENS: ASPECTOS PRÁTICOS NA PARTILHA DA DISSOLUÇÃO DO CASAMENTO OU UNIÃO ESTÁVEL

Sueli Aparecida De Pieri ...................................................................... 223

## TU QUOQUE E O DIREITO DE FAMÍLIA – UM ENSAIO SOBRE A IMPOSSIBILIDADE DE PARTILHA DIANTE DA OMISSÃO DE BENS NOS ROMPIMENTOS CONJUGAIS

Simone Tassinari Cardoso Fleischmann e Caroline Pomjé ........................ 243

# COMUNHÃO DE BENS, EXECUÇÃO MOVIDA CONTRA UM DOS CÔNJUGES E POSSIBILIDADE DE PENHORA DE DINHEIRO DEPOSITADO EM CONTA DO OUTRO CÔNJUGE. UM COMENTÁRIO AO RESP 1869720/DF

*Alexandre Freitas Câmara*

Doutor em Direito Processual pela PUC-MG. Professor emérito e coordenador de Direito Processual Civil da Escola da Magistratura do Estado do Rio de Janeiro. Desembargador no Tribunal de Justiça do Estado do Rio de Janeiro. Professor adjunto de Direito Processual Civil da Escola de Direito do Rio de Janeiro da Fundação Getúlio Vargas.

*Luciano Badini*

Diretor-Presidente da Fundação Escola Superior do Ministério Público de Minas Gerais. Promotor de Justiça do Ministério Público do Estado de Minas Gerais com atuação na Vara de Família da Comarca de Belo Horizonte. Autor do "Manual de Processo de Família", publicado pela Editora D'Plácido, 2021. Vencedor do Prêmio Innovare 2010, categoria Ministério Público, tema "Justiça sem Burocracia".

**Sumário:** 1. Introdução – 2. O acórdão do Resp 1869720/DF – 3. Uma análise dos temas tratados no acórdão: mancomunhão, execução e embargos de terceiro – 4. Conclusão – 5. Referências.

## 1. INTRODUÇÃO

Tema sempre complexo é o da responsabilidade patrimonial da pessoa casada pelo regime da comunhão de bens, visto que muito frequentemente a atividade executiva alcança bens comuns dos cônjuges. Por conta disso, várias dúvidas podem surgir: o cônjuge precisa ser citado para participar do processo de conhecimento em que se vai formar o título executivo? Não tendo sido participado da fase de conhecimento do processo, pode seu patrimônio ser alcançado pela atividade executiva que se desenvolve no cumprimento de sentença? A quem incumbe provar se a dívida foi ou não contraída em benefício da família? Como se dá a defesa dos interesses do cônjuge não citado? Todas essas questões foram enfrentadas em um acórdão do STJ, no qual houve divergência entre os integrantes da turma julgadora, o que torna sua análise ainda mais interessante. A proposta deste texto é examinar o acórdão do STJ e, na sequência, enfrentar os temas ali abordados, a fim de contribuir para a solução correta dessas questões.

## 2. O ACÓRDÃO DO RESP 1869720/DF

A Terceira Turma do Superior Tribunal de Justiça (STJ), nos autos do Recurso Especial 1869720/DF, concluiu, por maioria, em julgamento realizado aos 27 de abril de 2021, que "não se admite a penhora de ativos financeiros da conta bancária pessoal de terceiro, não integrante da relação processual em que se formou o título executivo, pelo simples fato de ser cônjuge da parte executada com quem é casado sob o regime de comunhão parcial de bens", eis que "o regime de bens adotado pelo casal não torna o cônjuge solidariamente responsável de forma automática por todas as obrigações contraídas pelo parceiro (por força das inúmeras exceções legais contidas nos arts. 1.659 a 1.666 do Código Civil)".

Diversamente, a Relatora Ministra Nancy Andrighi registrou em seu voto que "o propósito recursal é definir se é admissível a penhora de ativos financeiros em conta bancária de titularidade exclusiva do cônjuge que não participou do processo em que o outro fora condenado em obrigação de pagar quantia certa", e ponderou que, "tratando-se de dívida contraída por um dos cônjuges, a regra geral é de que é do meeiro o ônus da prova de que a dívida não beneficiou a família em face da solidariedade entre o casal".

Argumentou, outrossim, que, "dado que as transações financeiras são acobertadas pelo sigilo bancário, impor ao credor que desde logo produza prova acerca da existência de movimentação oculta e da natureza da verba que estaria sendo objeto de movimentação na conta exclusiva do cônjuge que não participou do processo na fase de conhecimento, como condição *prima facie* para a penhora de ativos financeiros, equivaleria a lhe impor o ônus de produzir uma prova impossível ou diabólica".

Ao final, assinalou a Relatora que "a evidente tensão entre a intangibilidade dos bens de titularidade de quem não participou do processo na fase de conhecimento e a necessária efetividade da execução não ficará ao largo do Poder Judiciário, na medida em que o cônjuge atingido pela decisão proferida no processo que não faz parte poderá manejar embargos de terceiro, ocasião em que poderá provar, sob o crivo do contraditório amplo e em cognição plena, por exemplo, que não havia ocultação de valores em sua conta corrente exclusiva, que os valores existentes em sua conta estão protegidos por alguma cláusula de impenhorabilidade ou que a dívida contraída pela executada não se reverteu à família, tratando-se de prova cuja produção é claramente mais fácil ao cônjuge da executada do que ao credor".

Inaugurando a divergência, o Ministro Ricardo Villas Bôas Cueva aduziu, na ocasião, que "sendo a dívida adquirida na constância do casamento em benefício da unidade familiar, é possível, em regra, que ambos os cônjuges sejam acionados a fim de adimplir a obrigação com o patrimônio amealhado na constância do casamento", "no caso dos autos, contudo, nota-se que o cônjuge não participou do processo de conhecimento, de modo que não pode ser surpreendido, já na fase de cumprimento de sentença, com a penhora de bens em sua conta corrente exclusiva".

Acrescentou, mais adiante, que, "como cediço, o regime de bens adotado pelo casal não torna o cônjuge solidariamente responsável de forma automática por todas as obrigações contraídas pelo parceiro (por força das inúmeras exceções legais contidas nos artigos 1.659 a 1.666 do Código Civil) nem autoriza que seja desconsiderado o cumprimento das garantias processuais que ornamentam o devido processo legal, tais como o contraditório e a ampla defesa".

Além disso, prosseguiu, "revela-se medida extremamente gravosa impor a terceiro, que nem sequer participou do processo de conhecimento, o ônus de, ao ser surpreendido pela constrição de ativos financeiros bloqueados em sua conta corrente pessoal, atravessar verdadeira saga processual por meio de embargos de terceiros na busca de realizar prova negativa de que o cônjuge devedor não utiliza sua conta corrente para realizar movimentações financeiras ou ocultar patrimônio".

Em reforço, pontuou-se no voto-vista, acolhido pelos Ministros Paulo de Tarso Sanseverino (Presidente), Marco Aurélio Bellizze e Moura Ribeiro, que, "no caso dos autos, o Tribunal de origem foi enfático ao asseverar que 'não foi evidenciado que a executada utiliza a conta bancária do seu marido para realizar movimentações financeiras'" e, "ao assim decidir, o acórdão recorrido de forma alguma afastou a regra segundo a qual 'comunicam-se os bens que sobrevierem ao casal, unido pelo regime da comunhão parcial'", "apenas assentou que não é admissível a penhora de ativos financeiros e a quebra de sigilo bancário de quem não é executado tão somente por ser casado com a devedora, diante da completa inexistência de indícios de que a executada se valia da conta pessoal de seu cônjuge para realizar movimentação financeira no intuito de eximir-se de suas obrigações".

Portanto, concluiu o Ministro Ricardo Villas Bôas Cueva, "não tendo o cônjuge integrado a relação jurídica que gerou o título executivo, andou bem o acórdão recorrido ao manter o indeferimento da penhora, diante da inexistência de evidências de que a executada utilizava a conta bancária do seu marido para realizar qualquer operação financeira".

## 3. UMA ANÁLISE DOS TEMAS TRATADOS NO ACÓRDÃO: MANCOMUNHÃO, EXECUÇÃO E EMBARGOS DE TERCEIRO

A divergência apontada, as teses apresentadas e a excelência dos julgadores recomendaram a escolha deste julgado para integrar a presente obra coletiva, impondo-se abordagem, a seguir, dos delineamentos do regime da comunhão parcial de bens e do princípio do contraditório e suas implicações, nos procedimentos cognitivos e executivos, bem assim nos embargos de terceiro.

Pois bem. A teor do art. 1.658, do Código Civil, no regime de comunhão parcial, comunicam-se os bens que sobrevierem ao casal, na constância do casamento, "com as exceções dos artigos seguintes".

Assim, estão excluídos da comunicabilidade, inicialmente, os bens que cada cônjuge possuir ao casar, e os que lhe sobrevierem, na constância do casamento, por doação ou sucessão, e os sub-rogados em seu lugar.[1]

Em consequência, não se comunicam os bens pertencentes a cada consorte antes do matrimônio, os que forem posteriormente adquiridos, a título gratuito, por doação ou sucessão, além dos sub-rogados até o limite de seu valor.[2]

Excluem-se da comunhão, de igual sorte, os bens adquiridos com valores exclusivamente pertencentes a um dos cônjuges em sub-rogação aos bens particulares,[3] de modo que haverá necessidade de oportuna produção de prova apta a demonstrar que o bem fora adquirido após o casamento com recursos efetivamente derivados de sub-rogação.

Não bastasse, as obrigações anteriores ao casamento e as provenientes de atos ilícitos, salvo reversão em proveito do casal, excluem-se da comunhão.[4] Assim, a exemplo dos bens, as obrigações anteriores ao matrimônio, em princípio também não se comunicam.

Inserem-se, ainda, no rol de bens excluídos da comunhão, os de uso pessoal, os livros e instrumentos de profissão,[5] as pensões, meio-soldos, montepios e outras rendas semelhantes,[6] os bens cuja aquisição tiver por título uma causa anterior ao casamento, além do bens móveis que comprovadamente foram adquiridos em data anterior ao matrimônio,[7]

Hipótese relevante de incomunicabilidade dos bens no regime da comunhão parcial é a prevista no art. 1.659, VI, do Código Civil, que expressamente exclui da comunhão "os proventos do trabalho pessoal de cada cônjuge".

A interpretação literal de tal dispositivo sugere que a percepção do salário ou a remuneração mensal de cada cônjuge estaria afastada da comunhão parcial.

Tal interpretação é, contudo, relativizada por boa parte da doutrina e abalizada jurisprudência.[8]

---

1. Código Civil, art. 1.659, I.
2. "A sub-rogação real só se dá até o limite do valor alcançado com o bem sub-rogado, comunicando-se o excesso" (MADALENO, Rolf. *Direito de Família*. 8. ed. São Paulo: Forense, 2018, p. 970).
3. Código Civil, art. 1.659, II.
4. Código Civil, art. 1.659, III e IV.
5. Código Civil, art. 1.659, V.
6. Código Civil, art. 1.659, VII.
7. Código Civil, art. 1.662.
8. "Se é do labor, casado sob o regime da comunhão parcial de bens, que advém os recursos necessários à aquisição e conservação do patrimônio comum, ainda que em determinados momentos, na constância do casamento, apenas um dos consortes desenvolva atividade remunerada, a colaboração e o esforço comum são presumidos, servindo, o regime matrimonial de bens, de lastro para a manutenção da família. Em consideração à disparidade de proventos entre marido e mulher, comum a muitas famílias, ou, ainda, frente à opção do casal no sentido de que um deles permaneça em casa cuidando dos filhos, muito embora seja facultado a cada cônjuge guardar, como particulares, os proventos de seu trabalho pessoal, na forma do art. 1.659, inc. VI, do CC/02, deve-se entender que, uma vez recebida a contraprestação do labor de cada um ela

Com efeito, ressalta J.M. Leoni Lopes de Oliveira[9] que, "levando em conta que a maioria das pessoas vive dos frutos do seu trabalho, tal exclusão, se interpretada literalmente, criaria situação de egoísmo entre os cônjuges, além de estabelecer profundas injustiças nas hipóteses em que um dos cônjuges ganha muito mais do que o outro, que pode até não exercer profissão fora do lar", assim, "diante dessa realidade, sustenta-se que se deve interpretar a norma em questão para excluir da comunhão o direito à *percepção* dos proventos e não àqueles já *percebidos*".

Por seu turno, Gustavo Tepedino e Ana Carolina Brochado Teixeira[10] advertem que "o que se exclui nesses incisos é a remuneração decorrente do trabalho pessoal, ou seja, o valor utilizado para a sobrevivência daquele que laborou. No entanto, superado tal valor, a quantia remanescente dirigida a investimentos da família – ex.: pagamento de prestações de imóvel/veículos, aplicações financeiras, aquisição de novos bens – transforma-se em bens adquiridos onerosamente na constância do casamento (aquestos), perdendo sua característica original".

A divergência de interpretações ora destacada denota, por si só, a notória relevância da identificação, de um lado, do acervo patrimonial comum (aquestos) e, de outro, dos bens particulares de cônjuges casados sob o regime da comunhão parcial.

Incontroverso, portanto, consoante o destacado no voto-vista que inaugurou a divergência, que, de fato, a opção pelo regime da comunhão parcial, ou sua adoção supletiva, não induz necessariamente à automática comunicação da integralidade dos bens adquiridos na constância do matrimônio.

Diversamente, o rosário de exceções à comunicabilidade identificadas em nosso atual regime legal de bens[11] demonstra que, em verdade, os bens particulares representam parcela não desprezível do acervo patrimonial que, numa análise superficial, poderia ser equivocamente atribuído a ambos os cônjuges.

Nesse passo, lembre-se, por oportuno, que no voto-vista foi destacado que, no caso dos autos, "o cônjuge não participou do processo de conhecimento, de modo que não pode ser surpreendido, já na fase de cumprimento de sentença, com a pe-

---

se comunica. Amplia-se, dessa forma, o conceito de participação na economia familiar para que não sejam cometidas distorções que favoreçam, em frontal desproporção, aquele cônjuge que mantém em aplicação financeira sua remuneração, em detrimento daquele que se vê obrigado a satisfazer as necessidades inerentes ao casamento, tais como aquela decorrentes da manutenção da habitação comum, da educação dos filhos ou da conservação dos bens. A tônica sob a qual se erige o regime matrimonial da comunhão parcial de bens, de que entram no patrimônio do casal os acréscimos advindos da vida em comum, por constituírem frutos da estreita colaboração que se estabelece entre marido e mulher, encontra sua essência definida no art. 1.660, incs, IV e V, do CC/02. A interpretação harmônica dos arts. 1.659, inc. VI, e 1.660, inc. V, do CC/02 permite concluir que, os valores obtidos por qualquer um dos cônjuges, a título de retribuição pelo trabalho que desenvolvem, integram o patrimônio do casal tão logo percebidos. Isto é, tratando-se de percepção de salário, este ingressa mensalmente no patrimônio comum, prestigiando-se, dessa forma, o esforço comum". STJ, 3ª Turma, rel. Min. Nancy Andrighi, REsp 1024169/RS, j. 13.04.2010.

9.  *Direito Civil – Família*. 2. ed. rev. e atual. São Paulo: Forense, 2019, p. 537.
10. *Fundamentos do Direito Civil*. São Paulo: São Paulo: Forense, 2020, v. 6 – Direito de Família, p. 123-124.
11. Código Civil, art. 1.640, *caput*.

nhora de bens em sua conta corrente exclusiva", o que, aliás, resulta do disposto no art. 513, § 5º, do CPC.

Vale ressaltar que se chama processo de conhecimento ao *processo de sentença*,[12] ou seja, ao processo que tem por finalidade imediata a prolação de sentença de mérito através da qual se declara a existência ou inexistência do direito material afirmado pelo demandante.

A rigor, seu nome não vem de seu objetivo (a declaração do direito), mas da atividade processual preponderantemente desempenhada pelo juiz ao longo do processo, qual seja, a cognição, que, em sua essência, há de ser entendida como a atividade consistente na meticulosa análise de alegações e provas, que conduzirá o magistrado, adiante, a proferir uma decisão fundamentada e que se pretenda correta.

Em suma: no curso do processo de conhecimento, o juiz analisará necessariamente as questões (pontos controvertidos de fato *e* de direito) prévias (preliminares ou prejudiciais), e as principais. Sem embargo, no processo de sentença a atividade do magistrado não se resume à avaliação criteriosa da prova produzida após assegurada a efetiva participação com influência das partes, eis que se estende à decisão fundamentada acerca do direito incidente na hipótese fática concretamente demonstrada através da prévia e adequada instrução do feito.

Como corolário, emerge a imperativa observância, no curso de todo o processo de conhecimento, do princípio do contraditório, aliás, mais que isso, do primado do *efetivo* contraditório[13] que deve ser compreendido como uma dupla garantia: a de participação com influência na formação do resultado e a de não surpresa.[14]

O contraditório consubstancia-se, em última análise, na garantia que têm as partes de efetiva participação no procedimento destinado a produzir decisões que as afetarão.

Em outros termos: a decisão judicial deve ser construída a partir de amplo debate travado entre os sujeitos que participam do processo, é dizer, qualquer fundamento da sentença há de ser necessariamente submetido ao crivo do contraditório, oportunizando-se às partes a manifestação sobre todo e qualquer possível argumento apresentado.

Nessa linha, pontua Fredie Didier Jr.,[15] que "se não for conferida a possibilidade de a parte influenciar a decisão do órgão jurisdicional – e isso é o *poder de influência*, de interferir com argumentos, ideias, alegando fatos, a garantia do contraditório estará ferida".

---

12. GUASP, Jaime. *Derecho Procesal Civil*. 4. ed. Civitas, 1998, t. I, p. 559.
13. CPC, art. 7º.
14. Sobre o tema: CÂMARA, Alexandre Freitas. *O Novo Processo Civil Brasileiro*. 5. ed. rev. e atual. São Paulo: Atlas, 2019, p. 11.
15. *Curso de Direito Processual Civil*. 21. ed. rev. atual. e ampl. Salvador: JusPodivm, 2019, v. 1, p. 107.

Em reforço, é sempre bom relembrar que, na precisa lição de Jordi Ferrer-Beltrán,[16] o princípio do contraditório permite quatro tipos de controles probatórios, a saber: "1) um controle sobre a correta aplicação das regras epistemológicas e jurídicas sobre a admissão da prova (i.e., o princípio de admissão de toda e qualquer prova relevante e as exceções estabelecidas pelas regras de exclusão jurídicas); 2) a produção da prova em contraditório, isso é, permitindo-se a intervenção das partes; 3) a possibilidade de requerimento de provas contrárias às apresentadas pela outra parte do processo, de modo que permita derrotar essas e/ou corroborar uma hipótese fática diferente e incompatível; 4) a possibilidade de requerer provas de segunda ordem (ou provas sobre provas) que impugnem a confiabilidade de provas oferecidas pela parte contrária".

Fundamentalmente, a produção probatória sob o crivo do contraditório não reside, pois, em mera garantia formal e abstrata, mas em primado a ser empiricamente assegurado às partes, mediante a indispensável paridade de tratamento em relação ao exercício de direitos e faculdades processuais, aos meios de defesa, aos ônus, aos deveres e à aplicação das sanções processuais.[17]

Não bastasse, estabelece literalmente o art. 369 do CPC que as partes têm o direito de empregar todos os meios legais, bem como os moralmente legítimos, ainda que não especificados neste Código, para provar a verdade dos fatos em que se funda o pedido ou a defesa e influir eficazmente na convicção do juiz.

Já o dissemos, e aqui reiteramos, que a prova é a *alma do processo de conhecimento*[18] de modo que, através das provas, poderá o magistrado reconstituir os fatos e, com isso, produzir uma correta decisão para o caso concreto.

Perceba-se que, em consequência, é possível afirmar que existe uma intrínseca ligação entre a prova e o princípio constitucional do contraditório. A produção da prova é a forma ou instrumento de a parte participar do procedimento de formação da decisão, com influência na produção do resultado.

Daí se extrai que tal direito à participação com influência constitui, em essência, o *direito ao contraditório*.[19]

Como já visto, na hipótese que levou ao julgamento do STJ de que aqui se trata, o consorte, casado sob o regime de comunhão parcial de bens, não participou do processo de conhecimento e, portanto, não integrou o procedimento que gerou o título executivo. Todavia há de se questionar se em tal cenário houve, de fato, violação ao princípio do contraditório com a penhora de bens em sua exclusiva conta corrente na fase de execução.

---

16. *Valoração Racional da Prova*. Trad. Vitor de Paula Ramos. Salvador: JusPodivm, 2021, p. 128-129.
17. CPC, art. 7º.
18. CÂMARA, Alexandre Freitas. *O Novo Processo Civil Brasileiro*. 5. ed. rev. e atual. São Paulo: Atlas, 2019, p. 228.
19. Sobre o contraditório como garantia de influência e de não surpresa, consulte-se NUNES, Dierle; BAHIA, Alexandre e PEDRON, Flavio Quinaud. *Teoria Geral do Processo*. Salvador: JusPodivm, 2020, p. 318-319.

Relembre-se que no julgado em comento considerou-se majoritariamente como "medida extremamente gravosa", a imposição, no curso de embargo de terceiros, de ônus à consorte não participante do processo de conhecimento "de realizar prova negativa de que o cônjuge devedor não utiliza sua conta corrente para realizar movimentações financeiras ou ocultar patrimônio".

Nada obstante, é importante observar que, nos termos precisos do art. 674, *caput*, do CPC, quem, "*não sendo parte no processo*", sofrer constrição ou ameaça de constrição sobre bens que possua ou sobre os quais tenha direito incompatível com o ato constritivo, poderá requerer seu desfazimento ou sua inibição por meio de embargos de terceiros, considerando-se terceiro, para ajuizamento de embargos, e.g., o cônjuge ou companheiro, quando defende a posse de bens próprios ou de sua meação, ressalvado o disposto no art. 843, do CPC.[20]

Em complemento, os embargos de terceiros podem ser opostos a qualquer tempo no processo de conhecimento enquanto não transitada em julgado a sentença e, em cumprimento de sentença ou no processo de execução, até 5 (cinco) dias depois da adjudicação, da alienação por iniciativa particular ou da arrematação, mas sempre antes da assinatura da respectiva carta.[21]

Impende ter claro, portanto, que há procedimento especial, previsto de modo específico no próprio Código de Processo Civil, reservado ao cônjuge casado sob o regime da comunhão parcial de bens para obtenção do desfazimento ou inibição da constrição ou ameaça de constrição sofrida, que poderá ser manejado, a tempo e modo, no curso do próprio processo de conhecimento, de execução ou, ainda, em sede de cumprimento de sentença.

Ora, além disso, "parece não existirem dúvidas de que há, sim, o contraditório no processo de execução ou na atividade executiva, simplesmente porque nestas há 'participação', e, se esta existe, então estará presente o contraditório. As partes e também o juiz participam e devem cooperar entre si na obtenção do resultado executivo, e, se isso acontece, certamente é porque deverá estar presente o contraditório".[22]

Sintetizando, a norma fundamental que recomenda o zelo ao primado do contraditório[23] não se aplica exclusivamente ao processo de conhecimento, mas orienta diversamente, todo o processo civil brasileiro, e, assim, tem manifesta incidência nos processos de execução ou no cumprimento de sentença, assim como nos processos de conhecimento nos quais se observa procedimento especial.

Explique-se o ponto um pouco melhor: o contraditório será observado necessariamente no procedimento de embargos de terceiros, inclusive em situações como a delineada no julgado ora comentado, em que o cônjuge casado sob o regime da

---

20. CPC, art. 674, § 2º, I.
21. CPC, art. 675, *caput*.
22. ABELHA, Marcelo. *Manual de Execução Civil*. 6. ed. rev. e atual. São Paulo: Forense, 2016, p. 66.
23. Constituição da República, art. 5º, LV; CPC, art. 7º.

comunhão parcial de bens não figurou originalmente como parte no processo de conhecimento.

Evidentemente, entendimento diverso conduziria à conclusão de que a expressa previsão de embargos de terceiros não ostentaria, processualmente, qualquer utilidade, ou seria *letra morta* em relação ao cônjuge casado sob o regime da comunhão parcial de bens, eis que a ele seria assegurado o direito ao contraditório em prévio e indispensável processo de conhecimento, ao arrepio, inclusive, das normas processuais de regência.

A nosso ver, portanto, em flagrante violação ao disposto nos arts. 674 e 675, ambos do CPC, a decisão majoritária da Terceira Turma do Superior Tribunal de Justiça (STJ), nos autos do REsp 1869720/DF, sugere que o cônjuge casado sob o regime da comunhão parcial somente poderá sofrer constrição ou ameaça de constrição sobre bens se tiver necessariamente participado de processo de conhecimento finalizado com a prolação de sentença, após cognição exauriente realizada sob a égide do efetivo contraditório.

Em resumo, há de ser reconhecido, na hipótese, o acerto do posicionamento da Min. Nancy Andrighi ao concluir que "a evidente tensão entre a intangibilidade dos bens de titularidade de quem não participou do processo na fase de conhecimento e a necessária efetividade da execução não ficará ao largo do Poder Judiciário, na medida em que o cônjuge atingido pela decisão proferida no processo que não faz parte poderá manejar embargos de terceiro, ocasião em que poderá provar, sob o crivo do contraditório amplo e em cognição plena, por exemplo, que não havia ocultação de valores em sua conta corrente exclusiva, que os valores existentes em sua conta estão protegidos por alguma cláusula de impenhorabilidade ou que a dívida contraída pela executada não se reverteu à família, tratando-se de prova cuja produção é claramente mais fácil ao cônjuge da executada do que ao credor".

O que resulta da leitura atenta do acórdão aqui examinado é que o voto condutor do acórdão acabou por incorrer em algumas confusões conceituais. Passamos, então, a buscar fazer esse exame, para tentar apontar caminhos para uma correta solução de casos como o que gerou o acórdão aqui comentado.

Em primeiro lugar, é preciso dizer que, ao menos a princípio, o fato de a titularidade da conta bancária ser de apenas um dos cônjuges não significa que o dinheiro ali depositado seja de sua exclusiva propriedade. É que, como demonstrado, tendo sido esse dinheiro obtido na constância do casamento, integra a comunhão e, pois, também pertence ao outro cônjuge. Claro que se poderia, aqui, estar diante de uma exceção (como, por exemplo, se tratar de dinheiro que já integrava o patrimônio do titular da conta bancária antes do casamento, não integrando deste modo o patrimônio comum do casal, mas seria do titular da conta o ônus de provar que o dinheiro já lhe pertencia, e desse encargo probatório deve o cônjuge que não participou do processo de conhecimento desincumbir-se nos embargos de terceiro, via processual adequada para que o cônjuge proteja seus bens próprios.[24] Afinal, dinheiro é bem móvel, e há uma presunção de que os bens móveis das pessoas casadas foram adquiridos na constância do casamento.[25]

O exame do caso, porém, deve partir da premissa de que o dinheiro foi adquirido na constância do casamento, e não se trata de bem excluído da comunhão. Pois nessa hipótese, insista-se, o dinheiro depositado em conta de titularidade exclusiva de um dos cônjuges a ambos pertence.

E nem se diga que se trata, aí, de um caso em que cada metade do saldo bancário pertence a um dos cônjuges. É que não se está, aí, diante de um condomínio, mas de uma comunhão de bens. Em outros termos, o que se tem na hipótese é a *mancomunhão*, a propriedade dos bens em mãos comuns. Assim, embora formalmente a titularidade da conta bancária seja do cônjuge não executado, aquele dinheiro que ali tenha sido encontrado pertence ao executado e, por isso, pode ser – ao menos a princípio – alcançado pela atividade executiva.

Para corroborar essa afirmação, basta lembrar que, nos termos do disposto no art. 790, III, do CPC, ficam sujeitos à execução os bens do devedor, ainda que em poder de terceiros. E é exatamente isso que se tem no caso. O dinheiro que se busca apreender é (também) do executado, ainda que esteja em poder de um terceiro, isto é, de alguém que não participou da fase de conhecimento do processo.

Resulta daí, então, que a rigor o outro cônjuge sequer precisa ser integrado ao processo, não havendo qualquer razão que justifique citá-lo e o trazer para o processo que se encontra em fase de cumprimento de sentença. Ele é, e continuará a ser, terceiro.

Pois é exatamente daí que resulta sua legitimidade para ajuizar embargos de terceiro. É que o cônjuge nesse caso não passa, de maneira alguma, a integrar o processo em que se desenvolve a fase executiva, mantendo-se na condição de terceiro. E se assim é, então ele pode ajuizar – para proteção de seus interesses – embargos de terceiro.

Evidentemente, o cônjuge que ajuizar embargos de terceiro o fará para proteger sua meação. E para isso será preciso verificar, no julgamento de mérito dos embargos de terceiro, se os bens do cônjuge respondem ou não pela dívida. No caso submetido à apreciação do STJ e que aqui se examina, é bom sempre destacar, não se estava diante de bens que pudessem ser considerados *bens próprios* do cônjuge, ou seja, uma verba em dinheiro que não tivesse entrado na comunhão.

Isso porque, fossem os bens constritos próprios do cônjuge não executado, aí seria fundamental que ele integrasse o processo, já que ninguém pode ser privado de seus bens sem o devido processo,[26] e o mínimo que se pode exigir de um processo para que ele possa ser considerado o *devido* processo é que se dê àquele cujos bens

---

24. CPC, art. 674, § 2º, I.
25. TARTUCE, Flavio. *Direito Civil*. 12. ed. São Paulo: Método, 2017 v. 5, p. 178.
26. Constituição da República, art. 5º, LIV.

estão em risco que dele possa participar. Mas não é este o caso aqui examinado. O que se tem aí é a possibilidade de constrição sobre bens que estão em estado de mancomunhão, pertencendo ao cônjuge estranho ao processo (e que, por isso, é terceiro), mas também ao que está a ser executado.

O que se pode admitir, portanto, é que o cônjuge não executado busque proteger sua meação. E para isso ele precisará, *por meio de embargos de terceiro*, demonstrar que sua meação não pode ser alcançada pela atividade executiva, por não ser a dívida executada uma obrigação contraída em favor da família do executado.

Caso se verifique que realmente a meação do cônjuge estranho à execução não responde, aí deverá ser proferida sentença de procedência do pedido formulado nos embargos de terceiro, do que resultará, como efeito, uma *antecipação da meação*. Em outras palavras, no caso de se constatar que a meação do cônjuge não executado não responde pela dívida que se executa, então será o caso de se excluir da penhora a metade do valor constrito, o qual deverá ser entregue ao cônjuge-embargante, de modo que esse valor ficará inteiro em seu patrimônio.

Consequentemente, quando for o momento de se realizar a partilha do bem comum (seja por força de separação ou divórcio, seja pela morte de um dos cônjuges), o cálculo da meação de cada um deverá ser efetivado levando-se em conta esse valor antecipadamente recebido.

Essa antecipação da meação não é figura estranha ao sistema jurídico e processual brasileiro. Basta ver o caso de penhora sobre bem indivisível, de que trata o CPC. Afirma o dispositivo normativo que no caso de se tratar de penhora de bem indivisível, o equivalente à quota-parte do cônjuge recairá sobre o produto da alienação do bem.[27] Veja-se que o dispositivo legal trata dos bens indivisíveis (o que, evidentemente, não é o caso de dinheiro, bem divisível por excelência). Mas corrobora a afirmação de que não é estranha ao ordenamento jurídico brasileiro a figura da antecipação de meação.

Deve ser, então, no processo dos embargos de terceiro que se estabelecerá a discussão acerca da possibilidade ou não de emprego daquele dinheiro, constrito na conta corrente de titularidade do cônjuge não executado, na execução movida contra o outro cônjuge. E aí será preciso determinar a quem incumbe o ônus da prova.

Pois esse ônus probatório terá de recair, como entendeu o voto vencido proferido pela Min. Nancy Andrighi, sobre os ombros do embargante, isto é, do cônjuge não executado, cuja conta bancária tenha sofrido a constrição. É que, como afirmado anteriormente, existe uma presunção (relativa, claro) de que as dívidas contraídas na constância do casamento se referem a obrigações assumidas em benefício da entidade familiar.

---

27. CPC, art. 843.

Pois a presunção relativa é, como sabido, uma regra de distribuição do ônus da prova. Sobre o tema, a lição precisa de José Carlos Barbosa Moreira:[28]

[A] presunção legal relativa [atua] – e nisso se exaure o papel que desempenha – na distribuição do ônus da prova, dispensando deste o litigante a quem interessa a admissão do fato presumido como verdadeiro, e correlativamente atribuindo-o à outra parte, quanto ao fato contrário. O que há de importante a sublinhar aqui é que essa atribuição prescinde de qualquer referência à posição acaso ocupada no processo pela pessoa de que se trata. Em geral, como se sabe, o ônus da prova é distribuído precisamente em função dessa posição; quer dizer, o critério básico repousa na circunstância de ser autor ou réu, no processo, o sujeito considerado: de acordo com as regras tradicionais, se autor, caber-lhe-á provar o fato constitutivo do (suposto) direito; se réu, os fatos impeditivos, modificativos ou extintivos. A presunção legal, porém, faz abstração dessa circunstância que, nas restantes hipóteses, é decisiva: a pessoa a quem a presunção desfavorece suporta o ônus de provar o contrário independentemente de sua posição processual, nada importando o fato de ser autor ou réu.

Ora, se há uma presunção relativa de que a dívida foi contraída em benefício da família (caso em que os bens que integram a meação do cônjuge não executado respondem pelo cumprimento da obrigação), então não cabe ao exequente-embargado, a quem essa presunção aproveita, produzir prova nesse sentido. É que, como estabelece a lei processual, não dependem de prova os fatos a cujo respeito incida presunção legal de existência ou de veracidade.[29]

Pois é daí que resulta a atribuição ao cônjuge que ajuíza os embargos de terceiro do ônus da prova de que a dívida não foi contraída em benefício da família, mas única e exclusivamente em favor daquele que está a ser executado, ou para beneficiar algum terceiro estranho à entidade familiar. E produzida essa prova, será – como dito anteriormente – procedente o pedido formulado nos embargos de terceiro, e promovida a antecipação da meação para proteger a quota do patrimônio que compõe sua meação.

Em síntese, como visto, a conclusão alcançada pelo voto da Min. Nancy Andrighi é a mais compatível com o sistema jurídico brasileiro, e deveria ter sido prestigiada. Espera-se, porém, que no futuro, essa tese venha a prevalecer, por ser muito mais compatível com o sistema processual brasileiro, respeitadas todas as garantias que compõem o modelo constitucional de processo civil brasileiro.

## 4. CONCLUSÃO

Como se pôde ver ao longo do texto, o acórdão examinado trata de temas extremamente complexos, envolvendo não só a comunhão de bens, mas também no campo estrito do Direito Processual Civil, como a responsabilidade patrimonial, o ônus da prova e os embargos de terceiro. E é fundamental aqui perceber que o processo precisa ser visto como uma condição de possibilidade da construção de

---

28. BARBOSA MOREIRA, José Carlos. As presunções e a prova. In: BARBOSA MOREIRA, José Carlos. *Temas de direito processual* – Primeira série. 2. ed. São Paulo: Saraiva, 1988, p. 60.
29. CPC, art. 374, IV.

respostas juridicamente corretas, compatíveis com a Constituição da República e com o ordenamento infraconstitucional. Mas é também fundamental perceber que os Tribunais, especialmente os de Superposição, devem estar preparados para dialogar com a doutrina, que pode contribuir grandemente com sua análise crítica, para a construção de entendimentos sólidos e coerentes, o que certamente melhorará ainda mais a qualidade dos resultados da atividade jurisdicional que se exerce no Brasil. Foi o que se buscou fazer com esse texto.

## 5. REFERÊNCIAS

ABELHA, Marcelo. *Manual de Execução Civil*. 6. ed. rev. e atual. São Paulo: Forense, 2016.

BAHIA, Alexandre. *Teoria Geral do Processo*. Salvador: JusPodivm, 2020 (em cooperação com Dierle Nunes e Flavio Quinaud Pedron).

BARBOSA MOREIRA, José Carlos. As presunções e a prova. In: BARBOSA MOREIRA, José Carlos. *Temas de direito processual* – Primeira série. 2. ed. São Paulo: Saraiva, 1988.

CÂMARA, Alexandre Freitas. *O Novo Processo Civil Brasileiro*. 5. ed. rev. e atual. São Paulo: Atlas, 2019

DIDIER JÚNIOR, Fredie. *Curso de Direito Processual Civil*. 21. ed. rev., atual. e ampl. Salvador: JusPodivm, 2019. v. 1.

FERRER BELTRÁN, Jordi. *Valoração Racional da Prova*. Trad. Vitor de Paula Ramos. Salvador: JusPodivm, 2021.

GUASP, Jaime. *Derecho Procesal Civil*. 4. ed. Civitas, 1998. t. I.

MADALENO, Rolf. *Direito de Família*. 8. ed. São Paulo: Forense, 2018.

NUNES, Dierle. *Teoria Geral do Processo*. Salvador: JusPodivm, 2020 (em cooperação com Alexandre Bahia e Flavio Quinaud Pedron).

OLIVEIRA, José Maria Leoni Lopes de. *Direito Civil – Família*. 2. ed. rev. e atual. São Paulo: Forense, 2019.

PEDRON, Flavio Quinaud – *Teoria Geral do Processo*. JusPodivm, 2020 (em cooperação com Alexandre Bahia e Alexandre Bahia).

TARTUCE, Flavio. *Direito Civil*. 12. ed. São Paulo: Método, 2017.

TEIXEIRA, Ana Carolina Brochado. *Fundamentos do Direito Civil*. São Paulo: Forense, 2020 (em cooperação com Gustavo Tepedino). v. 6 – Direito de Família.

TEPEDINO, Gustavo. *Fundamentos do Direito Civil*. São Paulo: Forense, 2020 (em cooperação com Ana Carolina Brochado Teixeira). v. 6 – Direito de Família.

# A COMUNICABILIDADE DOS DEPÓSITOS FUNDIÁRIOS SOB A PERSPECTIVA DE GÊNERO

*Andrea Rodrigues Amin*

Especialista em Gênero e Direito pela EMERJ. Professora de Direito Civil na Escola da Magistratura do Estado do Rio de Janeiro (EMERJ), da Fundação Escola Superior do Ministério Público do Estado do Rio de Janeiro (FEMPERJ), da Escola de Direito da Associação do Ministério Público do Estado do Rio de Janeiro (AMPERJ). Professora do Curso de Extensão e Aprimoramento em Alienação Parental das Perícias Psicológica e Psiquiátrica nas Ações de Família da PUC/RJ. Membro do IBDFAM. Coautora da obra "Curso de Direito da Criança e do Adolescente: aspectos práticos e teóricos. Promotora de Justiça Titular do Juizado Especial da Violência Doméstica e Familiar contra a Mulher da Barra da Tijuca/RJ.

*Sandro Gaspar Amaral*

Especialista em Direito Civil e Processo pela Estácio de Sá. Graduado pela UFRJ. Professor de Direito Civil na Escola da Magistratura do Estado do Rio de Janeiro (EMERJ), da Fundação Escola Superior do Ministério Público do Estado do Rio de Janeiro (FEMPERJ), da Escola de Direito da Associação do Ministério Público do Estado do Rio de Janeiro (AMPERJ), Fundação Escola Superior da Defensoria Pública do Estado do Rio de Janeiro (FESUDEPERJ), entre outros diversos cursos jurídicos. Professor do Curso de Extensão e Aprimoramento em Alienação Parental das Perícias Psicológica e Psiquiátrica nas Ações de Família da PUC/RJ. Membro do IBDFAM. Presidente da Comissão de Direito Patrimonial das Famílias do IBDFAM/RJ. Membro da Comissão de Direito de Moradia da OAB/RJ e da Comissão de Planejamento Patrimonial das Famílias OAB Barra da Tijuca/RJ. Coautor da obra "Direito imobiliário: escritos em homenagem ao Professor Ricardo Pereira Lira". Advogado e sócio da Porto Amaral Advogados.

**Sumário:** 1. Introdução: o caso *sub judice* – 2. O primeiro julgamento pela corte superior – 3. O derradeiro julgamento: segunda seção do STJ – 4. O FGTS como proventos do trabalho – 5. Algumas considerações sobre os efeitos da decisão a partir de uma perspectiva de gênero – 6. Considerações finais – 7. Referências.

Recurso Especial. Casamento. Regime de comunhão parcial de bens. Doação feita a um dos cônjuges. Incomunicabilidade. FGTS. Natureza jurídica. Proventos do trabalho. Valores recebidos na constância do casamento. Composição da meação. Saque diferido. Reserva em conta vinculada específica. 1. No regime de comunhão parcial, o bem adquirido pela mulher com o produto auferido mediante a alienação do patrimônio herdado de seu pai não se inclui na comunhão. Precedentes.

2. O Supremo Tribunal Federal, no julgamento do ARE 709212/DF, debateu a natureza jurídica do FGTS, oportunidade em que afirmou se tratar de "direito dos trabalhadores brasileiros (não só dos empregados, portanto), consubstanciado na criação de um pecúlio permanente, que pode ser sacado pelos seus titulares em diversas circunstâncias legalmente definidas (cf. art. 20 da Lei 8.036/1995)" (ARE 709212, rel. Min. Gilmar Mendes, Tribunal Pleno, julgado em 13.11.2014, DJe-32 Divulg 18.02.2015 Public 19.02.2015).

3. No âmbito do Superior Tribunal de Justiça, a Egrégia Terceira Turma enfrentou a questão, estabelecendo que o FGTS é "direito social dos trabalhadores urbanos e rurais", constituindo, pois,

fruto civil do trabalho. (REsp 848660/RS, rel. Ministro Paulo De Tarso Sanseverino, 3ª Turma, DJe 13.05.2011)

4. O entendimento atual do Superior Tribunal de Justiça é o de que os proventos do trabalho recebidos, por um ou outro cônjuge, na vigência do casamento, compõem o patrimônio comum do casal, a ser partilhado na separação, tendo em vista a formação de sociedade de fato, configurada pelo esforço comum dos cônjuges, independentemente de ser financeira a contribuição de um dos consortes e do outro não. 5. Assim, deve ser reconhecido o direito à meação dos valores do FGTS auferidos durante a constância do casamento, ainda que o saque daqueles valores não seja realizado mediatamente à separação do casal.

6. A fim de viabilizar a realização daquele direito reconhecido, nos casos em que ocorrer, a CEF deverá ser comunicada para que providencie a reserva do montante referente à meação, para que num momento futuro, quando da realização de qualquer das hipóteses legais de saque, seja possível a retirada do numerário.

7. No caso sob exame, entretanto, no tocante aos valores sacados do FGTS, que compuseram o pagamento do imóvel, estes se referem a depósitos anteriores ao casamento, matéria sobre a qual não controvertem as partes.

8. Recurso especial a que se nega provimento.

(REsp 1399199/RS; rel. Ministra Maria Isabel Gallotti; rel. p/ ac. Ministro Luis Felipe Salomão; 2ª Seção; data de julgamento: 09.03.2016; DJe 22.04.2016).

## 1. INTRODUÇÃO: O CASO *SUB JUDICE*

Antes de adentrar à análise da questão em si, é relevante pontuar os debates que levaram a causa sub judice ser apreciada pela Segunda Seção do Superior Tribunal de Justiça. As divergências quanto aos fundamentos que conduziram à decisão final da Segunda Seção é o ponto central em exame.

Trata-se da discussão quanto à comunicabilidade de um imóvel adquirido pelo casal durante a vigência da sociedade conjugal, em que foram utilizados recursos financeiros provenientes do saldo do depósito fundiário do cônjuge-varão e do cônjuge virago, de doação do pai do cônjuge virago e o saldo remanescente foi financiado. O regime patrimonial adotado pelo casal foi a comunhão parcial de bens, o que provocou o debate quanto à compreensão das normas jurídicas que implicam na propriedade comum e na propriedade exclusiva dos sócios matrimoniais.

O valor total do imóvel foi R$ 154.656,92 (cento e cinquenta e quatro mil, seiscentos e cinquenta e seis reais e noventa e dois centavos), sendo R$ 107.796,68 (cento e sete mil, setecentos e noventa e seis reais e sessenta e oito centavos) pagos diretamente pelo pai do cônjuge-virago e R$ 20.116,31 (vinte mil, cento e dezesseis reais e trinta e um centavos) provenientes de recursos do FGTS, sendo R$ 12.118,37 (doze mil, cento e dezoito reais e trinta e sete centavos) da conta do cônjuge-mulher e R$ 7.997,94 (sete mil, novecentos e noventa e sete reais e noventa e quatro centavos) dos depósitos do cônjuge-varão. O restante, R$ 26.652,92 (vinte e seis mil, seiscentos e cinquenta e dois reais e noventa e dois centavos) foram pagos através de financiamento imobiliário.

## 2. O PRIMEIRO JULGAMENTO PELA CORTE SUPERIOR

Distribuído o recurso especial para a Quarta Turma do STJ, sob a relatoria da Ministra Maria Isabel Gallotti, entendeu-se nas instâncias ordinárias que quase 95% do imóvel deveria pertencer à mulher, cabendo ao homem pouco mais de 5%. Os alicerces da decisão foram, basicamente, os incisos I e VI, do art. 1.659, do Código Civil, ou seja, a incomunicabilidade dos bens e valores doados e dos proventos do trabalho pessoal de cada cônjuge.

Considerando o enfrentamento consolidado nas instâncias ordinárias quanto ao conjunto probatório sobre a doação da maior parte do valor utilizado para aquisição do imóvel, entendeu a 4ª Turma pela incomunicabilidade de quase 70% em favor da mulher, na medida em que seu pai foi o doador. Mesmo sem ter havido um contrato entre as partes, doador e donatária, notoriamente a filha foi a destinatária da liberalidade.

No que tange ao FGTS, o acórdão combatido o considerou provento do trabalho pessoal de cada o cônjuge e, portanto, bem particular. Desta forma, a cônjuge-mulher, novamente, teria uma porcentagem maior quanto ao imóvel, pois foi quem mais dispendeu recursos da conta fundiária para a aquisição da propriedade imobiliária.

Segundo o entendimento da Quarta Turma do STJ, o FGTS seria um direito destinado à manutenção do empregado quando desvinculado do emprego sem justa causa ou em situações de relevância social presumida, elencadas no art. 20, da Lei 8.036/90. Reforça a tese de renda personalíssima o fato de o saldo ser indisponível para o saque, ressalvadas as hipóteses enumeradas taxativamente. Assim, concluía-se pela incomunicabilidade, tanto na comunhão parcial quanto na universal, enquanto não ocorresse a desvinculação da destinação própria do salário, ou seja, as demandas mais primárias da existência.

Com efeito, apenas os bens adquiridos com a verba fundiária ou sua transformação em investimentos de outra ordem atrairiam a comunicação, perdendo a feição de provento do trabalho pessoal. Enquanto os valores permanecessem na conta do FGTS não ocorrendo qualquer hipótese legal autorizando o resgate, os depósitos em conta manteriam a natureza de bens particulares do cônjuge titular.

Revistando as decisões em âmbito estadual, o cônjuge-varão vinha sendo derrotado em sua tese de divisão igualitária do imóvel. Aliás, a sua insurgência é pontuada pela Relatora, que enfatiza as provas produzidas como condutoras ao julgamento justo.

Não é ocioso repisar que a proteção social do fundo de garantia, muito bem esclarecido pela Ministra Maria Isabel Gallotti, teria como destinatário final o trabalhador, entendimento da Quarta Turma do STJ. A 3ª Turma comungava do entendimento, divergindo apenas no que respeita à função dessa proteção social quanto ao regime da comunhão de bens.

A controvérsia que conduziu o recurso para a Segunda Seção reside neste ponto, acolhendo-se a tese apresentada pelo cônjuge-varão, a partir do voto divergente apresentado pelo Ministro Luis Felipe Salomão, relator para o acórdão.

## 3. O DERRADEIRO JULGAMENTO: SEGUNDA SEÇÃO DO STJ

Segundo a tese vencedora, a doação efetuada pelo genitor foi em benefício de sua filha, presumindo-se tratar-se de adiantamento de legítima. Para que fosse em benefício do casal, ao contrário do alegado pelo recorrente, seria necessário menção expressa nesse sentido, o que não ocorrera.

Também não foi reconhecido ao cônjuge-varão o direito à metade dos valores oriundos da conta do FGTS utilizados para aquisição do imóvel, pois verificou-se no caso concreto que eram provenientes de depósitos anteriores ao casamento.

Contudo, o ponto a ser destacado e que é o objeto deste trabalho refere-se à divergência quanto ao seguinte aspecto: i) se a comunicabilidade dos valores depositados na conta fundiária ao longo do casamento pressupõe sua utilização ainda na constância da união; ii) se a comunicabilidade prescinde da utilização efetiva e tem como pressuposto unicamente que os depósitos na conta fundiária tenham sido realizados durante a constância do casamento.

Segundo a Ministra Maria Isabel Gallotti, apenas os depósitos originados durante a vigência do casamento que tenham sido sacados e convertidos em reserva patrimonial durante a união integrariam o patrimônio comum do casal e, portanto, estariam sujeitos à partilha.

Para o Ministro Luis Felipe Salomão, a quem coube a relatoria do acórdão da Segunda Seção, os créditos decorrentes do FGTS cujo direito se adquiriu na constância do casamento em razão do regime da comunhão, compõem a meação, sendo desnecessário, para fins de partilha que o saque ocorra até ou no momento da separação.

Esta última foi a tese vencedora e, de fato, apresenta-se como a mais adequada à proteção da sociedade conjugal, permeada por uma cultura marcadamente patriarcal.

## 4. O FGTS COMO PROVENTOS DO TRABALHO

O Fundo de Garantia do Tempo de Serviço foi instituído pela Lei 5.107, de 13 de setembro de 1966 com o objetivo de proteger o trabalhador demitido sem justa causa. À época, para os trabalhadores cujo contrato era regido pela CLT, vigia a estabilidade decenal, após dez anos de trabalho prestado para o mesmo empregador. Em síntese, o trabalhador estável só poderia ser demitido por motivo grave, ou seja, por justa causa.

Quanto aos trabalhadores não estáveis, caso demitidos durante os dez primeiros anos de trabalho, teriam direito à indenização por tempo de serviço em razão do tempo que o empregado dedicara à empresa. Para cada ano trabalhado, o empregador pagava o salário de um mês (1/12), perfazendo aproximadamente 8% do que recebera como empregado.

O FGTS, portanto, surge como uma alternativa para a estabilidade decenal permitindo que o empregador "parcele" o montante da "indenização" através de depósitos mensais de 8% do salário do empregado. Os valores são depositados mensalmente em conta aberta pelo empregador em nome do empregado, o que, por vezes leva o trabalhador a ter em seu nome várias contas do FGTS, caso seja dispensado sem que haja uma das causas que o autorize a sacar, no todo ou em parte, os valores depositados. Não por outro motivo há um grande número de contas inativas do FGTS que, vez por outra, conta com autorização legal para saque.

Atualmente o Fundo é regido pela Lei 8.036/90 e as hipóteses para sua movimentação estão elencadas no artigo 20.

De alternativa à estabilidade, o FGTS passa a ser um direito autônomo dos trabalhadores urbanos e rurais, constitucionalmente previsto (art. 7º, III da Constituição da República), cujos valores em depósito integram o patrimônio do trabalhador.

Por se tratar de um pecúlio legal, constitui-se uma modalidade de poupança forçada em favor do empregado, derivada da relação de trabalho que, portanto, integra o conceito de proventos decorrente do trabalho.

Ao analisar se esses proventos integrariam os bens particulares de cada cônjuge ou o patrimônio comum do casal, o ministro Luis Felipe Salomão trouxe à luz entendimento do próprio STJ no qual o ministro Sanseverino reconheceu que desvirtuaria a natureza do próprio regime de comunhão a exclusão dos proventos do trabalho recebidos ou pleiteados na constância do casamento.

A compreensão do alcance da comunhão patrimonial é trazida pelo Relator ao citar o consagrado Arnaldo Rizzardo[1] para estear suas razões: "os bens amealhados na constância do casamento consideram-se comuns por serem resultado ou fruto da estreita colaboração que se forma entre o marido e a mulher".

Em verdade, é mais que colaboração. Trata-se de comunhão plena de vida entre os cônjuges, como dispõe o artigo 1.511, do Código Civil.

A palavra comunhão deriva do latim *communio*. Guarda o sentido de *comunidade*, participação mútua, associação, caráter comum, uniformidade em ideias, acordo, harmonia.[2]

Ao se optar pela formação de uma família, através do casamento ou da união estável, opta-se pela unidade, pelo casal, pela família e é para o alcance desse propósito de vida que os bens amealhados ao longo da relação devem servir.

---

1. RIZZARDO, Arnaldo. *Direito de família*. Rio de Janeiro: Forense, 2006. p. 576.
2. Disponível em: https://dicionario.priberam.org/comunh%C3%A3o.

É nessa linha de ideias que a noção de incomunicabilidade dos proventos do trabalho deve ser interpretada. Restringir seu alcance é ampliar a comunhão de vida ínsita ao casamento ou à união estável.

Nessa toada, é de se louvar o reconhecimento de que os créditos oriundos do FGTS, cujo direito foi adquirido na constância do casamento, compõem o patrimônio comum do casal e seus valores devem ser partilhados.

O saldo de FGTS é importante recurso que não se limita a ser uma reserva para o empregado em caso de dispensa, pois para isso há direito próprio, qual seja, o seguro-desemprego. Desempenha papel mais amplo, também atendendo a demandas existenciais da família, tais como reformas do imóvel, aquisição da casa própria, tratamento de saúde, amparo à velhice. O crédito disponibilizado não é o resultado do trabalho do homem ou da mulher apenas, mas sim o fruto do empenho de um casal que uniu suas forças para o bem-estar comum.

Em última análise, o FGTS está intimamente ligado ao conceito de patrimônio jurídico mínimo, o qual tem o escopo de conferir dignidade à vida de quem trabalhou e de quem propiciou e contribuiu para formação desse crédito. Eis o ponto do qual ousamos discordar do entendimento da Ministra Maria Isabel Gallotti: o homem não enriquece sozinho, pois todos os ganhos resultam da colaboração da mulher e vice-versa.

Nessa toada, o FGTS deve ser compreendido como fruto percebido de uma origem incomunicável, tal como estabelece o art. 1.660, V, do Código Civil: a fonte dos proventos é incomunicável, porém, uma vez pagos, pertencem ao casal e passam a integrar o patrimônio comum. Frise-se que, o mesmo resultado ocorreria se, por hipótese, o empregador não tivesse efetuado os depósitos fundiários ao tempo em que vigorava a sociedade conjugal. Seria atraído o art. 1.661, I, do mesmo diploma, a fim de ser oficiado à vara da trabalhista competente para o julgamento para fins de reserva da parte relativa à meação do cônjuge, caso estivesse em andamento no juízo de família a partilha dos bens e direitos comuns.

Oportuna a colação da exposição de Maria Berenice Dias[3] sobre a qual se observa uma perspectiva de gênero sobre o tema, em que alerta quanto à a inviabilidade da construção do patrimônio comum se não comunicados todos os rendimentos pagos a cada um dos cônjuges:

> Não há como excluir da universalidade dos bens comuns os proventos do trabalho pessoal de cada cônjuge (CC, art. 1.659, VI). Ora, se os ganhos do trabalho não se comunicam, nem se dividem pensões e rendimentos outros de igual natureza, praticamente tudo é incomunicável, pois a maioria das pessoas vive de seu trabalho. O fruto da atividade laborativa dos cônjuges não pode ser considerado incomunicável, e isso em qualquer dos regimes de bens, sob pena de aniquilar-se o regime patrimonial, tanto no casamento como na união estável, porquanto nesta também vigora

---

3. DIAS, Maria Berenice. *Regime de bens e algumas absurdas incomunicabilidades*. Disponível em: www.mariaberenice.com.br.

o regime da comunhão parcial (CC, art. 1.725). (...) De regra, é do esforço pessoal de cada um que advêm os créditos, as sobras e economias para a aquisição dos bens conjugais. Mas cabe figurar a hipótese em que um dos consortes adquire os bens para o lar, enquanto o outro apenas acumula as reservas pessoais advindas de seu trabalho. Consoante reza a lei, os bens adquiridos por aquele serão partilhados, enquanto os que este entesourou restam incomunicáveis. Flagrantemente injusto que o cônjuge que trabalha por contraprestação pecuniária, mas não converte suas economias em patrimônio, seja privilegiado e suas reservas consideradas crédito pessoal e incomunicável. Tal lógica compromete o equilíbrio da divisão das obrigações familiares. Descabido premiar o cônjuge que se esquiva de amealhar patrimônio, preferindo conservar em espécie os proventos do seu trabalho pessoal. Ao depois, há quem não exerça atividade remunerada. Cabe tomar como exemplo o trabalho doméstico, na maioria das vezes desempenhado pela mulher. Porém, a ausência de remuneração no final do mês não significa que tais tarefas não dispõem de valor econômico. Estas atividades auxiliam, e muito, na constituição do patrimônio, bem como possibilitam que haja sobras orçamentárias. Ditas economias não podem ser contabilizadas como salário do varão imune à divisão, enquanto a mulher, por não ter retorno pecuniário, não é beneficiária de dito privilégio. Esses dispositivos legais acabam sendo fonte de terríveis injustiças. São hipóteses que não admitem qualquer questionamento, gerando presunções absolutas em confronto às normas que sustentam o regime de bens. Isto é o que basta para justificar a inaplicabilidade dessas regras de exceção, desprovidas de qualquer justificativa. Excluir da comunhão quer os ganhos dos cônjuges, quer os instrumentos de trabalho utilizados por cada um certamente gera desequilíbrio que deságua em prejuízos injustificados e vantagens indevidas.

Não há dúvidas quanto à incomunicabilidade dos frutos futuros da fonte dos proventos de cada cônjuge, apesar de questionável a (in)justiça desse sistema. Igualmente certa é a comunicabilidade dos rendimentos já percebidos, tão logo depositados em conta fundiária, quanto os pendentes de depósito em época de vigência da sociedade conjugal, pois são devidos e inadimplidos, na forma do art. 1.661, do Código Civil.

Pacificando-se a jurisprudência da Corte Superior, trilhou-se pelo caminho já apontado pelo STF: FGTS consiste num fruto civil que decorre dos proventos do trabalho da pessoa casada. Logo, sendo a sociedade pautada na comunhão parcial, o saldo da conta fundiária forma patrimônio comum, ainda que não ocorrida qualquer hipótese legal que autorize a movimentação.

## 5. ALGUMAS CONSIDERAÇÕES SOBRE OS EFEITOS DA DECISÃO A PARTIR DE UMA PERSPECTIVA DE GÊNERO

À primeira vista, o acórdão em comento pode ser visto apenas como a interpretação atualizada da lei e sua inserção na vida cidadã a partir de um caso concreto. Contudo, se analisado sob uma perspectiva de gênero, ou seja, a partir dos papéis sociais destinados – ou impostos culturalmente – a homens e mulheres e levando-se em conta o forte impacto do patrimônio nas demandas existências, compreende-se a importância da decisão.

Em que pese a tão propalada igualdade entre homens e mulheres formalmente reconhecida pela Carta Constitucional de 1988, há um longo caminho a percorrer até que de fato sejamos iguais.

Nosso tecido social foi construído a partir de um modelo de sociedade patriarcal, androcêntrico, no qual o poder primário, as funções de liderança, a autoridade moral, religiosa e o poder econômico foi concentrado nas mãos dos homens através da subjugação da mulher. Segundo Heleieth Saffioti, *é o regime da dominação-exploração das mulheres pelos homens.*[4]

À primeira vista, pode parecer que há um certo exagero na afirmação de Saffioti, pois muitos homens não se verão como opressores ou privilegiados, ao passo que outro tanto de mulheres não se sentirá inferiorizada, oprimida, explorada pelos homens. Para alguns, trata-se de uma percepção até certo ponto ofensiva.

Contudo, um sistema opressor culturalmente enraizado se constrói a partir da naturalização de comportamentos opressores e oprimidos, da construção de uma estrutura cognitiva que nos leva a invisibilizar a opressão e, portanto, a não a questionar.

Se de fato homens e mulheres gozam de plena igualdade, não há motivos para que se disponibilize os "vagões rosa" nos metrôs e trens para que mulheres possam viajar em "segurança" nos horários de rush, ou para que a Lei Maria da Penha reafirme que as mulheres são titulares de direitos fundamentais inerentes a pessoa humana,[5] já que a Carta Constitucional assim já o dispõe dentre tantos outros exemplos que aqui poderia se discorrer para reafirmar que vivemos em uma sociedade estruturalmente patriarcal.

O Direito fortemente contribuiu – ou, de certa forma, ainda contribui – para a construção e manutenção desse sistema.

Originariamente, o Código Civil de 1916 retrava uma época em que a chefia da sociedade conjugal era conferida ao marido, assim como o pátrio-poder e a representação da família. A mulher casada passava à condição de relativamente incapaz, sendo-lhe proibido o exercício de atividade profissional, salvo quando autorizada pelo marido a quem competia fixar o domicílio da família. Cabia ao marido administrar o patrimônio comum e, eventualmente os bens da mulher. Enquanto ao marido proibia-se, sem autorização da mulher, a prática de quatro atos negociais (artigo 235, CC/16) à mulher eram impostas nove proibições (artigo 242, CC/16) que após o Estatuto da Mulher Casada foram reduzidos para sete. Sequer tinha CPF próprio, pois se casada a mulher fazia uso do CPF do marido.

Mesmo quando aparentemente era promulgada uma lei "neutra", o sistema opressivo patriarcal silenciosamente se impunha. Vejamos a Lei 6.515/77. Ao instituir a separação judicial e o divórcio estabeleceu sanções para o culpado pela separação, a saber: i) perda do sobrenome de casada; ii) perda da guarda dos filhos menores; iii) perda do direito a alimentos.

---

4. SAFFIOTI, Heleieth. *Gênero Patriarcado Violência*. Fundação Perseu Abramo/ Expressão Popular.
5. Art. 2º Toda mulher, independentemente de classe, raça, etnia, orientação sexual, renda, cultura, nível educacional, idade e religião, goza dos direitos fundamentais inerentes à pessoa humana, sendo-lhe asseguradas as oportunidades e facilidades para viver sem violência, preservar sua saúde física e mental e seu aperfeiçoamento moral, intelectual e social.

Lembremos que àquela época apenas a mulher acrescia o sobrenome do marido ao seu, tratando-se, portanto, de uma sanção dirigida apenas à mulher.

O mesmo se pode dizer no que respeita à guarda e criação dos filhos, pois apesar do pai ser o titular do pátrio-poder, seu exercício de fato era papel imposto à mulher cuja função materna lhe fora cuidadosamente imposta e construída desde a infância. Nesse contexto, enquanto a perda da guarda do filho menor era um indiferente para o pai, cuja função social era de provedor, para a mulher/mãe causava-lhe imensa dor além do repúdio social.

Também era a mulher quem sofria os efeitos da perda do direito a alimentos. A masculinidade construída não permitia aos homens pretender alimentos, ser sustentado por uma mulher, pois a eles impunha-se o papel de provedor. Quanto à mulher, os baixos salários pagos no mercado de trabalho, o considerável número de filhos, a ausência de creches e políticas assistenciais a mantinham economicamente dependentes dos maridos e, portanto, diretamente prejudicadas quando privadas dos alimentos.

A oportuna exposição histórica das relações patrimoniais no casamento, apresentada pela Ministra Maria Isabel Gallotti, salvo melhor juízo, serve de esteio para tutelar uma ínfima parcela de mulheres casadas.

O poder econômico ainda é masculino. A fonte de sobrevivência do casal, de manutenção da família, concentra-se nas mãos do homem. Diante do impacto de uma decisão proferida pela Segunda Sessão da Corte Superior, não se deve desprezar a amplitude dos efeitos dela advindo.

É de se reconhecer, todavia, que passados quase 60 anos e mesmo em face dos ditames de igualdade introduzidos pela Carta Política de 1988, em sede de cláusula pétrea (art. 5º, I), não obstante o otimismo implícito no voto da Ministra Maria Isabel Gallotti, longe estamos de consolidar uma cultura calcada na igualdade de gênero. Mudam-se as leis, avança a ordem jurídico-normativa, mas os valores arraigados em nosso tecido social resistem.

A pertinente crítica de Maria Berenice Dias, colacionada e empregada na fundamentação do voto proferido pelo Relator Ministro Luis Felipe Salomão, consiste num desafio ao pensamento jurídico usualmente alinhado à naturalizada estrutura patriarcal. Deslocado o eixo analítico de "Tício", "Mévio" e "Caio" para José e Maria, resta patente a conformidade do ordenamento positivo com o *status quo*.

Vejamos José e Maria. José é um homem estudioso que ambiciona construir uma carreira brilhante e bem-sucedida como engenheiro de uma grande empreiteira. Maria, sua esposa, igualmente brilhante e com ambições pessoais e profissionais, depara-se com a realidade do casamento: seu marido dedica-se ao trabalho de forma incansável, em jornadas intermináveis e longas viagens. Ao ser questionado argumenta que é o provedor da família, que trabalha para garantir o melhor para a esposa e filhos. À Maria, restaram os cuidados com a casa, com os filhos, com o bem-estar do marido... Seus sonhos e projetos são deixados em segundo plano ou abandonados, a eles renunciado para que o marido alcance o almejado sucesso profissional que, por certo, reverterá em benefício da família.

Maria comporta-se em conformidade com a estrutura cognitiva estruturada em favor da permanência do status quo androcêntrico, patriarcal, que de tão naturalizada acaba por se invisibilizar e assim se mantém. Se alguém tem que abrir mão da carreira, trabalhar meio período ou, por vezes, deixar o emprego, que seja a mulher. Se alguém tem que se sacrificar em benefício da família, segundo a cultura patriarcal, nada mais razoável que seja a mulher. A aniquilação da mulher é expressada pela imposição do abandono do trabalho porque o marido foi transferido, ou porque o filho precisa de cuidados especiais de saúde... nada mais razoável que seja a mulher.

Passados 18 anos de casamento, qual será a situação de Maria? Em um cenário otimista terá metade da propriedade do imóvel do casal. Seus rendimentos, caso os tenha, serão bem inferiores aos proventos do trabalho de José, que, não raro, como se acometido por uma amnésia seletiva, terá esquecido todo apoio e parceria de Maria que lhe foram fundamentais para que alcançasse suas vitórias. A figura da esposa não mais lhe é interessante, pelo que é desmerecida, silenciada, desprezada.

O "golpe final" é a incomunicabilidade dos proventos, à luz do art. 1.659, VI, do Código Civil. A ordem jurídica, em suma, considera que toda a glória cabe a apenas um e ao outro – ou melhor, à outra – no máximo, uma pensão temporária. Se estiver inserida no mercado laboral, nem isso.

Negar a comunicabilidade dos depósitos fundiários é desonrar o esforço comum e a sociedade constituída sob o pacto nascido da livre e espontânea vontade, da comunhão de vida e propósitos estabelecida pelo casal.

Não é sem razão que a miséria é feminina. De acordo com o site "Observatório das Desigualdades, da Fundação João Pinheiro,[6] a pobreza tem cor e gênero. Trata-se da feminização da pobreza, expressão consagrada ainda nos anos 70. E muito se engana quem acredita que a mulher economicamente vulnerável seria apenas aquela inserida nos vínculos monoparentais, a chamada "mãe solo". A vulnerabilidade feminina não encontra barreiras e limites e a violência doméstica está na ordem do dia para não nos deixar esquecer o quão democrática é a violência doméstica.

O patriarcado produz propaganda maciça da "romantização" do casamento e da maternidade como o melhor destino para a mulher. O sucesso feminino, de acordo com as religiões, os livros, a histórias infantis, filmes, telenovelas, é vinculado a encontrar um marido que a proteja, a constituir uma família e dedicar sua vida aos cuidados dos seus, zelando para que nada falte. Um bom casamento, principalmen-

---

6. Disponível em: http://observatoriodesigualdades.fjp.mg.gov.br/?p=1534.

te numa sociedade sob o manto da heteronormatividade cisgênera, significaria um homem economicamente bem-sucedido, o almejado provedor.

A ideologia patriarcal sistematizada prega e estimula o altruísmo feminino, o sacrifício da mulher em prol da prosperidade do homem e da formação de um sólido patrimônio. Contudo, não há uma parceria justa quando o trabalho não remunerado é cumprido integralmente por uma das partes e a principal fonte de renda cabe apenas a outra parte.

Não é necessário muito esforço para prever o resultado da má distribuição do poder econômico ao tempo da dissolução da sociedade conjugal: o varão é beneficiado e mantém somente para si o que foi, até então, a fonte da renda da família, graças aos "avanços" que resultaram no art. 1.659, VI, do Código Civil. À mulher, por vezes, uma reles pensão, em regra temporária, e os parcos rendimentos decorrentes dos tantos anos de afastamento do mercado produtivo.

Em suma, a miséria é feminina. A vulnerabilidade social, moral e econômica são femininas. A estrutura social foi edificada para manter a supremacia econômica do homem que assim mantém a dependência e o controle familiar.

Este foi e continua a ser o contexto das relações familiares conjugais desfeitas. O resultado de uma comunhão de vida cuja projeção econômica não a reconhece e ampara.

É de se reconhecer que a 4ª Turma do STJ, até a decisão da Segunda Seção, não compreendia o FGTS como um direito social de amparo à família, mas sim e apenas de um dos cônjuges. Trata-se de compreensão que em cotejo com as pesquisas e a legislação em vigor privilegia àquele a quem se confere a titularidade do poder econômico.

Ao propagar que integra o papel do ser mulher, da feminilidade "inata" o cuidado, a manutenção da família e do casamento, o altruísmo familiar, conferindo ao homem liberdade para que possa se dedicar à sua profissão, à sua carreira, as estruturas heteronormativas cisgênero.

A cultura propagada é a da confiança de que nada faltará ao núcleo familiar, pois seus coordenadores – o homem e a mulher – são sócios e a eles cabe a obrigação de sustento dos filhos menores, à luz do art. 22, da Lei 8.069/90. A verdade inconveniente, ocultada e assegurada pelo sistema patriarcal é a fragilidade da cuidadora quando dissolvida a sociedade conjugal, cujas regras, na maioria dos casos, mantém o poder econômico masculino.

Despiciendo destacar que o quadro não se altera substancialmente quando a mulher também conquista o mercado de trabalho cuja remuneração, é fato, ainda não alcançou o patamar da igualdade. Para o homem – e para a sociedade – é natural dedicar-se a jornadas de trabalho prolongadas, viagens a trabalho e folgas eventuais dedicadas à empresa. O que se dizer – ou o que irão dizer – se a esposa fizer o mesmo? Quem cuidaria dos filhos, zelaria pela educação, administraria o lar e manteria em ordem o funcionamento da família? A simples observação dos papeis sociais impõe a resposta: o sacríficio é feminino e é previamente determinado no contrato social firmado que mantém a estrutura social do poder marital. Não parece ser à toa que miséria e vulnerabilidade sejam palavras femininas...

Note-se que aqui não se propõe uma alteração do elenco dos artigos 1.659, VI e 1.668, V, do Código Civil, mesmo porque transbordaria os limites do exame ora proposto. Contudo, compreende-se que a comunicabilidade dos depósitos de FGTS efetuados ao longo da vida comum não desafia a incomunicabilidade da fonte da renda pessoal de cada um dos cônjuges pois, da mesma forma como os frutos dos bens particulares são comunicáveis (art. 1660, V, do CC), os depósitos fundiários realizados ao longo da união conjugal devem ser compreendidos como frutos civis produzidos pelos proventos do trabalho de cada cônjuge.

Desta forma, o trabalho doméstico, o altruísmo feminino, restariam dignificados, porque inseridos na ordem de proteção econômica, estendendo-se a comunicação patrimonial a todos os cônjuges. Não é demais lembrar que *na aplicação da lei, o juiz atenderá aos fins sociais a que ela se dirige e às exigências do bem comum.*

A equação é simples e converge na busca de uma efetiva isonomia conjugal: mesmo que o homem seja o único ou o principal provedor, o pacto legítimo estabelecido pelo casal deve ser reconhecido, mantido e prestigiado quando dissolvida a sociedade conjugal, devendo ser partilhado o montante depositado durante o tempo da vida comum. Como finalmente reconhecido pela 2ª Sessão no acórdão ora analisado, basta noticiar a CEF que valores deverão ser retidos possibilitando saque futuro do ex-cônjuge, tão logo comprovada a incidência de alguma hipótese do art. 20, da Lei 8.036/90.

## 6. CONSIDERAÇÕES FINAIS

Não é ocioso repisar *ad nauseam*: os debates patrimoniais precisam ser inseridos no campo existencial. O reconhecimento da comunicabilidade dos depósitos fundiários realizados durante a convivência conjugal é parte de um diálogo apenas iniciado e ainda longe de ser finalizado, o início de um caminho de maior equidade entre o marido e a mulher, o reconhecimento de que os arranjos familiares patrimoniais devem ser honrados e prestigiados e que a comunhão de vida idealizada e escolhida pelo casal não pode ser apagada após o término do afeto.

O compromisso com a igualdade substancial de gênero é um compromisso diário do sistema de justiça.

## 7. REFERÊNCIAS

DIAS, Maria Berenice. *Manual de Direito das Famílias*. São Paulo: Ed. RT, 2009.

DIAS, Maria Berenice. *Regime de bens e algumas absurdas incomunicabilidades*. Disponível em: www.mariaberenice.com.br.

FARIAS, Cristiano Chaves de; ROSENVALD, Nelson. *Curso de Direito Civil* – Famílias. Salvador: Jus-Podivm, 2017.

LÔBO, Paulo. *Famílias*. São Paulo: Saraiva, 2009.

OLIVEIRA, José Maria Leoni Lopes de. *Direito Civil* – Família. Rio de Janeiro: Forense, 2017.

RIZZARDO, Arnaldo. *Direito de família*. Rio de Janeiro: Forense, 2006.

SAFFIOTI, Heleiteh. *Gênero Patriarcado Violência*. Fundação Perseu Abramo/ Expressão Popular.

# PARTILHA DA PREVIDÊNCIA PRIVADA

*Rolf Madaleno*

Mestre pela PUC/RS. Professor de Direito de Família na pós-graduação da PUC/RS e de alienação parental na pós-graduação da PUC/RJ. Diretor Nacional e sócio fundador do IBDFAM. Membro da AIJUDEFA. Advogado. Palestrante no Brasil e no exterior.

**Sumário:** 1. A previdência privada e o STJ – 2. O propósito da previdência privada – 3. A portabilidade do plano fechado e o autopatrocínio – 4. Conclusão – 5. Referências.

## 1. A PREVIDÊNCIA PRIVADA E O STJ

Reiteradamente o Superior Tribunal de Justiça vem se pronunciando a despeito da partilha da previdência privada aberta e que se distingue da previdência privada fechada, onde esta mantém sua incomunicabilidade do artigo 1.659, VII do Código Civil de 2002.

O REsp 1477937/MG é uma boa amostra deste movimento do Superior Tribunal de Justiça, ao concluir que as entidades fechadas de previdência complementar, sem fins lucrativos, disponibilizam os planos de previdência apenas aos empregados ou grupos de empresas aos quais estão atrelados e que estes não se confundem com a previdência chamada de aberta que é acessível a qualquer pessoa e que permite qualquer aporte, a qualquer tempo, como a qualquer tempo os valores aplicados podem ser resgatados, identificando-se com uma usual aplicação financeira. Destarte, somente para a previdência fechada pode ser aplicado o artigo 1.659, inciso VII do Código Civil de 2002, porquanto se trata de verba que não pode ser levantada ou resgatada segundo a conveniência pessoal do participante, que deve perder o vínculo empregatício com a patrocinadora, pois isto desequilibraria o sistema previdenciário, ao passo que a previdência aberta não guarda estas mesmas características e mais se aproxima de uma espécie diferenciada de aplicação financeira.

Os fundos privados de pensão são benefícios de caráter personalíssimo e visam à subsistência da pessoa em certa passagem de sua vida, eis se tratar de uma renda pessoal e incomunicável, tal como acontece com os proventos do trabalho de cada cônjuge e, portanto, nessa linha de pensamento também não se comunicam. Como destacado, interessante discussão doutrinária deita sobre a incomunicabilidade dos fundos particulares de pensão, que respeitam à chamada *previdência privada*, formada pelo próprio beneficiário com reservas periódicas que faz de seus recursos pessoais ao longo dos anos, de forma a converter este pecúlio em uma renda vitalícia ou por certo período de tempo, quando ele atingir determinada idade, ou quando o fundo é constituído por aportes depositados pela empresa na qual trabalha o beneficiário.

O sistema de previdência social brasileiro é misto, composto por um Regime Geral de Previdência Social, que é um regime público e compulsório, a cargo da autarquia Instituto Nacional de Seguro Social (INSS), que cobre a perda da capacidade de gerar meios para a subsistência até um teto máximo, mas que não se concilia com a pretensão daqueles que almejam uma renda maior. Para estes, ao lado da previdência pública foi previsto o chamado Regime Complementar, privado e facultativo, gerido por entidades abertas e fechadas de previdência.

Como adiantado, os planos *abertos* podem ser adquiridos por qualquer interessado e são oferecidos por empresas especializadas e constituídas na modalidade de sociedades anônimas, como seguradoras e bancos, que exploram economicamente planos de benefícios de caráter previdenciário em forma de renda continuada ou pagamento único.

Entidades *fechadas* de previdência complementar são exclusivamente acessíveis aos empregados de uma empresa ou de um grupo associativo, como ocorre, por exemplo, com a Ordem dos Advogados (OAB) com seu plano OABPREV (conforme a Seccional será, por exemplo, SP ou RS etc.), endereçado aos seus inscritos ou quando pertencem a determinada empresa que oferece o plano de previdência privada exclusivamente a seus empregados.

Quando o promotor do plano é uma empresa, os aportes são feitos diretamente pela pessoa jurídica onde o beneficiário presta os seus serviços profissionais. O Tribunal de Justiça do Rio Grande do Sul admitia o caráter personalíssimo da previdência privada e sua incomunicabilidade, havendo alguns julgados que ressalvavam apenas a partilha dos rendimentos ou frutos decorrentes deste numerário, por força do artigo 1.660, inciso V, do Código Civil, pois consideravam a previdência privada como sendo um bem particular que gerava frutos, quando sabido que os benefícios previdenciários serão concedidos no formato de pecúlio ou de renda, a ser paga na forma de um capital único ou em parcelas mensais, em uma importância necessária para o participante poder manter um nível de vida semelhante ao que tinha em atividade e para que esta finalidade pudesse ser atingida, a capitalização planejada não podia sofrer reduções, ou seja, diferente da previdência aberta e na qual é possível resgatar os recursos a qualquer tempo, na previdência privada fechada circunstanciais retiradas deixadas ao livre arbítrio do investidor.

Diferente das previdências privadas fechadas onde eventuais livres retiradas desestabilizariam os planos de saúde projetados para toda uma comunidade de empregados, nos planos abertos as instituições bancárias visam o fruto e arrecadam para si este lucro, garantido unicamente o valor prometido para o futuro benefício, gerando estas distintas características que diferenciavam a previdência privada fechada da previdência privada aberta, toda discussão jurisprudencial cingiu-se a identificar se o benefício de previdência privada seria verba a ser excluída da partilha em razão do divórcio, da dissolução da união estável e até mesmo do direito sucessório.

Tradicionalmente, em suas duas modalidades, *aberta* ou *fechada*, a previdência privada estava excluída da comunhão pelo inciso VII, do artigo 1.659 do Código Civil, cujo dispositivo trata das pensões, meios-soldos, montepios e *outras rendas semelhantes*, só sendo passível a partilha do dinheiro juntado no fundo de pensão se o investidor o resgatasse antes do prazo contratado, pois neste caso se configurava um mero investimento, que não correspondia ao exercício antecipado do direito ao benefício.

A própria destinação dos fundos de pensão (aposentadoria, incapacidade ou morte) já classificava os planos de previdência privada como pessoais e incomunicáveis, porque se tratava, tanto dos planos fechados como abertos, de um direito que tinha por objeto o ressarcimento de danos personalíssimos do titular do plano, como no caso de sua incapacidade para o trabalho, parcial ou total, ou sua aposentadoria, que o exclui pela idade da capacidade de continuar produzindo, ou por decorrência de sua morte.

Para o Tribunal de Justiça de Santa Catarina, no AgIn 2007037721-8, a soma complementar auferida pelo aposentado, ainda que tivesse fonte em plano previdenciário privado, constituía verba de natureza alimentar e, portanto, estava excluída da partilha de bens. Na mesma toada, com expressa referência à *previdência complementar fechada* certa feita decidiu o Superior Tribunal de Justiça através da 3ª Turma, no REsp 1477937/MG, julgado em 27.04.2017, aduzia que o artigo 1.659, inciso VII, do Código Civil expressamente excluía da comunhão de bens as pensões, meios-soldos, montepios e outras rendas semelhantes, como por analogia, era o caso da previdência complementar tanto aberta como fechada, contudo, a partir de julgados do STJ, como o REsp 1698774/RS, datado de 01.09.2020, da 3ª Turma e relatado pela Ministra Nancy Andrighi, sendo dela também a relatoria do REsp 1880056/SE, por igual da 3ª Turma, e datado de 16.03.2021, o Superior Tribunal de Justiça construiu uma nova natureza jurídica que passou a distinguir os planos de previdência privada *aberta* e *fechada* para efeito de comunicação conjugal, convencional ou sucessória, passando somente a modalidade fechada a ser insuscetível de partilha, porque somente ela preservaria a sua função previdenciária, e, portanto, seguiria sendo uma verba excluída da partilha em virtude da dissolução do casamento ou da união estável em regimes de comunhão de bens, ao passo que a previdência *aberta* teria uma natureza de mera aplicação financeira, referindo a Ministra Nancy Andrighi que:

(...) 4. Os planos de previdência privada aberta, operados por seguradoras autorizadas pela SUSEP, podem ser objeto de contratação por qualquer pessoa física e jurídica, tratando-se de regime de capitalização no qual cabe ao investidor, com amplíssima liberdade e flexibilidade, deliberar sobre os valores de contribuição, depósitos adicionais, resgates antecipados ou parceladamente até o fim da vida, razão pela qual a sua natureza jurídica ora se assemelha a um seguro previdenciário adicional, ora se assemelha a um investimento ou aplicação financeira. 5. Considerando que os planos de previdência privada aberta, de que são exemplos o VGBL e o PGBL, não apresentam os mesmos entraves de natureza financeira e atuarial que são verificados nos planos de previdência fechada, a eles não se aplicam os óbices à partilha por ocasião da dissolução do vínculo conjugal apontados em precedente da 3ª Turma desta Corte (REsp 1477937/MG). 6. Embora, de acordo com a SUSEP, o PGBL seja um plano, de previdência complementar aberta com cobertura por sobrevivência e o VGBL seja um plano de seguro de pessoa com cobertura por e sobrevivência, a natureza securitária e previdenciária complementar desses contratos é marcante no momento em que o investidor passa a receber, a partir de determinada data futura e em prestações periódicas, os valores que acumulou ao longo da vida, como forma de complementação do valor recebido da previdência pública e com o propósito de manter um determinado padrão de vida. 7. Todavia, no período que antecede a percepção dos valores, ou seja, durante as contribuições e formação do patrimônio, com múltiplas possibilidades de depósitos, de aportes diferenciados e de retiradas, inclusive antecipadas, a natureza preponderante do contrato de previdência complementar aberta é de investimento, razão pela qual o valor existente em plano de previdência complementar aberta, antes de sua conversão em renda e pensionamento ao titular, possui natureza de aplicação e investimento, devendo ser objeto de partilha por ocasião da dissolução do vínculo conjugal por não estar abrangido pela regra do art. 1.659, VII, do CC/2002... (REsp 1698774/RS).

Os acórdãos do Superior Tribunal de Justiça não fazem expressa referência à possibilidade de fraude na divisão matrimonial ou convivencial dos bens, que a previdência privada aberta pudesse servir como forma de excluir recursos do direito sucessório indisponível, não há como desconsiderar ser esta uma das principais razões que podem ser extraídas desta ideia de que a previdência privada aberta, por suas características singulares é equiparada a um investimento qualquer.

## 2. O PROPÓSITO DA PREVIDÊNCIA PRIVADA

Conforme Marcos Silvestre a previdência privada é um esforço de mobilização exclusiva de cada trabalhador, um *projeto individual autônomo*, no qual a pessoa se planejará e se empenhará para fazer esforços poupadores de investimentos voluntários durante a fase produtiva de sua vida de trabalho, visando acumular uma reserva financeira particular até o início da fase em que pretende começar a gozar de sua aposentadoria, derivando dessa reserva mensal regular para pagar suas contas futuras daí em diante.[1]

Sem qualquer contestação e tampouco os julgados do STJ fazem esta ressalva, é de cada um a oportunidade de planejar seu projeto de previdência privada, mas quando se mantém uma família, planejar uma vida financeira passa, certamente, pelo controle das despesas da casa, das necessidades e dos interesses e direitos desta família constituída, mesmo porque, planejar e controlar todos os pagamentos pessoais e familiares de maneira organizada, são cuidados voltados a uma família que poupa em busca de um saudável hábito, e que mira sua prosperidade e segurança futura, como fruto de um esforço compartilhado, próprio inclusive, de um regime de comunidade de bens, pois não há dúvida que, enquanto casais que agora se divorciam, mas que antes viviam em família, com efeito que tinham um projeto único de previdência particular.

---

1. SILVESTRE, Marcos. *Previdência particular*. A nova aposentadoria. Barueri: Faro Editorial. 2017, p. 11.

Na atual interpretação do Superior Tribunal de Justiça o benefício de previdência privada fechada é excluído da partilha em dissolução de casamento ou de união estável regida pela comunhão parcial de bens, porque, segundo o douto Colegiado, o benefício de previdência privada fechada faz parte do rol das exceções do artigo 1.659, inciso VII, do Código Civil, e como assinalado, este entendimento foi firmado pela Terceira Turma, enquadrando a previdência privada fechada no conceito de *renda semelhante*, de caráter personalíssimo, como uma espécie de pecúlio, cuja verba não pode ser levantada ou resgatada pela simples vontade do participante, que deve perder o vínculo empregatício com a patrocinadora.

No REsp 1698774/RS da 3ª Turma do STJ, datado de 1º.09.2020, a relatora Ministra Nancy Andrighi ressaltou a distinção entre a *previdência privada fechada* e a *previdência privada aberta*, em que àquela havia sido objeto de exame recente pelo STJ no REsp 1477937/MG, oportunidade em que a 3ª Turma concluiu que a previdência fechada é fonte de renda semelhante às pensões, meio-soldos e montepios (CC, art. 1.659, inciso VII) de natureza personalíssima e, portanto, bem incomunicável e insuscetível de partilha, e segundo o referido julgado, as entidades fechadas de previdência privada complementar, diferentemente das abertas, disponibilizam os planos de benefícios de natureza previdenciária apenas aos empregados de uma empresa ou grupo de empresas aos quais os funcionários estão atrelados, no sentido de que a contratação do plano de previdência apesar de facultativa, visa a constituição de reservas do participante e só podem ser levantadas ou resgatadas com a perda do vínculo empregatício com a patrocinadora ou se completados os requisitos previstos nas normas previdenciárias e estatutárias.

Em sentido oposto, a previdência privada aberta nada tem a ver com o salário ou a remuneração do participante e ademais disto, pode ser levantada a qualquer tempo, e segundo Marcos Silvestre "os planos abertos são oferecidos por bancos e seguradoras, e podem ser adquiridos por qualquer pessoa física ou jurídica no varejo. São produtos comerciais do mercado financeiro, e, portanto, têm fim lucrativo", enquanto que "os planos fechados são oferecidos pelas entidades fechadas de previdência complementar. Os planos fechados são criados por empresas, públicas ou privadas, e voltados exclusivamente para seus funcionários – assim, não podem ser contratados por quem não é colaborador da organização. São planos de natureza assistencial e não visam lucros: todos os recursos aplicados e os rendimentos obtidos são revertidos para o próprio fundo e, por decorrência, para os participantes".[2]

Estes planos empresariais fechados, geralmente contam com a contrapartida da *patrocinadora* (empregador), existindo os planos empresariais *instituídos* e os *averbados*. Nos planos instituídos a empresa irá custear parte das contribuições, ganhando benefícios fiscais por isso, e conforme Marcos Silvestre "existem planos em que o participante pode aportar de 1% a 12% do seu salário, com a complementação por parte da patrocinadora na base de 1:1 (100% de complemento), ou 2:1 (50% de

---

2. SILVESTRE, Marcos. *Previdência particular. A nova aposentadoria.* Barueri: Faro Editorial. 2017, p. 166.

complemento), ou ainda outra proporção. Em qualquer caso, este é um importante benefício que a empresa oferece e que não existe nos planos de previdência abertos. Nos planos *averbados* que também são fechados, apenas os funcionários realizam contribuições, mas contam com condições muito vantajosas para o plano corporativo, especialmente negociadas pela companhia com a seguradora, em geral contratada a mercado, já que o principal objetivo não é o lucro na operação do plano, mas o benefício proporcionado aos colaboradores."[3]

## 3. A PORTABILIDADE DO PLANO FECHADO E O AUTOPATROCÍNIO

É possível mudar de instituição administradora, o que é chamado de *portabilidade externa*, ou seja, leva a reserva já acumulada para outra entidade que a gere, podendo este resgate ou a sua portabilidade suceder igualmente em *planos fechados de previdência privada*, o que ocorre quando o empregado se desliga ou é desligado da empresa, sendo necessário observar o regulamento do fundo corporativo, e o que ele estipula sobre o direito de aquisição do participante da parcela de contribuição efetuada pela empresa no plano colaborador desligado.[4]

As previdências privadas fechadas costumam manter seu próprio Regulamento do Plano de Aposentadoria e nele asseguram por vezes, a condição de participante ativo àquele que, tendo reduzida a sua remuneração ou mesmo não mais atuando na empresa, mesmo assim poderão continuar participando do plano fechado de previdência privado na qualidade de participante autopatrocinado, sendo considerados participantes autopatrocinados aqueles que tiverem a redução parcial ou total de sua remuneração, incluindo-se os ex-empregados da patrocinadora que optarem por permanecer vinculados a este plano, efetuando contribuições em seu nome e em nome da patrocinadora.

Portanto, mesmo desligado da empresa existe a possibilidade do chamado *autopatrocínio,* que é oferecido ao participante de plano de previdência privada fechado que, mesmo sendo ex-empregado, opta por permanecer no plano, mantendo o valor de sua contribuição que ele mesmo passa a depositar e também assume o pagamento que cabia à sua patrocinadora (empregador), que respeita àquela parcela que era aportada pelo empregador, e que ele contribuía como patrocinador com o valor correspondente a 50% ou 100% da contribuição básica efetuada pelo participante ativo.

De acordo com os regulamentos dos planos de aposentadorias privadas fechadas as contribuições de participante cessam com o término do vínculo, mas costumam ressalvar a situação do declinado autopatrocinado, cuja opção de permanência o ex-funcionário pode formalizar ao deixar de compor o quadro de funcionários da empresa empregadora e dela sendo ex-empregado, o participante ativo (ex-empregado) poderá optar pelo chamado benefício proporcional diferido, desde que não

---

3. SILVESTRE, Marcos. *Previdência particular.* A nova aposentadoria. Barueri: Faro Editorial. 2017, p .168.
4. SILVESTRE, Marcos. *Previdência particular.* A nova aposentadoria. Barueri: Faro Editorial. 2017, p. 200.

tenha elegido um benefício de aposentadoria normal, ou que não tenha optado pela antecipação do seu benefício de aposentadoria e nem pelos institutos da portabilidade, pelo autopatrocínio ou pelo resgate, existindo algumas regras adicionais que variam em cada plano privado fechado de previdência. Neste caso, o saldo da conta total do participante será mantido no patrimônio para a percepção do benefício, que ocorrerá na data em que o participante alcançar a elegibilidade para aposentadoria normal ou antecipada, conforme sua opção.

Conforme lição de Ivy Cassa, o autopatrocínio assegura ao participante a possibilidade de manter o mesmo valor de benefício que tinha programado anteriormente, quando ainda possuía vínculo com a patrocinadora, não sendo justo que, ao perder seu emprego tenha que reprogramar sua aposentadoria, permitindo a Lei Complementar 109/2001,[5] a faculdade de manter o valor de sua contribuição e o da patrocinadora em caso de perda de sua remuneração ou do término do seu vínculo de trabalho, de modo a manter o mesmo nível de benefício futuro originalmente contratado, transmudando-se em um participante autopatrocinado, e assim, salvaguardando o esforço previdenciário feito pela patrocinadora e pelo participante até o momento do rompimento,[6] mas, sendo induvidoso, que a relação de emprego se encontra rompida, passando o ex-empregado a patrocinar pessoal e exclusivamente com dinheiro próprio a sua permanência na previdência privada de seu antigo empregador, mas, por mera concessão da lei e do regulamento interno, e não mais na sua formatação original, como empregado da patrocinadora, e não mais recebendo os aportes desta mesma patrocinadora que deixou de ser sua empregadora, e cujos aportes o ex-empregado passou a realizar com seus próprios recursos e não mais por desconto de seus salários.

Segundo informa ainda Ivy Cassa, "quando o participante opta por se autopatrocinar, além de ficar obrigado ao pagamento integral de suas contribuições, é também a ele que passa a caber o pagamento da taxa administrativa e outras taxas devidas pelo plano", podendo a qualquer tempo optar pelo benefício proporcional diferido, portabilidade ou resgate, passando a valer unicamente a sua vontade, pois como antes mencionado, na previdência privada fechada a verba não pode ser levantada ou resgatada pela simples vontade do participante, que deve primeiro perder o vínculo empregatício com a patrocinadora, ou seja, com a sua formal dispensa o ex-funcionário deixou de ser participante de um plano fechado de previdência, e passou apenas a

---

5. Art. 14. Os planos de benefícios deverão prever os seguintes institutos, observadas as normas estabelecidas pelo órgão regulador e fiscalizador: I – benefício proporcional diferido, em razão da cessação do vínculo empregatício com o patrocinador ou associativo com o instituidor antes da aquisição do direito ao benefício pleno, a ser concedido quando cumpridos os requisitos de elegibilidade; II – portabilidade do direito acumulado pelo participante para outro plano; III – resgate da totalidade das contribuições vertidas ao plano pelo participante, descontadas as parcelas do custeio administrativo, na forma regulamentada; e IV – faculdade de o participante manter o valor de sua contribuição e a do patrocinador, no caso de perda parcial ou total da remuneração recebida, para assegurar a percepção dos benefícios nos níveis correspondentes àquela remuneração ou em outros definidos em normas regulamentares...

6. CASSA, Ivy. *Contrato de previdência privada*. São Paulo: MP. 2009, p. 195-196.

usufruir de um direito legalmente previsto, no sentido de continuar no plano fechado conforme previsto em lei ou no regulamento do plano de aposentadoria da empresa e antiga empregadora, com cláusulas assim direcionadas:

> O ex-empregado, ou o participante que tiver seu contrato suspenso interrompido, poderá optar por permanecer vinculado ao plano, até a data do preenchimento das condições de elegibilidade a um benefício de aposentadoria normal deste plano, efetuando, nesse caso, além de suas contribuições, os aportes que seriam feitos pela patrocinadora, cabendo aos participantes que não efetuavam contribuição ao plano, arcarem com todas as contribuições de responsabilidade da patrocinadora destinadas ao custeio de seu benefício, acrescidas, em qualquer caso, da Contribuição Administrativa prevista no plano de custeio, respeitados os limites legais...

Como visto, trata-se apenas de uma faculdade concedida ao ex-empregado de permanecer vinculado ao plano fechado até a data do preenchimento das condições de elegibilidade a um benefício de aposentadoria normal, podendo se retirar a qualquer tempo, migrando para outra previdência privada fechada a cujo novo emprego tenha porventura se vinculado, ou atrelar-se a qualquer plano aberto de previdência privada, e que respeita, como escreveu a Ministra Nancy Andrighi no corpo da ementa do REsp 1698774/RS, de que "cabe ao investidor, com amplíssima liberdade e flexibilidade, deliberar sobre os valores de contribuição, depósitos adicionais, resgates antecipados ou parceladamente até o fim da vida, razão pela qual a sua natureza jurídica, ora se assemelha a um seguro previdenciário adicional ora se assemelha a um investimento ou aplicação financeira".

Comete ao ex-empregado decidir por sua permanência no plano de previdência gerido por seu ex-empregador, sendo que cada fundo adota regras que variam para o resgate das contribuições efetuadas pela empresa, havendo exemplos citados pela doutrina, no sentido de que, se o participante retira os recursos durante os primeiros dois anos, ele pode levar tudo o que ele mesmo aportou, mas nada da parte da empresa. Entre dois e quatro anos, levará, por exemplo, 20% da contrapartida da empresa. Entre quatro e seis anos, poderá se apropriar de 40% do que a patrocinadora depositou. Entre seis e oito anos de contribuição, levará 60%. Entre oito e dez anos, poderá absorver 80% da parte da empresa, e a partir daí, acima de dez anos, levará 100% do que a patrocinadora investiu para ajudá-lo a formar sua reserva.[7]

Qual seja, existem razões econômicas e financeiras que justificam e tornam atraente a permanência do ex-empregado na previdência privada fechada de seu ex-empregador ao optar por continuar vinculado ao plano de previdência de seu ex-empregador, de sorte que a sua permanência atende exclusivamente aos seus interesses pessoais, obrigando-se a aportar valores que incontestavelmente passam a ser extraídos diretamente das economias conjugais, até porque, como ex-empregado o participante deixou de ser beneficiado com as contribuições da patrocinadora (ex-empregadora) e das demais taxas incidentes, que passaram a ser aportadas em seu conjunto (contribuições e taxas) com dinheiro conjugal.

---

7. SILVESTRE, Marcos. *Previdência particular.* A nova aposentadoria. Barueri: Faro Editorial. 2017, p. 201.

Destarte, a partir do desligamento da empresa o ex-empregado passa a contribuir em autopatrocínio com recursos pessoais e neste momento, embora prossiga em uma previdência privada fechada, nela se mantém em caráter excepcional, e descaracterizado da sua configuração originária, eis que sua permanência se dá em nítida semelhança à previdência aberta, sob a fachada de previdência fechada, cuja exclusão da partilha terminaria representando um ato de fraude aos direitos de seu cônjuge sobre os valores aportados depois que se desligou de seu primitivo empregador, não obstante continuasse no plano de previdência da empresa de origem agora pelo seu autopatrocínio desde o seu desligamento da empresa, não havendo como aceitar que doravante continuasse sua previdência privada sendo excluída da partilha apenas porque segue administrada por empresa privada, com aportes notoriamente conjugais, sob pena de restar configurada a fraude consoante interpretação jurisprudencial que distingue a previdência privada *fechada* por assim dizer pura, da previdência privada *aberta*.

## 4. CONCLUSÃO

Sobre a previdência privada aberta, escreve a Ministra Nancy Andrighi no REsp 1698774/RS, ser ela operada por seguradoras autorizadas pela SUSEP – Superintendência de Seguros Privados e pode ser objeto de contratação por qualquer pessoa física ou jurídica, tratando-se de regime de capitalização no qual cabe ao investidor, com amplíssima liberdade, flexibilidade, deliberar sobre os valores de contribuição, depósitos adicionais, resgates antecipados ou parceladamente até o fim da vida, anotando a julgadora ainda, a aptidão que teriam os investimentos comunicáveis (previdência aberta) para gerar distorções no regime de bens do casamento e também na sucessão, porquanto, bastaria ao investidor direcionar seus aportes para essa modalidade para frustrar a meação dos cônjuges ou a legítima dos herdeiros, e estas distorções surgem de maneira cristalina nesta sutil movimentação de quem mesmo desempregado segue patrocinando com recursos comuns e comunicáveis o seu plano de previdência na modalidade fechada, mas que deixou de ser uma previdência privada e incomunicável com seu desligamento da empresa.

Esconder-se sob o manto de uma previdência privada que não mais lhe pertence desde quando o patrocinador deixou de ser seu empregador, seria inteiramente ficcional a crença de que seguiria protegido em uma *previdência privada fechada*, olvidando-se o fraudador, em realidade, de que o conceito de previdência fechada literalmente se *fechara* para ele ao se desligar do vínculo de trabalho, não podendo a sua opção pessoal de permanência no plano de seu ex-empregador, quando esta interpretação esconde notório artifício para o desvio de recursos comuns que estão inclusive contemplando o pagamento de taxas e contribuições que deixaram de ser aportadas pelo ex-empregador em razão da extinção do vínculo de trabalho, e que passaram a ser depositadas pelo ex-empregado.

Por pertinente, calha acrescer passagem de encerramento do voto da Ministra Nancy Andrighi, ao dizer ser correto afirmar que os valores aportados em planos de previdência privada aberta, antes de sua conversão em renda e pensionamento ao titular possuem natureza de aplicação e investimento, devendo ser objeto de partilha por ocasião do vínculo conjugal por estarem fora da regra do artigo 1.659, VII do Código Civil.

Acórdão oriundo do REsp 1880056/SE,[8] datado de 16 de março de 2021, da 3ª Turma do STJ, igualmente relatado pela Ministra Nancy Andrighi renova exatamente esta mesma orientação iniciada pelo julgado paradigmático do REsp 1477937/MG e largamente reeditada no REsp 1698774/RS.

Pedindo vistas no REsp 1880056/SE, disse o Ministro Ricardo Villas Bôas Cueva que os planos previdenciários apresentam, em regra, duas fases, sendo uma delas a da *acumulação*, em que os recursos são aportados e remunerados a longo prazo pela rentabilidade financeira e a de *concessão de benefício*, em que a renda contratada é recebida após configuradas algumas contingências sociais, como aposentadoria, invalidez, desemprego ou óbito do participante.

Para o Ministro Ricardo Villas Bôas Cueva há pontual preocupação com o *desvirtuamento da finalidade social do contrato – como o uso do instrumento previdenciário*

---

8. "Civil. Processual Civil. Ação de reconhecimento e dissolução de união estável cumulada com partilha de bens e alimentos. Planos de previdência privada aberta. Regime marcado pela liberdade do investidor. Contribuição, depósitos, aportes e resgates flexíveis. Natureza jurídica multifacetada. Seguro previdenciário. Investimento ou aplicação financeira. Dessemelhanças entre os planos de previdência privada aberta e fechada, este último insuscetível de partilha. Natureza securitária e previdenciária dos planos privados abertos verificada após o recebimento dos valores acumulados, futuramente e em prestações, como complementação de renda. Natureza jurídica de investimento e aplicação financeira antes da conversão em renda e pensionamento ao titular. Partilha por ocasião do vínculo conjugal. Necessidade. Art. 1.659, VII, do CC/2002 inaplicável à hipótese. Partilha de parte do bem adquirido na constância da união estável com recursos advindos do levantamento de saldo do FGTS. Possibilidades. Precedentes. Desnecessidade dos alimentos à ex-cônjuge. Deficiência da fundamentação recursal. Súmula 284/STF. Imprescindibilidade do reexame de fatos e provas. Súmula 7/STJ. (...) 3 – Os planos de previdência privada aberta, operados por seguradoras autorizadas pela SUSEP, podem ser objeto de contratação por qualquer pessoa física e jurídica, tratando-se de regime de capitalização no qual cabe ao investidor, com amplíssima liberdade e flexibilidade, deliberar sobre os valores de contribuição, depósitos adicionais, resgates antecipados ou parceladamente até o fim da vida, razão pela qual a sua natureza jurídica ora se assemelha a um seguro previdenciário adicional, ora se assemelha a um investimento ou aplicação financeira. 4 – Considerando que os planos de previdência aberta, de que são exemplos o VGBL e o PGBL, não apresentam os mesmos entraves de natureza financeira e atuarial que os verificados nos planos de previdência fechada, a eles não se aplicam s óbices à partilha por ocasião da dissolução do vínculo conjugal apontados em precedente da 3ª Turma desta Corte (REsp. 1.477.937/MG). 5 – Embora, de acordo com a SUSEP, o PGBL seja um plano de previdência complementar aberta com cobertura por sobrevivência e o VGBL seja um plano de seguro de pessoa com cobertura por e sobrevivência, a natureza securitária e previdenciária complementar desses contratos é marcante no momento em que o investidor passa a receber, a partir de determinada data futura e em prestações periódicas, os valores que acumulou ao longo da vida, como forma de complementação do valor recebido da previdência pública e com o propósito de manter um determinado padrão de vida. 6 – Todavia, no período que antecede a percepção dos valores, ou seja, durante as contribuições e formação do patrimônio, com múltiplas possibilidades de depósitos, de aportes diferenciados e de retiradas, inclusive antecipadas, a natureza preponderante do contrato de previdência complementar aberta é de investimento, razão pela qual o valor existente em plano de previdência complementar aberta, antes de sua conversão em renda e pensionamento ao titular, possui natureza de aplicação e investimento, devendo ser objeto de partilha por ocasião da dissolução do vínculo conjugal por não estar abrangido pela regra do art. 1.659, VII, do CC/2002. (...)

*para investimentos, blindagem contra credores, diminuição da legítima de herdeiros, ocultação de bens do cônjuge meeiro* e assevera que estas situações devem ser aferidas caso a caso, obviamente mencionando as fraudes que costumam acontecer a partir do uso deturpado da previdência, mesmo que se trate de previdência fechada, especialmente quando esta previdência, por mera faculdade legal, é mantida por conveniências financeiras do ex-empregado, mas que não pode esta conveniência servir como um instrumento dissimulado de fuga de recursos que o Superior Tribunal de Justiça entende como sendo de natureza comunitária, porquanto retirados das economias conjugais.

Segundo Mariano Gagliardo "a fraude é a pérfida arte de desafiar as leis, com aparência de submissão; de violar tratados, parecendo que os executa; e de enganar pela exteriorização dos atos ou dos fatos, e bem àqueles os quais despoja ou ao menos aos tribunais a que estes poderiam recorrer para esgrimirem seus direitos [...]", e que "entre os homens sempre se encontram aqueles que [...] se aproveitam de toda ocasião para arrebatar a coisa do outro [...]. Para eles, as leis não são mais obstáculos a evitar [...]. Eles rivalizam com as leis, e por diversos rodeios buscam os meios de desafiá-las, sob a aparência de submissão. Desta luta nasce o que conhecemos como dolo, fraude, simulação [...] O magistrado se vê diante de uma questão espinhosa [...] deve desgarrar o véu e descobrir a verdade envolta em um véu mais ou menos espesso".[9]

Como poderia um ex-empregado justificar uma contumaz transmissão de valores extraídos de suas economias conjugais, e pretender blindar estes valores como se fossem realmente provenientes de uma vinculação laboral contínua junto ao primitivo empregador que titulava plano privado fechado de previdência social, com valores regularmente aportados pelo empregador e pelo então empregado, passando ele em autopatrocínio a se utilizar das economias conjugais, constituindo-se esta situação fática em uma transmutação do plano de previdência privado que deixa de ser fechado e passa a ser aberto, sob pena de um indevido enriquecimento diante da evidência de que depois de haver se desligado da empresa seus aportes passaram a ser realizados exclusivamente com recursos conjugais que deverão ser partilhados, em lógica e natural equiparação à previdência privada aberta e, destarte, comuns e comunicáveis, consoante reiterada jurisprudência dos tribunais estaduais, e em especial do Superior Tribunal de Justiça.

A saída destes recursos comuns do patrimônio privado dos cônjuges, mais adiante das interpretações legais e jurisprudenciais encontra igualmente o seu fundamento na teoria do enriquecimento ilícito, pois que seria formalizar o indevido empobrecimento do consorte acaso lhe fosse negada a partilha da previdência privada mantida pelo ex-cônjuge junto ao plano de previdência do ex-empregador por mera faculdade legal, mas sem que esta opção de autopatrocínio prevista em lei e em regu-

---

9. GAGLIARDO, Mariano. *Sociedad de familia y cuestiones patrimoniales*. 3. ed. Buenos Aires: Rubinzal-Culzoni, 2018, p. 456.

lamento possa ter o condão de transformar recursos comuns em aportes privativos, justamente à custa do patrimônio privativo quando não subsiste qualquer dúvida quanto ao desligamento funcional quando o ex-funcionário se mantém vinculado ao plano de previdência privado em um autopatrocínio, efetuando suas contribuições e os subsídios que deixaram de ser feitos pela patrocinadora (ex-empregador), ademais do aporte adicional que também faz do custeio das contribuições administrativas, com recursos inegavelmente retirados do patrimônio conjugal, quando bem poderia ter utilizado estes mesmos recursos desviados do casamento em qualquer outro modelo de aplicação financeira, ou até mesmo em um plano de previdência aberta, com a portabilidade dos valores originários presentes quando de seu desligamento funcional, ocasião em que tinha plena disponibilidade da sua previdência.

Contudo, como bem adverte o Ministro Ricardo Villas Bôas Cueva, há pontual preocupação com o *desvirtuamento da finalidade social do contrato – como o uso do instrumento previdenciário para investimentos, blindagem contra credores, diminuição da legítima de herdeiros, ocultação de bens do cônjuge meeiro* e assevera que estas situações devem ser aferidas caso a caso, obviamente mencionando as fraudes que costumam acontecer a partir do uso deturpado da previdência, mesmo que se trate de previdência fechada e esta deve ser a casuística preocupação do julgador, examinando caso a caso e não simplesmente taxando todas as previdências privadas *fechadas* como incomunicáveis e todas as previdências privadas *abertas* como comunicáveis.

Em realidade, esta distinção entre previdência aberta e fechada, ainda que à primeira delas possa ser atribuída uma natureza de investimento, por toda a liberdade e flexibilidade acerca dos valores de contribuição, depósitos adicionais, resgates antecipados ou parcelados, não é o simples fato de se tratar de uma previdência aberta que lhe retira a natureza de previdência pura como sucede na previdência privada fechada, pois tanto uma como a outra visam, em princípio, a sua futura conversão em um rendimento que assegure ao beneficiário uma equivalência de ganhos como se ainda estivesse na ativa, sendo unicamente diferenciadas, porque a rigor, uma delas, a previdência privada aberta está mais suscetível à fraude, podendo ser facilmente descaracterizada de sua finalidade inicial, servindo-se um companheiro ou consorte fraudador de aportes expressivos aportes adicionais unicamente motivado para desviar recursos comuns, mas estes desvios podem e devem ser investigados casuisticamente, de modo a pesquisar a intenção do titular da previdência privada aberta, considerando mediante investigação judicial se os seus aportes eram regulares e proporcionais aos seus ganhos habituais e realizados com vistas a uma projeção futura do recebimento de uma renda adequada ao seu atual padrão social, ou se o plano de previdência privada aberto serviu apenas como uma efetiva rota de fuga de recursos comuns e neste caso ser ordenada a sua partilha no divórcio, na dissolução da união estável ou na sucessão.

Negócios jurídicos devem ser interpretados conforme a boa-fé e os usos do lugar de sua celebração, sendo incontroverso que a previdência privada aberta foi o modelo instituído para todo aquele que, sem ser empregado ou pertencer a uma instituição fechada, também gostaria de complementar sua renda para o seu futuro, e como não tem acesso à uma previdência complementar fechada, fez justamente uso da sua versão aberta, não podendo ser discriminado se não agiu na contramão dos propósitos engendrados para esta modelar complementação legal de renda, e apenas porque não tem acesso à previdência privada fechada ser por este motivo ser taxado de investidor se seus aportes não guardaram esta censurada movimentação, merecendo tratamento isonômico se na apuração contábil do histórico de sua previdência privada complementar aberta ficar demonstrado que em realidade investia para o seu futuro e não para desviar bens comuns.

## 5. REFERÊNCIAS

CASSA, Ivy. *Contrato de previdência privada*. São Paulo: MP. 2009.

GAGLIARDO, Mariano. *Sociedad de familia y cuestiones patrimoniales*. 3. ed. Buenos Aires: Rubinzal--Culzoni, 2018.

SILVESTRE, Marcos. *Previdência particular*. Barueri: Faro Editorial. 2017.

# CONTRATOS INTRAMATRIMONIAIS E O NECESSÁRIO REAJUSTE ECONÔMICO PARA CASAMENTO E UNIÃO ESTÁVEL À LUZ DA JURISPRUDÊNCIA DO STJ

*Dimitre Braga Soares de Carvalho*

Professor Adjunto do Departamento de Direito Privado da Universidade Federal do Rio Grande do Norte – UFRN e da UNIFACISA. Advogado especializado em Direito de Família e Sucessões. Pós-Doutor em Direito Civil pelo Programa de Pós-Graduação em Direito da Universidade Federal de Pernambuco – PPGD/UFPE – Faculdade de Direito do Recife – FDR. Membro do Grupo de Pesquisa Constitucionalização das Relações Privadas – CONREP.

*"No meio do caminho tinha uma pedra*
*Tinha uma pedra no meio do caminho"*

Carlos Drummond de Andrade

**Sumário:** 1. Introdução – 2. Análise econômica do direito de família e a sua profunda vinculação aos regimes de bens – 3. Dos contratos intramatrimoniais e a necessária repactuação – 4. A alteração de regime de bens como modalidade de contrato intramatrimonial e a jurisprudência do STJ – 5. Breves conclusões – 6. Referências.

## 1. INTRODUÇÃO

A necessidade de constantemente revisitar temas de Direito Civil é uma regra para o estudioso da nossa área. No Direito de Família e Direito das Sucessões, de modo ainda mais intenso, essa atitude é imposta através de uma postura de permanente inovação, a fim de compreender e dar o tratamento jurídico adequado às mudanças da sociedade.

Leciona o professor português António de Menezes Cordeiro, sobre a consciência de que períodos de crises das instituições – sociais e jurídicas – são cíclicos, acompanhadas de fases de retomadas e de grandes modernizações.[1] Tal consciência obriga à humildade no trato com os temas acadêmicos, assim como nos impõe, também, o acompanhamento de profundas alterações sociopolíticas e econômicas, que, de maneira enfática, conduzem à necessidade de modernização de conceitos e institutos.

---

1. CORDEIRO, Antônio de Menezes. Da *Modernização do Direito Civil*. Aspectos gerais. Coimbra: Almedina, 2004.

Como bem demonstra a doutrina espanhola, o Direito de Família e o Direito das Sucessões vem experimentando, desde a década de sessenta até os nossos dias, uma considerável mutação em seu conjunto teórico e também na sua aplicação prática, sem que haja indícios de que esse fenômeno tenha se estabilizado definitivamente.[2] Esse, provavelmente, é o elemento de transição do que passou a chamado de "Direito de Família tradicional" para o "Direito de Família Contemporâneo".[3]

Essa transformação se caracteriza tanto pela velocidade com que tem sido produzida, como também pela intensidade e extensão dos seus fundamentos. Em suma, podemos afirmar que se observou uma mudança radical.[4]

Como recorda Carlos Martinez de Aguirre, para um jurista de cem, ou mesmo 50 anos atrás, nosso moderno Direito de Família resultar-lhe-ia, provavelmente, irreconhecível por completo, seja em alguns de seus conteúdos mais técnicos, seja nos seus princípios inspiradores, seja em sua estrutura fundamental.[5]

Identicamente, para esse mesmo jurista, restar-lhe-ia tanto mais irreconhecível a percepção social que se tem de três aspectos fundamentais: do matrimônio, da família, e das relações entre os sexos, ou seja, da representação que se faz, no corpo social e na opinião pública, dessas três realidades.[6]

No entender de Luiz Edson Fachin, a complexidade que se abateu sobre as relações jurídicas não mais dá espaço para o confronto racional das respostas simples e acabadas.[7]

---

2. "Family Law has undergone significant changes in the las few decades. These changes have affected not only marginal issues, but also the very heart of Family Law: marriage, filiation-relationship and parenting. On the other hand, these changes are not any legal: the social conception about marriage and family and the social configuration of family relationships Have also changed. To sum up, families have changed, the ideias about family and family relationship have changed, public policies relating family changed, and laws concerning families have changed too". AGUIRRE, Carlos Martínez. *The evolution of family Law*: changing the rules or changing the game. Disponível em: www.academia.edu. Acesso em: 12 out. 2021.
3. Em cada país, essa passagem tem ocorrido em momentos diversos, e sob características peculiares. Em Portugal, por exemplo, toma-se como marco a Revolução de 25 de Abril de 1974, atingindo seu auge com a Reforma do Código Civil, aprovada pelo DL 496, de 25 de novembro de 1977 que consagrou, dentre outras mudanças, o princípio da igualdade entre marido e mulher e pôs fim à discriminação dos filhos nascidos fora do casamento. Na Argentina, tal mudança teve como marco a reforma da Constituição da nação Argentina de 1994. No Brasil, essa etapa evolutiva de conteúdo revolucionário para o Direito de Família ocorreu com a promulgação da Constituição Federal de 1988, que instalou um renovado marco regulatório para as relações civis, sobretudo as jusfamiliares. Da Carta Federal de 1988, o Direito de Família brasileiro recebeu impulso significativo, com destaque para a construção de toda a principiologia familiar, centrada na dignidade humana dos membros da família.
4. "El Derecho de Familia pareció constituir, tiempo atrás, una rama algo descuidada entre las varias del Derecho Civil. La bibliografía mundial sobre ella era en el siglo XIX inferior a la que la Codificación suscitó en materia de derechos reales, obligaciones y sucesiones. Los códigos occidentales, sensibles a la influencia del napoleónico, no incitaban a mayor reflexión sobre temas familiares. A lo largo del siglo XX, sin embargo, las reformas legislativas – generadas por los cambios sociales – impulsaron los estudios sobre el Derecho de Familia, que cuenta en estos albores del siglo XXI con una bibliografía extensa". VÁSQUEZ, José M. Castán. Prólogo. In: PERRINO, Jorge Oscar. *Derecho de Familia*. Lexis Nexis, Buenos Aires, 2006. t. I.
5. AGUIRRE, Carlos Martínez. *Diagnóstico sobre El Derecho de Familia*. Ediciones Rialp, Madrid, 1996.
6. AGUIRRE, Carlos Martínez. *Diagnóstico sobre El Derecho de Familia*. Ediciones Rialp, Madrid, 1996.
7. "O contexto está mais para interrogações que para respostas, embora cada questão contenha, em si mesmo, o gérmen de sua própria redargüição. Os fatos continuam a surpreender o Direito". FACHIN, Luiz Edson, A tríplice paternidade dos filhos imaginários. In: ALVIM, Teresa Arruda (Coord.). *Direito de Família*. São Paulo: Ed. RT, 1995.

É justamente nesse diapasão evolutivo e transformador que se insere a questão dos contratos familiares, com realce para os contratos intramatrimoniais. É necessário compreender que a vida de um casal (ou arranjo familiar) se organiza e funciona em ciclos, que simbolizam etapas, momentos e instantes da relação. Nenhuma convivência é alijada das intempéries do tempo, que corrói os afetos, transforma as perspectivas de cada membro da família, vulnerabiliza uns, fortalece outros, altera as projeções individuais sobre o presente e, principalmente, o futuro em comum.

Muitas vezes, há eventos que fazem ocorrer essa mudança. Pode ser a vinda de um filho, a perda de um ente querido, a mudança de cidade, a conquista de um emprego ou a demissão de uma função, o progresso econômico, a falência, uma traição, a constituição de uma nova relação afetiva, enfim, toda uma gama de possibilidades existenciais que atua diretamente na organização de determinada estrutura familiar.

Após os impactos pessoais, relacionais, sexuais e afetivos, existe inafastável pendor econômico nesta circunstância histórica. É o momento de as partes decidirem se devem continuar juntos, mesmo após os impactos do evento transformador, ou se irão encerrar o relacionamento. Muitas vezes, quando a opção é pela permanência, são necessários novos ajustes entre as partes, a fim de seguirem unidos. Tais acordos – contratos intramatrimoniais – podem servir para inúmeras finalidades, tanto pessoais quanto patrimoniais. Objetivamente, quando pensamos em acordos de natureza econômica em contratos intramatrimoniais, observa-se significativa oportunidade de reajuste econômico-financeiro para a família, adaptando o novo momento às peculiaridades de vida e de conjugalidade, jungidas ao contexto histórico, fático e jurídico dos ciclos de vida e existência de cada família.

A análise jurisprudencial (com realce para o Superior Tribunal de Justiça), referenda a tese da contratualização das relações familiares, apontando para a mudança de regime de bens como a medida jurídica mais comum para contratos intramatrimoniais que versam sobre atualização de econômicas para famílias, como se verá nos tópicos a seguir.

## 2. ANÁLISE ECONÔMICA DO DIREITO DE FAMÍLIA E A SUA PROFUNDA VINCULAÇÃO AOS REGIMES DE BENS

Uma reflexão culturalista do fenômeno jurídico leva à compreensão de que a lei é o resultado dialético da conjunção de diversas forças sociais que lhe moldam a estrutura e lhe colmatam o discurso, tornando evidente a necessidade da submissão da produção normativa a um controle que leve em consideração o sopesamento dos princípios de justiça[8] e a relevância da tutela dos direitos humanos. A família assume, portanto, nesses termos, com base na mais renovada doutrina, e diante dessa específica proteção constitucional, espaço significativo para a realização dos direitos fundamentais.

---

8. MARINONI, Luiz Guilherme. *Teoria Geral do Processo*. São Paulo: Ed. RT, 2020, p. 43.

Tal premissa é característica da análise, sobremodo, dos direitos pessoais de família, cujos fundamentos recaem sobre a realização pessoal, a superação das desigualdades e a inclusão de modelos de família na sociedade brasileira contemporânea.

Mas é forçoso reconhecer que, em relação aos direitos patrimoniais, na construção metodológica da constitucionalização das relações civis, tal premissa não é tão apropriada: o vetor econômico que orienta as relações patrimoniais de Direito de Família passa, muitas vezes, ao largo da incidência principiológica constitucionalizada, eis que tal grupo significativo de direitos está alicerçado em valores de mercado, acumulação de riquezas, constituição de rendimentos, investimentos e aplicações financeiras, bem como em obtenção de lucros, por diversas formas e razões. Pensar diferente seria romantizar o Direito de Família, afastando o conteúdo jurídico e aproximando a matéria da perspectiva de nocivo ativismo político.

A despeito de forte abrangência no Direito Privado brasileiro pós-1988 da metodologia interpretativa da Constitucionalização do Direito Civil, faz-se necessário reconhecer que outras rotas podem ser adotadas para fins de análise da matéria, sobretudo quando se trata do Direito de Família.

A contratualização das relações de família guarda íntima conexão com a metodologia da Análise econômica do Direito, que propõe ampliar ganhos e minorar custos, mesmo em relações interpessoais como o casamento ou a união estável.

A análise econômica do Direito tem diferentes abordagens e orientações, mas todas têm um fator comum: a implementação do ponto de vista econômico no trato de questões eminentemente jurídicas. A teoria é aplicada originariamente a questões patrimoniais (direito dos contratos, concorrência, responsabilidade civil, direito de propriedade), mas também é defendida em outras áreas como o Direito de Família.

A análise econômica do Direito tem por objetivo introduzir uma metodologia que contribua para a tomada de decisão eficaz, buscando na economia e nos métodos econômicos a base para os problemas de interpretação jurídica. A questão que se coloca é a seguinte: a análise econômica do Direito pode servir como metodologia interpretativa para a contratualização do Direito de Família?[9]

---

9. "A família, sob o aspecto instrumental, é o ambiente que propicia o desenvolvimento e estabilidade dos indivíduos. A compreensão de seu processo de formação, transformação e dissolução é subsidiada pelo ferramental da Análise Econômica do Direito, bem como pela moderna teoria econômica da família. A abordagem econômica do casamento, como um novo campo de estudo da economia, evidencia e ilustra a aplicabilidade desta ciência a toda e qualquer esfera do comportamento humano, resultando o matrimônio, afinal, de uma escolha racional tomada por indivíduos que procuram, dentre aqueles disponíveis no mercado de casamento, o parceiro que melhor venha a maximizar sua utilidade, enfrentando, para tal, as restrições inerentes ao mercado no qual inseridos. Na presente seção, serão analisados o processo de funcionamento do denominado "mercado de casamento", o enquadramento do casamento como contrato, sob a ótica econômica, a Teoria da Sinalização – como ferramenta a compreender-se o fenômeno de escolha dos parceiros e do regime de bens –, e, por fim, uma abordagem da escolha e alteração dos regimes matrimoniais sob a perspectiva da Law and Economics". FERREIRA, Cristiana Sanchez. *Análise econômica do divórcio*. Porto Alegre, Livraria do Advogado, 2015, p. 10.

O conceito contemporâneo de regime matrimonial de bens "estabelece o conjunto de regras relacionadas com interesses patrimoniais ou econômicos resultantes da entidade familiar, sendo as suas normas, em regra, de ordem privada e de natureza contratual."[10] Ou seja, a normativa que engloba direito patrimonial é, eminentemente de conteúdo negocial, de forma que o aspecto econômico prevalece e se destaca no seu bojo, forjando nítida hipótese de aplicação da "análise econômica do Direito" nas escolhas de cônjuges e companheiros.

Identicamente, Cristiano Chaves de Farias e Nelson Rosenvald chamam a atenção para a existência de um estatuto patrimonial do casamento, caracterizado pelo regime de bens incidente no contrato matrimonial. Reputam os autores que não há casamento despido de ao menos certa potencialidade de projetar efeitos patrimoniais, sendo essa uma das demonstrações mais claras da natureza jurídica contratual do casamento (efeito estendido para união estável).[11]

Nesse sentido, a análise econômica do Direito, aplicada ao Direito de Família, serve para compreender toda e qualquer decisão individual ou coletiva que verse sobre recursos escassos, seja ela tomada no âmbito do mercado ou não. Tendo-se a economia, como a ciência que estuda como os indivíduos, portadores de suas próprias preferências, se comportam para maximizar seu bem-estar em um mundo no qual os recursos são diminutos, a "análise econômica do direito" objetiva empregar seus ferramentas teóricas a fim de balizar as sofisticadas normas jurídicas, provendo uma explicação científica e pragmática às consequências na incidência normativa no comportamento dos agentes racionais.[12]

## 3. DOS CONTRATOS INTRAMATRIMONIAIS E A NECESSÁRIA REPACTUAÇÃO

Como leciona Cristiana Sanchez Ferreira, o longo da vida conjugal, o rol de possíveis negócios jurídicos travados pelos consortes – tanto entre si como em relação a terceiros, individual ou conjuntamente – são imensuráveis, já que inerentes à própria participação social, profissional e familiar dos indivíduos na comunidade global.[13]

Um acordo intramatrimonial serve para definir regras patrimoniais e de convivência ao longo do relacionamento. É decisivo, nesse contexto, o momento em que ele é realizado. Um acordo pós-nupcial é assinado durante o casamento ou da união estável, e não antes, como ocorre nos pactos antenupciais.

---

10. TARTUCE, Flávio; SIMAO, José Fernando; DELGADO, Mário Luis; MELO, Marco Aurélio Bezerra de; SCHREIBER, Anderson. *Código Civil Comentado – Doutrina e Jurisprudência.* 3. ed. Rio de Janeiro: Forense, 2021, p. 1372.

11. FARIAS, Cristiano Chaves de; ROSENVALD, Nelson. Disposições gerais dos regimes de bens e pacto antenupcial. In: FUJITA, Jorge Shchiguemitsu; SIMAO, José Fernando; ZUCCHI, Maria Cristina (Coord.). *Direito de Família no Novo Milênio.* São Paulo: Atlas, 2010, p. 185.

12. FERREIRA, Cristiana Sanchez. *Análise econômica do divórcio.* Porto Alegre, Livraria do Advogado, 2015, p. 27.

13. FERREIRA, Cristiana Sanchez. *Análise econômica do divórcio.* Porto Alegre, Livraria do Advogado, 2015, p. 48.

Tais modalidades contratuais podem ser uma opção favorável para pessoas/casais que, a despeito de enfrentarem dificuldades ao longo da relação afetiva, não desejam terminar o casamento ou sua união estável, mas gostariam de tornar o vínculo mais forte, interessante e adaptado às mudanças que o tempo impõe na vida de cada indivíduo.[14]

Notadamente para questões patrimoniais, o novo acerto de regras é decisivo para a vida econômica do casal/família, ao longo da convivência, sobretudo para evitar fraudes econômicas na constância da vida familiar.

É importante lembrar que em todos os relacionamentos, muitas questões decisivas sobre a outra pessoa ou sobre a organização da família somente podem ser descobertas e compreendidas com o passar do tempo, ao longo da convivência. Daí a necessidade de um ajuste, durante o caminho, para que as coisas fiquem mais confortáveis e seguras para todos os envolvidos.

Algumas pactuações tem por finalidade dar mais segurança econômica ou patrimonial ao casal ou aos membros da relação individualmente considerados. Já outras podem ser de ordem existencial, a fim de "corrigir o curso" do relacionamento, alterar regras internas de convivência, rediscutir normas sobre a sexualidade do casal ou da entidade familiar, atualizar as preferências e consolidar as mudanças de estilo de vida, profissionais e pessoais de cada um dos envolvidos na relação. Serve, no mais das vezes, para fortalecer o próprio relacionamento conjugal.

Por motivos pessoais, traições ou diversas outras razões, os relacionamentos afetivos mudam seu curso, alteram a rota e constituem em diferentes perspectivas para ambas as partes. Nesse momento de instabilidade emocional e de incertezas sobre o futuro, é fundamental que as partes envolvidas consigam estabelecer quais as metas e os caminhos a serem percorridos daquele momento em diante, a fim de manter o relacionamento em níveis aceitáveis de respeito, convivência pacífica, ética nas relações interpessoais, bem como justiça patrimonial e econômica. A jurisprudência dos Tribunais estaduais apresenta exemplos didáticos e de significativo relevo, como o do casal que necessitou alterar o regime de bens pela dificuldade de contratação de financiamento de imóvel residencial em face das dívidas de um deles,[15] ou outro casal que requereu alteração do regime patrimonial após o nascimento de filho extraconjugal.[16]

---

14. CARVALHO, Dimitre Braga Soares de. Contratos familiares: cada família pode criar seu próprio Direito de Família. *Contratos, Família e Sucessões* – Diálogos Interdisciplinares. Indaiatuba – SP: Foco, 2021, p. 20.

15. "Regime de bens. Pedido de alteração do regime de comunhão parcial de bens para o de separação total. Alegação de dificuldade de contratação de financiamento para aquisição de imóvel residencial, por força das dívidas contraídas pelo cônjuge varão. Preenchimento dos requisitos previstos no Art. 1.639, § 2º do Código Civil verificado. Ausência de óbice à alteração do regime de bens do casamento. Medida que não acarretará prejuízo algum aos cônjuges ou aos filhos. Terceiros que não serão atingidos pela alteração que gerará apenas efeitos *ex nunc*. Alteração determinada. Recurso Provido" (TJSP, Ap com revisão 6005934/4, Ac 4048973, 1ª Câmara de Direito Privado, São Paulo, rel. Des. Luiz Antônio de Godoy, j. 08.09.2009, DJESP 06.11.2009).

16. "Apelação cível. Procedimento de jurisdição voluntária. Alteração do regime de bens do casamento. Filho nascido de relacionamento extraconjugal. Filha comum. Motivo justo. Recurso provido. I. A individualização do patrimônio dos cônjuges, por meio de alteração do regime de bens da comunhão para o da separação,

Torna-se precípuo criar normas para que o convívio do casal ou da entidade familiar (se essa for realmente a decisão a ser tomada) seja pacífico, não litigioso ou com o mínimo de disputas processuais possível. Identicamente é possível fazer escolhas processuais que diminuam a duração de ações entre os cônjuges, que estipulem limitação de recursos, que privilegiam os acordos entre as partes, a fim de que os processos não eternizem disputas dentro do próprio ambiente doméstico.[17]

Alguns casais também são também sócios de empresas, e precisam estipular projeções para que as mudanças no relacionamento afetivo não impliquem dissolução do negócio e ampliação dos prejuízos econômicos. A utilização de bens comuns, a partilha inicial dos bens e acertos para fixação de eventual pensão alimentícia também podem ser objeto desses acordos.

Ainda é possível incluir, por exemplo, questões relativas a não realização de atos de alienação parental, restrições de publicações em redes sociais, regras sobre a guarda dos filhos, cláusulas de reajuste de alimentos a cada ciclo de tempo ou termo, possibilidade de nomear um "representante" ou "administrador" para gerir as decisões do casal acerca do patrimônio da família ou hipóteses de arbitragem em Direito de Família.

---

como faculta o art. 1639, § 2º do CCB/02, é solução razoável e que se impõe quando, tendo o varão filho nascido de relacionamento extraconjugal, os cônjuges querem a preservação da família e dos direitos da filha comum sobre o patrimônio amealhado com esforço de sua mãe. II. Como a má-fé não se presume e como o filho tido fora do casamento pelo varão tem mera expectativa de herdar os bens deixados por este, não é lícito imaginar que seu pai não mais mantenha ou adquira bens após a alteração aqui pretendida, causando-lhe, assim, prejuízos efetivos, o que, conjugado à documentação que atesta a boa índole dos cônjuges, autoriza a ideia de fraude que justificou a improcedência do pedido de alteração do regime de bens do casamento" (TJMG, ApCiv 1043909112664-9/0001, rel. Des. Peixoto Henriques, j. 02.12.2012, DJEMG 19.10.2012).

17. "Fala-se, então, em adaptação convencional. Essa alternativa vem muito a calhar, pois se existe algo inegável nos dias de hoje, é que a interatividade, os ciberdiálogos, as redes e mídias sociais integram definitivamente o dia a dia de todos os cidadãos, facilitando sobremaneira as mais variadas tarefas cotidianas. As relações sociais e o tráfego comercial passaram a dar muito mais importância às preferências individuais. As pessoas buscam a felicidade, não necessariamente se amoldando aos modelos sociais predominantes, mas sim inventando novos modelos de comportamento, de amizade e de família. As coisas passaram a ser personalizadas e adaptadas de acordo com o gosto de cada um. O cliente deixou de ocupar o lugar de sujeito passivo e apático da relação para assumir uma postura ativa, influente. A família não é mais vista no singular. Agora as famílias se formam sob as mais diversas configurações. Seus membros não são apenas pessoas casadas entre si e filhos. Avós criam netos, pessoas solteiras vivem muito bem sozinhas ou com seus animais de estimação, casais divorciados continuam habitando a mesma casa, o poliamor jamais esteve tão em voga. Enfim, a palavra customização" talvez nunca tenha sido tão utilizada. Se isso acontece na realidade, no mundo vivido pelas pessoas da contemporaneidade, por que não seria incorporado algo parecido ao processo, quando o sistema judicial brasileiro é algo que precisa imediatamente ser simplificado? Se é justamente em virtude de as pessoas estarem abandonando os intermediários para assumir a função de gestores de seus próprios interesses que as coisas vêm evoluindo ultimamente, por que deveria ocorrer de forma tão diferente no ambiente processual? Por qual motivo o procedimento, que é o aspecto visível do processo judicial, não poderia ser moldado em alguns pontos pelos próprios consumidores da tutela jurisdicional se eles são os principais envolvidos e os mais interessados na prestação esse serviço? Por que o tráfego das relações processuais não poderia acompanhar de certo modo o tráfego das relações sociais e comerciais? Enfim, por que o procedimento não poderia ter alguns de seus aspectos 'customizados' pelos próprios jurisdicionados?" CALMON, Rafael. *Direito das famílias e processo civil*. São Paulo: Saraiva, 2017, p. 183-184.

## 4. A ALTERAÇÃO DE REGIME DE BENS COMO MODALIDADE DE CONTRATO INTRAMATRIMONIAL E A JURISPRUDÊNCIA DO STJ

mudança de regime de bens se inclui, com realce, na perspectiva dos contratos intramatrimoniais, sobretudo depois da entrada em vigor da regra da mutabilidade justificada de regimes de bens, que se alicerça em nítido contrato pós-nupcial, na medida em que a alteração do regime patrimonial somente será autorizada judicialmente através de pedido motivado de ambos os cônjuges, e após a devida apuração das razões invocadas, e uma vez protegidos e resguardados os interesses de terceiros.

A despeito de proposta legislativas para que tal alteração aconteça nas vias extrajudiciais, a matéria permanece sendo obrigatoriamente tratada no âmbito judicial, isto é, um contrato intramatrimonial que, por sua específica natureza, exige homologação por sentença em processo autônomo.[18]

Desde logo, urge apontar que a jurisprudência mais atual do STJ entende que a perquirição das razões que motivam a mudança de regime de bens entre cônjuges deve ser analisada, pelo Poder Judiciário, com parcimônia e sutileza, a fim de não ferir a privacidade dos envolvidos, preservar sua dignidade e as próprias e íntimas razões de cada casal. É que muitas vezes os motivos que justificam a alteração são recônditos, como decisões ocasionadas por episódios de infidelidade ou de mudança de opção sexual de uma das partes, por exemplo. Nesse sentido, o recente julgado da Terceira Turma do STJ no REsp 1904498/SP (DJe 06.05.2021).[19]

---

18. "Inicialmente percebe-se que a regra é clara, no sentido de que somente será possível a alteração do regime mediante pedido de ambos os cônjuges ao juiz. Desse modo, surgiu mais uma demanda com a codificação de 2002: a ação de alteração de regime de bens, que segue jurisdição voluntária, correndo perante a Vara da Família, desde que a Comarca tenha tal especialização. Não havendo, a demanda tramita na Vara Cível. Destaque-se, de *lege ferenda*, a tentativa de se criar a possibilidade de alteração administrativa do regime de bens, mediante escritura pública, a ser lavrada perante o Tabelionato de Notas. O Projeto de Lei do IBDFAM conhecido como *statuto das* Famílias, traz tal proposição no seu art. 39, seguindo a tendência da *desjudicialização* das contendas, o que vem em boa hora. (...) Ora, se o casamento é celebrado em um Cartório, se o regime de bens é escolhido em um Cartório e se cabe o divórcio no Cartório, desde a Lei 11.441/2007, por que a alteração do regime de bens deve ser judicial?". TARTUCE, Flávio; SIMAO, José Fernando; DELGADO, Mário Luis; MELO, Marco Aurélio Bezerra de; SCHREIBER, Anderson. *Código Civil Comentado* – Doutrina e Jurisprudência. 3. ed. Rio de Janeiro: Forense, 2021, p. 1373.

19. (...) 5. De acordo com a jurisprudência consolidada desta Corte Superior, é possível a modificação do regime de bens escolhido pelo casal – autorizada pelo art. 1.639, § 2º, do CC/02 – ainda que o casamento tenha sido celebrado na vigência do Código Civil anterior, como na espécie. Para tanto, estabelece a norma precitada que ambos os cônjuges devem formular pedido motivado, cujas razões devem ter sua procedência apurada em juízo, resguardados os direitos de terceiros. 6. *A melhor interpretação que se pode conferir ao § 2º do art. 1.639 do CC é aquela no sentido de não se exigir dos cônjuges justificativas ou provas exageradas, desconectadas da realidade que emerge dos autos, sobretudo diante do fato de a decisão que concede a modificação do regime de bens operar efeitos ex nunc. Precedente. 7. Isso porque, na sociedade conjugal contemporânea, estruturada de acordo com os ditames assentados na Constituição de 1988, devem ser observados – seja por particulares, seja pela coletividade, seja pelo Estado – os limites impostos para garantia da dignidade da pessoa humana, dos quais decorrem a proteção da vida privada e da intimidade, sob o risco de, em situações como a que ora se examina, tolher indevidamente a liberdade dos cônjuges no que concerne à faculdade de escolha da melhor forma de condução da vida em comum.* REsp 1904498/SP. rel. Min. Nancy Andrighi, DJe 06.05.2021. (grifos nossos)

Na mesma linha de raciocínio, no ano de 2013 a Corte firmou entendimento no sentido de que a inviolabilidade da vida conjugal é premissa que deve ser respeitada de forma absoluta, sendo necessária a garantia, por parte do Estado, em não haver intromissão exacerbada nas razões das próprias partes interessadas, e que o acordo que sela a mudança de regime diz respeito exclusivamente aos consortes. No caso em questão, havia divergência entre os cônjuges quanto à constituição de sociedade empresária por um deles. A esposa expressou, nos autos, receio de que a empresa gerasse comprometimento ao seu patrimônio, razão pela qual o casal fez um acerto (contrato intramatrimonial) para alteração do regime da comunhão de bens para o da separação absoluta. Nos termos do Ministro relator, Luís Felipe Salomão, "o casamento há de ser visto como uma manifestação vicejante da liberdade dos consortes na escolha do modo pelo qual será conduzida a vida em comum, liberdade essa que se harmoniza com o fato de que a intimidade e a vida privada são invioláveis e exercidas, na generalidade das vezes, em um recôndito espaço privado também erguido pelo ordenamento jurídico à condição de asilo inviolável". E segue o magistrado, retratando interessante exemplo de necessidade de repactuação de vida dos cônjuges, que na oportunidade se evidenciou pelo desejo de um deles de iniciar nova atividade profissional como empresário, pautando divergência entre o casal que, a despeito de decidir pela continuidade da vida a dois, optou por um pacto econômico para apaziguar as animosidades conjugais.[20]

No mesmo sentido, questão elegante diz respeito à possibilidade de mudança de regime de bens para casais regidos pelos regimes da comunhão universal de bens ou da separação obrigatória, que incorrem na proibição de constituição de sociedade empresária. A aparente vedação legal justifica a realização de acordos entre as partes, no afã de registar a organização da sociedade empresária entre ambos. O Art. 977 do CC/02, que prevê o seguinte: "Faculta-se aos cônjuges contratar sociedade, entre si ou com terceiros, desde que não tenham casado no regime da comunhão universal de bens, ou no da separação obrigatória".

Tal interpretação no sentido da possibilidade de mudança de regimes de bens nessas circunstâncias estaria justificada na tentativa de que o casal empresário se adeque ao que determina a norma. De início, esse foi o entendimento majoritário da doutrina, e logo após a entrada em vigor do Código Civil atual, muitos casais se viram obrigados a realizar acordos para alteração de regimes de bens a fim de não

---

20. "No caso em exame, foi pleiteada a alteração do regime de bens do casamento dos ora recorrentes, manifestando eles como justificativa a constituição de sociedade de responsabilidade limitada entre o cônjuge varão e terceiro, providência que é acauteladora de eventual comprometimento do patrimônio da esposa com a empreitada do marido. A divergência conjugal quanto à condução da vida financeira da família é justificativa, em tese, plausível à alteração do regime de bens, divergência essa que, em não raras vezes, se manifesta ou se intensifica quando um dos cônjuges ambiciona enveredar-se por uma nova carreira empresarial, fundando, como no caso em apreço, sociedade com terceiros na qual algum aporte patrimonial haverá de ser feito, e do qual pode resultar impacto ao patrimônio comum do casal" REsp 1119462/MG. Min. rel. Min. Luis Felipe Salomão, DJe 12.03.2013.

perderem suas atividades econômicas (sobretudo em um país, como o Brasil, em que é extremamente comum que cônjuges também sejam sócios de empresas).[21]

Entretanto, tal análise foi relativizada, a partir de uma compreensão de que a alteração somente seria necessária para sociedades constituídas após a entrada em vigor da atual codificação. Esse foi, justamente, o teor do Enunciado 204 da III Jornada de Direito Civil do CJF/STJ, nos seguintes termos: "A proibição de sociedade entre pessoas casadas sob o regime da comunhão universal ou da separação obrigatória só atinge as sociedades constituídas após a vigência do Código Civil de 2002".[22]

Ainda, é possível apontar formalização de contrato entre as partes para deixar claro que a constituição de empresa será exclusivamente em nome de um deles, afastada a vedação do mesmo dispositivo do Art. 977 do CC/02, haja vista que não se tratar de ambos os cônjuges como sócios na mesma pessoa jurídica.[23]

Importante ressaltar, mesmo que seja questão elementar, que tais contratos intramatrimoniais para reajuste econômico por mudança de regime de bens não podem servir como instrumento para operar fraudes, ilicitudes ou ilegalidades. Exemplo notório é a decantada fraude contra terceiros, que se aparelha através da alteração de regime patrimonial, mormente quando se trata de mudança de regimes de comunhão para separação de bens. O Superior Tribunal de Justiça consolidou entendimento no sentido de que os acordos intramatrimoniais desse jaez são inválidos.[24]

---

21. "A tendência da jurisprudência é de admitir a sociedade limitada entre os cônjuges, desde que não constitua um instrumento de fraude. O art. 977 do novo Código Civil faculta aos cônjuges contratar sociedade entre si, desde que não sejam casados sob o regime da comunhão universal de bens, ou no da separação obrigatória". AgRg no Ag 601922/SP, rel. Min. Denise Arruda, DJ 14.03.2005.

22. "Tendo-se em vista norma contida no dispositivo 2.031 do Código Civil, ordenando a adaptação, por parte das empresas e empresários, às novas disposições do ordenamento jurídico civil até janeiro de 2007, instaurou-se celeuma na doutrina e jurisprudência pátrias quanto à necessidade (ou não) de alterar-se o regime de bens ou o contrato social da empresa constituída antes da entrada em vigor do atual Código Civil, quando ainda permitida era a formação de sociedade empresária entre consortes independentemente do regime de bens ajustado. O Enunciado 204 do Conselho de Justiça Federal, aprovado na III Jornada de Direito Civil, determina que a vedação da constituição de sociedades formadas entre pessoas casadas sob o regime de comunhão universal ou separação obrigatória somente atingiria as sociedades constituídas após a vigência do Código Civil de 2003. E no mesmo sentido foi proferido o Parecer Jurídico DNRC/COJUR de n. 125/2003, pugnando pela prevalência do ato jurídico perfeito e pelo alcance da norma somente às sociedades empresarias constituídas sob égide do Código Civil de 2003. Portanto, segundo o ordenamento jurídico vigente, o casado que pretender constituir sociedade com seu cônjuge, se o regime for o vedado pelo artigo 977 do Código Civil, deverá alterá-lo, em observância ao artigo 1.639, § 2º do Código Civil. Contudo, a regra não se aplica às sociedades constituídas por cônjuges-sócios antes da vigência do novel diploma, porquanto a formação da sociedade, na hipótese, trata de fato consumado, com deliberações já tomadas e já consolidada na coletividade e no mercado". FERREIRA, Cristiana Sanchez. *Análise econômica do divórcio*. Porto Alegre, Livraria do Advogado, 2015, p. 60.

23. A interpretação do art. 977 do Código Civil permite concluir pela inexistência de impedimento legal para que alguém casado sob o regime de comunhão universal ou de separação obrigatória participe, sozinho, de sociedade com terceiro, sendo a restrição apenas de participação dos cônjuges casados sob tais regimes numa mesma sociedade. Precedentes. AgInt no REsp 1721600/CE, rel. Min. Marco Aurélio Belizze, DJe 04.10.2019.

24. "(...) 2. Nos termos do art. 1.639, § 2º, do Código Civil, é admissível alteração do regime de bens, mediante autorização judicial em pedido motivado de ambos os cônjuges, apurada a procedência das razões invocadas e ressalvados os direitos de terceiros. 3. No caso dos autos, a Corte de origem concluiu expressamente que,

Em decisão contrária à tese da contratualização, recentíssimo Recurso Especial do STJ não reconheceu acordo de um casal com a finalidade de ajustar, retroativamente, a mudança de regime, por meio de acordo escrito entre as partes. No caso, bastante complexo, o Tribunal da Cidadania analisou a validade de pacto celebrado com efeitos *ex tunc* para alterar o regime de convivência para o de separação de bens, com efeitos retroativos desde o início da relação. A situação impõe reflexão, por se tratar de nítido exemplo de contratualização das relações de família sob a ótica dos aspectos patrimoniais. Cabe ao Estado interferir em livre e espontânea decisão do casal acerca da estipulação econômica que rege a vida a dois, sobretudo quando, como no caso em tela, restou comprovada ausência de prejuízos a terceiros?

Hipótese fática bastante comum na realidade brasileira, é de casais que passam a viver em união estável sem registro expresso da união (sem contrato de convivência, portanto), mas que tem regras internas, pessoais, próprias, resultado de acertos comuns, que refletem as vicissitudes e idiossincrasias de cada união. Natural, portanto, que o casal em questão tenha estipulado um acordo entre si com fins de regramento de separação de bens, e que, provavelmente viviam sob tais premissas no cotidiano doméstico. Mais natural, então, que em determinado momento, havendo necessidade de ajustamento de condutas e redefinição de regras para a continuidade da vida comum, decidam realizar pacto intramatrimonial para registrar que, de forma retroativa, desde o início das suas relações, são regidos pelo regime em que não há partilha de bens.[25]

É, assim, um acordo que regula a vida exatamente como ela é, e do modo que o casal elegeu para disciplinar o lado econômico da existência comum. Tratar-se-ia, decerto, de simples reconhecimento de situação fática pretérita do casal. Nada mais característico, então, para o caso, que a aplicação da já mencionada influência da metodologia interpretativa da "análise econômica do Direito" aplicada ao Direito de Família. Por isso causa espécie a decisão do STJ ao afirmar a invalidade de um contrato dessa natureza, pela justificativa formal e conservadora de que a retroatividade de efeitos econômicos não é tolerável nas uniões estáveis. Perde, assim, a jurisprudência nacional, excelente oportunidade de privilegiar a autonomia privada, o "Direito de Família mínimo" e o princípio da mínima intervenção do estado nas relações familiares.[26] De resto, o caso oportuniza, mais uma vez, verificar qual o limite de in-

---

diante das circunstâncias do caso concreto, ficou clara, desde logo, a intenção dos recorrentes de fraudar futuros credores através da alteração do regime de bens pleiteada, não sendo verossímeis as razões apontadas como fundamento do pedido". AgInt no AREsp 1778478/SC, rel. Min. Raul Araújo, DJe 16.09.2021.

25. Destaque-se que a jurisprudência pacífica do STJ pela é irretroatividade dos efeitos da sentença que homologa alteração contratual de regime de bens: "civil. Agravo interno no recurso especial. Repetição de indébito. Alteração do regime de bens. Efeitos ex nunc. Decisão mantida. 1. Segundo a jurisprudência do STJ, os efeitos da alteração do regime de bens do casamento são *ex nunc*. Precedentes". AgInt no REsp 1831120/SP, rel. Min. Antônio Carlos Ferreira, DJe 28.08.2020.

26. "1 – Os propósitos recursais consistem em definir, para além da alegada negativa de prestação jurisdicional: (i) se houve erro, fraude, dolo ou aquisição de bens particulares sub-rogados e de efetiva participação da companheira; (ii) se a escritura pública de reconhecimento de união estável e declaração de incomunicabilidade de patrimônio firmada entre as partes teria se limitado a reconhecer situação fática pretérita, a

tervenção do Estado na vida íntima das famílias, ou qual a fronteira contemporânea da autonomia privada no âmbito familiarista.

## 5. BREVES CONCLUSÕES

Os ajustes econômicos são tão importantes para uma relação familiar quanto os ajustes de ordem pessoal. Ambas as modalidades refletem decisões dos casais / arranjos familiares acerca das deliberações de organização da vida priva, íntima e doméstica. Muitas vezes, questões extremamente particulares e recônditas de cada um dos cônjuges ou companheiros subjazem escolhas econômicas, cuja operabilidade somente compete aos próprios membros do núcleo familiar.

Ao longo da vida, sobremodo em relações mais duradouras, os ciclos temporais caracterizam, de forma nítida, as peculiaridades de cada etapa, refletidas em resoluções ao arbítrio exclusivo dos desejos, vontades e anseios que, circunstanciais ou não, evidenciam as escolhas que vão sendo contratualizadas (independentemente de forma) pela família.

Os contratos intramatrimoniais se prestam tanto aos acertos de matriz pessoal quanto patrimonial. Mas é justamente nas convenções econômicas que tais ajustes revelam sua eficácia sob a perspectiva financeira: reduzem despesas, potencializam ganhos, ampliam possibilidades negociais e colmatam a versão financial de cada família, nos precisos termos da "análise econômica do Direito" aplicada ao Direito de Família.

A alteração do regime patrimonial de bens é notório exemplo de contrato intramatrimonial, que reorganiza a vida monetária do casal, ampliando, reduzindo ou adaptando regras de partilha ou de exclusão de bens, em conformidade com o momento da vida em que se encontram aquelas pessoas. Observe-se que a natureza

---

existência de união estável sob o regime da separação total de bens, e não a alterar, com eficácia retroativa, o regime de bens anteriormente existente. (...) 4 – Conquanto não haja a exigência legal de formalização da união estável como pressuposto de sua existência, é certo que a ausência dessa formalidade poderá gerar consequências aos efeitos patrimoniais da relação mantida pelas partes, sobretudo quanto à matérias que o legislador, subtraindo parte dessa autonomia, entendeu por bem disciplinar. (...) 5 – A regra do art. 1.725 do CC/2002 concretiza essa premissa, uma vez que o legislador, como forma de estimular a formalização das relações convienciais, previu que, embora seja dado aos companheiros o poder de livremente dispor sobre o regime de bens que regerá a união estável, haverá a intervenção estatal impositiva na definição do regime de bens se porventura não houver a disposição, expressa e escrita, dos conviventes acerca da matéria. 6 – Em razão da interpretação do art. 1.725 do CC/2002, decorre a conclusão de que não é possível a celebração de escritura pública modificativa do regime de bens da união estável com eficácia retroativa, especialmente porque a ausência de contrato escrito convivencial não pode ser equiparada à ausência de regime de bens na união estável não formalizada, inexistindo lacuna normativa suscetível de ulterior declaração com eficácia retroativa. 7 – Em suma, às uniões estáveis não contratualizadas ou contratualizadas sem dispor sobre o regime de bens, aplica-se o regime legal da comunhão parcial de bens do art. 1.725 do CC/2002, não se admitindo que uma escritura pública de reconhecimento de união estável e declaração de incomunicabilidade de patrimônio seja considerada mera declaração de fato preexistente, a saber, que a incomunicabilidade era algo existente desde o princípio da união estável, porque se trata, em verdade, de inadmissível alteração de regime de bens com eficácia *ex tunc*". REsp 1845416/MS, rel. Min. Marco Aurélio Belizze, DJe 24.08.2021.

da alteração de regime de bens é de contrato familiar, razão pela qual defendemos que a (desnecessária) sindicância judicial exigida pelo CC/02 e ratificada pelo CPC-15 para procedimentos dessa natureza tem natureza homologatória (e não constitutiva), haja vista que a sentença reflete a estrita vontade de duas pessoas que vivem juntas em relação familiar.

A jurisprudência do STJ vem se manifestando dentro desse limite, evitando abusos de fraudes, mas sobretudo resguardando a autonomia privada dos envolvidos. O reforço da autonomia, inclusive, lastreada na pacificação progressiva da jurisprudência sobre a matéria, autoriza reflexões ainda mais interessantes, como, por exemplo, a possibilidade de inclusão de cláusula no pacto antenupcial que preveja alteração automática de regime de bens uma vez realizado determinado termo ou a ocorrência de certa condição.[27] A esse respeito, inclusive, já há registro de antiga jurisprudência do Supremo Tribunal Federal (em decisão que se debruçava sobre o Código Civil de 1916) autorizando tal possibilidade no Direito brasileiro.[28]

Noutro sentido, mas identicamente possível pela perspectiva jurisprudencial adotada para a temática no Direito nacional, é a utilização dos contratos intramatrimoniais com finalidade específica de alterar os termos do pacto antenupcial (ou do contrato de convivência), para ajustes necessários a cada ciclo de existência de determinada família.

De maneira específica para a união estável, vislumbram-se possíveis acordos intrafamiliares no sentido de dar eficácia retroativa para partilha de bens adquiridos antes da entrada em vigor da Lei 9.278/1996, a fim de encerrar tormentosa discussão sobre a necessidade de comprovação (ou não) de esforço comum para tal acervo pretérito à primeira lei sobre o tema no país.

Finalmente, tomando por base o pleno exercício da autonomia privada (entendida como o direito que as pessoas tem de se autorregulamentarem), é translúcida a hipótese de que, por meio de pactos intramatrimoniais (ou pós-matrimônio), sejam criados regimes novos, que sejam moldados aos interesses econômicos do casal, inclusive regimes totalmente atípicos,[29] de natureza peculiar, com condições de atender as necessidades, por exemplo, de profissionais liberais, que tomam a decisão

---

27. "Indagação pertinente diz respeito à possibilidade de estipular, já no pacto antenupcial, a mudança automática de regime de bens com o tempo, a depender da ocorrência de certo termo ou condição. Sob a vigência do Código Civil de 1916, o Supremo Tribunal Federal considerou válido pacto que previa a alteração automática do regime de separação de bens para o de comunhão parcial, caso adviessem filhos. No julgamento, foi decidido que o princípio da inalterabilidade do regime de bens não restava violado com referida previsão". FLEISCHMANN, Simone Tassinari Cardoso; FACHIN, Laura Stefenon. Questões sobre a possibilidade de mudança automática de regime de bens. *Contratos, Família e Sucessões* – Diálogos interdisciplinares. Indaiatuba – SP: Foco, 2021, p. 89.
28. STF, RE 7126, julgado em 16.10.1946.
29. "Esclareça-se que também é possível a criação de um regime novo, com regramento totalmente atípico, desde que, mais uma vez, não se atinja normas de ordem pública. Com esse pensamento doutrinário, as palavras de Simlara Juny Chinellato, com base em Zeno Veloso: 'os interessados não estão obrigados a seguir modelos legais, os regimes-tipo regulados na lei civil, podendo modificá-los, combiná-los e até ir além, modificando-os, e também, estabelecer um regime peculiar, um regramento atípico, imaginado e criado

de ajustar o regime patrimonial após o sucesso na carreira, afastando as tão comuns "comunicações indesejáveis" decorrentes do regime de comunhão parcial de bens. A valorização da vontade das próprias partes configura, assim, alicerce primeiro para a compreensão mais contemporânea da face econômica das relações afetivas, constituído em renovado estatuto patrimonial do Direito de Família.

## 6. REFERÊNCIAS

AGUIRRE, Carlos Martínez. *Diagnóstico sobre El Derecho de Familia*. Ediciones Rialp, Madrid, 1996.

AGUIRRE, Carlos Martínez. *The evolution of family Law*: changing the rules or changing the game. Disponível em: www.academia.edu. Acesso em: 12 out. 2021.

CALMON, Rafael. *Direito das famílias e processo civil*. São Paulo: Saraiva, 2017.

CARVALHO, Dimitre Braga Soares de. Contratos familiares: cada família pode criar seu próprio Direito de Família. *Contratos, Família e Sucessões* – Diálogos Interdisciplinares. Indaiatuba–SP: Foco, 2021.

CORDEIRO, Antônio de Menezes. *Da Modernização do Direito Civil*. Aspectos gerais. Coimbra: Almedina, 2004.

FACHIN, Luiz Edson, A tríplice paternidade dos filhos imaginários. In: ALVIM, Teresa Arruda (Coord.). *Direito de Família*. São Paulo: Ed. RT, 1995.

FLEISCHMANN, Simone Tassinari Cardoso; FACHIN, Laura Stefenon. Questões sobre a possibilidade de mudança automática de regime de bens. *Contratos, Família e Sucessões* – Diálogos interdisciplinares. Indaiatuba- SP: Foco, 2021.

FARIAS, Cristiano Chaves de; ROSENVALD, Nelson. Disposições gerais dos regimes de bens e pacto antenupcial. In: FUJITA, Jorge Shchiguemitsu; SIMAO, José Fernando; ZUCCHI, Maria Cristina (Coord.). *Direito de Família no Novo Milênio*. São Paulo: Atlas, 2021.

FERREIRA, Cristiana Sanchez. *Análise econômica do divórcio*. Porto Alegre, Livraria do Advogado, 2015.

MARINONI, Luiz Guilherme. *Teoria Geral do Processo*. São Paulo: Ed. RT, 2020.

TARTUCE, Flávio; SIMAO, José Fernando; DELGADO, Mário Luis; MELO, Marco Aurélio Bezerra de; SCHREIBER, Anderson. *Código Civil Comentado* – Doutrina e Jurisprudência. 3. rd. Rio de Janeiro: Forense, 2021.

TARTUCE, Flávio. *Direito Civil*. Rio de Janeiro: Forense: 2021. v. 5 – Direito de Família.

VÁSQUEZ, José M. Castán. Prólogo. In: PERRINO, Jorge Oscar. *Derecho de Familia*. Lexis Nexis, Buenos Aires, 2006. t. I.

---

por eles próprios". TARTUCE, Flávio. *Direito Civil*. Rio de Janeiro: Forense: 2021, v. 5 – Direito de Família. p. 149.

# DA COMUNICABILIDADE DAS VERBAS TRABALHISTAS E FGTS NO REGIME DA COMUNHÃO PARCIAL DE BENS

*Dimas Messias de Carvalho*

Mestre em Direito Constitucional. Professor de Direito de Família e Sucessões na Unifenas e em cursos de Pós-graduação. Promotor de Justiça aposentado/MG. Autor de obras Jurídicas. Advogado sócio do escritório Carvalho & Dimas Carvalho. E-mail dimasmessiasdecarvalho@outlook.com.br.

**Sumário:** 1. Introdução – conceito e princípios do regime de bens – 2. Regime da comunhão parcial – espécies de regimes e pacto antenupcial – 3. Regime de comunhão parcial de bens – 4. Da comunicabilidade das verbas trabalhistas e FGTS no regime da comunhão parcial de bens – 5. Referências.

## 1. INTRODUÇÃO – CONCEITO E PRINCÍPIOS DO REGIME DE BENS[1]

O regime de bens começa a vigorar a partir da celebração do casamento ou início da união estável e importa no conjunto de normas que regula o patrimônio comum e individual dos cônjuges e companheiros durante a vigência do casamento e da união estável, estabelecendo os bens comunicáveis e os particulares de acordo com o modelo adotado.

O casamento, bem como a união estável, desencadeia diversos efeitos pessoais, sociais e patrimoniais. Com o casamento ou união estável, cônjuges e companheiros criam uma comunidade de interesses pecuniários, uma sociedade conjugal e convivencional, denominadas relações patrimoniais familiares, que faz surgir numerosas relações econômicas entre eles e terceiros. A sociedade conjugal e convivencional é regulada pelo regime de bens escolhido (ou imposto no casamento e união estável), firmado, basicamente, em dois conceitos: o de separação e o de comunhão, o que possibilita incluir ou excluir bens.[2]

Começa a produzir efeitos, no casamento, a partir da celebração. Na união estável, começa a vigorar a partir do momento em que se caracteriza a união hétero ou homoafetiva. É uma das consequências jurídicas do casamento e da união estável, que não existem sem o regime patrimonial de bens. A união de duas pessoas estabelece plena comunhão de vida não só em afeto, mas também em solidariedade econômica e entrelaça patrimônios, tornando indispensável que fiquem definidas as questões atinentes aos bens, rendas e responsabilidade de cada um dos parceiros. No casamento, migram-se aspectos econômicos em razão da existência de bens

---

1. CARVALHO, Dimas Messias de. *Direito das famílias.* 8. ed. São Paulo: Saraiva, 2020. p. 271-274.
2. MADALENO, Rolf. *Curso de direito de família.* 3. ed. Rio de Janeiro: Forense, 2009. p. 515-516.

anteriores e a aquisição de bens na sua constância, estabelecendo a lei regras para delimitar as questões patrimoniais durante a vigência e na dissolução do patrimônio, ditando as diretrizes dos diversos regimes. O regime deve ser escolhido pelos noivos entre os modelos existentes, mesclá-los ou, ainda, criar um novo modelo, que vai reger a situação patrimonial do casal, definindo a origem, a titularidade, o destino e a administração, durante a vigência do matrimônio e união estável e principalmente quando de sua dissolução.[3]

No casamento, o regime de bens deve ser escolhido antes (permitindo-se alterá-lo na vigência), presumidamente, na hipótese do regime da comunhão parcial, ou mediante pacto antenupcial, quanto aos demais regimes convencionais, ou ainda impostos pela lei, na hipótese do regime de separação obrigatória.

Na união estável, o regime pode ser convencionado antes ou na vigência desta, não existindo na lei previsão de obrigatoriedade do regime de separação legal. A jurisprudência, entretanto, especialmente do Superior Tribunal de Justiça, vem consolidando que na união do maior de 70 anos impõe-se o regime da separação obrigatória (REsp 1403419/MG, rel. Min. Villas Bôas Cueva, DJE 14.11.2014).

A melhor denominação para regime de bens seria regime patrimonial do casamento ou união estável, por estabelecer a titularidade e a administração dos bens comuns e particulares dos cônjuges ou companheiros e em que medida esses bens respondem por obrigações perante terceiros. O regime de bens constitui a modalidade de sistema jurídico que rege as relações patrimoniais derivadas do casamento e da união estável, principalmente a propriedade e administração dos bens anteriores e os adquiridos posteriormente. O regime de bens também produz efeitos secundários como os reflexos no direito sucessório entre os cônjuges[4] e companheiros, em razão do julgamento pelo Supremo Tribunal Federal do RE 878694/MG, ocorrido em 10.05.2017, decidindo, com repercussão geral, que é inconstitucional a distinção de regime sucessório entre cônjuges e companheiros.[5]

Conforme ressaltado, no casamento, o regime de bens passa a vigorar a partir da celebração, sendo nula qualquer cláusula no pacto antenupcial que disponha sobre a sua vigência anterior ou posterior ao ato matrimonial, por violar o teor da norma contida no art. 1.639, § 1º, do Código Civil, que dispõe:

> Art. 1.639. É lícito aos nubentes, antes de celebrado o casamento, estipular, quanto aos seus bens, o que lhes aprouver.
>
> § 1º O regime de bens entre os cônjuges começa a vigorar desde a data do casamento.

Três princípios básicos orientam os regimes matrimoniais,[6] que se aplicam, supletivamente, no que couber, na união estável:

---

3. DIAS, Maria Berenice. *Manual do direito das famílias*. 4. ed. São Paulo: Ed. RT, 2007. p. 200-201.
4. VENOSA, Silvio de Salvo. *Direito civil* – Direito de família. 3. ed. São Paulo: Atlas, 2003. p. 169-170.
5. STF, RE 878.694/MG, rel. Min. Luis Roberto Barroso, j. 10.05.2017.
6. DINIZ, Maria Helena. *Curso de direito civil* – Direito de família. 17. ed. São Paulo: Saraiva, 2002. p. 150-156.

DA COMUNICABILIDADE DAS VERBAS TRABALHISTAS E FGTS NO REGIME DA COMUNHÃO PARCIAL DE BENS **59**

*Variedade de regime de bens*. A legislação oferece atualmente quatro tipos diferentes de regime: o da comunhão universal, comunhão parcial, separação e participação final de aquestos. Pode, ainda, ser mesclado ou criado um novo modelo, obedecendo-se às disposições legais. O Código atual excluiu o regime dotal, bem como os bens reservados da mulher, e incluiu o regime de participação final de aquestos;

*Autonomia da vontade ou da liberdade dos pactos antenupciais*. O direito brasileiro, em face da variedade dos regimes de bens, admite amplamente que "é lícito aos nubentes, antes de celebrado o casamento, estipular, quanto aos seus bens, o que lhes aprouver" (art. 1.639, *caput*, do CC), fazendo a opção no processo de habilitação (art. 1.640, parágrafo único). Podem os cônjuges optar por um regime típico com as regras existentes, combiná-los ou, ainda, estipular cláusulas diversas, desde que não violem as normas imperativas referentes à finalidade do casamento e à estrutura da família. Pode, por exemplo, adotar o regime de separação de bens, mas estipular que os bens adquiridos por herança se comunicam, ou vice-versa, adotar o regime de comunhão universal de bens, mas excluir os bens havidos por herança de cada cônjuge da comunhão, importando em bens particulares do herdeiro.

A exceção a este princípio é o regime de separação legal obrigatório de bens, que será obrigatório e imposto aos nubentes, quando contraírem o casamento inobservando as causas suspensivas, quando realizado por pessoas maiores de 70 anos ou quando necessitarem de suprimento judicial (art. 1.641 do CC).

O regime deve ser escolhido antes do casamento, por convenção ou pacto antenupcial, na forma de escritura pública (art. 1.653 do CC), exceto o regime de comunhão parcial de bens, que prevalecerá na omissão ou nulidade do pacto, podendo ser feita a opção na própria habilitação (art. 1.640 e parágrafo único, do CC). Os nubentes possuem, portanto, o regime de comunhão parcial de bens à sua disposição, sem necessidade de pacto antenupcial, suprindo a escritura pública, entretanto, se optarem por qualquer outro regime, é imprescindível a lavratura da escritura antenupcial. Na união estável, o regime de bens pode ser firmado durante a convivência;

*Imutabilidade relativa ou mutabilidade justificada do regime adotado*. O regime de bens entra em vigor com a celebração do casamento, não podendo ser modificado posteriormente apenas pela vontade de uma das partes. O Código Civil de 1916 não admitia qualquer alteração, por nenhum pretexto, salvo no caso de estrangeiro que se naturalizasse brasileiro e pudesse optar pelo regime de comunhão parcial com a anuência do cônjuge (art. 7º, § 5º, da LINDB).

O regime de bens era inalterável desde a data do casamento até a dissolução da sociedade conjugal e tinha por fundamento a garantia aos próprios cônjuges e o resguardo aos direitos de terceiros, evitando-se que, no curso da vida, um dos consortes fizesse prevalecer indevidamente sua vontade sobre o outro para alterar o regime, ou agisse em detrimento dos direitos de terceiros que contraíssem obrigações com pessoas casadas em face de determinado regime, em razão dos reflexos nos negócios jurídicos. Os rumos tomados pela união estável, permitindo maior mobilidade no tocante aos bens comuns, já que o regime pode ser firmado na constância da união, certamente influenciaram o legislador a rever a imutabilidade do regime de bens, para não tratar o casamento de forma mais rigorosa que a união sem matrimônio, permitindo-se a alteração, contudo, não será livre, não se erigindo essa possibilidade em um direito meramente potestativo, exigindo pedido de ambos os cônjuges e autorização judicial.[7]

O Código Civil de 2002 inovou no art. 1.639, § 2º, ao admitir a modificação do regime, desde que requerido por ambos os cônjuges, em pedido motivado ao juiz de direito, que deverá verificar se foi manifestado livremente, se os motivos são plausíveis e não prejudica terceiros, para deferir ou não a pretensão. A modificação, portanto, fica subordinada à autorização judicial, mediante requerimento de ambos os consortes.

Os motivos, todavia, são amplos, não cabendo ao judiciário esmiuçar as razões dos cônjuges, salvo se restar demonstrado que um dos cônjuges está sendo forçado, já que os direitos dos terceiros serão preservados.

O Código Civil de 2002 inovou ao relativizar o princípio da imutabilidade do regime de bens, após o casamento, e permitir a alteração ou modificação do existente. O regime continua imutável, não podendo ser alterado pela vontade de apenas um dos consortes. Também não basta apenas a vontade dos cônjuges, sendo necessária autorização judicial em pedido justificado. É o que determina o art. 1.639, § 2º, ao dispor que "é admissível alteração do regime de bens, mediante autorização judicial em pedido motivado de ambos os cônjuges, apurada a procedência das razões invocadas e ressalvados os direitos de terceiros".

Érica Canuto apresenta os seguintes requisitos para alteração do regime de bens após o casamento: a) autorização judicial; b) pedido conjunto dos cônjuges; c) exposição dos motivos; d) comprovação, perante o juiz, da veracidade das razões; e) ressalva dos direitos de terceiros.[8]

O atual Código de Processo Civil regula o procedimento de alteração do regime de bens no capítulo que trata dos procedimentos de jurisdição voluntária, na Seção IV, juntamente com o divórcio, a separação e a extinção consensual da união estável. O pedido deve ser assinado por ambos os cônjuges, apresentando as razões e a alteração deve ser divulgada para resguardar interesses de terceiros, por edital ou outro meio alternativo, e intimado o Ministério Público. Somente após transcorrer o prazo de 30 dias da publicação do edital, o juiz pode decidir, expedindo-se os competentes mandados para averbações, conforme determina o art. 734.[9]

---

7. VENOSA, Sílvio de Salvo. *Direito civil* – Direito de família, cit., p. 171.
8. CANUTO, Erica Verícia de Oliveira. Liberdade de contratar o regime patrimonial de bens no casamento. Regimes mistos. In: PEREIRA, Rodrigo da Cunha (Coord.). *Anais do V Congresso Brasileiro de Direito de Família*. Belo Horizonte: IBDFAM, 2006. p. 291.
9. Art. 734. A alteração do regime de bens do casamento, observados os requisitos legais, poderá ser requerida, motivadamente, em petição assinada por ambos os cônjuges, na qual serão expostas as razões que justificam

## DA COMUNICABILIDADE DAS VERBAS TRABALHISTAS E FGTS NO REGIME DA COMUNHÃO PARCIAL DE BENS

## 2. REGIME DA COMUNHÃO PARCIAL – ESPÉCIES DE REGIMES E PACTO ANTENUPCIAL[10]

O Código Civil regula os regimes de comunhão parcial, comunhão universal, separação e participação final de aquestos.

O regime pode ser legal ou convencional, conforme imposto pela lei ou escolhido pelos nubentes.

O regime legal divide-se em necessário ou obrigatório.

*Regime legal necessário ou supletivo* é o regime de comunhão parcial de bens, quando as partes optarem na habilitação, sem necessidade de pacto, ou na hipótese de a convenção ser nula ou ineficaz (art. 1.640 e parágrafo único do CC). É uma escolha presumida da lei quando os noivos não firmarem pacto ou este for invalidado.

O regime legal necessário, no Código Civil de 1916, era o da comunhão universal de bens até a entrada em vigor da Lei 6.515 (Lei do Divórcio), em 26 de dezembro de 1977, que em seu art. 50 deu nova redação ao art. 258 do Código anterior, alterando-o para o regime de comunhão parcial, o que foi mantido na legislação atual.

*Regime legal obrigatório* é o regime de separação legal de bens, imposto pelo art. 1.641 do Código Civil, quando os contraentes se casarem violando as causas suspensivas, um ou ambos os nubentes possuírem mais de setenta anos ou dependerem de autorização judicial para casar. Aplica-se na união estável o regime de separação obrigatória se um dos companheiros possuía mais de setenta anos, conforme precedentes do Superior Tribunal de Justiça já citado.

*Regime convencional* é o escolhido pelos nubentes por meio de pacto ou convenção antenupcial entre os demais regimes, combinando-os ou incluindo novas cláusulas, desde que não sejam incompatíveis, ou até mesmo criando um novo modelo, modificando-os entre si, denominados na doutrina de *regime misto e regime personalíssimo*.

Os diversos modelos de regimes de bens, incluindo o regime legal necessário ou supletivo de comunhão parcial de bens, regime legal obrigatório e os regimes convencionais, podem ser melhor apresentados no gráfico a seguir:

---

a alteração, ressalvados os direitos de terceiros.

§ 1º Ao receber a petição inicial, o juiz determinará a intimação do Ministério Público e a publicação de edital que divulgue a pretendida alteração de bens, somente podendo decidir depois de decorrido o prazo de 30 (trinta) dias da publicação do edital.

§ 2º Os cônjuges, na petição inicial ou em petição avulsa, podem propor ao juiz meio alternativo de divulgação da alteração do regime de bens, a fim de resguardar direitos de terceiros.

§ 3º Após o trânsito em julgado da sentença, serão expedidos mandados de averbação aos cartórios de registro civil e de imóveis e, caso qualquer dos cônjuges seja empresário, ao Registro Público de Empresas Mercantis e Atividades Afins.

10. CARVALHO, Dimas Messias de. *Direito das famílias*. 8. ed., cit., p. 271-274.

| Regime de bens | Legal | Necessário – Comunhão parcial de bens |
| | | Obrigatório – Separação de bens |
| | Convencional (Pacto antenupcial) | Comunhão parcial (com alterações) |
| | | Comunhão universal |
| | | Participação final nos aquestos |
| | | Separação de bens – relativa ou absoluta |
| | | Misto ou personalíssimo |

*O pacto antenupcial, convenção antenupcial ou pacto dotal* é um contrato solene, realizado antes do casamento, por meio do qual as partes dispõem sobre o regime de bens que vigorará entre elas, durante o matrimônio.[11] É um negócio solene feito por escritura pública no Cartório de Notas, que disciplina as questões patrimoniais e não patrimoniais entre os cônjuges, bem como as responsabilidades de cada um perante terceiros. Pode ser feito por procurador com poderes especiais e após a feitura não exige a legislação brasileira prazo para o casamento se realizar.[12]

É facultativo, salvo no regime de separação obrigatória de bens, podendo os nubentes optarem pelo regime de comunhão parcial (regime legal), por termo no procedimento de habilitação, sem necessidade de pacto. Se os noivos pretenderem regime diverso do legal, é necessária a lavratura por escritura pública, do pacto antenupcial. Não existe, portanto, casamento sem regime de bens. Na ausência de pacto nupcial, a lei determina o regime por termo, conforme o art. 1.640, parágrafo único, do Código Civil,[13] ou seja, vigorará o regime de comunhão parcial de bens.

O pacto antenupcial é regulado nos arts. 1.653 a 1.657 do Código Civil, dispondo o art. 1.653 que é nulo o pacto antenupcial não efetuado por escritura pública e ineficaz se não for realizado o casamento. No art. 1.655 dispõe que são nulas as cláusulas do pacto antenupcial que contravenham disposição absoluta da lei.

Assim, trata-se de negócio solene porque o Código Civil exige que seja feito por escritura pública, acarretando nulidade a inobservância deste requisito (arts. 108 e 166, IV, do CC). Da mesma forma, é nula a convenção ou cláusula que contrarie disposição absoluta da lei como dispensa dos deveres conjugais, renúncia a alimentos e ao exercício do poder familiar de um dos cônjuges, submissão de um dos cônjuges ao

---

11. RODRIGUES, Silvio. *Direito civil* – Direito de família. 27. ed. São Paulo: Saraiva, 2002. p. 173.

12. ALMEIDA, Renata Barbosa de; RODRIGUES JUNIOR, Walsir Edson. *Direito civil*: famílias. Rio de Janeiro: Lumen Juris, 2010. p. 180-181.

13. Art. 1.640. Não havendo convenção, ou sendo ela nula ou ineficaz, vigorará, quanto aos bens entre os cônjuges, o regime da comunhão parcial.

Parágrafo único. Poderão os nubentes, no processo de habilitação, optar por qualquer dos regimes que este código regula. Quanto à forma, reduzir-se-á a termo a opção pela comunhão parcial, fazendo-se o pacto antenupcial por escritura pública, nas demais escolhas.

outro, dispensa de outorga na disposição de bens imóveis nos regimes de comunhão universal e parcial, entre outros.

Admite-se a convenção, no pacto nupcial, de livre disposição de bens imóveis, desde que particulares, no regime de participação final de aquestos (art. 1.656 do CC).

No regime de separação absoluta, os cônjuges podem dispor livremente dos bens, sem necessidade de outorga (arts. 1.647 e 1.687 do CC).

A escritura pública é essencial à validade do pacto antenupcial, sendo da substância do ato, lavrada pelo Tabelião de Notas, que possui fé pública, e atendendo a todos os requisitos legais (arts. 108, 109 e 215 do Código Civil), sob pena de nulidade (art. 166, IV, do CC). Não pode ser lavrada por instrumento particular, ainda que os nubentes sejam capazes. Com efeito, dispõe o art. 1.653 do Código Civil:

> Art. 1.653. É nulo o pacto antenupcial se não for feito por escritura pública, e ineficaz se não lhe seguir o casamento.

Nulo o pacto vigorará o regime da comunhão parcial de bens.

O pacto nupcial, celebrado por menores, exige a aprovação de seu representante legal para ser eficaz, devendo assistir o incapaz, ratificando a título de aprovação o ato. Não exige a lei, para aprovação do pacto nupcial, a concordância de ambos os genitores como ocorre no casamento, bastando a aprovação de apenas um deles para a validade da convenção, já que a lei fala somente em representante legal e qualquer um dos pais pode representar o filho menor.[14] O art. 1.654 do Código Civil dispõe expressamente que "a eficácia do pacto antenupcial, realizado por menor, fica condicionada à aprovação de seu representante legal, salvo as hipóteses de regime obrigatório de separação de bens".

Ressalta-se que o pacto antenupcial pode ser revogado, retificado ou alterado livremente pelos nubentes, mediante outra escritura pública ou escritura retificatória, enquanto o casamento não for celebrado. Após o matrimônio, somente será permitida alteração que justifique os motivos e mediante autorização judicial. Não existe prazo estabelecido na lei para a realização do casamento após a lavratura da escritura pública do pacto antenupcial, como ocorre na certidão de habilitação. Assim, salvo se restou pactuado um prazo para o matrimônio no próprio ato, não existe um prazo determinado de validade do pacto antenupcial, persistindo válido, mesmo caducando a habilitação. Caduca, entretanto, o pacto antenupcial se escoar o prazo para o casamento nele fixado, um dos contraentes falecer ou se casar com pessoa diversa.[15]

O Código Civil dispõe que é lícito aos cônjuges, antes do casamento, estipular, quanto aos bens, o que lhes aprouver (art. 1.639). A liberdade, entretanto, não é ilimitada, não podendo ser feita a escolha do regime de bens, nas hipóteses de impo-

---

14. DIAS, Maria Berenice. *Manual de direito das famílias*. 4. ed., cit., p. 218.
15. VENOSA, Sílvio de Salvo. *Direito civil – Direito de família*. 3. ed., cit., p. 179.

sição do regime de separação (regime legal obrigatório) ou que contrarie disposição legal. Sílvio Venosa leciona que o pacto antenupcial é negócio de direito de família e sua finalidade é exclusivamente regular o regime matrimonial dos cônjuges no casamento, devendo ter em mira exclusivamente os direitos patrimoniais, sendo nula qualquer disposição que contrarie ou infrinja direitos fundamentais ou da personalidade. Admite-se, porém, o reconhecimento de filhos, por se tratar de prova escrita de filiação suficiente para o ato.[16] Maria Helena Diniz também leciona que o pacto antenupcial deve conter tão somente estipulações referentes às relações econômicas entre os cônjuges.[17] Maria Berenice Dias ressalta, entretanto, que nada impede estipulações sobre questões não patrimoniais, como encargos, inclusive sobre questões domésticas, como quem irá ao supermercado, proibição de fumar no quarto, entre outros. Ainda que a execução de algumas cláusulas deva ser buscada na via judicial, ao menos como acordo entre eles, tem plena validade.[18]

Érica Canuto leciona que o contrato antenupcial se constitui em uma espécie *sui generis*, mas não se condiciona a um único tipo determinado. Podem os nubentes escolher um dos quatro regimes regulados pela lei, criar um regime misto, que regule alguns bens por um certo regime e os outros por regras exclusivas do regime escolhido, ou um regime personalíssimo com regras mescladas de um e de outro regime ou criadas afetando todo o patrimônio. Aventa, ainda, sobre a possibilidade de o pacto antenupcial vir acompanhado de elementos acidentais, desde que não tenha por objetivo torná-lo ineficaz, seja admitindo-se condição suspensiva ou resolutiva (nesta última, indicando o novo regime), seja termo. Destaca decisão já proferida pelo Supremo Tribunal Federal decidindo sobre a eficácia de condição prevista no pacto antenupcial, alternando o regime de bens acaso houvesse nascimento de filho, o que é reforçado atualmente pela possibilidade de alteração do regime de bens no Brasil, não necessitando, entretanto, na hipótese de pacto, de autorização judicial.[19]

Para produzir efeitos perante terceiros, o pacto antenupcial deve ser registrado em livro próprio no Cartório de Registro de Imóveis (art. 1.657 do CC) após o casamento, para ter publicidade; entretanto, a falta do assento não torna nulo o ato, apenas não produz efeitos *erga omnes*, pois tem por objetivo precaver terceiros que contratam com os cônjuges. O pacto subsiste em todos os seus efeitos nas relações entre os cônjuges e seus herdeiros, independentemente do registro. Necessário, ainda, averbação no Registro de Empresas Mercantis, se o cônjuge for empresário, para produção de efeitos nas relações comerciais.

A convenção antenupcial é condicional, vinculando-se para produção de efeitos à celebração do casamento, tanto que caducará, sem necessidade de pronunciamento judicial, se o matrimônio não se realizar, por morte ou se um dos nubentes se casar

---

16. VENOSA, Sílvio de Salvo. *Direito civil* – Direito de família. 3. ed., cit., p. 179.
17. DINIZ, Maria Helena. *Curso de direito civil brasileiro* – Direito de família. 17. ed., cit., p. 153.
18. DIAS, Maria Berenice. *Manual de direito das famílias*. 4. ed., cit., p. 217.
19. CANUTO, Érica Verícia de Oliveira. Liberdade de contratar o regime patrimonial de bens no casamento. Regimes mistos. *Anais do V Congresso Brasileiro de Direito de Família*, cit., p. 292-295.

DA COMUNICABILIDADE DAS VERBAS TRABALHISTAS E FGTS NO REGIME DA COMUNHÃO PARCIAL DE BENS

com outra pessoa, por faltar-lhe requisito essencial à sua perfeição.[20] Não se seguindo casamento, o pacto não é nulo, mas ineficaz por não produzir qualquer efeito. A nulidade do casamento, por possuir efeitos *ex tunc*, retroagindo à celebração, retira a eficácia do pacto antenupcial, por ser condicionado ao casamento. A anulação do casamento, entretanto, torna inválido o matrimônio a partir da sentença desconstitutiva, valendo o casamento até aquele momento, cumprindo-se as disposições pactuadas, especialmente pelo responsável pela anulação (art. 1.564 do CC). A anulação ou nulidade do pacto não interfere na validade do casamento, apenas determina o regime de comunhão parcial.

Antes do casamento, o pacto pode ser modificado pelas partes e é válido mesmo se não constar na habilitação, devendo ser retificado o regime no assento se constou diverso, obedecendo as disposições convencionadas no pacto, em ação própria de *retificação do regime de casamento*.

O pacto antenupcial, portanto, é facultativo e exigido apenas se os cônjuges quiserem adotar regime diverso do legal necessário (comunhão parcial), porém, apesar da liberdade de escolha dos nubentes, não pode ser utilizado nos casos de regime de separação legal obrigatório, sendo nula a convenção por violar disposição legal. Atualmente, em razão da possibilidade de alteração do regime matrimonial, o pacto antenupcial pode ser chamado de pacto nupcial, já que os cônjuges podem, após o casamento, mudar a convenção antenupcial, introduzindo novas cláusulas ou retirando outras.

## 3.  REGIME DE COMUNHÃO PARCIAL DE BENS[21]

O Código Civil de 2002 manteve a regra do Código Civil de 1916, com a alteração da Lei 6.515/1977, ao dispor em seu art. 1.640 que, não existindo convenção ou sendo ela nula ou ineficaz, vigorará, quanto aos bens entre os cônjuges, o regime de comunhão parcial.

É também o regime que se aplica na união estável, nos termos do art. 1.725[22] do Código Civil, e também na união homoafetiva, por força do efeito *erga omnes*, portanto, com caráter vinculante e eficácia irradiante, conferido no julgamento pelo Supremo Tribunal Federal, em 5 de maio de 2011, da ADPF 132/2008 e ADI 4.277/2009, que reconheceu a união de pessoas do mesmo sexo como entidade familiar, merecedoras da proteção estatal, com os mesmos direitos e deveres conferidos nas uniões entre homens e mulheres.

O Código Civil de 2002 passou a tratar o regime de comunhão parcial de bens em primeiro lugar, diferente do Código de 1916 que primeiro cuidava do regime de

---

20.  PEREIRA, Caio Mário da Silva. *Instituições de direito civil – Direito de família*. 7. ed. Rio de Janeiro: Forense, 1991. p. 117.

21.  CARVALHO, Dimas Messias de. *Direito das famílias*. 8. ed., cit., p. 289-291.

22.  Art. 1.725. Na união estável, salvo contrato escrito entre os companheiros, aplica-se às relações patrimoniais, no que couber, o regime da comunhão parcial de bens.

comunhão universal, o que é justificável, pois desde a Lei do Divórcio passou a ser o regime legal ou supletivo no ordenamento jurídico brasileiro.[23]

É o regime que vigora necessariamente, em virtude da lei, no silêncio das partes, ou seja, é uma escolha da legislação, substituindo-se a escolha dos nubentes expressada no pacto antenupcial, ou dos companheiros em contrato escrito, presumindo-se que esta era a vontade das partes. Também é o regime que vigora se invalidada a convenção nupcial ou o contrato de união estável.

É denominado de *regime legal* ou *regime legal necessário*, por ser o regime escolhido pela lei na ausência ou invalidade do pacto antenupcial, e também de *regime supletivo*, suprindo a vontade não manifestada das partes.

A comunhão parcial é um regime misto, uma mistura de separação e comunhão universal, e era também chamado de comunhão de aquestos ou adquiridos na constância do casamento, que hoje constitui regime próprio, apesar de semelhantes.

Clóvis Beviláqua conceituava o regime de comunhão parcial como aquele em que não se comunicam os bens que cada cônjuge possuía antes do casamento, os adquiridos por cada um a título gratuito na constância da união e os que forem sub-rogados em seus lugares. No entanto, se comunicam os adquiridos onerosamente, por fato eventual e os doados ou deixados por herança ou legado a ambos os consortes.[24]

Cristiano Chaves de Farias e Nelson Rosenvald doutrinam que esse regime tem como pano de fundo o reconhecimento da presunção *jure et de jure* (absoluta) de colaboração conjunta na aquisição onerosa dos bens na constância do casamento ou da união estável, não sendo discutida a proporção do esforço de cada parte ou se efetivamente contribuiu. Presume-se de forma absoluta que os bens adquiridos onerosamente são frutos da ajuda mútua, ainda que apenas psicológica ou moralmente. Possui um componente ético no sentido de que "o que é meu é meu, o que é se é seu e o que é nosso, metade de cada um".[25]

Caracteriza-se pela existência de três massas distintas de bens: o patrimônio do marido, o patrimônio da mulher e o patrimônio comum. Estabeleceu a separação quanto ao passado (bens que cada um dos cônjuges possuía antes do matrimônio) e comunhão quanto ao futuro (bens adquiridos na constância do casamento).[26]

Neste regime, excluem-se da comunhão os bens que os cônjuges possuíam ao casar ou que venham a adquirir por causa anterior e alheia ao casamento, como os sub-rogados (bens adquiridos com valores provenientes de bem anterior), sucessão ou liberalidade (doação), denominados *bens incomunicáveis, particulares ou próprios*. Incluem-se na comunhão os bens adquiridos na constância do casamento, por título

---

23. MANFRÉ, José Antônio Encinas. *Regime matrimonial de bens no novo Código Civil*. São Paulo: Juarez de Oliveira, 2003. p. 51.
24. EVILÁQUA, Clóvis. *Direito de família*. 7. ed. Rio de Janeiro: Editora Rio, 1976. p. 204.
25. FARIAS, Cristiano Chaves de; ROSENVALD, Nelson. *Curso de direito civil*: famílias. 5. ed. Salvador: JusPodivm, 2013. p. 387.
26. GONÇALVES, Carlos Roberto. *Direito civil brasileiro* – Direito de família. São Paulo: Saraiva, 2005. p. 412.

DA COMUNICABILIDADE DAS VERBAS TRABALHISTAS E FGTS NO REGIME DA COMUNHÃO PARCIAL DE BENS

oneroso, por liberalidade em nome de ambos ou por fato eventual, denominados *bens comuns ou comunicáveis*.

Maria Helena Diniz, citando Ripert e Silvio Rodrigues, ensina que este regime é o que melhor atende ao espírito da sociedade conjugal, unindo materialmente os cônjuges em interesses parcialmente comuns, quanto aos bens adquiridos na constância do casamento, por serem fruto da colaboração que se estabelece entre cônjuges, permanecendo incomunicáveis os adquiridos por motivos anteriores ou alheios ao matrimônio. Ao estabelecer a comunhão dos bens adquiridos na constância do casamento, cria uma solidariedade entre os cônjuges e, no entanto, permite que cada um conserve o que já lhe pertencia no momento do casamento. Ressalta, ainda, que este regime, além de frear a dissolução da sociedade conjugal, torna mais justa a divisão dos bens por ocasião da dissolução do matrimônio.[27]

O regime da comunhão parcial de bens, como já ressaltado, é um misto da comunhão universal, comunicando-se os bens adquiridos na constância do casamento, com ressalva dos adquiridos a título gratuito por doação e herança, e da separação de bens quanto aos bens anteriores ao casamento e os alheios ao matrimônio. Duas regras básicas regulam o regime de comunhão de bens. Uma estabelece os bens que não se comunicam e outra os bens que entram na comunhão, previstos expressamente nos arts. 1.659[28] e 1.660[29] do Diploma Civil.

## 4. DA COMUNICABILIDADE DAS VERBAS TRABALHISTAS E FGTS NO REGIME DA COMUNHÃO PARCIAL DE BENS[30]

O Código Civil dispõe no art. 1.659, VI, que não se comunicam *os proventos do trabalho pessoal de cada cônjuge*. A lei civil anterior não previa esta incomunicabi-

---

27. DINIZ, Maria Helena. *Curso de direito civil brasileiro* – Direito de família. 17. ed., cit., p. 163.
28. Art. 1.659. Excluem-se da comunhão:

    I – os bens que cada cônjuge possuir ao casar, e os que lhe sobrevierem, na constância do casamento, por doação ou sucessão, e os sub-rogados em seu lugar;

    II – os bens adquiridos com valores exclusivamente pertencentes a um dos cônjuges em sub-rogação dos bens particulares;

    III – as obrigações anteriores ao casamento;

    IV – as obrigações provenientes de atos ilícitos, salvo reversão em proveito do casal;

    V – os bens de uso pessoal, os livros e instrumentos de profissão;

    VI – os proventos do trabalho pessoal de cada cônjuge;

    VII – as pensões, meios-soldos, montepios e outras rendas semelhantes.
29. Art. 1.660. Entram na comunhão:

    I – os bens adquiridos na constância do casamento por título oneroso, ainda que só em nome de um dos cônjuges;

    II – os bens adquiridos por fato eventual, com ou sem o concurso de trabalho ou despesa anterior;

    III – os bens adquiridos por doação, herança ou legado, em favor de ambos os cônjuges;

    IV – as benfeitorias em bens particulares de cada cônjuge;

    V – os frutos dos bens comuns, ou dos particulares de cada cônjuge, percebidos na constância do casamento, ou pendentes ao tempo de cessar a comunhão.
30. CARVALHO, Dimas Messias de. *Direito das famílias*. 8. ed., cit., p. 294-299.

lidade, ao contrário, dispunha que comunicavam os frutos civis do trabalho, ou da indústria de cada cônjuge, ou de ambos, o que contrariava até mesmo os princípios do regime de comunhão de bens, gerando muita discussão na doutrina e jurisprudência.

Com a redação do código atual, Maria Helena Diniz orientava que o produto do trabalho dos consortes e os bens com ele adquiridos não se comunicam, tendo os cônjuges sobre eles todos os poderes de gozo, disposição e administração, exceto no que concerne aos imóveis, cuja alienação requer outorga marital ou uxória, entretanto, a própria doutrinadora reviu o posicionamento e concluiu que a incomunicabilidade refere-se tão somente ao direito de percepção dos proventos, uma vez que, percebidos, integrarão o patrimônio do casal, devendo a incomunicabilidade dos proventos ser interpretada com o disposto no art. 1.660, II, que prevê a comunicabilidade dos frutos civis do trabalho. Cita Fábio Ulhoa Coelho para lecionar que os direitos que cada cônjuge passa a titularizar, em razão de seu trabalho, são incomunicáveis, aplicando-se a qualquer tipo de trabalho, sob vínculo empregatício, profissional liberal, administrador, empreitada ou prestação de serviços. O dinheiro recebido na constância do casamento, em razão do trabalho, ingressa no patrimônio do trabalhador e também na comunhão. O FGTS liberado na constância do matrimônio passa a integrar o patrimônio comum, se, entretanto, receber o FGTS depois do divórcio, o ex-cônjuge não possui nenhum direito sobre esse saldo, nem mesmo proporcional ao tempo em que estavam casados.[31]

Carlos Roberto Gonçalves cita diversos civilistas para lecionar que, de regra, é do trabalho pessoal de cada cônjuge que advêm os recursos necessários à aquisição dos bens conjugais e se interpretar que o salário já recebido não se comunica, bem como os bens adquiridos com ele (sub-rogação), este entendimento acarretaria um desequilíbrio no âmbito financeiro do casal, contrariando a essência do regime de comunhão parcial, pois desestimularia a colaboração conjunta dos cônjuges de juntar economias para construção de patrimônio comum. Com efeito, o cônjuge que arcou com as despesas da família restaria prejudicado em relação ao que preferiu conservar, em espécie, seus proventos. Assim, não se comunica somente o direito aos proventos. Recebida a remuneração, o dinheiro ingressa no patrimônio comum, bem como os bens adquiridos com seu produto.[32]

A interpretação desse inciso, entretanto, é polêmica, especialmente em razão do direito intertemporal, em face da redação do art. 271 do Código Civil de 1916, que previa a comunicabilidade dos proventos do trabalho, e deve ser aplicado aos casamentos realizados na sua vigência (art. 2.039 do CC/2002). Enquanto parte da doutrina já citada defende que tão logo o cônjuge ou companheiro recebe os proventos o dinheiro comunica, outra conclui que só existem proventos quando o serviço é prestado e a remuneração recebida, estando em mãos ou aplicações financeiras.

---

31. DINIZ, Maria Helena. *Curso de direito civil brasileiro* – Direito de família. 17. ed., cit., p. 165-166.
32. GONÇALVES, Carlos Roberto. *Direito civil brasileiro* – Direito de família, cit., p. 417-418.

DA COMUNICABILIDADE DAS VERBAS TRABALHISTAS E FGTS NO REGIME DA COMUNHÃO PARCIAL DE BENS

Assim, o dinheiro recebido ou aplicado continua sendo proventos, portanto, incomunicável. Discorre Rolf Madaleno que:

> A mecânica, portanto, deve ser outra, pois só será provento da pessoa quando ela fizer efetivo jus ao pagamento, a remuneração real será derradeiramente pertencente ao prestador do serviço que deu origem à remuneração, e, a partir do seu recebimento, incomunicável (CC, art. 1.659, inc. VI), enquanto proventos, estando em mãos do credor ou mesmo depositados em contas remuneradas, ou em aplicações financeiras, não deixam de ser proventos do trabalho e como tal devem ser interpretados como incomunicáveis quando da dissolução do casamento, embora se comunique todo o patrimônio eventualmente adquirido com tais recursos, eis que alterada sua espécie pela compra de bens com a referida renda.[33]

Mais adiante ressalta o mesmo jurista que:

> O tema vem dividindo opiniões, mas penso se apresente efetivamente correta a posição externada pelo STJ, mesmo guardadas as peculiaridades dos regimes matrimoniais ab-rogados, em decorrência de o casamento ser anterior ao diploma vigente, pois todo e qualquer patrimônio é comprado ordinariamente com o produto do trabalho das pessoas, não havendo como aceitar a sub-rogação de recursos considerados como frutos do labor, pois isto levaria a reconhecer que qualquer aquisição patrimonial seria resultante de sub-rogação do produto do trabalho e praticamente não existiria nenhum bem comum a ser partilhado, lembrando, ademais, se tratar o FGTS de conta vinculada ao trabalhador, cujo valor, dentre várias hipóteses, também poderá ser sacado para pagamento de prestação de financiamento habitacional ou quitação total ou parcial do preço de aquisição de imóvel (Lei n. 8.036/1990, art. 20, incs. V e VII), representando o seu montante verdadeira remuneração adicional, que pode ser usado para diversas finalidades numeradas em lei, e não uma espécie de indenização pessoal capaz de justificar sua incomunicabilidade.[34]

Conrado Paulino da Rosa ressalta que o direito aos proventos do trabalho é pessoal, mas os valores recebidos na constância do casamento ou união estável, transformando-se em aplicações financeiras ou bens, se comunicam e são partilháveis.[35]

O Superior Tribunal de Justiça reconheceu a comunicabilidade dos proventos em partilha de créditos trabalhistas já na vigência do Código Civil de 2002. Consta na ementa que:

> Para que o ganho salarial insira-se no monte-partível é necessário, portanto, que o cônjuge tenha exercido determinada atividade laborativa e adquirido direito de retribuição pelo trabalho desenvolvido, na constância do casamento. Se um dos cônjuges efetivamente a exerceu e, pleiteando os direitos dela decorrentes, não lhe foram reconhecidas as vantagens daí advindas, tendo que buscar a via judicial, a sentença que as reconhece é declaratória, fazendo retroagir, seus efeitos, à época em que proposta a ação. O direito, por conseguinte, já lhe pertencia, ou seja, já havia ingressado na esfera de seu patrimônio, e, portanto, integrado os bens comuns do casal.
>
> Consequentemente, ao cônjuge que durante a constância do casamento arcou com o ônus da defasagem salarial de seu consorte, o que presumivelmente demandou-lhe maior colaboração

---

33. MADALENO, Rolf. *Curso de direito de família*. 5. ed., cit., p. 750.
34. MADALENO, Rolf. *Curso de direito de família*, 5. ed., cit., p. 752.
35. ROSA, Conrado Paulino da. *Direito de Família Contemporâneo*. 8. ed. Salvador: JusPodivm, 2021, p. 266.

no sustento da família, não se pode negar o direito à partilha das verbas trabalhistas nascidas e pleiteadas na constância do casamento, ainda que percebidas após a ruptura da vida conjugal.[36]

A decisão do Superior Tribunal de Justiça reconhece que, recebidos os proventos (ou suas diferenças) pelo trabalho prestado na constância do matrimônio (ou união estável), os valores se comunicam, ainda que o recebimento ocorra após a dissolução do casamento. É a solução que melhor atende ao regime da comunhão parcial, que prevê uma solidariedade material quanto aos bens auferidos onerosamente na constância da união. Assim, tanto em diferenças salariais quanto em depósitos do FGTS as verbas devidas ou depositadas na vigência do casamento ou da união estável se comunicam e devem ser partilhadas.

As reiteradas decisões do Superior Tribunal de Justiça importaram na Tese 3 da Jurisprudência em Teses, Edição 113, com o seguinte teor:

> 3) As verbas de natureza trabalhista nascidas e pleiteadas na constância da união estável ou do casamento celebrado sob o regime da comunhão parcial ou universal de bens integram o patrimônio comum do casal e, portanto, devem ser objeto da partilha no momento da separação.[37]

Após a Edição 113 da Jurisprudência em Teses, o Superior Tribunal de Justiça sedimentou o entendimento em novo julgamento unânime, decidindo que as verbas trabalhistas, adquiridas na constância do casamento, se comunicam nos regimes da comunhão parcial e universal:

> Agravo interno no agravo em recurso especial – ação de sobrepartilha – decisão monocrática que conheceu do agravo para, de plano, dar provimento ao recurso especial da parte adversa e restaurar os termos da sentença, inclusive quanto à sucumbência. Insurgência do requerido.
>
> 1. A jurisprudência do Superior Tribunal de Justiça está sedimentada no sentido de que nos regimes de comunhão parcial ou universal de bens comunicam-se as verbas trabalhistas a que se tem direito na constância da sociedade conjugal, devendo ser partilhadas quando da separação. Precedentes.
> 1.1. No caso em tela, impôs-se a reforma do acórdão que considerou não ser possível partilhar as verbas trabalhistas referentes a direitos adquiridos na constância da sociedade conjugal.[38]

O mesmo entendimento se aplica também nos valores depositados nas contas vinculadas ao FGTS.

O Superior Tribunal de Justiça tem reconhecido o direito de meação das parcelas depositadas durante a constância do casamento ou da união estável, independentemente da data do resgate, e não de todo o valor depositado.[39] Consta na Edição 113 da Jurisprudência em Teses sobre dissolução da sociedade conjugal e da união estável, que:

---

36. STJ, 3ª Turma, REsp 1024169/RS 2008/0012694-7, rel. Min. Nancy Andrighi, j. 13.04.2010, p. 28.04.2010.
37. STJ, *Jurisprudência em Teses* – Edição 113: Da dissolução da sociedade conjugal e da união estável – I, Julgados publicados até 05.10.2018. p. 21.10.2018.
38. STJ, Agint no Ag em REsp 1313371/SP, rel. Min. Marco Buzzi, j. 07.02.2019.
39. MADALENO, Rolf. *Curso de direito de família*. 5. ed., cit., p. 756.

4) Deve ser reconhecido o direito à meação dos valores depositados em conta vinculada ao Fundo de Garantia de Tempo de Serviço – FGTS auferidos durante a constância da união estável ou do casamento celebrado sob o regime da comunhão parcial ou universal de bens, ainda que não sejam sacados imediatamente após a separação do casal ou que tenham sido utilizados para aquisição de imóvel pelo casal durante a vigência da relação.[40]

A 3ª Turma do Superior Tribunal de Justiça decidiu sobre a comunicabilidade do FGTS na constância da união estável, constando na ementa que:

Agravo interno no recurso especial. Processual civil e civil. Família. União estável. Aquisição de imóvel. FGTS. Levantamento. Partilha. Necessidade. Valor. Comunicabilidade.

1. Recurso especial interposto contra acórdão publicado na vigência do Código de Processo Civil de 1973 (Enunciados Administrativos 2 e 3/STJ). 2. A jurisprudência desta Corte firmou posicionamento no sentido de que os valores de FGTS levantados durante o interregno da união estável utilizados para aquisição de imóvel devem ser objeto de partilha.

3. Agravo interno não provido.[41]

No mesmo sentido decidiu a 4ª Turma do Superior Tribunal de Justiça sobre a comunicabilidade das verbas do FGTS na constância do casamento, ainda que não sacados os valores:

Processual civil e civil. Agravo interno no agravo em recurso especial. Ação de cobrança. Meação. FGTS. Verba partilhável. Jurisprudência sedimentada desta corte. Decisão mantida.

1. Segundo entendimento consolidado nesta Corte, indenizações de natureza trabalhista, quando adquiridas na constância do casamento, integram a meação, seja o regime de comunhão parcial ou universal de bens.

2. Reconhecido o direito à meação dos valores do FGTS auferidos durante a constância do casamento, ainda que não sacados imediatamente após a separação do casal. Precedentes. 3. Agravo interno a que se nega provimento.[42]

Conclui-se, portanto, que o Superior Tribunal de Justiça firmou entendimento no sentido que tanto as verbas trabalhistas, quanto os valores do FGTS, sacados ou ainda depositados em conta vinculada, auferidos na constância da união estável ou do casamento, se comunicam.

## 5. REFERÊNCIAS

ALMEIDA, Renata Barbosa de; RODRIGUES JUNIOR, Walsir Edson. *Direito civil*: famílias. Rio de Janeiro: Lumen Juris, 2010.

BEVILÁQUA, Clóvis. *Direito de família*. 7. ed. Rio de Janeiro: Editora Rio, 1976.

CANUTO, Erica Verícia de Oliveira. Liberdade de contratar o regime patrimonial de bens no casamento. Regimes mistos. In: PEREIRA, Rodrigo da Cunha (Coord.). *Anais do V Congresso Brasileiro de Direito de Família*. Belo Horizonte: IBDFAM, 2006.

---

40. STJ, *Jurisprudência em Teses* – Edição 113: Da dissolução da sociedade conjugal e da união estável – I, Julgados publicados até 05.10.2018. p. 21.10.2018.
41. STJ, 3ª Turma, AgInt no REsp 1575242/SP, rel. Min. Ricardo Villas Bôas Cueva, j. 06.03.2018.
42. STJ, AgInt no Agravo em REsp 331533/SP, 4ª Turma, rel. Min. Antônio Carlos Ferreira, j. 10.04.2018.

CARVALHO, Dimas Messias de. *Direito das famílias*. 8. ed. São Paulo: Saraiva, 2020.

ROSA, Conrado Paulino da. *Direito de Família Contemporâneo*, 8. ed. Salvador: JusPodivm.

DIAS, Maria Berenice. *Manual do direito das famílias*. 4. ed. São Paulo: Ed. RT, 2007.

DINIZ, Maria Helena. *Curso de direito civil – Direito de família*. 17. ed. São Paulo: Saraiva, 2002.

FARIAS, Cristiano Chaves de; ROSENVALD, Nelson. *Curso de direito civil*: famílias. 5. ed. Salvador: JusPodivm, 2013.

GONÇALVES, Carlos Roberto. *Direito civil brasileiro – Direito de família*. São Paulo: Saraiva, 2005.

MADALENO, Rolf. *Curso de direito de família*. 3. ed. Rio de Janeiro: Forense, 2009.

MANFRÉ, José Antônio Encinas. *Regime matrimonial de bens no novo Código Civil*. São Paulo: Juarez de Oliveira, 2003.

PEREIRA, Caio Mário da Silva. *Instituições de direito civil – Direito de família*. 7. ed. Rio de Janeiro: Forense, 1991.

RODRIGUES, Silvio. *Direito civil – Direito de família*. 27. ed. São Paulo: Saraiva, 2002.

STF, RE 878694/MG, rel. Min. Luis Roberto Barroso, j. 10.05.2017.

STJ, 3ª Turma, AgInt no REsp 1575242/SP, rel. Min. Ricardo Villas Bôas Cueva, j. 06.03.2018.

STJ, 3ª Turma, REsp 1024169/RS 2008/0012694-7, rel. Min. Nancy Andrighi, j. 13.04.2010, p. 28.04.2010.

STJ, Agint no Ag em REsp 1313371/SP, rel. Min. Marco Buzzi, j. 07.02.2019.

STJ, AgInt no Agravo em REsp 331533/SP, 4ª Turma, rel. Min. Antônio Carlos Ferreira, j. 10.04.2018.

STJ, *Jurisprudência em Teses* – Edição 113: Da dissolução da sociedade conjugal e da união estável – I, Julgados publicados até 05.10.2018. p. 21.10.2018.

STJ, *Jurisprudência em Teses* – Edição 113: Da dissolução da sociedade conjugal e da união estável – I, Julgados publicados até 05.10.2018. p. 21.10.2018.

VENOSA, Silvio de Salvo. *Direito civil – Direito de família*. 3. ed. São Paulo: Atlas, 2003.

# IMPOSSIBILIDADE DE COBRANÇA DE ALUGUÉIS PELO USO EXCLUSIVO DE IMÓVEL COMUM POR EX-CONSORTE E O SISTEMA JURÍDICO DE PROTEÇÃO AOS SUJEITOS FAMILIARES VULNERÁVEIS: RELATIVIZAÇÃO DO PRINCÍPIO DO ENRIQUECIMENTO SEM CAUSA NA VISÃO DO STJ

*Ana Vládia Martins Feitosa*

Mestre em Direito Constitucional nas Relações Privadas pela Universidade de Fortaleza (UNIFOR). Especialista em Direito Processual Civil pela Fundação Escola Superior de Advocacia do Ceará (FESAC). Professora do curso de graduação em Direito e da Pós-Graduação Lato Sensu em Direito e Processo de Família e Sucessões e Direito Processual Civil da Universidade de Fortaleza (UNIFOR). Membro do Instituto Brasileiro de Direito de Família (IBDFAM), do Instituto dos Advogados do Ceará (IAC), das Comissões Nacionais e Estaduais de Direito de Família e da Mulher Advogada do Conselho Federal da OAB e da Seccional do Ceará. Vice-Presidente da Ordem dos Advogados do Brasil – Secção Ceará (OAB-CE). Conselheira Federal da OAB. Advogada especialista em Família e Sucessões.
E-mail: vladiafeitosa.adv@gmail.com.

> *"Eu vou lhe deixar a medida do Bonfim*
> *Não me valeu*
> *Mas fico com o disco do Pixinguinha, sim!*
> *O resto é seu*
> *Trocando em miúdos, pode guardar*
> *As sobras de tudo que chamam lar"*
>
> (Trocando em miúdos – Chico Buarque)

**Sumário:** 1. Introdução – 2. Natureza jurídica dos bens pendentes de partilha após o divórcio ou separação (de fato ou judicial): mancomunhão ou condomínio; 2.1 Mancomunhão: universalidade jurídica; 2.2 Condomínio: comunhão jurídica – 3. Arbitramento de verba indenizatória pelo uso exclusivo de bem imóvel comum e o posicionamento do STJ; 3.1 Indenização devida somente após a partilha; 3.2 Indenização devida antes da partilha, desde que haja situação condominial; 3.3 Indenização devida antes da partilha e independente de condomínio: princípio do enriquecimento sem causa – 4. Relativização do princípio do enriquecimento sem causa e o sistema jurídico de proteção aos sujeitos familiares vulneráveis; 4.1 Proteção aos filhos menores cuja moradia se estabelece no imóvel comum do ex-casal; 4.2 Proteção à mulher vítima de violência doméstica e familiar cuja moradia se estabelece no imóvel comum do ex-casal – 5. Considerações finais – 6. Referências.

## 1. INTRODUÇÃO

Na sociedade contemporânea, a ideia de finitude das relações afetivas parece ter ganhado contornos mais tangíveis. Aquela indissolubilidade que antes vigia para os casamentos não mais se faz presente, sendo certo que o término da sociedade conjugal se dá, hoje, com o simples exercício de um direito potestativo.

A reboque desse contexto, revelam-se os desdobramentos patrimoniais dessa ruptura, inserindo-se, aí, uma situação cada vez mais recorrente: o uso exclusivo de imóvel comum ainda não partilhado por ex-consorte em detrimento do outro.

Diante disso, abrem-se discussões acerca da possibilidade daquele que está privado do exercício da posse direta do bem receber alguma compensação financeira.

Na jurisprudência pátria, especialmente na do Superior Tribunal de Justiça, há divergência sobre o tema, que perpassa pela delimitação do instituto jurídico que a ele se aplica, se mancomunhão ou condomínio, como formas de exercício da copropriedade.

Em julgados mais recentes, parecer ter ficado clara a mudança de enfoque no aspecto estrutural dos aludidos institutos jurídicos para o aspecto funcional, passando-se a uma perspectiva de solução do problema segundo os parâmetros do princípio do enriquecimento sem causa.

O elemento nuclear que move este trabalho reside exatamente naqueles casos em que o uso exclusivo de imóvel comum ainda não partilhado por ex-consorte em detrimento do outro deixa de atrair a aplicação do aludido princípio, cedendo lugar àqueles que tutelam os interesses dos sujeitos familiares vulneráveis.

## 2. NATUREZA JURÍDICA DOS BENS PENDENTES DE PARTILHA APÓS O DIVÓRCIO OU SEPARAÇÃO (DE FATO OU JUDICIAL): MANCOMUNHÃO OU CONDOMÍNIO

Na esteira da contratualização do Direito das Família e do fomento aos princípios da autonomia privada e da mínima intervenção do Estado, o ordenamento jurídico pátrio incorporou soluções tendentes a simplificar o divórcio, como forma de privilegiar a vontade dos cônjuges, que se projeta para além das questões patrimoniais.

Como salienta Luiz Edson Fachin,[1] "está-se diante de um notório processo de desinstitucionalização da família" que, na contemporaneidade, não admite mais a ingerência estatal no que se refere à intimidade de seus membros, exceto para tutelar os mais vulneráveis, posto ser inconcebível que esta abstenção seja aplicada pela compreensão oitocentista.

---

1. Da função pública ao espaço urbano privado: aspectos da privatização da família no projeto do "Estado mínimo". In: FACHIN, Luiz Edson; COUTINHO, Jacinto Nelson de Miranda (Coord.). *Direito e neoliberalismo*: elementos para uma leitura interdisciplinar. Curitiba: EDIBERJ, 1996, p. 144-145.

Atribuindo valor relevante à autonomia privada, Maria Berenice Dias[2] defende ser "absurdo forçar a manutenção do estado de casado, quando o casamento não mais existe, pois ninguém está obrigado a viver com quem não esteja feliz, devendo preponderar o respeito à dignidade da pessoa humana".

A despeito de algumas remanescentes intervenções estatais excessivas nas relações familiares, como a limitação imposta a pessoas com idade superior a 70 anos de livremente convencionarem o regime de bens do casamento, sendo-lhes forçado o da separação obrigatória, a legislação brasileira acentuou o princípio da intervenção mínima com o advento da Emenda Constitucional 66/2010, ao dispensar a prévia separação de fato ou de direito para a concessão do divórcio e ao afastar a discussão da culpa como fundamento da dissolução da união conjugal.

A partir daí, firmou-se o entendimento do divórcio como "o simples exercício de um direito potestativo, que não está sujeito a restrições temporais e nem morais",[3] ou seja, diante da manifestação de um dos cônjuges pelo desejo de sua decretação, ao outro restará sujeitar-se à situação que lhe está sendo imposta por aquele que deseja o fim do casamento. Para Cristiano Chaves,[4] "o divórcio seria um direito potestativo extintivo, diante do poder de um dos cônjuges de buscar a extinção da sociedade conjugal, mediante sua exclusiva declaração de vontade".

Contudo, mesmo diante da nota de potestatividade do direito ao divórcio, cumpre advertir que ele não se se reveste de caráter absoluto, devendo-se considerar a existência de limitações de ordem igualmente constitucional ao seu exercício, uma vez que a ele se contrapõe o direito ao contraditório imanente ao devido processo legal, conforme os ensinamentos de Rafael Calmon,[5] reproduzidos em recente julgado do Tribunal de Justiça de São Paulo:[6]

> É certo que o direito ao divórcio se tornou potestativo, o que, ao menos em tese, retiraria do cônjuge a possibilidade de apresentar resistência ao pedido deduzido pelo outro. Contudo, não é por isso que esse sujeito não precise ser, ao menos, ouvido antes que o casamento seja dissolvido contra sua vontade, pois o contraditório é uma garantia constitucional, cujo afastamento só é admitido de forma temporária e em casos específicos. Nesse contexto, retirar-lhe o direito de se manifestar com capacidade de influência sobre o convencimento do julgador seria flagrantemente inconstitucional, além de extremamente temerário. Isto porque o réu pode ter, por exemplo, falecido antes da propositura da ação, o que tornaria o autor da demanda viúvo, alterando por completo seu estado civil, antes mesmo do ajuizamento e rendendo ensejo a que fosse gerada confusão patrimonial, em razão das diferentes repercussões projetadas sobre a partilha conjugal e sucessória, especialmente no que concerne aos bens particulares, na hipótese de haver descendentes

2. DIAS, Maria Berenice. *Manual de direito das famílias*. São Paulo: Ed. RT, 2011, p. 330.
3. GAGLIANO, Pablo Stolze; PAMPLONA FILHO, Rodolfo. *O novo divórcio*. São Paulo: Saraiva, 2010, p. 43.
4. FARIAS, Cristiano Chaves de. Redesenhando os contornos da dissolução do casamento (casar e permanecer casado: eis a questão). In: PEREIRA, Rodrigo da Cunha (Coord.). *Afeto, ética, família e o novo Código Civil*. Belo Horizonte: Del Rey, 2004, p. 105-126.
5. CALMON, Rafael. Divórcio Liminar. *Famílias e Sucessões* – Polêmicas, tendências e inovações. Belo Horizonte: IBDFAM, 2018, p. 136-137.
6. TJSP, AI 20027519120218260000, rel. Des. Edson Luiz de Queiróz, 9ª Câmara de Direito Privado, DJe 02.2021.

(CC, art. 1.829, I). [...] Outro motivo: e se existirem ações de divórcio simultâneas propostas pelas mesmas partes em polos opostos? E se o próprio divórcio perseguido na demanda em que tiver sido concedida a liminar já houver sido decretado em outra oportunidade, por outro juízo, onde o réu (agora autor) tenha sido citado por edital, sem que a sentença correspondente tenha sido averbada no Cartório de Registro Civil? E se o réu tiver se tornado incapaz ao longo do relacionamento. Será que a decretação do divórcio sem sua oitiva não lhe seria prejudicial? A depender do caso, até o Ministério Público teria que participar do processo.

Até mesmo o Projeto de Lei 3.457/2019, que propõe a alteração do Código de Processo Civil para incluir a previsão do chamado "divórcio impositivo unilateral extrajudicial", determina que o cônjuge não anuente seja notificado pessoalmente, para fins de prévio conhecimento da averbação pretendida.

De toda sorte, o cônjuge interessado no divórcio *express* poderá, após ser oportunizado o contraditório ao outro cônjuge, lançar mão da técnica do julgamento antecipado (total ou parcial) do mérito, prevista nos incisos I e II, do art. 356 do Código de Processo Civil.

Ainda sobre as reformas legislativas que reforçaram o princípio da intervenção mínima estatal em matéria de divórcio, convém destacar a Lei 11.441/2007, que passou admiti-lo na modalidade extrajudicial consensual facultativa, observados os requisitos nela previstos.[7]

Mais recentemente, em razão da crescente busca por divórcios na pandemia da Covid-19[8] e da necessidade do distanciamento social, foi editado o Provimento 100/2020 do Conselho Nacional de Justiça, que possibilitou o divórcio extrajudicial virtual em todo o território nacional, por meio de atos notariais eletrônicos realizados no novo Sistema e-Notariado, conferindo maior celeridade e desburocratização para casais que não desejam mais continuar em matrimônio.

Para além das medidas facilitadoras da extinção do vínculo conjugal mencionadas, vale lembrar que o texto do art. 1.581 do Código Civil disciplinou expressamente a desnecessidade da prévia partilha de bens como condição para a concessão do divórcio. É o que também já dispunha a Súmula 197 do Superior Tribunal de Justiça.[9]

Nesse sentido, o ponto elementar que decorre dessa possibilidade de se proceder à partilha em momento posterior à separação ou divórcio, que aqui interessa, consiste em definir a natureza jurídica dos bens comunicáveis do casal que, separado, não ultimou a partilha desses bens, já que no ordenamento jurídico brasileiro não há norma expressa acerca do tema, em particular no que concerne ao cabimento ou não da cobrança de verba indenizatória por uso exclusivo de coisa imóvel comum.

---

7. Art. 733, CPC. O divórcio consensual, a separação consensual e a extinção consensual de união estável, não havendo nascituro ou filhos incapazes e observados os requisitos legais, poderão ser realizados por escritura pública, da qual constarão as disposições de que trata o art. 731.
8. O segundo semestre de 2020 alcançou o maior número de divórcios registrados em cartórios no Brasil. Foram 43,8 mil processos contabilizados em levantamento do Colégio Notarial do Brasil – Conselho Federal (CNB/CF). O número foi 15% maior em relação ao mesmo período de 2019.
9. O divórcio direto pode ser concedido sem que haja prévia partilha dos bens.

## 2.1 Mancomunhão: universalidade jurídica

A plena comunhão de vida estabelecida pelo casamento alcança não apenas situações existenciais, como patrimoniais, "motivo pelo qual a Lei Civil regula um particular *estatuto patrimonial do casamento,* caracterizado pelo *regime de bens,* informado pelos princípios constitucionais da *igualdade substancial* (CF, arts. 3º e 5º) e da *solidariedade social* (CF, art. 3º)",[10] que se aplica aos cônjuges, quer entre si, quer a terceiros.

No que toca aos regimes de bens comunais, que interessam a este estudo, proje-ta-se como efeito cogente destes ante a celebração do casamento uma *universalidade de bens*[11] entre os consortes, seja daqueles onerosos ou eventuais adquiridos na cons-tância do matrimônio (comunhão parcial de bens), seja de todos aqueles pretéritos e futuros (comunhão universal de bens).

A essa universalidade de bens dá-se o nome de *mancomunhão*, de origem ger-mânica (*gesamntehandsgemeinschft*), consistente na comunhão patrimonial entre os cônjuges, também denominada comunhão de mão única ou fechada, que se aplica, com as devidas adequações, aos conviventes em união estável.

Explica Rafael Calmon[12] que "a mancomunhão implica em um verdadeiro en-capsulamento do patrimônio jurídico conjuntamente construído, por meio de um invólucro invisível, responsável por tornar comuns todas as situações jurídicas que o compõem (...), de forma simultânea e indistinta, instaurando-se uma absoluta identidade de interesses sobre a massa comum".

Em função disso, no *estado de mancomunhão*, fica vedado a um dos cônjuges de forma isolada alienar ou gravar um bem imóvel, permanecendo os direitos de pro-priedade e de posse sobre ele indivisíveis até a partilha, o que o distingue do *estado de condomínio*.

Nesse sentido, corrobora Maria Berenice Dias,[13] para quem "os bens em estado de mancomunhão pertencem a ambos os cônjuges em 'mão comum', diferentemente do que ocorre no condomínio, em que vários são os titulares de poder sobre a coisa, inclusive de disposição, o que não existe na comunhão entre cônjuges ou compa-nheiros, já que nenhum deles pode, por exemplo, alienar ou gravar a respectiva parte indivisa, a teor do disposto no art. 1.314 do Código Civil".

Logo, constituída a *mancomunhão*, constitui-se, por conseguinte, a *composse*, passando todos os bens amealhados pelos compossuidores, à exceção das hipóteses

---

10. FARIAS, Cristiano Chaves de; ROSENVALD, Nelson. *Curso de direito civil*: famílias. 7. ed. rev. ampl. e atual. São Paulo: Atlas, 2015, v. 6, p. 266.
11. Art. 91. Constitui universalidade de direito o complexo de relações jurídicas, de uma pessoa, dotadas de valor econômico.
12. CALMON, Rafael. *Partilha de bens na separação, no divórcio e na dissolução da união estável*: aspectos materiais e processuais. 2. ed. São Paulo: Saraiva Educação, 2018, p. 138-139.
13. DIAS, Maria Berenice. *Manual de direito das famílias*. São Paulo: Ed. RT, 2011, p. 296.

legais de exclusão previstas nos arts. 1.659 e 1.668 do Código Civil,[14] a serem considerados comuns, decorrentes da presunção de um esforço solidário dos cônjuges, ainda que efetivamente pagos com recursos exclusivos de um deles ou igualmente registrados no nome de apenas um deles.

Em consequência, a posse e administração[15] do patrimônio comunitário serão exercidas concomitantemente pelos compossuidores, "sem que individualmente qualquer deles possa exercê-las sem que o outro também o faça, até que ele venha a ser dissolvido".[16]

Tratando-se a mancomunhão de uma universalidade jurídica, verifica-se intrinsecamente um propósito ao qual ela serve, no caso a afetação do patrimônio comum à manutenção da família.

No momento em que a relação jurídica que lhe serve de substrato, qual seja, a sociedade conjugal, é dissolvida com a separação judicial ou o divórcio, ficam os mancomunheiros autorizados a porem fim à mancomunhão por meio da partilha de bens, segundo estabelecem os arts. 1.575 e 1.576 do Código Civil. Sob essa perspectiva, já decidiu o Superior Tribunal de Justiça que "na dissolução da sociedade conjugal, se o regime de comunhão de bens é universal, até a partilha subsiste tal estado de comunhão incidente, sem que antes dela se defina a titularidade do domínio de um e de outro dos cônjuges".[17]

Com efeito, é importante deixar claro que a *separação de fato*, conquanto seja fato jurídico com eficácia extintiva da comunicabilidade dos bens que venham a ser adquiridos após seu acontecimento pelos cônjuges,[18] não tem o condão de extinguir propriamente o regime de bens, a contrário do que muito se reverbera,[19] tampouco a mancomunhão. Admitir o inverso, como acautela Rafael Calmon,[20] ensejaria uma equivocada compreensão do fenômeno:

---

14. Destaca-se que a jurisprudência do Superior Tribunal de Justiça consolidou o entendimento de que, nos regimes de comunhão parcial ou universal de bens, comunicam-se as verbas trabalhistas correspondentes a direitos adquiridos na constância do casamento, devendo ser partilhadas quando da separação do casal (STJ – AgInt no AREsp 1320330/PR, rel. Min. Raul Araújo, DJe 19.02.2019).

15. Art. 1.663 do Código Civil.

16. CALMON, Rafael. Partilha de bens na separação, no divórcio e na dissolução da união estável: *aspectos materiais e processuais*. 2. ed. São Paulo: Saraiva Educação, 2018, p. 152.

17. STJ, REsp 56841/SP, rel. Min. Waldemar Zveiter, DJe 15.05.1995.

18. STJ, EDcl no AREsp 1032721/RJ, rel. Min. Moura Ribeiro, DJe 13.06.2017; STJ, REsp 555771/SP, rel. Min. Luis Felipe Salomão, DJe 18.05.2009; STJ, REsp 330953/ES, rel. Min. Jorge Scartezzini, DJe 06.12.2004; STJ, REsp 40785/RJ, rel. Min. Carlos Alberto Menezes Direito, DJe 05.06.2000; STJ, REsp 140694/DF, rel. Min. Ruy Rosado de Aguiar, DJe 15.12.1997.

19. Enunciado 2 do IBDFAM – A separação de fato põe fim ao regime de bens e importa extinção dos deveres entre cônjuges e entre companheiros. No mesmo sentido: TARTUCE, Flávio. *Direito civil*. 13. ed. rev., atual. e ampl. Rio de Janeiro: Forense, 2018. v. 5: Direito de Família. DIAS, Maria Berenice. *Manual de direito das famílias*. São Paulo: Ed. RT, 2009.

20. CALMON, Rafael. *Partilha de bens na separação, no divórcio e na dissolução da união estável*: aspectos materiais e processuais. 2. ed. São Paulo: Saraiva Educação, 2018, p. 110-111.

Aceitando-se que a separação fática coloque fim ao regime, estar-se-ia admitindo, via reflexa, que um casamento ainda existente pudesse perdurar mesmo desprovido de regime de bens ou de qualquer regramento que disciplinasse as situações jurídicas contraídas conjuntamente pelo casal durante a união. E o que é pior! Sem que terceiros sequer pudessem ter ciência disso, haja vista a inexigência de que a separação de fato seja averbada nos Serviços de Registro das Pessoas Naturais e de Imóveis (LRP, art. 97). A prevalecer tal entendimento, parece que, se um consorte se recusasse a anuir ao pedido de alteração, bastaria ao outro se separar de fato dele para acarretar a modificação do regime de seu casamento para o da separação de bens, com efeito imediato, gerando potencial risco a direito de terceiros. [...] Outro exemplo que parece confirmar a assertiva aqui lançada vem da observação do que acontece com o bem de família, afinal, se a mera separação de fato promovesse a ruptura do regime, possibilitar-se-ia que cada consorte instituísse esse benefício sobre os bens que permanecessem consigo, desvirtuando-se a finalidade do instituto. [...] Os frutos produzidos pelo acervo comum continuarão sendo plenamente comunicáveis sob as mesmas regras da mancomunhão, ainda que tenham por fato gerador uma relação jurídica iniciada nesse período, como, por exemplo, a locação de imóvel comum a terceiros (art. 1.660, V, Código Civil).

Por essa razão, a mancomunhão, na qual impera a indivisibilidade do patrimônio solidário dos cônjuges, só findará com a partilha de bens,[21] que fica condicionada, por sua vez, ao fim da entidade familiar subjacente e, ato contínuo, ao desfazimento do regime de bens por ele ocasionado.

Igualmente por isso, não há como se admitir qualquer exercício do direito à meação por parte dos mancomunheiros sobre os bens comunicados, eis que não há efetiva propriedade sobre eles.[22] O que há, nessa situação jurídica, é mera expectativa de direito à futura meação, que só poderá ser levada a cabo se e quando ocorrer a partilha dos bens.

A partir daí, os bens comuns passam do estado de mancomunhão para o estado de condomínio, deixando-se, assim, de se aplicar às situações jurídicas que os compreendem o regime jurídico do Direito das Famílias, para se aplicar o do Direito das Obrigações ou o das Coisas.

## 2.2 Condomínio: comunhão jurídica

Delineados os contornos da *mancomunhão*, passa-se ao exame do *condomínio*, que diferentemente daquela, que se configura como uma espécie de universalidade jurídica, este se constitui como uma comunhão jurídica, ou seja, "uma reunião de

---

21. STJ, REsp 1537107/PR, rel. Min. Nancy Andrighi, DJe 25.11.2016; STJ, REsp 95258/MG, rel. Min. Rafael Mayer, DJe 26.10.1982.

22. Excetuem-se, aqui, os imóveis adquiridos no programa *Minha Casa, Minha Vida*, de acordo com a Lei 11.977/2009. Art. 35-A. Nas hipóteses de dissolução de união estável, separação ou divórcio, o título de propriedade do imóvel adquirido no âmbito do PMCMV, na constância do casamento ou da união estável, com subvenções oriundas de recursos do orçamento geral da União, do FAR e do FDS, será registrado em nome da mulher ou a ela transferido, independentemente do regime de bens aplicável, excetuados os casos que envolvam recursos do FGTS. Parágrafo único. Nos casos em que haja filhos do casal e a guarda seja atribuída exclusivamente ao marido ou companheiro, o título da propriedade do imóvel será registrado em seu nome ou a ele transferido.

itens perfeitamente identificados e titularizados, simultaneamente, por mais de uma pessoa",[23] que recai sobre direito de propriedade, decorrendo daí a divisibilidade como uma de suas principais características.

Outra característica própria do condomínio que o distingue da mancomunhão é a desvinculação a um propósito específico ao qual ele tenha que servir.

Para evidenciar a antiga polêmica envolvendo a distinção entre os dois institutos jurídicos, convém citar o seguinte precedente do Tribunal de Justiça de São Paulo:[24]

> [...] Difere o condomínio propriamente dito, que é o chamado condomínio de quotas, de origem romana (*communio juris romani*), da comunhão entre cônjuges, de origem germânica, que é a chamada comunhão de 'mãos juntas'. No primeiro, há uma cotitularidade sobre cada objeto individualizado, e sua essência é a possibilidade de alienação da respectiva parte ideal; no segundo, há uma cotitularidade sobre um conjunto de patrimônio, em que os comunheiros não têm uma determinada parte ideal na propriedade comum, mas apenas o direito de uso e gozo da coisa comum. Somente a cessação da comunhão pela partilha definirá os bens que caberão na meação de cada consorte, apreciando-se o patrimônio total existente na época da separação de fato.

Dimas Messias de Carvalho[25] explica que quando os bens estão identificados na ação de separação ou divórcio, são partilhados na fração ideal de 50% para cada um, em razão da meação, importando em estado de condomínio entre o casal e não mais estado de mancomunhão.

Portanto, no âmbito da união familiar, o fato jurídico que demarca a passagem do estado de mancomunhão dos bens para o estado de condomínio é a partilha e não propriamente o fim da sociedade conjugal por meio de sentença judicial ou da lavratura de escritura pública, como reforça o teor do art. 1.581 do Código Civil. O que aludidos títulos fazem, em verdade, é pôr fim ao regime de bens e ensejar aptidão a que a partilha seja levada a efeito.

Seguindo esse raciocínio, o STJ[26] fixou o entendimento de que se encontra em condomínio o imóvel convencionado na separação do casal como partilhável em 50% para cada cônjuge até a sua alienação, regulando-se, assim, pelas regras que lhe são próprias, desfazendo-se desde a partilha a mancomunhão que decorria do direito de família. Como elucida Rafael Calmon:[27]

> Havendo o reconhecimento dos bens comunicáveis juntamente ao fim do regime de bens, a indivisibilidade que antes circunscrevia o patrimônio comum se desfaz, tornando a massa de bens plenamente divisível, embora ainda pendente de divisão. Em outras palavras, *indivisa,* mas não *indivisível.*

---

23. CALMON, Rafael. *Partilha de bens na separação, no divórcio e na dissolução da união estável*: aspectos materiais e processuais. 2. ed. São Paulo: Saraiva Educação, 2018, p. 127.
24. *RT* 784/232: TJSP, AP 105.964-4/9.
25. CARVALHO, Dimas Messias de. *Direito de família*. 2. ed. Belo Horizonte: Del Rey, 2009, p. 211-212.
26. STJ, EREsp 130605/DF, rel. Min. Ruy Rosado de Aguiar, DJe 23.04.2001.
27. CALMON, Rafael. *Partilha de bens na separação, no divórcio e na dissolução da união estável*: aspectos materiais e processuais. 2. ed. São Paulo: Saraiva Educação, 2018, p. 154.

Nesse momento, as normas de Direito das Famílias que antes regiam os bens que se encontravam em mancomunhão, cedem lugar àquelas da compropriedade privativas dos direitos das Obrigações ou das Coisas, quando se passa ao condomínio.

De modo igual, a expectativa de direito à meação dos bens cujos quinhões de cada ex-consorte não foram individualizados, vez que ainda se encontram em uma indivisibilidade pós-comunhão, transmuta-se para o direito subjetivo deles sob cotas absolutamente idênticas do patrimônio comum, "operando-se a denominada *partilha jurídica*, em contraposição à *partilha fática*, que se verificará apenas no momento em que os bens forem efetiva e materialmente entregues e distribuídos".[28]

Em se tratando de condomínio, cada condômino poderá exercer sobre a coisa indivisa atos possessórios, contanto que não exclua o do outro compossuidor,[29] exceto se for convencionada situação diversa ou se as circunstâncias fáticas conduzirem a um cenário *sui generis*. Da mesma forma, é assegurado a qualquer um dos condôminos renunciar (CC, art. 1.316), alienar ou gravar sua cota (CC, art. 1.414), observando-se a preferência do outro (CC, art. 504), podendo ainda requerer a extinção por meio das ações judiciais cabíveis de divisão (CPC, art. 569, II) ou de alienação (CC, art. 1.322), quando houver resistência de algum dos ex-consortes a tais pretensões.

Embora o estado de condomínio possa ser desfeito pelo exercício do direito potestativo das partes envolvidas,[30] o fato é que por diversos motivos (estratégia processual, sentimento de apego ou até mesmo uma lógica utilitarista-financeira) elas acabam, muitas vezes, postergando o momento da realização da partilha, conservando, com isto, a indivisibilidade do patrimônio comum. O mesmo vale para quando, a despeito de um dos ex-cônjuges ter postulado a partilha concomitantemente ao divórcio, o processamento dela se dá de forma extremamente morosa.

Toda essa situação faz emergir questões inerentes ao período em que media a separação de fato e a materialização da partilha, não raramente permeado por uma alta carga de litigiosidade entre os (ex)cônjuges, como, por exemplo, o uso exclusivo por um deles de bem imóvel comum em detrimento do outro.

Nessa perspectiva, como lembra Raphael Le Cocq,[31] "infelizmente, a partilha de bens torna-se o momento adequado para a efetivação de barganhas e locupletamentos indevidos pela parte emocional ou financeiramente mais forte", cabendo ao Judiciário combater os casos em que isto configure abuso de direito, fixando indenização à parte alijada do direito de fruição do bem que também lhe pertence.

---

28. CALMON, Rafael. Partilha de bens na separação, no divórcio e na dissolução da união estável: *aspectos materiais e processuais*. 2. ed. São Paulo: Saraiva Educação, 2018, p. 159.
29. Art. 1.199, CC.
30. Art. 1.320. A todo tempo será lícito ao condômino exigir a divisão da coisa comum, respondendo o quinhão de cada um pela sua parte nas despesas da divisão.
31. LE COCQ, Raphael. Divórcio, mancomunhão e taxa de ocupação: questões relevantes. *Revista do Ministério Público do Estado do Rio de Janeiro*. n. 74, p. 161. out./dez. 2019.

Conquanto o cabimento dessa tese venha sendo enfrentado pelos Tribunais brasileiros, especialmente pelo STJ, ainda há muita divergência de posicionamentos, como se passa a estudar no próximo tópico.

## 3. ARBITRAMENTO DE VERBA INDENIZATÓRIA PELO USO EXCLUSIVO DE BEM IMÓVEL COMUM E O POSICIONAMENTO DO STJ

No contexto das relações conjugais marcadas pelos regimes comunitários de bens que encontram o seu fim sem que ainda tenha sido realizada a efetiva partilha, tem-se comumente a situação de um dos cônjuges exercendo com exclusividade a posse sobre coisas pertencentes a ambos, mais especificamente um bem imóvel.

Como consequência, instaura-se a discussão sobre a possibilidade daquele que está sendo privado do exercício da posse direta do bem receber alguma compensação financeira do outro que o ocupa, como forma de combate ao enriquecimento sem causa.

Isso se justificaria, como bem destaca Rafael Calmon,[32] por que "além de lhe retirar um teto sob o qual possa viver, a atitude egocentrista do ocupante exclusivo impede o outro de perceber frutos civis gerados pela coisa (com sua locação, por exemplo), o que pode comprometer significativamente seu sustento atual e sua futura meação".

Diante dessa celeuma, a temática do arbitramento de verba indenizatória pelo uso exclusivo de bem imóvel comum no bojo da separação ou divórcio vem sendo enfrentada pelos tribunais pátrios, especialmente o STJ, ao longo dos anos.

Desde a mais antiga linha de entendimento à mais recente vem se admitindo o direito à referida indenização do não ocupante pelo ocupante, divergindo os julgados a respeito do marco jurídico-temporal a partir do qual ele passaria a ter esse direito, como se passa a cotejar.

### 3.1 Indenização devida somente após a partilha

Na jurisprudência do STJ, há uma predominância de julgados que condicionam o dever de indenizar à efetivação da partilha dos bens,[33] tendo como *leading case* o REsp 3710/RS, de relatoria do Ministro Antônio Torreão Braz, datado de junho de 1995, cuja ementa abaixo transcreve-se:

> A comunhão resultante do matrimônio difere do condomínio propriamente dito, porque nela os bens formam a propriedade de mão comum, cujos titulares são ambos os cônjuges. – Cessada a comunhão universal pela separação judicial, o patrimônio comum subsiste enquanto não operada

---

32. CALMON, Rafael. *Manual de partilha de bens*. 3. ed. São Paulo: Saraiva, 2021.
33. STJ, AgRg no Resp 1377665/PR, rel. Min. Marco Buzzi, DJe 28.05.2015; STJ, EDcl no Ag 1424011/BA, rel. Min. João Otávio de Noronha, DJe 16.09.2013; STJ, AgRg no Ag 1212247/SP, rel. Min. Sidnei Beneti, DJe 12.05.2010; REsp 673118/RS, rel. Min. Jorge Scartezzini, DJe 06.12.2004.

a partilha, de modo de que um dos consortes não pode exigir do outro, que estiver na posse de determinado imóvel, a parte que corresponderia à metade da renda de um presumido aluguel, eis que essa posse, por princípio de direito de família, ele exerce *ex proprio jure*. – Recurso conhecido pela letra 'C' e provido. (STJ, REsp 3710/RS, rel. Min. Antônio Torreão Braz, DJ de 28.08.1995)

A tese jurídica que alicerça esse posicionamento é a de que a dissolução da entidade familiar não põe fim imediato à mancomunhão dos bens, autorizando a administração e utilização das coisas comuns por ambos os mancomunheiros (CC, art. 1.663, *caput*), sem que haja necessidade de prestação de contas entre eles, até a feitura da partilha.[34]

Em outras palavras, enquanto não ultimada a partilha dos bens conjugais, o que implica apenas em estado de mancomunhão do acervo, e não em estado de condomínio, improcede o pagamento de locativos ao cônjuge que se vê privado pelo outro de usufruir do imóvel comunitário.

Com efeito, segundo o que aqui foi explicitado em linhas anteriores, está correta a compreensão de que dissolução da entidade familiar não influencia no estado de mancomunhão dos bens amealhados sob sua salvaguarda. Todavia, entende-se descabido o ponto de vista de que, a despeito da composse entre os consortes, um deles estaria legitimado a ocupar sozinho e de forma graciosa coisa comum em detrimento do outro, sob pena de ensejar o enriquecimento indevido do consorte possuidor, em ofensa ao art. 884 do Código Civil, sem prejuízo do dever dele de prestar contas, independentemente do cometimento de irregularidades na gestão dos bens.[35]

Por oportunidade do julgamento do REsp 1300250/SP,[36] a 3ª Turma do STJ analisou o tema da obrigatoriedade de o gestor dos bens comuns prestar contas ao outro cônjuge, que desconhece o estado destes e, por isso mesmo, possui interesse em sabê-lo, antes mesmo da formalização da partilha, haja vista ser recorrente o transcurso de longo lapso temporal entre a separação de fato e a efetiva divisão do patrimônio do casal.

Saliente-se, em igual sentido, que assentir com o pagamento mensal de aluguéis antes da partilha tem o condão de neutralizar os danos que o tempo para a consumar pode trazer aos envolvidos em uma contenda desta natureza.

Por certo, que "o perigo da demora deve ser avaliado de forma igualitária para ambas as partes, pois atenta contra a igualdade constitucional conferir indistintamente a qualquer dos consortes a administração exclusiva dos bens comuns".[37]

Para mais, em se tratando de imóvel ainda em estado de mancomunhão, a sua ocupação somente por um dos cônjuges não pode ser tida como mero uso de coisa

---

34. STJ, AgRg no REsp 1278071/MG, rel. Min. Antonio Carlos Ferreira, DJe 21.06.2013.
35. STJ, REsp 1470906/SP, rel. Min. Ricardo Villas Bôas Cueva, DJe 15.10.2015.
36. STJ, REsp 1300250/SP, rel. Min. Ricardo Villas Bôas Cueva, DJe 27.03.2012.
37. STJ, REsp 1287579/RN, rel. Min. Ricardo Villas Bôas Cueva, DJe 02.08.2013.

comum, sem, no entanto, gerar a obrigação de compensação financeira em favor do outro que dela é privado.

Afinal, é valido lembrar que sendo a mancomunhão uma universalidade jurídica deve ela servir a um fim, qual seja, a família. Daí decorre que, não sendo a fruição do bem nessa condição revertida em proveito da entidade familiar, carece a mesma de amparo jurídico, à exceção do que dispõem os arts. 1.651, I e 1.570 do Código Civil.[38]

Portanto, assevera-se totalmente inadmissível a perspectiva de que não é possível se arbitrar a verba ressarcitória em questão pela persistência da mancomunhão, uma vez não operada a partilha.

## 3.2 Indenização devida antes da partilha, desde que haja situação condominial

Dando sequência à análise da jurisprudência do STJ sobre o tema, verifica-se que a questão é controvertida na Corte, dando margem a uma corrente de pensamento divergente, que reconhece o direito à fixação de aluguel pelo uso exclusivo da coisa comum mesmo antes da partilha, valendo-se da tese jurídica de que a dissolução da sociedade conjugal colocaria fim, forçosamente, à mancomunhão, dando azo ao condomínio sobre o patrimônio comungado, como assentado no seguinte julgado:[39]

> Direito civil. Família. Recurso especial. Ação de cobrança de indenização entre ex-cônjuges, em decorrência do uso exclusivo de imóvel ainda não partilhado. Estado de condomínio. Indenização correspondente a metade do valor da renda de estimado aluguel, diante da fruição exclusiva do bem comum por um dos condôminos. Concorrência de ambos os condôminos nas despesas de conservação da coisa e nos ônus a que estiver sujeita. Possível dedução. Arts. 1.319 e 1.315 do CC/02. – *Com a separação do casal cessa a comunhão de bens, de modo que, embora ainda não operada a partilha do patrimônio comum do casal, é facultado a um dos ex-cônjuges exigir do outro, que estiver na posse e uso exclusivos de determinado imóvel, a título de indenização, parcela correspondente à metade da renda de um presumido aluguel, devida a partir da citação. – Enquanto não dividido o imóvel, a propriedade do casal sobre o bem remanesce, sob as regras que regem o instituto do condomínio, notadamente aquela que estabelece que cada condômino responde aos outros pelos frutos que percebeu da coisa, nos termos do art. 1.319 do CC/02.* Assim, se apenas um dos condôminos reside no imóvel, abre-se a via da indenização àquele que se encontra privado da fruição da coisa. – Subsiste, em igual medida, a obrigação de ambos os condôminos, na proporção de cada parte, de concorrer para

---

38. Art. 1.651. Quando um dos cônjuges não puder exercer a administração dos bens que lhe incumbe, segundo o regime de bens, caberá ao outro:

    I – gerir os bens comuns e os do consorte;

    II – alienar os bens móveis comuns;

    III – alienar os imóveis comuns e os móveis ou imóveis do consorte, mediante autorização judicial.

    Art. 1.570. Se qualquer dos cônjuges estiver em lugar remoto ou não sabido, encarcerado por mais de cento e oitenta dias, interditado judicialmente ou privado, episodicamente, de consciência, em virtude de enfermidade ou de acidente, o outro exercerá com exclusividade a direção da família, cabendo-lhe a administração dos bens.

39. No mesmo sentido: STJ, REsp 436935/RS, rel. Min. Fernando Gonçalves, DJe 17.10.2005.

as despesas inerentes à manutenção da coisa, o que engloba os gastos resultantes da necessária regularização do imóvel junto aos órgãos competentes, dos impostos, taxas e encargos que porventura onerem o bem, além, é claro, da obrigação de promover a sua venda, para que se ultime a partilha, nos termos em que formulado o acordo entre as partes. Inteligência do art. 1.315 do CC/02. Recurso especial parcialmente provido.

(STJ, REsp 983450/RS, rel. Min. Nancy Andrighi, DJ de 10.02.2010) Grifou-se.

Na mesma esteira desse paradigma, importa destacar o julgamento do REsp 1375271/SP, que, em um recorte mais restrito, tratou da cessação da mancomunhão em face da separação ou do divórcio, bem como da eventual definição inequívoca da parte da massa patrimonial que tocaria a cada um dos cônjuges, ainda que ela não tenha sido objeto de partilha.

Direito civil. Família. Recurso especial. [...]. Ação de arbitramento e cobrança de aluguéis, em decorrência de uso exclusivo de imóvel não partilhado. Indenização correspondente a metade do valor da renda do aluguel apurado, diante da fruição exclusiva do bem comum por um dos condôminos. Condomínio, ademais, que foi extinto por força de decisão judicial transitada em julgado, tendo sido determinada a alienação judicial do imóvel. Indenização, todavia, devida a partir da citação na ação de arbitramento.

1 – [...]

2 – O propósito recursal é definir se é cabível o arbitramento de aluguéis em favor de ex-cônjuge em razão da ocupação e fruição exclusiva do imóvel comum, ainda que não tenha ele sido objeto de partilha.

3 – [...]

4 – *Havendo separação ou divórcio e sendo possível a identificação inequívoca dos bens e do quinhão de cada ex-cônjuge antes da partilha, cessa o estado de mancomunhão existente enquanto perdura o casamento, passando os bens ao estado de condomínio.*

5 – Com a separação ou divórcio do casal, cessa o estado de comunhão de bens, de modo que, mesmo nas hipóteses em que ainda não concretizada a partilha do patrimônio, é permitido a um dos ex-cônjuges exigir do outro, a título de indenização, a parcela correspondente à metade da renda de um aluguel presumido, se houver a posse, uso e fruição exclusiva do imóvel por um deles.

6 – Após a separação ou divórcio e enquanto não partilhado o imóvel, a propriedade do casal sobre o bem rege-se pelo instituto do condomínio, aplicando-se a regra contida no artigo 1.319 do CC, segundo a qual cada condômino responde ao outro pelos frutos que percebeu da coisa.

7 – O marco temporal para o cômputo do período a ser indenizado, todavia, não é a data em que houve a ocupação exclusiva pela ex-cônjuge, tampouco é a data do divórcio, mas, sim, é a data da citação para a ação judicial de arbitramento de aluguéis, ocasião em que se configura a extinção do comodato gratuito que antes vigorava.

8- Recurso Especial parcialmente conhecido e, nessa parte, provido em parte, apenas para delimitar a data de início da incidência dos aluguéis.

(STJ, REsp 1375271/SP, rel. Min. Nancy Andrighi, DJe 02.10.2017) Grifou-se.

Muito embora se discorde que a separação judicial ou divórcio extinga a mancomunhão antes existente entre o ex-casal, como defendido alhures, não se pode deixar de assentir que o condomínio ou até mesmo uma situação condominial que decorra da factível identificação incontesto dos bens e do quinhão de cada ex-cônjuge, "eis que, em última análise, acaba representando uma forma de partilha",[40] conferiria àquele que não faz uso deles o direito de receber um aluguel mensal por parte do outro que goza de sua ilegítima fruição, notadamente em virtude da aplicação da regra contida no art. 1.199 do Código Civil.

Apesar da atecnia quanto ao aspecto estrutural dos institutos jurídicos, aludida tese acaba por resolver de maneira funcional os casos concretos que se encontram sob esse impasse patrimonial, abreviando a situação de indivisibilidade pós-comunitária e, por conseguinte, o tempo de tramitação das ações judiciais de família cuja causa de pedir cinge-se ao partilhamento de bens.

Para tanto, é necessário não pairar dúvidas quanto aos bens que compõem o acervo comunicável, pois o condomínio só se aplica a coisas determinadas e, consequentemente, apropriáveis, e não em relação a uma universalidade jurídica.

E é aí que surge a dificuldade de ordem prática.

Pois, considerando-se que a dissolução da sociedade conjugal pode se dar sem a prévia partilha (CC, art. 1.581) e que, além disto, muitos magistrados se furtam de apreciar questões patrimoniais mais complexas,[41] ora protraindo a marcha processual, ora chegando a declinar da competência do juízo de família para o juízo cível, quando da existência de varas especializadas na comarca, restam diminutas as hipóteses em que juntamente com o desfazimento do vínculo afetivo, ocorre a satisfatória identificação dos bens e das frações ideais de cada um deles isoladamente considerados aos ex-consortes.

Diante de todo esse dissídio jurisprudencial, a Segunda Seção do STJ, no julgamento dos Embargos de Divergência 130.605/DF, já teria apaziguado a questão, ao preconizar a plausibilidade da demanda reparatória por parte do ex-cônjuge fundada uso exclusivo de coisa comum pendente de partilha pelo outro.

Contudo, todo o esforço apaziguador do citado julgado não foi suficiente para aplacar posicionamentos dissonantes sobre a matéria.

Instada a se pronunciar novamente, por oportunidade do julgamento do REsp 1250362/RS,[42] sob relatoria do Ministro Raul Araújo, a 2ª Seção do STJ cravou o entendimento de que "a pendência da efetivação da partilha de bem comum não representa automático empecilho ao pagamento de indenização pelo seu uso exclusivo, desde que a parte que toca a cada um dos ex-cônjuges tenha sido definida por

---

40. CALMON, Rafael. *Partilha de bens na separação, no divórcio e na dissolução da união estável*: aspectos materiais e processuais. 2. ed. São Paulo: Saraiva Educação, 2018, p. 158.
41. Questões que envolvam conglomerados empresariais com a necessidade de apuração de haveres (CPC, art. 600); ou que envolvam a transmissão de direitos e obrigações sobre imóvel financiado, condicionada à prévia e expressa anuência do agente financeiro, mediante a prova de que o cessionário atende às exigências da instituição; ou até mesmo as que envolvam a aplicação da desconsideração inversa da personalidade jurídica como técnica processual de combate a fraudes na partilha.
42. STJ, REsp 1250362/RS, rel. Min. Raul Araújo, DJe 20.02.2017.

qualquer meio inequívoco, sempre suscetível de revisão judicial e fiscalização pelo Ministério Público".

Levando-se em conta tal afirmação, salientou de forma pertinente que "admitir a indenização antes da partilha tem o mérito de evitar que a efetivação dessa seja prorrogada por anos a fio, relegando para um futuro incerto o fim do estado de permanente litígio que pode haver entre os ex-cônjuges, senão, até mesmo, aprofundado esse conflito, com presumíveis consequências adversas para a eventual prole".

Em suma, o que acaba se sugerindo por meio dessa corrente é que o direito à indenização antes da ultimação da partilha fica sujeito à identificação dos bens comuns como condição para instauração do condomínio.[43]

## 3.3 Indenização devida antes da partilha e independente de condomínio: princípio do enriquecimento sem causa

Do ponto de vista legal, parece ser indiscutível que a instituição do condomínio, enquanto comunhão jurídica – seja de forma direta ou através de uma demanda própria de partilha ou até mesmo por meio de qualquer pronunciamento judicial que delineei a parte que cada condômino faz jus – enseja a observância de limites ao exercício da cotitularidade, não sendo admita, pois, a utilização individual da coisa comum.

A partir daí, também é imposta aos condôminos a responsabilidade de concorrer para as despesas de conservação e de suportar os ônus a que a coisa estiver sujeita na proporção de seu quinhão, assim como a responder ao outro pelos frutos que perceber da coisa e pelo dano que lhe causar (CC, arts. 1.314, 1.315 e 1.319).[44]

Entretanto, o que se defende, é que essa lógica deva ser igualmente aplicada à mancomunhão, como meio de coibir o exercício abusivo de posições jurídicas, expressamente vedado pelo art. 187 do Código Civil.

Por essa perspectiva, o que importa na análise do problema deixa de dizer respeito à qualificação jurídica da titularidade sobre a coisa, passando a importar a constatação do uso exclusivo e ilegítimo de coisa comum por apenas um dos cônjuges, independentemente de quem figura no respectivo título aquisitivo e nos assentamentos do bem perante os órgãos públicos, dada a presunção do esforço comum em sua aquisição.

Esse foi o entendimento do REsp 1250362/RS, ao consignar que:

> O que importa no caso não é o modo de exercício do direito de propriedade, se comum ou exclusivo (mancomunhão ou condomínio), mas sim a relação de posse mantida com o bem, se comum do casal ou exclusiva de um dos ex-cônjuges. Ou seja, o fato gerador da indenização não é a propriedade, mas sim a posse exclusiva do bem no caso concreto. Logo, o fato de certo bem

---

43. STJ, AgInt no REsp 1849360/SP, rel. Min. Nancy Andrighi, DJe 01.07.2020; STJ, AgInt nos EDcl no AREsp 945458/SP, rel. Min. Marco Buzzi, DJe 28.05.2020.

44. CALMON, Rafael. *Partilha de bens na separação, no divórcio e na dissolução da união estável*: aspectos materiais e processuais. 2. ed. São Paulo: Saraiva Educação, 2018, p. 133.

# ANA VLÁDIA MARTINS FEITOSA

comum aos ex-cônjuges ainda pertencer indistintamente ao casal, por não ter sido formalizada a partilha, não representa empecilho automático ao pagamento de indenização pelo uso exclusivo por um deles, sob pena de gerar enriquecimento ilícito.

Percebe-se, assim, que "o aspecto formal do regime proprietário cede lugar ao efetivo e fático exercício de poderes sobre a coisa",[45] consolidando a ideia de que na universalidade jurídica que afeta o bem pertencente aos ex-consortes não há lugar, *a priori*, para tolerância de sua ocupação isoladamente por um deles, senão sob o flagrante enriquecimento sem causa do ocupante (CC, art. 884).

À vista disso, em seu voto-vista proferido no julgamento do indigitado REsp 1.250.362/RS, a Ministra Isabel Galotti aderiu ao voto do Relator pelas seguintes razões, das quais se destaca o seguinte excerto:

> Compartilho do entendimento de que, em razão da vedação ao enriquecimento sem causa, se apenas um dos ex-cônjuges utiliza o bem de forma exclusiva, impedindo de forma concreta ou prática o usufruto comum do bem, independentemente de estar submetido ao estado de manconunhão ou de condomínio, em face de já se ter operado a partilha ou não, surge o direito do outro de ser ressarcido, sob pena de enriquecimento ilícito (...).
>
> A ultimação formal da partilha, ato que, em geral, é o mais controvertido e demorado, sendo postergado para discussão após a concordância mútua quanto à inevitabilidade do divórcio (...) não é fundamento relevante para a definição do direito à indenização pelo uso exclusivo de imóvel comum.

Eduardo Sodré,[46] aliás, sustenta que presente a prova de a) existência do patrimônio comum e b) que este patrimônio comum vem sendo usufruído, exclusiva e gratuitamente, pelo outro consorte, não se pode negar a existência de verossimilhança apta a ensejar a concessão de tutela jurisdicional para fixação de compensação financeira a quem se vê alijado de seu direito à justa posse.

Da igual modo, a doutrina vem constatando que "permitir ao cônjuge ou companheiro permanecer no imóvel comum do casal após a separação, com direito exclusivo sobre ele importaria em verdadeiro contrato de comodato, porém sem a aquiescência do outro e em seu flagrante prejuízo".[47] Nessa esteira, Maria Berenice Dias[48] leciona que:

> Com o fim do casamento, de modo frequente, fica o patrimônio na posse de somente um dos cônjuges. Sendo dois os titulares e estando somente um usufruindo do bem, impositiva a divisão de lucros ou o pagamento pelo uso, posse e gozo. Reconhecer que a mancomunhão gera um comodato gratuito é chancelar o enriquecimento injustificado. Assim, depois da separação de fato, mesmo antes da partilha, cabe impor o pagamento pelo uso exclusivo de bem comum.

---

45. RAMOS, André Luiz Arnt. Divórcio Liminar. Uso exclusivo de coisa comum não partilhada: A relevância decisiva da posse segundo o acórdão que julgou o REsp 1250362/RS. *Revista OAB/RJ*, Rio de Janeiro, Edição Especial – Direito Civil, p. 07.

46. SODRÉ, Eduardo. Considerações acerca da antecipação dos efeitos da partilha judicial: do direito do separando(a) a um processo livre de dilações indevidas. In: MINAHIM, Maria Auxiliadora (Org.). *A família na contemporaneidade*. 2007, p. 55.

47. FARIAS, Cristiano Chaves de; ROSENVALD, Nelson. *Direito das famílias*. 2. ed. Rio de Janeiro: Lumen Juris, 2010, p. 390.

48. DIAS, Maria Berenice. *Manual de direito das famílias*. São Paulo: Ed. RT, 2011, p. 330.

Considera-se, destarte, a tese da vedação ao enriquecimento sem causa ou do lucro da intervenção como justificativa para o pagamento de indenização nesses casos, segundo o Enunciado 620 da VIII Jornada de Direito Civil do Centro de Estudos Judiciários do Conselho da Justiça Federal: "A obrigação de restituir o lucro da intervenção, entendido como a vantagem patrimonial auferida a partir da exploração não autorizada de bem ou direito alheio, fundamenta-se na vedação do enriquecimento sem causa".

Importante registrar que, "ao se falar em vantagens patrimoniais auferidas não se limita somente a um aumento de patrimônio ante a utilização do bem, mas também no que o sujeito deixou de dispender ou gastar em decorrência de sua intervenção ou utilização sobre bem ou direito que não lhe pertence".[49]

De mais a mais, indaga-se: com que fundamento legítimo o ordenamento jurídico sancionaria a habitação de um bem em mancomunhão por um dos mancomunheiros em prejuízo do outro, se é da própria natureza deste instituto, como visto, a titularidade e o poder de disposição das coisas em mão-comum caberem aos titulares de modo conjunto?

Não à toa, o art. 1.199 do Código Civil prescreve que "se duas ou mais pessoas possuírem coisa indivisa, poderá cada uma exercer sobre ela atos possessórios, contanto que não excluam os dos outros compossuidores". Assim como, o mesmo estatuto, em seu art. 1.647, subordina a prática de atos capazes de repercutir sobre a meação do outro consorte à autorização deste.

Também não parece razoável que à constatação da existência de um bem em mancomunhão ainda não partilhado permitisse a interpretação do art. 1.663 do Código Civil como um salvo conduto para que tão somente um dos cônjuges se apossasse de coisas comuns e dela retirasse proveitos, sem necessariamente ter que os repartir com o outro ou prestar contas de sua gestão, ao arrepio do que determinam os comandos dos arts. 1.642, II e 1.651, I, do mesmo diploma legal.

Por identidade de motivos, prevê o parágrafo único do art. 4º da Lei de Alimentos (Lei 5.478/68),[50] "que seja entregue ao credor, mensalmente, parte da renda líquida dos bens comuns, administrados pelo devedor". Ou seja, nas hipóteses em que os bens comuns do ex-casal gerem frutos, impõem-se a obrigação de divisão destes, com o intuito de impedir o locupletamento indevido.

Destaque-se que, pesar de serem previstos como *alimentos provisórios*, tal verba não ostenta natureza alimentar, decorrente do dever de solidariedade entre os cônjuges ou da mútua assistência, mas sim natureza indenizatória, configurando uma antecipação

---

49. CUNHA, Leandro Reinaldo da. Lucro da intervenção e o uso exclusivo do imóvel do casal após a separação de fato. *Revista IBERC*, v. 4, n. 1, p. 52-64, jan./abr. 2021.

50. Saliente-se que o fato de a lei se referir à divisão mensal da renda líquida dos bens comuns administrados pelo devedor casado pelo regime da comunhão universal de bens, não restringe sua aplicação a essa espécie de regime, sendo aplicável aos casamentos regidos também pela comunhão parcial, em razão do advento da Lei do Divórcio, em 1977.

da meação dos rendimentos comuns, evitando-se, enquanto não efetivada a partilha, o enriquecimento indevido por parte daquele que detém a posse dos bens comuns.[51] Por óbvio, a mesma tese pode ser estendida aos bens destinados apenas à moradia.

Em conclusão, toda essa mudança de enfoque da problemática em questão representa um encaminhamento decisivo a uma solução mais consentânea dela. Pois, sem embargo da fundamentação legal na qual se apoie, resta evidente a imposição das consequências do enriquecimento sem causa, com a determinação de que aquele cônjuge ou companheiro que obteve proveito ante a utilização ilegítima da coisa que pertence ao outro, mesmo antes de ser ultimada a liquidação do patrimônio pela partilha, reverta tais ganhos (acréscimos ou montante que deixou de dispender) em favor deste que se viu prejudicado, não raro na forma de valor equivalente a 50% do aluguel do bem, que se aferiria com sua eventual locação.

## 4. RELATIVIZAÇÃO DO PRINCÍPIO DO ENRIQUECIMENTO SEM CAUSA E O SISTEMA JURÍDICO DE PROTEÇÃO AOS SUJEITOS FAMILIARES VULNERÁVEIS

Não obstante a dissidência jurisprudencial exposta, ocorrendo a separação do casal e permanecendo o imóvel comum na posse ilegítima e excludente de um dos consortes (o que se aplica, tranquilamente, às uniões estáveis, como já dito), mesmo pendente a consumação da partilha, advoga-se ser admissível o arbitramento de aluguéis em favor de quem teve obstaculizado seu direito de usufruir do bem que igualmente lhe pertence.

Todavia, é fato inconteste que o uso exclusivo pode se originar de situações distintas ou então se apresentar de formas peculiares, que, por vezes, atrairá a legitimidade para tanto, não havendo que se cogitar de qualquer enriquecimento ilícito e, por conseguinte, direito à indenização. Longe disso, haverá justo motivo e exercício regular de um direito, em casos que envolvam, por exemplo, a ocupação do imóvel comum do casal pela prole ou pelo ex-consorte que fazem jus a alimentos, ou pela mulher submetida à situação de violência doméstica e familiar sob a tutela de uma Medida Protetiva de Urgência fundada na Lei Maria da Penha (Lei 11.340/06).

Isso é possível, pois a vedação ao enriquecimento ilícito como norma principiológica não é absoluta, devendo sua aplicação ser compatibilizada com outros princípios, que consagram axiologicamente a dignidade da pessoa humana na maior medida possível.

Não se pode mais analisar questões como as que aqui se discutem sob uma ótica unicamente patrimonialista, tendo-se em vista que o objeto do atual sistema jurídico de tutela é a pessoa, que constitui ao mesmo tempo o sujeito titular do direito e o ponto de referência objetivo da relação.

---

51. STJ, RHC 28853/RS, rel. Min. Nancy Andrighi, DJe 12.03.22012; STJ, HC 34049/RS, rel. Min. Carlos Alberto Menezes Direito, DJe 06.09.2004.

Nessa ordem de ideias, ganha densidade a constatação de que a propriedade e a família, como institutos jurídicos, devem estar permeadas pela tensão constante entre a liberdade e a solidariedade,[52] emergindo do preceito de proteção proprietária a proteção possessória como garantia constitucional autônoma, que tem como propósito a genuína materialização da dignidade humana

Isto inclusive para que se possa, conforme as circunstâncias da lide, afastar ou mitigar a incidência de um determinado princípio, na eventualidade de sua otimização se mostrar disfuncional em detrimento de um outro que instrumentalize, na prática, dito propósito – "o que se faz mediante juízo de merecimento da tutela":[53]

> A noção de merecimento de tutela representa justamente o reconhecimento de que a eficácia de certa conduta particular é compatível com o sistema e, por isso, deve ser protegida; trata-se, como se vê de uma consequência necessária da constatação de que certo ato é lícito do ponto de vista estático ou estrutural e, em perspectiva dinâmica ou funcional, não é abusivo (não constitui o exercício disfuncional de uma situação jurídica.[54]

Não por acaso, o STJ, ao arrostar o REsp 1250362/RS, firmou o pensamento de que "o indigitado direito à indenização não é automático, sujeitando-se às peculiaridades do caso concreto sopesadas pelas instâncias de origem. Logo, é atribuição das instâncias ordinárias determinar quem é a parte mais fraca da lide a merecer a devida proteção; quem está procrastinando a efetivação da partilha e que, portanto, deve sofrer as consequências adversas de seus atos; se o pagamento da indenização ou o uso exclusivo do bem representa prestação de alimentos in natura etc.".

Em se tratando de questões inerentes ao Direito das Famílias, as idiossincrasias verificadas nas demandas submetidas ao Judiciário, ocasionam uma nítida dificuldade de se estabelecer uma *ratio decidendi*, constante em eventual precedente, que se mostre perfeitamente compatível com o caso concreto e possibilite, assim, sua aplicação, como justificam Fernanda Tartuce e Marianna Chaves:[55]

> Afinal, o caráter aberto do Direito das Famílias, que ecoa de perto as transformações dos valores da sociedade, imporá não raro que se dê por insustentável determinada conclusão extraída do conjunto fático de um caso pretérito mesmo diante de conjunto fático equiparável.

Com efeito, a prática vem demonstrando que, muito embora o princípio da vedação ao enriquecimento sem causa tenha tráfego no contexto da posse individual

---

52. CORTIANO JUNIOR, E. Alguns apontamentos sobre os chamados direitos da personalidade. In: RAMOS, C. L. S., FACHIN, L. E. (Coord.). *Repensando os fundamentos do Direito Civil contemporâneo*. Rio de Janeiro: Renovar, 1998, p. 32.

53. RAMOS, André Luiz Arnt. Divórcio Liminar. Uso exclusivo de coisa comum não partilhada: A relevância decisiva da posse segundo o acórdão que julgou o REsp 1250362/RS. *Revista OAB/RJ*, Rio de Janeiro, Edição Especial – Direito Civil, p. 07.

54. NUNES DE SOUZA, E. Merecimento de tutela: a nova fronteira da legalidade no Direito Civil. In: GUERRA DE MORAES, C. E. e LODI RIBEIRO, R. (Coord.). *Direito Civil*. Rio de Janeiro: UERJ, 2015, p. 74.

55. TARTUCE, Fernanda; CHAVES, Marianna. Precedentes e litígios familiares: primeiras reflexões. *Revista Pensamento Jurídico*. v. 11, n. 1, p. 210. São Paulo, jan./jun. 2017.

do imóvel em mancomunhão ou condomínio, sua incidência pode ocasionalmente se tornar injusta quando referida posse é exercida por sujeitos familiares vulneráveis.

Daí incumbir ao magistrado, diante do caso concreto, a adequada ponderação dos princípios em colisão, perquirindo até o exercício de direitos subjetivos que porventura retratarem situações abusivas e intoleráveis. Pontes de Miranda, não sem razão, já alertava que:[56]

> *O estudo do abuso do direito é a pesquisa dos encontros, dos ferimentos, que os direitos se fazem.* Se pudessem ser exercidos sem outros limites que os da lei escrita, com indiferença, se não desprezo, da missão social das relações jurídicas, os absolutistas teriam razão. Mas, a despeito da intransigência dêles, fruto da crença a que se aludiu, *a vida sempre obrigou a que os direitos se adaptassem entre si, no plano do exercício.* Conceptualmente, os seus limites, os seus contornos, são os que a lei dá, como quem põe objetos na mesma maleta, ou no mesmo saco. Na realidade, quer dizer – quando se lançam na vida, quando se exercitam – têm de coexistir, têm de conformar-se uns com os outros (...). Grifou-se.

Por toda essa análise, vê-se que é insustentável a aplicação do princípio do enriquecimento sem causa de maneira absoluta, somente cabendo, sob seus auspícios, a reclamação de reparação pelo ex-consorte alijado, com chances de sucesso, se a conduta consistente no impedimento direto ou indireto do exercício da posse sobre a coisa comum ainda não partilhada pelo outro ex-consorte for ilícita. Do contrário, é indefensável sua aplicação.

Trata-se de buscar o justo equilíbrio entre a proteção dos interesses econômicos dos protagonistas do conflito patrimonial e os interesses existenciais dos sujeitos familiares mais vulneráveis, assim enquadrados pelas "Regras de Brasília sobre Acesso à Justiça das Pessoas em Condição de Vulnerabilidade", de 2008.[57]

De toda sorte, é bom que se esclareça que essa ocupação do imóvel comunitário por um dos proprietários, excluída das hipóteses de incidência do enriquecimento ilícito, não se constitui de um direito real, exprimindo apenas um direito de caráter familiar, ou seja, uma limitação da faculdade de disposição do outro proprietário, que acaba por abrir espaço para um controle axiológico e funcional de merecimento de tutela jurídica.

## 4.1 Proteção aos filhos menores cuja moradia se estabelece no imóvel comum do ex-casal

Com alterações ocorridas na estrutura familiar ao passar dos anos, os filhos deixam de ser tratados como objetos para serem considerados sujeitos de direitos,

---

56. MIRANDA, Pontes de. *Tratado de Direito Privado*, Parte Especial. São Paulo: Ed. RT, 2004, p. 115. t. LIII, Direito das Obrigações.

57. Secção 2ª. 1. (3) Consideram-se em condição de vulnerabilidade aquelas pessoas que, por razão da sua idade, género, estado físico ou mental, ou por circunstâncias sociais, económicas, étnicas e/ou culturais, encontram especiais dificuldades em exercitar com plenitude perante o sistema de justiça os direitos reconhecidos pelo ordenamento jurídico.

"merecedores de tutela do ordenamento jurídico, mas com absoluta prioridade comparativamente aos demais integrantes da família que participam".[58]

O reconhecimento dessa titularidade de direitos decorre da consagração da doutrina da proteção integral, que considera a condição peculiar das crianças e adolescentes como pessoas em processo de desenvolvimento, prevista no art. 227 da Constituição Federal de 1988.

Ao ser normatizada na forma de princípio, a doutrina da proteção integral consubstancia um *status* jurídico diferenciado às crianças e aos adolescentes, pois estes poderão, apesar de serem pessoa em desenvolvimento, opor seus direitos em face de qualquer pessoa, inclusive de seus pais. A eles são atribuídos interesses subordinantes perante à família, à sociedade e ao Estado.

Nesse sentido, corrobora a opinião de Ana Paula Motta Costa.[59]

Conforme pode ser observado, não há dúvidas quanto à intencionalidade do legislador pátrio, tanto em âmbito Constitucional, e especialmente, quando da elaboração do Estatuto da Criança e do Adolescente, quanto ao significado a ser atribuído ao princípio da prioridade absoluta. Até mesmo porque, em sentido literal, prioridade, quer dizer, efetivamente, primazia, precedência, preferência e privilégio. Assim, parece evidente que a intenção do legislador foi de que a sociedade, o Estado e a família tratassem de garantir os direitos previstos para as crianças e adolescentes com tal prioridade, frente a outros direitos e necessidades, seja no campo social mais amplo, seja nas relações horizontais.

Ressalte-se que a opção do legislador em promover tutela absoluta e prioritária a esse grupo de sujeitos de direitos não se estendeu a mais nenhum outro, haja vista só ter feito uso da expressão uma única vez em toda a CF/88. "Parece não haver dúvidas, assim que constituinte, ao estabelecer os princípios fundantes e reitores da sociedade brasileira, dentre suas preocupações, deliberou escolher uma delas como sendo a principal".[60]

Sendo assim, nos casos em que o interesse dos menores figurar, o mister do julgador será orientado por uma presunção inaugural e absoluta a favor deles, que se verificará em todos os demais.

Fazendo-se um recorte para o tema em análise, à luz dos mencionados princípios, indaga-se: se o imóvel que pertence a ambos os ex-cônjuges estiver sendo utilizado como moradia da prole comum, essa situação possui o condão de afastar (ou, de algum modo, minorar) o dever de indenização pelo uso exclusivo do bem?

---

58. GAMA, Guilherme Calmon Nogueira da. *A nova filiação*: o biodireito e as relações parentais: o estabelecimento da parentalidade-filiação e os efeitos jurídicos da reprodução assistida heteróloga. Rio de Janeiro: Renovar, 2003, p. 457.

59. COSTA, Ana Paula Motta. A perspectiva constitucional brasileira da proteção integral de crianças e adolescentes. In: SARMENTO, Daniel; SARLET, Ingo Wolfgang (Coord.). *Direitos Fundamentais no Supremo Tribunal Federal*: balanço e crítica. Rio de Janeiro: Lumen Juris, 2011, p. 855-887.

60. COSTA, Ana Paula Motta. A perspectiva constitucional brasileira da proteção integral de crianças e adolescentes. In: SARMENTO, Daniel; SARLET, Ingo Wolfgang (Coord.). *Direitos Fundamentais no Supremo Tribunal Federal*: balanço e crítica. Rio de Janeiro: Lumen Juris, 2011, p. 863.

Pois bem, a questão chegou recentemente no STJ, através do julgamento do REsp 1699013/DF,[61] em que se apreciou o pedido de cobrança de aluguel por parte de ex-mulher por uso exclusivo de imóvel comum pelo ex-marido após o divórcio, cujo percentual de 40% sobre o bem havia ficado definido para ela na partilha.

Segundo o relator do recurso, Ministro Luis Felipe Salomão, no caso dos autos não ficou demonstrado o fato gerador do pedido indenizatório da ex-mulher – ou seja, o uso de imóvel comum em benefício apenas do ex-marido –, já que a filha das partes envolvidas lá também reside, havendo, portanto, proveito indireto da mãe. Pelos mesmos motivos, não poderia ser reconhecida a ocorrência de enriquecimento ilícito pelo ex-marido, já que é dever de ambos os genitores prover o sustento de sua prole, como se constata de trechos da ementa abaixo transcritos:

> [...] 7. Nesse contexto normativo, há dois fundamentos que afastam a pretensão indenizatória da autora da ação de arbitramento de aluguel. Um principal e prejudicial, pois a *utilização do bem pela descendente dos coproprietários – titulares do dever de sustento em razão do poder familiar (filho menor) ou da relação de parentesco (filho maior) – beneficia a ambos*, motivo pelo qual não se encontra configurado o fato gerador da obrigação reparatória, ou seja, o uso do imóvel comum em benefício exclusivo de ex-cônjuge.
>
> 8. Como fundamento secundário, *o fato de o imóvel comum também servir de moradia para a filha do ex-casal tem a possibilidade de converter a "indenização proporcional devida pelo uso exclusivo do bem" em "parcela in natura da prestação de alimentos" (sob a forma de habitação)*, que deverá ser somada aos alimentos *in pecunia* a serem pagos pelo ex-cônjuge que não usufrui do bem – o que poderá ser apurado em ação própria –, sendo certo que tal exegese tem o condão de afastar o enriquecimento sem causa de qualquer uma das partes.
>
> 9. Ademais, o exame do pedido de arbitramento de verba compensatória pelo uso exclusivo de imóvel comum por ex-cônjuge *não pode olvidar a situação de maior vulnerabilidade que acomete o genitor encarregado do cuidado dos filhos financeiramente dependentes, cujas despesas lhe são, em maior parte, atribuídas*. [...] Grifou-se.

Também é essa a lição de Maria Berenice Dias,[62] citada pelo eminente Ministro relator:

> Uma distinção necessita ser feita. Permanecendo no imóvel quem faz jus a alimentos – seja o ex-cônjuge, sejam os filhos –, não cabe a imposição do encargo, pois o uso configura alimentos *in natura*. O valor correspondente cabe ser considerado por ocasião da fixação dos alimentos.

Na mesma direção, Cristiano Chaves e Nelson Rosenvald[63] afirmam que "não será, contudo, devida a indenização se o uso do imóvel constitui parcela *in natura* da prestação de alimentos, consolidando alimentos sob forma de habitação".

Como em certa medida a questão foi levada de forma inédita ao STJ, buscou-se averiguar outros julgados, para além do que autorizou a escalada do recurso à Corte Superior, merecendo destaque um oriundo do Tribunal de Justiça de São Paulo,[64] e

---

61. STJ, REsp 1699013/DF, rel. Min. Luis Felipe Salomão, DJe 04.06.2021.
62. DIAS, Maria Berenice. *Manual de direito das famílias*. São Paulo: Ed. RT, 2011, p. 324-325.
63. FARIAS, Cristiano Chaves de; ROSENVALD, Nelson. Curso de direito civil: *famílias*. 7. ed. rev. ampl. e atual. São Paulo: Atlas, 2015, v. 6, p. 450.
64. TJSP, AC 10040103120178260566, rel. Des. Fábio Quadros, 4ª Câmara de Direito Privado, DJe 23.10.2019.

outro do Tribunal de Justiça do Maranhão.[65] Este último chegou a destacar "a preo-cupação do magistrado em garantir o *direito real de habitação do menor*, filho do casal, como medida que visa impedir mudança na rotina da criança, que certamente já sentiu um abalo com a separação dos pais, de modo que a sua permanência na residência a qual já está habituado mostra-se benéfica à manutenção de seu equilíbrio emocional".

No que toca à proteção da chamada vivenda familiar dos filhos, o direito comparado sinaliza pela inviabilidade de se tratar o tema do ponto de vista meramente econômico-patrimonial, a exemplo do Código Civil argentino, como bem pontua Rolf Madaleno:[66]

> O vigente Código Civil argentino, *no artigo 443 se orienta em satisfazer as necessidades de habitação de um dos cônjuges que se encontra em situação de maior vulnerabilidade, e, portanto, a atual legislação argentina lhe permite seguir usando de forma exclusiva a antiga vivenda comum, uma vez presentes as seguintes pautas: a) se trata da pessoa a quem se atribui o cuidado dos filhos, sejam eles menores ou maiores, contudo financeiramente dependentes, ou maiores e com capacidade restringida, quer se trate de filhos próprios de um dos cônjuges*; b) se trata da pessoa que está em situação econômica desvantajosa para subsidiar uma moradia com os seus próprios recursos; c) o juiz considera o estado de saúde e a idade dos cônjuges; d) o juiz considera os interesses de outras pessoas que integram o grupo familiar, não se limitando aos filhos, mas sim ao grupo familiar, como no caso da família estendida que busca recompor a vida de todo o conjunto familiar durante e depois da crise matrimonial. Grifou-se.

Complementando esse silogismo, trazem-se as palavras da peruana Yovana Yaquelí León Tejeda[67] acerca do direito da prole de manutenção ao entorno familiar e social quando se romper a relação conjugal dos genitores:

> El derecho a mantener un entorno familiar y social, es decir, de producirse el divorcio de sus padres, el cambio drástico de vivienda a los hijos menores puede llegar a trastocar el normal desarrollo debido al sentimiento de seguridad que le proporciona dicho lugar, es entonces, donde se requiere su esencial protección. Por tanto, la estabilidad y continuidad de los hijos en un ambiente familiar y social es un elemento esencial para el desarrollo de su personalidad.

Aqui se faz apenas uma crítica quanto ao risco de desvirtuamento dessa compreensão, a fim de que os pais não se valham dos filhos como moeda de troca para barganhas financeiras nos processos de disputas de guarda, como forma de auferir vantagens patrimoniais.

Ainda assim, não se pode negar que a orientação descortinada pelo REsp 1250362/RS acaba por refletir os debates travados acerca da releitura dos institutos jurídicos que informam do Direito das Famílias, dando vazão a uma postura hermenêutica que não apenas admite a força jurígena dos fatos, como também e principalmente prestigia a proteção a pessoas em estado de maior vulnerabilidade.

---

65. TJMA, AI 1680/2008, rel. Des. Jorge Rachid Mubárack Maluf, DJe 24.04.2008.
66. MADALENO, Rolf. *Direito de família*. 10. ed. Rio de Janeiro: Forense, 2020, p. 587-588.
67. TEJEDA, Yovana Yaquelí León. *La incorporación de la atribución del uso de la vivienda familiar en los procesos de divorcio en atención al Principio del Interés Superior del Niño y Adolescente*. Tesis para obtener el título profesional de abogada – Facultad de Derecho, Universidad César Vellejo. Trujillo, 2018, p. 39.

## 4.2 Proteção à mulher vítima de violência doméstica e familiar cuja moradia se estabelece no imóvel comum do ex-casal

A proteção máxima ao ser humano, decorrente da incidência das disposições constitucionais na órbita civil, não possui como destinatários apenas as crianças e os adolescentes, mas igualmente as mulheres, notabilizando-se, pois, como uma questão de gênero.

Diante dos altos índices de violência no ambiente doméstico e familiar no país,[68] a Lei 11.340/2006 (Lei Maria da Penha) põe ao alcance das mulheres inseridas nessa situação diversas *Medidas Protetivas de Urgência*, dentre elas: o afastamento do agressor do lar domicílio ou local de convivência (art. 22, II e 23, II) e a proibição de se aproximar da vítima (art. 22, III, a), visando resguardar sua incolumidade física e psíquica.

Embora não mantenha relação com a partilha de bens, o cumprimento de tais medidas protetivas faz emergir, em um contexto de disputas familiares, a discussão sobre a (i)legitimidade do uso exclusivo de imóvel comum do ex-casal que passa a ocorrer por parte da mulher violentada e a consequente possibilidade de arbitramento de compensação financeira àquele que ficou alijado da posse do bem.

Pelo que até aqui se defendeu, parece ser inegável que a prática de violência contra mulher, colocando-a em posição de vulnerabilidade, impõe à solução do problema contornos de índole protecionista, a fim de se rechaçar, inclusive, possível revitimização por violência institucional.

Mais uma vez, o Judiciário, instado a se posicionar, valeu-se da diretriz firmada pelo REsp 1250362/RS e considerou as peculiaridades subjacentes a cada caso, a exemplo do AREsp 1276351/DF,[69] que entendeu "inexistir direito à percepção de valor correspondente à metade de aluguel do imóvel, antigo lar conjugal, quando um dos cônjuges é afastado em razão do deferimento de medida protetiva".

Por esse ângulo, a fixação da verba indenizatória em prol do ex-consorte ofensor, sob o seu pretenso direito de propriedade, mostra-se descabida, porquanto reduz a efetividade da proteção à mulher fragilizada – evidentemente a parte mais fraca na relação matrimonial rompida –, que, em razão de socorrer-se junto aos poderes públicos para fazer cessar as agressões sofridas, teria como "prêmio" o pagamento de um aluguel a quem lhe abusou.

Logo, "nada mais legítimo e justo que o indivíduo que comete ato ilícito suporte as consequências econômicas de seu ato de barbárie, perdendo a posse provisória do lar comum, em favor da vítima, à semelhança, por exemplo, do motorista que tem seu veículo apreendido por dirigir embriagado, ficando então impedido de cobrar aluguel do poder público".[70]

---

68. Segundo o Atlas da Violência 2020, 1 mulher é assassinada a cada 2 horas no Brasil.
69. ST, AREsp 1276351/DF, rel. Min. Maria Isabel Gallotti, DJe 01.02.2019.
70. AMARAL, Carlos Eduardo Rios do. Lei Maria da Penha: agressor afastado do lar não pode cobrar aluguel da vítima. *Revista Jus Navigandi*, ISSN 1518-4862, Teresina, ano 23, n. 5529, 21 ago. 2018. Disponível em: https://jus.com.br/artigos/68436. Acesso em: 28 ago. 2021.

Tendo-se em conta que a situação que resultou na residência exclusiva da mulher vítima de agressão sobre o imóvel comum após a efetivação de eventual medida protetiva não foi causada por ela, alguns julgados de Tribunais de Justiça estaduais têm inadmitido qualquer conjectura de enriquecimento indevido.[71]

Em privilégio do *ser* em detrimento do *ter*, o acordão prolatado recentemente pelo Tribunal de Justiça do Distrito Federal[72] foi além, elidindo até a cobrança de aluguel de mulher em estado de hipossuficiência econômica e debilidade emocional ocasionado pela violência do ex-marido afastado compulsoriamente do lar, mesmo ela estando a utilizar individualmente imóvel particular deste, no qual teria realizado apenas benfeitorias. Assim assinalou o relator:

> O presente caso merece avaliação um pouco mais alentada e análise *cum grano salis*, eis que ostenta peculiaridades e matizes que estão a exigir análise e sopesamento mais acurados, tendo em vista que, apesar de o imóvel sobre o qual o apelado pleiteia os aluguéis ter sido adquirido antes da constância do casamento, observa-se que o afastamento do lar ocorreu por força de medida protetiva determinada pelo Juízo do Juizado de Violência Doméstica e Familiar Contra a Mulher.

O enfrentamento à violência de gênero na experiência estrangeira, como sucede na Argentina, assume uma dimensão especial por parte do sistema de justiça em decisões que envolvam a atribuição do lar familiar à mulher vitimizada, como explica Patricia Junyent de Dutari:[73]

> Ello es así porque si se priva a la víctimad el lugar que habita, cuando esta no tiene posibilidades de proveerse un hogar para vivir con sus hijos, se la somete con esa conducta a una violencia institucional que no les permite poner fin a la violencia domestica que las oprime ante el peligro de perder el techo.

É cediço que a prática da violência doméstica desestabiliza e neutraliza sobremaneira a capacidade de promoção da própria subsistência por parte da mulher e até mesmo a busca por seus direitos, uma vez que, não raro, o processo judicial é manipulado pelo ex-marido agressor como forma de manutenção dos abusos antes perpetrados.

Sendo assim, é mais do que correto se obstar qualquer intensão de estabelecimento de aluguéis em desfavor da mulher ofendida, na medida em que a própria expressão econômica da posse exclusiva exercida por ela garantir-lhe-á legítima indenização pelos danos sofridos, em respeito ao princípio da dignidade humana.

---

71. TJMG, AI 10209180054279001, rel. Des. Matheus Chaves Jardim, DJe 11.02.2019; TJSC, AI 40057954620188240000, rel. Des. Luiz Cézar Medeiros, DJe 31.07.2018; TJDF, AC 20150111080802, rel. Des. Carlos Rodrigues, 6ª Turma Cível, DJe 05.09.2017; TJMG, AC 1007912.0350198/001, rel. Des. Áurea Brasil, 5ª Câmara Cível, DJe de 03.10.2014.
72. TJDF, AC 00013781120178.070006, rel. Des. Robson Barbosa de Azevedo, 5ª Turma Cível, DJe 22.07.2020.
73. DUTARI, Patricia Junyent de. Atribución de la vivienda luego del cese de la convivencia y derechos humanos. In: CAGLIERO, Yamila (Coord.). *Cuestiones patrimoniales en el derecho de familia*. Ciudad Autónoma de Buenos Aires: La Ley, 2019, p. 95.

## 5. CONSIDERAÇÕES FINAIS

Atualmente, com maior incidência dos términos dos casamentos ou das uniões estáveis, a situação do uso exclusivo de bem comum por parte de um dos cônjuges ou companheiros acaba por surgir de forma constante no palco dos litígios familiares.

A priori, esse alijamento da posse direta de um dos consortes revela-se como um manifesto caso de enriquecimento sem causa, fazendo nascer para o sujeito prejudicado o direito à percepção de compensação financeira frente ao proveito experimentado por aquele que usufrui do bem sem autorização para tanto.

Sem embargo da polêmica existente na jurisprudência pátria acerca de qual dos institutos jurídicos se aplicaria após a separação de fato ou o divórcio – mancomunhão ou condomínio –, como condição *sine qua non* para o arbitramento de aluguéis, o STJ, mais recentemente, posicionou-se pela superação desta análise focada em aspectos estruturais da titularidade sobre a coisa, para dar lugar a uma análise funcionalizada da antijuridicidade do ato privativo da composse, submetida às peculiaridades de cada caso.

Nesse viés, a promoção da dignidade da pessoa humana representa uma cláusula geral do sistema jurídico que permite a construção, em concreto, das possíveis tutelas jurídicas dos sujeitos em estado de vulnerabilidade.

Assim como solução mais adequada à questão posta nesse trabalho, a proteção à inviolabilidade de crianças e adolescentes, e até mesmo de mulheres vítimas de violência doméstica e familiar que se encontram ocupando legitimamente o lar do então casal deve ser considerada como critério norteador pelo Judiciário para inibir qualquer pretensão ao pagamento de verba indenizatória por parte destes a quem restou afastado do imóvel, como justa medida da responsabilidade intrínseca aos vínculos familiares.

## 6. REFERÊNCIAS

AMARAL, Carlos Eduardo Rios do. Lei Maria da Penha: agressor afastado do lar não pode cobrar aluguel da vítima. *Revista Jus Navigandi*, ISSN 1518-4862, Teresina, ano 23, n. 5529, 21 ago. 2018.

CALMON, Rafael. Divórcio Liminar. In: *Famílias e Sucessões* – Polêmicas, tendências e inovações. Belo Horizonte: IBDFAM, 2018.

CALMON, Rafael. *Partilha de bens na separação, no divórcio e na dissolução da união estável*: aspectos materiais e processuais. 2. ed. São Paulo: Saraiva Educação, 2018.

CALMON, Rafael. *Manual de partilha de bens*. 3. ed. São Paulo: Saraiva, 2021.

CARVALHO, Dimas Messias de. *Direito de família*. 2. ed. Belo Horizonte: Del Rey, 2009.

CORTIANO JUNIOR, E. Alguns apontamentos sobre os chamados direitos da personalidade. In: RAMOS, C. L. S., FACHIN, L. E. (Coord.). *Repensando os fundamentos do Direito Civil contemporâneo*. Rio de Janeiro: Renovar, 1998.

COSTA, Ana Paula Motta. A perspectiva constitucional brasileira da proteção integral de crianças e adolescentes. In: SARMENTO, Daniel; SARLET, Ingo Wolfgang (Coord.). *Direitos Fundamentais no Supremo Tribunal Federal*: balanço e crítica. Rio de Janeiro: Lumen Juris, 2011.

CUNHA, Leandro Reinaldo da. Lucro da intervenção e o uso exclusivo do imóvel do casal após a separação de fato. *Revista IBERC*, v. 4, n. 1, jan./abr. 2021.

DIAS, Maria Berenice. *Manual de direito das famílias*. São Paulo: Ed. RT, 2011.

DUTARI, Patricia Junyent de. Atribución de la vivienda luego del cese de la convivencia y derechos humanos. In: CAGLIERO, Yamila (Coord.). *Cuestiones patrimoniales en el derecho de familia*. Ciudad Autónoma de Buenos Aires: La Ley, 2019.

FACHIN, Luiz Edson; COUTINHO, Jacinto Nelson de Miranda (Coord.). *Direito e neoliberalismo*: elementos para uma leitura interdisciplinar. Curitiba: EDIBERJ, 1996.

FARIAS, Cristiano Chaves de. Redesenhando os contornos da dissolução do casamento (casar e permanecer casado: eis a questão). In: PEREIRA, Rodrigo da Cunha (Coord.). *Afeto, ética, família e o novo Código Civil*. Belo Horizonte: Del Rey, 2004.

FARIAS, Cristiano Chaves de; ROSENVALD, Nelson. *Direito das famílias*. 2. ed. Rio de Janeiro: Lumen Juris, 2010.

FARIAS, Cristiano Chaves de. Curso de direito civil: *famílias*. 7. ed. Rev. ampl. e atual. São Paulo: Atlas, 2015. v. 6.

GAGLIANO, Pablo Stolze; PAMPLONA FILHO, Rodolfo. *O novo divórcio*. São Paulo: Saraiva, 2010.

GAMA, Guilherme Calmon Nogueira da. *A nova filiação*: o biodireito e as relações parentais: o estabelecimento da parentalidade-filiação e os efeitos jurídicos da reprodução assistida heteróloga. Rio de Janeiro: Renovar, 2003.

INSTITUTO DE PESQUISA ECONÔMICA APLICADA; FÓRUM BRASILEIRO DE SEGURANÇA PÚBLICA (Org.). Atlas da violência 2019. Brasília; Rio de Janeiro; São Paulo: IPEA; FBSP, 2020.

LE COCQ, Raphael. Divórcio, mancomunhão e taxa de ocupação: questões relevantes. *Revista do Ministério Público do Estado do Rio de Janeiro* n. 74, out./dez. 2019.

MADALENO, Rolf. *Direito de família*. 10. ed. Rio de Janeiro: Forense, 2020.

MIRANDA, Pontes de. *Tratado de Direito Privado*, Parte Especial. São Paulo: Ed. RT, 2004. t. LIII, Direito das Obrigações.

NUNES DE SOUZA, E. Merecimento de tutela: a nova fronteira da legalidade no Direito Civil. In: GUERRA DE MORAES, C. E. e LODI RIBEIRO, R. (Coord.). *Direito Civil*. Rio de Janeiro: UERJ, 2015.

RAMOS, André Luiz Arnt. Divórcio Liminar. Uso exclusivo de coisa comum não partilhada: A relevância decisiva da posse segundo o acórdão que julgou o REsp 1250362/RS. *Revista OAB/RJ*, Rio de Janeiro | Edição Especial – Direito Civil.

SODRÉ, Eduardo. In: Considerações acerca da antecipação dos efeitos da partilha judicial: do direito do separando(a) a um processo livre de dilações indevidas. In: MINAHIM, Maria Auxiliadora (Org.). *A família na contemporaneidade*. 2007.

TARTUCE, Fernanda; CHAVES, Marianna. Precedentes e litígios familiares: primeiras reflexões. *Revista Pensamento Jurídico*. v. 11, n. 1, São Paulo, jan./jun. 2017.

TEJEDA, Yovana Yaquelí León. *La incorporación de la atribución del uso de la vivienda familiar en los procesos de divorcio en atención al Principio del Interés Superior del Niño y Adolescente*. Tesis para obtener el título profesional de abogada – Facultad de Derecho, Universidad César Vellejo. Trujillo, 2018.

# O REGIME DE COMUNHÃO PARCIAL DE BENS E A RESPONSABILIDADE PATRIMONIAL DO CÔNJUGE: UMA ANÁLISE À LUZ DA JURISPRUDÊNCIA DO STJ

*Gustavo D'Alessandro*

Mestrando em Direito pela Universidade de Brasília – UNB. Especialista em Direito pela FESMPDFT. Pós-graduado em Direito de Família e Sucessões pela Uniderp. Assessor de Ministro do Superior Tribunal de Justiça – STJ.

**Sumário:** 1. Introdução – 2. O regime de bens e a análise econômica do direito – 3. A responsabilidade patrimonial – 4. A responsabilidade patrimonial do cônjuge ou companheiro e o ônus da prova – 5. A responsabilidade patrimonial do cônjuge ou companheiro no regime da comunhão parcial de bens – 6. Considerações finais – 7. Referências.

## 1. INTRODUÇÃO

A comunhão de vidas, para além do afeto e do amor, traz diversas consequências jurídicas, não apenas no campo pessoal como também em sua esfera patrimonial, formando uma comunhão de interesses econômicos. O casamento (ou demais comunidades familiares) repercute, assim, nos aspectos emocional, espiritual e material da pessoa humana.

A ordem patrimonial do casal, a partir do seu entrelaçamento, incorre em efeitos ineludíveis com reflexos econômicos no funcionamento do lar e nas diversas relações efetivadas pelos cônjuges com terceiros no desenvolvimento e na manutenção da família, sendo "o tráfego das relações jurídicas econômicas (reais e obrigacionais) absolutamente natural nas entidades familiares".[1]

Como regra, os bens adquiridos na constância da relação conjugal passam a integrar o patrimônio do casal, os chamados aquestos.[2] Decorre daí, também, a responsabilidade patrimonial do cônjuge pelas obrigações do seu consorte, que, a depender do regime de bens, poderá ver o seu patrimônio, em maior ou menor extensão, ser alcançado pela execução de dívida quando os seus bens próprios ou de sua meação responderem pela dívida.[3]

---

1. FARIAS, Cristiano Chaves de, ROSENVALD, Nelson. *Curso de direito civil*: famílias. Salvador: JusPodivm, 2021, p. 291.
2. PEREIRA, Rodrigo da Cunha. *Dicionário de direito de família e sucessões*. 2. ed. São Paulo: Saraiva Educação, 2018, p. 116.
3. Art. 790, IV, do CPC.

Com relação ao termo "bens" utilizado pelo Código, deve ele ser considerado em sua "acepção ampla, compreensiva de toda e qualquer situação jurídica que seja passível de conversão em pecúnia". Assim, "não só coisas tangíveis, mas também posições jurídicas ativas e passivas, como direitos subjetivos, deveres e obrigações, podem ser consideradas bens para os fins legais, quando possuírem expressão econômica".[4]

Ciente disso, a prática judiciária tem revelado um novo *modus operandi* dos credores: em execução contra determinado devedor, diante do não cumprimento da obrigação, não encontrando bens do executado para pagamento da dívida, os exequentes redirecionam a execução contra o patrimônio do cônjuge em busca da quitação do débito.

É o pacto antenupcial (ou o contrato de convivência) que definirá as regras econômicas que irão reger o patrimônio daquela unidade familiar de acordo com o estatuto patrimonial do casamento – o regime de bens – e, ainda que silente, é o ordenamento jurídico que imporá o regime a ser adotado.

O atual Código Civil destina, no Livro IV da parte especial, o regramento do denominado Direito de Família engendrando, em seus Títulos I e II, o tratamento jurídico do Direito Pessoal e do Direito Patrimonial, respectivamente, o primeiro dotado de normas com elevado grau de imperatividade e o segundo com domínio da dispositividade (sem afastar, por completo, a cogência de outras normas).[5]

Nessa perspectiva de normas dispositivas e de efeitos patrimoniais é que o Código enuncia o art. 1.639 – primeiro regramento sobre as disposições gerais do regime de bens (conhecido como *regime primário de bens*) –, ser lícito aos nubentes, antes de celebrado o casamento, estipular o que lhes aprouver, inclusive podendo fusionar regimes e até criar um estatuto exclusivo,[6] desde que não haja ofensa à ordem pública[7] ou a algum estatuto de índole familista.[8]

Por outro lado, o diploma processual civil prevê a possibilidade de responsabilidade patrimonial do cônjuge ou companheiro em execução proposta contra o seu consorte, com a sujeição do seu patrimônio, nos casos em que seus bens próprios ou de sua meação também devem responder pela dívida (CPC, art. 790, IV).

Assim, o presente trabalho tem como objetivo justamente definir os limites da responsabilização patrimonial do cônjuge/companheiro, tido como terceiro no pro-

---

4. CALMON, Rafael, *Partilha de bens na separação, no divórcio e na dissolução da união estável*. São Paulo: Saraiva Educação, 2018, p. 69.
5. CALMON, Rafael, op. cit., p. 35-36.
6. Conforme Enunciado 331 das Jornadas de Direito Civil do CNJ: "O estatuto patrimonial do casal pode ser definido por escolha de regime de bens distinto daqueles tipificados no Código Civil (art. 1.639 e parágrafo único do art. 1.640), e, para efeito de fiel observância do disposto no art. 1.528 do Código Civil, cumpre certificação a respeito, nos autos do processo de habilitação matrimonial".
7. Art. 1655 do Código Civil.
8. MADALENO, Rolf. *Curso de direito de família*. 4. ed. Rio de Janeiro: Forense, 2011, p. 677.

cesso executivo proposto pelo credor, notadamente se quando o vínculo for regido pela comunhão parcial de bens.

## 2. O REGIME DE BENS E A ANÁLISE ECONÔMICA DO DIREITO

O instrumento jurídico formatado pelos consortes para estipulação das regras econômicas que irão nortear o regime de bens daquela relação é o pacto antenupcial, que, como dito, poderá ser modificado posteriormente.[9]

Trata-se de um negócio jurídico de direito de família por meio do qual serão definidos o domínio e a administração dos bens trazidos e adquiridos durante a união conjugal, bem como os possíveis reflexos patrimoniais que serão projetados, não só entre os cônjuges, mas, também, em relação a terceiros (filhos, contratantes e a sociedade como um todo[10]), inclusive para depois de sua morte. Essa massa econômica decorrente do regime de bens move-se "a um único objetivo, representado pelo crescimento econômico da sua sociedade afetiva".[11]

O regime de bens, então, é o conjunto de regras que normatizam as questões atinentes ao patrimônio dos cônjuges/companheiros, em que se definem as disposições que irão regular a relação deles enquanto existir a união.[12] Por presunção legal, a ausência de pacto antenupcial atrai a incidência do regime subsidiário, o da comunhão parcial de bens.

Sua regência se inicia na data da celebração do casamento (CC, art. 1.639, § 1º) ou no momento da demonstração empírica do preenchimento dos requisitos para a configuração da união estável (CC, art. 1.723) e se extingue na data da separação judicial ou do divórcio (CC, art. 1.576 e art. 1.571, § 1º) ou ainda na separação de fato com ânimo definitivo,[13] bem assim, nas relações não matrimonializadas, com a separação de fato dos companheiros.

A legislação brasileira estabelece quatro regimes próprios de casamento, representados em negócio solene, o pacto antenupcial, a saber: comunhão parcial de bens (CC, arts. 1.658 a 1.666), comunhão universal (CC, arts. 1.667 a 1.671), participação final nos aquestos (CC, arts. 1.672 a 1.686) e separação de bens (CC, arts. 1.687 a 1.688).

Além disso, o regime de bens é classificado, conforme a base normativa, em: imperativos, quando impostos pela lei (CC, art. 1.641); livres, em que o silêncio das partes enseja a adoção da comunhão parcial (CC, art. 1.640); e convencionais, em que os parceiros podem, diante da liberdade de escolha, mesclá-lo (CC, art. 1.655).

---

9. Art. 1639, § 2º do Código Civil.
10. FARIAS, Cristiano Chaves de, ROSENVALD, Nelson. Op. cit., p. 273.
11. FARIAS, Cristiano Chaves de, ROSENVALD, Nelson. Op. cit., p. 291.
12. PEREIRA, Rodrigo da Cunha. *Direito das famílias*. 2. ed. Rio de Janeiro: Forense, 2021, p. 145.
13. REsp 1065209/SP, rel. Ministro João Otávio de Noronha, 4ª Turma, julgado em 08.06.2010, DJe 16.06.2010.

Não se pode olvidar que é possível a alteração do regime de bens,[14] cujo termo inicial, com efeitos *ex nunc*, dar-se-á com o trânsito em julgado da decisão judicial que o modificou.[15]

Outrossim, ressalvadas as objeções legais,[16] admite-se a mescla de regimes "com elementos ou partes de cada um; que podem modificar ou repelir normas dispositivas de determinado tipo escolhido, restringindo ou ampliando seus efeitos; podem até criar outro regime não previsto na lei, desde que não constitua expropriação disfarçada de bens por um contra outro, ou ameaça a crédito de terceiro, ou fraude à lei, ou contrariedade aos bons costumes".[17] Malgrado o princípio da liberdade de escolha e a estruturação do regime de bens, tem-se entendido pela impossibilidade de estipulação de cláusula condicional para sua eventual alteração.[18]

No entanto, apesar de sua importância, a discussão sobre o regime matrimonial e sua escolha ainda são tabus, uma superstição a ser superada pela família brasileira, muito provavelmente por estarem atreladas à ideia de união por mero interesse. Nada obstante, tal preconceito tem diminuído, especialmente em razão das novas configurações familiares.[19]

De fato, por mais constrangimento que possa trazer aos nubentes, é salutar o debate sobre as regras econômicas que envolvem a conjugalidade, o funcionamento econômico do lar. A clareza das diretrizes para ambas as partes poderá prevenir futuro mal-estar no casamento e, em contrapartida, estender a sua durabilidade diante da maior transparência da relação.[20]

Portanto, "os noivos e conviventes devem tratar dos seus futuros interesses econômicos e precisam exercer densa e intensamente esta liberdade de negociação a despeito do regime matrimonial",[21] mesmo porque os atuais padrões de relacionamento afetivo fazem surgir novas demandas, novas responsabilidades e novos efeitos jurídicos, inclusive para fins de seu reconhecimento, sem solenidade e formal constituição.

E não há como discutir regime de bens sem falar em patrimônio ante a sua natureza econômica primordial. Deveras, como ponderam Cristiano Chaves de Farias e Nelson Rosenvald, facilmente se detecta "uma dimensão econômica do afeto nas

---

14. Art. 734 do CPC.
15. REsp 1300036/MT, rel. Ministro Paulo de Tarso Sanseverino, 3ª Turma, julgado em 13.05.2014, DJe 20.05.2014.
16. Art. 1641 do CC
17. LÔBO, Paulo. *Direito Civil*: Famílias. 6. ed. São Paulo: Saraiva, 2015, p. 290. O doutrinador destaca, ainda, que "ao contrário dos direitos brasileiro e francês, o direito alemão limita a liberdade dos nubentes à escolha dos tipos previstos na lei, sem poder modifica-los ou construir novo tipo" (p. 291).
18. VELOSO, Zeno. Regimes matrimoniais de bens. In: PEREIRA, Rodrigo da Cunha (Org.). *Direito de Família Contemporâneo*. Belo Horizonte: Del Rey, 1997, p. 92.
19. PEREIRA, Rodrigo. Op. cit., p. 148.
20. PEREIRA, Rodrigo. Op. cit., p. 149.
21. MADALENO, Rolf. *Manual de direito de família*. 3. ed. Rio de Janeiro: Forense, 2020.

relações familiares, cuja intensidade e extensão são determinadas nos momentos em que são feitas escolhas racionais, como o casamento, o divórcio, a procriação etc."[22]

Assim, segundo os nobres civilistas, "a escolha do regime de bens do casamento e da união estável precisa de uma análise econômica. O esclarecimento das reais condições de partilha de bens e assunção de obrigações é fundamental para a comunhão plena gerada pelo casamento e pela união estável".[23]

Realmente, um diálogo interdisciplinar do regime de bens à luz da análise econômica do direito – AED, tendo-se em mira que o direito regula o comportamento humano e a economia estuda a forma como o ser humano toma decisões (e suas consequências) e se comporta em um mundo de recursos escassos, permitirá uma investigação sobre incentivos na conduta dos cônjuges em obter uma compreensão mais completa da questão, como, por exemplo, no desenvolvimento e na adoção de decisões e soluções mais eficazes.[24]

O objetivo da AED é justamente "empregar os variados ferramentais teóricos e empíricos econômicos e das ciências afins para expandir a compreensão e o alcance do direito e aperfeiçoar o desenvolvimento, a aplicação e a avaliação de normas jurídicas, principalmente com relação às suas consequências".[25] até mesmo em áreas que normalmente não estariam suscetíveis a esse tipo de análise, como o direito das famílias.

Tradicionalmente, a *Law and Economics* considera o direito um conjunto de regras que estabelece custos e benefícios para os agentes que pautam seus comportamentos em função de tais incentivos, investigando as causas e as consequências das regras jurídicas e de suas organizações na tentativa de prever como cidadãos e agentes públicos se comportarão diante de uma dada norma e como alterarão seu comportamento caso ela seja alterada.[26]

Note-se que a maior contribuição da AED, do ponto de vista epistemológico jurídico, é de valer-se do instrumental analítico e empírico da economia para levantar e testar hipóteses acerca do impacto e das implicações de uma determinada norma (estrutura de incentivos) sobre o comportamento humano e suas reais consequências sobre a sociedade (consequencialismo), descrevendo e explicando a realidade jurídica, (sistemática inexistente no paradigma jurídico atual),[27] podendo, assim, contribuir metodologicamente na conduta do casal na escolha do regime de bens, inclusive realçando a importância da tomada de decisão, bem como fomentando a busca mais racional na definição do regime disciplinador do seu patrimônio.

---

22. Op. cit., p. 309.
23. Idem.
24. GICO JUNIOR, Ivo Teixeira. *Introdução ao direito e economia*. In: TIMM, Luciano Benetti (Org.). *Direito e Economia no Brasil*: estudos sobre a análise econômica do direito. 3. ed. Indaiatuba, SP: Editora Foco, 2019, p. 1.
25. Idem.
26. Idem, p. 18.
27. GICO JUNIOR, Ivo Teixeira, Op. cit., p. 11.

Enquanto a psicologia se preocupa com os sentimentos despertados nas partes a partir do debate em relação ao regime a ser eleito, a análise econômica volta-se a investigar o conjunto de fatores que, somados, conduzem as partes a se inclinarem, de forma racional, a escolher um ou outro regime de bens,[28] de acordo com os benefícios e o perfil de nubentes.

Nessa linha, a atenção e o estudo quanto à melhor escolha do regime de bens, de forma racional e informada (inclusive sobre possível alteração futura), permitirão a escolha de maior utilidade – as pessoas realizam escolhas racionais visando maximizar o seu bem-estar (aumentando os seus benefícios e diminuindo os prejuízos) –, diante do levantamento das vantagens e desvantagens, inclusive do ponto de vista burocrático, informacional e de custos envolvidos, com maior nível de satisfação das partes ante as possibilidades e restrições existentes, reduzindo, ao mesmo tempo, as possíveis zonas de conflito.

Também é possível afirmar que "as externalidades negativas podem ser reduzidas caso a escolha siga o critério racional, o que não significa racionalidade estritamente econômica, mas a racionalidade enquanto projeto de vida em comum, considerados todos os aspectos que envolvem um casamento ou união estável".[29]

Deveras, para além do conhecimento sobre o patrimônio que comunica ou não comunica, como dito, a escolha do regime conjugal poderá trazer consequências na futura sucessão e em diversas outras searas,[30] com reflexos, por exemplo, no processo de execução contra o devedor casado, já que, a depender da escolha no pacto antenupcial, há a possibilidade de os bens do consorte serem alcançados por atos constritivos, em razão da comunicabilidade dos bens.

Noutro giro e diante da realidade brasileira, constata-se que, "na dinâmica das relações comerciais e de serviços que não envolvam pagamento à vista, raramente se investiga se o adquirente de determinado bem ou o contratante de determinado serviço é casado e, sendo a resposta positiva, sob qual regime de bens é casado".[31]

Ora, credores que diligenciem melhor as características do devedor, como o seu regime de bens, em tese, têm mais garantias quanto ao recebimento do seu direito, minimizando os seus custos de transação ou as perdas decorrentes do inadimple-

---

28. KLOH, Gustavo. *Análise econômica do direito de família*. In: PINHEIRO, Armando Castelar; PORTO, Antônio J. Maristrello; SAMPAIO, Patrícia Regina Pinheiro (Coord.). *Direito e economia*: diálogos. Rio de Janeiro: FGV Editora, 2019, p. 620.

29. GHILARDI, Dóris. Contribuições da Análise Econômica do Direito ao Regime de Bens. *Revista Nacional de Direito de Família e Sucessões* n. 19. jul./ago. 2017 – Doutrina, p. 33.

30. Cristiano Chaves de Araújo e Nelson Rosenvald apontam ainda "previsões de indenizações futuras em casos de descumprimento de deveres conjugais ou simplesmente decorrentes da dissolução do casamento [...] a indenização por abandono afetivo [...] o reconhecimento da excepcionalidade da pensão alimentícia entre ex-cônjuge e ex-companheiros [...] direito sucessório do cônjuge casado sob o regime da separação absoluta de bens, escolhida pela vontade recíproca do casal" (op. cit., p. 309).

31. Conforme aditamento ao voto da Min. Nancy Andrighi no REsp 1869720/DF.

mento, inclusive permitindo uma melhora no mercado de créditos. Daí o conhecido adágio de que "o patrimônio do devedor é a garantia comum de seus credores".[32]

Amostra disso está na possibilidade de mudança de regime matrimonial, que, em regra, valerá apenas para o futuro, mas poderá "alcançar os atos passados se o regime adotado (exemplo: substituição de separação convencional por comunhão parcial ou universal) beneficiar terceiro credor, pela ampliação das garantias patrimoniais".[33]

Por outro ângulo, a denominada AED "normativa" auxiliará na identificação de alternativas mais eficientes para enfrentamento de determinado problema ou objetivo, contribuindo na eleição do melhor arranjo institucional, dado um valor (vetor normativo) previamente definido.[34]

Realmente, "a partir das considerações dos economistas, é possível sustentar que o bem-estar individual amplia o bem-estar coletivo, sendo necessária atenção aos comportamentos individuais nos mais variados assuntos, o que possibilitará previsões de movimentos futuros, viabilizando ao Estado e à sociedade uma resposta mais coerente, por meio de normas legais eficientes que sejam capazes de trazer grandes benefícios ao desenvolvimento do direito, especialmente na seara da família".[35]

Desta feita, o estudo empírico das relações patrimoniais e do regime de bens poderá ensejar, com escopo em dados e estudos mais aprofundados, uma análise mais precisa de referida relação jurídica, permitindo que se estabeleçam necessidades, prevejam possíveis impactos e fomentem comportamentos desejáveis para a formatação de políticas públicas ou de eventual processo legislativo voltado a criar incentivos normativos para que consortes, advogados, titulares de cartórios, entre outros, busquem, de alguma forma, efetivar a escolha de regime de bens de forma mais racional e transparente sobre os seus impactos.

Aliás, a própria alteração legislativa do regime supletivo automático – de comunhão universal para comunhão parcial – ocorrida em 1977 com a Lei do Divórcio (Lei n. 6.515/1977, que alterou o art. 258 do Código Civil de 1916), pode ser tida como um exemplo de norma a qual, ainda que sem o planejamento[36] e o intuito

---

32. DINAMARCO, Cândido Rangel. *Instituições de direito processual civil.* 4. ed. São Paulo: Malheiros, 2019, v. IV, p. 324.
33. LÔBO, Paulo, p. 293. Nesse sentido, aliás, foi o enunciado 113 do CJF/STJ, aprovado na I Jornada de Direito Civil, em que se admitiu a alteração do regime de bens, quando então o pedido, devidamente motivado e assinado por ambos os cônjuges, será objeto de autorização judicial, com ressalva dos direitos de terceiros, inclusive dos entes públicos, após perquirição de inexistência de dívida de qualquer natureza, exigida ampla publicidade".
34. GICO JUNIOR, Ivo Teixeira, Op. cit., p. 17.
35. KLOH, Gustavo. Op. cit., p. 623.
36. José Lamartine Corrêa de Oliveira e Francisco José Ferreira Muniz pontuam que se a opção recaísse sobre o regime separatório de bens seria "profundamente injusto ao cônjuge (de regra, à mulher) que dedica toda sua atividade ao lar e aos filhos, sem participar da prosperidade econômica do outro" (*Curso de direito de família,* 4ª ed., Curitiba: Juruá, 2002, p. 349-350). Por outro lado, pondera Cristiano Chaves de Farias e Nelson Rosenvald que "não se pode deixar de atentar para algumas dificuldades práticas decorrentes da adoção da comunhão parcial como regime supletivo de vontade, como exigência de outorga do consorte para alienar bens que não integram a comunhão de bens do casamento e o estabelecimento da responsa-

devido,[37] deu concretude ao princípio da solidariedade familiar – em que um dos cônjuges investe no trabalho enquanto o outro sacrifica-se na relação familiar, permitindo que o parceiro que não "trabalhe externamente, ao final do matrimônio, divida todo o patrimônio amealhado no casamento"[38] – bem como preservou "uma margem mínima de incomunicabilidade",[39] acabando por incentivar que casais e companheiros, em sua maioria, adotem o regime da comunhão parcial.[40]

Tal conclusão se constata pela análise de dados disponibilizados pelo IBGE, que, apesar de não ter bases estatísticas de casamentos segundo o regime de bens, permite uma ideia da modificação de acordo com os dados fornecidos em relação aos divórcios desde a mudança legislativa ocorrida, revelando uma crescente no número de divórcios em que as pessoas eram casadas pelo regime da comunhão parcial de bens.[41]

Outro exemplo foi a alteração legislativa do Código Civil de 2002 (art. 1.639, § 2º), que autorizou a mudança do regime de bens no curso da relação conjugal, ao contrário do que propugnava o Código Civil de 1916 (art. 230).

A justificativa do normativo anterior era tratar-se de garantia aos próprios cônjuges – notadamente à mulher casada, considerada mais frágil, mais ingênua e menos experiente no trato das questões econômicas da sociedade conjugal – e do resguardo ao direito de terceiros, credores.[42] A modificação legislativa que afastou a inalterabilidade quis incentivar a livre autonomia privada, a igualdade dos cônjuges e dos sexos, afastando o preconceito quanto ao gênero mulher, além de proteger os

---

bilidade pelas dívidas contraídas. Assim, já prospectam vozes favoráveis à adoção da separação absoluta como regime supletivo de vontade, no silêncio das partes" (op. cit., p. 314).

37. "Vivem-se novos tempos e diferentes realidades, em um mundo de paridade de direitos e obrigações, sendo importante ter em conta que o aspecto sentimental do relacionamento não mais possui aquela força e o efeito que tinha no passado, quando o matrimônio era compartilhado para toda a existência do cônjuge, prevalecendo um espírito de permanência e um sentimento muito forte de culpa e de frustração, acaso fracassasse o projeto matrimonial. Na atualidade os casamentos são celebrados sobre outra perspectiva temporal e a evolução da legislação matrimonial acompanha essas mudanças, como sucede com o divórcio direto e único, estabelecendo-se em regra, dois diferentes regimes, sendo um deles denominado legal e envolve a comunhão parcial ou restringida dos bens amealhados durante o casamento, e o outro de separação de bens, existindo vantagens e desvantagens na eleição de cada um destes estatutos patrimoniais" (MADALENO, Rolf. Op. cit., p. 287).

38. MADALENO, Rolf. Op. cit., p. 287.

39. COELHO, Fábio Ulhoa. *Curso de direito civil, família, sucessões*. 4. ed. São Paulo: Saraiva, 2011, v. 5, p. 80.

40. Conforme pontua Paulo Lôbo "o legislador escolhe o regime matrimonial de bens que considera mais adequado no seu momento histórico, com a intenção de, malgrado a liberdade que confere aos nubentes, destiná-lo ao maior número de casais" (op. cit., p. 295).

41. A primeira estatística que se tem acesso acerca do tema é de 1984, que traz o número de divórcios concedidos em 1ª instância. O total é de 31.123 divórcios, em que 29.303 eram de pessoas casadas pelo regime de comunhão universal de bens; 890 de consortes casados pelo regime de comunhão parcial; e 1.328 casadas pelo regime de separação. Já em 2013, do total de 250.865 divórcios, 21.977 eram de casamentos pelo regime de comunhão universal; 222.821 de pessoas casadas pelo regime de comunhão parcial de bens; e 7.918 de pessoas casadas pelo regime de separação (GHILARDI, Dóris. Op. cit., p. 28).

42. VENOSA, Silvio de Salvo. *Direito Civil*. Direito de Família. São Paulo: Atlas, 2001, v. V, p. 150.

terceiros, exigindo que a mudança fosse feita por meio judicial, com ampla publicidade e efeitos *ex nunc* (para o futuro).[43]

Não se pode perder de vista, no entanto, que a escolha do regime não é feita por agente racional que tenha na "ponta do lápis", de forma fria e calculista, os custos e os benefícios da definição das regras econômicas do pacto antenupcial; ao contrário, há o envolvimento de uma ordem sentimental forte, que, com certeza, influencia sobremaneira a tomada de tal decisão. Isso porque a repercussão econômica não pode sobrepujar o caráter afetivo-solidarista do casamento; em verdade, "as consequências patrimoniais do matrimônio têm de estar conectadas na proteção da dignidade humana e de seus valores existenciais. O interesse econômico 'é subalterno'".[44]

Apesar disso, "a escolha racional do regime – o que não significa desconsiderar o amor pelo parceiro – não deveria ser ignorada";[45] a racionalidade proposta pela AED pode ser tida como uma ferramenta complementar, um instrumental de auxílio para melhorar o planejamento patrimonial do casal, permitindo uma alocação eficiente dos bens e do interesse das partes, o que, em razão da informação qualificada, tornará o consorte sabedor, inclusive, de sua responsabilidade patrimonial no âmbito de um processo executivo.

Portanto, deve-se incentivar o máximo de conhecimento das partes sobre as "regras do jogo", trazendo transparência e planejamento para uma decisão mais qualificada do casal no quesito patrimonial. A referida conduta, muito provavelmente, acabará fortalecendo o afeto e a segurança da relação, incrementando as chances de sucesso no casamento, diminuindo eventuais e futuros litígios,[46] reduzindo desgastes emocionais e custos judiciais, inclusive com eventual divórcio (já que cientes das consequências das escolhas), e, ao fim e ao cabo, ensejando um maior bem-estar social.

## 3. A RESPONSABILIDADE PATRIMONIAL

Normalmente, por imperativo de ordem econômica e ética, apenas o patrimônio do devedor responde por suas obrigações. Apesar disso, prevê a norma que bens de terceiro, excepcionalmente, podem vir a responder pela dívida de outrem.

De fato, estabelece o diploma processual que o devedor responde com todos os seus bens presentes e futuros para o cumprimento de suas obrigações, salvo restrições legais (art. 789), prevendo, ainda, que bens de terceiros também poderão, de forma excepcional, sujeitar-se a execução movida contra o devedor principal (art. 790). Imprescindível, por conseguinte, é a definição da massa patrimonial passível de execução (do devedor e do terceiro).

---

43. REsp 1300036/MT, rel. Ministro Paulo de Tarso Sanseverino, 3ª Turma, julgado em 13.05.2014, DJe 20.05.2014.
44. FARIAS, Cristiano Chaves de, ROSENVALD, Nelson. Op. cit., p. 291.
45. Idem, p. 29.
46. Idem, p. 30.

A responsabilidade patrimonial está intimamente ligada à garantia constitucional do acesso à justiça, haja vista que, sem bens penhoráveis para o cumprimento da obrigação, incorrer-se-á na perpétua insatisfação do detentor do direito.[47] Por ela, cria-se um estado de sujeição do patrimônio do devedor ou de terceiros (responsáveis) para a satisfação da pretensão devida, efetivando, assim, um quadro de equilíbrio que, "de um lado, busca oferecer o máximo para a satisfação daquele que tem um direito e, de outro, só sacrifica bens de terceiro quando isso for razoável perante o senso ético e a própria ordem jurídica".[48]

O devedor, ao realizar determinado negócio jurídico, acaba dando concretude à norma jurídica individualizada de natureza creditícia, fazendo nascer o débito e obrigando o sujeito a efetivar determinada prestação; por outro lado, ele se coloca em situação de sujeição perante o Estado, que, uma vez acionado, diante da crise pelo não cumprimento espontâneo da obrigação, dará efetividade à execução forçada da prestação constrangendo o patrimônio do responsável.[49]

Como se percebe, há a formação de duas situações jurídicas – a correspondente à dívida e a atinente à responsabilidade – em que cada uma poderá ser titularizada por sujeitos diversos, o devedor e o responsável. Ambos, no entanto, fazem parte de uma situação jurídica material passiva e de um mesmo vínculo obrigacional, em perspectiva dinâmica e complexa. A regra de direito material estabelecerá o sujeito sobre o qual recairá a responsabilidade patrimonial pelo cumprimento da obrigação, e a regra processual definirá as limitações a tal responsabilidade, impedindo que determinados bens sejam alcançados pela obrigação.[50]

A doutrina identifica, ainda, dois tipos de responsabilidade patrimonial: a primária, que incide sobre o patrimônio do devedor obrigado (CPC, arts. 789 e 790, I, III, V, VI e VII); e a secundária, em que a responsabilidade se desprende da obrigação para atingir terceiro não obrigado (CPC, art. 790, II e IV, sócio e cônjuge, respectivamente, que não integraram o processo executivo inicial).[51]

Pela primária, ficam sujeitos à execução todos os bens presentes e futuros do devedor para o cumprimento de suas obrigações, salvo as restrições estabelecidas em lei; isto é, todos os bens existentes no patrimônio do executado, no momento em que se pede a tutela estatal, respondem pelo débito.

Com relação à secundária, tanto o sócio quanto o cônjuge poderão sujeitar-se à carga executiva de dívida contraída pelo devedor principal. Trata-se de previsão de "natureza fiduciária, em face da posição de proveito que, real ou presumidamente, obtiveram em decorrência do débito assumido".[52]

---

47. DINAMARCO, Cândido Rangel. Op. cit., p. 325.
48. DINAMARCO, Cândido Rangel. Op. cit., p. 326.
49. ZAVASCKI, Teori Albino, *Processo de execução: parte geral*. 3. ed. São Paulo: Ed. RT, 2004, p. 190.
50. DIDIER JUNIOR, Fredie, *Curso de direito processual civil*. Salvador: JusPodivm, 2019, v. 5, p. 347.
51. LIEBMAN, Enrico Tullio, *Processo de execução*. São Paulo: Bestbook Editora, 2003, p. 118.
52. ZAVASCKI, Teori Albino, Op. cit., p. 195.

Diante dessa conjectura, o estabelecimento da legitimidade passiva na execução perpassará justamente pela definição da responsabilidade pelo cumprimento da obrigação: "todo aquele a quem se puder imputar o cumprimento de uma prestação pode ser sujeito passivo da demanda executiva, seja ele o devedor principal ou o responsável, como o fiador".[53]

## 4. A RESPONSABILIDADE PATRIMONIAL DO CÔNJUGE OU COMPANHEIRO E O ÔNUS DA PROVA

A sociedade conjugal não detém personalidade jurídica própria perante os cônjuges nem diante de terceiros, portanto, eventuais conflitos se resolvem com o reconhecimento de direitos, atribuindo-se obrigações a cada consorte, de forma que, cônjuges ou conviventes "como representantes de uma sociedade afetiva arrostam em virtude de sua vida em comum as responsabilidades próprias de uma sociedade conjugal que assume obrigações para com seus credores e enfrenta despesas para a manutenção da casa e dos filhos e eventual aquisição de bens".[54]

A gestão dos atos próprios da vida econômica de cada cônjuge, por sua natureza, não necessita de consentimento ou autorização do outro,[55] assim como a administração dos seus bens particulares, cujas dívidas ficarão limitadas aos seus bens pessoais. Ausente o intuito familiar, deverá ser resguardada a meação do outro consorte.

Inversamente, independentemente do regime de bens, presume-se absolutamente consentido pelo outro, notadamente em relação a terceiros de boa-fé, que o cônjuge realize negócios jurídicos, inclusive obtendo empréstimo, para a manutenção da vida doméstica, quando se tratar de despesas do lar (CC, art. 1.643), atraindo, em razão disso, a responsabilidade solidária de ambos.

Em se tratando de dívidas solidárias, a norma confere o direito do credor de exigir e receber de um ou de alguns dos devedores, parcial ou totalmente, a dívida comum (CC, art. 275), não importando em renúncia à solidariedade passiva a eventual cobrança contra apenas um dos cônjuges.[56]

Portanto, o cônjuge/companheiro responsabiliza-se de forma secundária, sujeitando-se à execução nos casos em que seus bens próprios ou de sua meação respondem pela dívida (CPC, art. 790, IV), exigindo-se, para adequação da *fattispecie*, a complementariedade do direito material.

---

53. DIDIER JUNIOR, Fredie, Op. cit., p. 328.
54. MADALENO, Rolf. Op. cit., p. 268.
55. São os atos de administração e disposição inerentes à vida profissional, inclusive os instrumentos de profissão (CC, art. 1659); os atos de gestão (administrar, conservar, reformar, ampliar etc.) dos bens particulares ou próprios; ajuizar pretensão anulatória de atos cuja validade exige a autorização do outro (CC, art. 166, VII) ou para liberar os bens imóveis, comuns ou particulares, dos ônus e gravames ou de reivindicá-los, nas situações em que ausente o consentimento necessário (LÔBO, Paulo. op. cit., p. 298-299).
56. LÔBO, Paulo. op. cit., p. 300.

Por autorização legislativa, portanto, a responsabilidade inicial se desprende da obrigação de recair sobre terceiro, ocorrendo o "redirecionamento da execução" para se alcançar, em situações específicas e reguladas pelo direito material, o patrimônio do consorte, que também poderá responder pela dívida.

No entanto, pondera Dinamarco que:

> todo o fenômeno da comunicação dos efeitos dos negócios de uma pessoa casada a seu cônjuge ou de um companheiro ao outro é colocado no *plano jurídico-substancial das obrigações*, não da responsabilidade patrimonial, ou executiva; as dívidas decorrentes da aquisição de coisas necessárias à economia doméstica ou da captação de empréstimo para esse fim 'obrigam solidariamente ambos os cônjuges' (CC, arts. 1.643-1.644) [...] Resultado: os bens de ambos os cônjuges respondem, não porque um deles seja devedor e o outro mero responsável, mas porque ambos se reputam *devedores solidários* – e é muito natural, em aplicação da regra básica da responsabilidade patrimonial (art. 789 e não art. 790), que por essas obrigações respondam os bens de ambos os devedores solidários entre si.[57]

De fato, apesar de o CPC possibilitar a sujeição à execução do devedor dos bens do seu cônjuge, nos casos em que seus bens próprios ou de sua meação respondem pela dívida (art. 790, IV), exige, em contrapartida, que ambos sejam citados, em litisconsórcio necessário, para a ação (CPC, art. 73, § 1º), entre outras, daquela resultante de fato que diga respeito a ambos os cônjuges ou de ato praticado por eles (inciso II) ou fundada em dívida contraída por um dos cônjuges a bem da família (inciso III).

Surge, assim, uma situação processual contraditória: por um lado, regula o assunto pelo ângulo da obrigação solidária do direito material, estabelecendo que, embora apenas um dos cônjuges pratique o ato de aquisição, ambos terão a obrigação de pagar pela dívida; por outro lado, prevê a responsabilidade patrimonial, estabelecendo que estão sujeitos à execução os bens do cônjuge ou companheiro nos casos em que seus bens próprios ou de sua meação respondem pela dívida.

Por conseguinte, vindicando a execução a figuração de ambos os cônjuges no título executivo, judicial ou extrajudicial, parece despropositada, porquanto inócua, a regra que autoriza a responsabilidade patrimonial do consorte, já que bastaria a aplicação isolada do art. 779, inciso I, do mesmo *Codex*: o manejo da execução contra o devedor reconhecido no título executivo.[58]

Logo, há dois paradoxos interessantes:

> O primeiro diz respeito à obrigatoriedade de litisconsórcio no campo de obrigação solidária! Não deixa de ser curioso que os cônjuges, mesmo sendo devedores solidários nos termos da regulamentação de direito material, tenham que necessariamente ser colocados no polo passivo de demanda com pretensão condenatória, isso por força de uma exigência do direito processual. Assim, a prerrogativa criada pelo direito material (art. 275 do CC) é totalmente ineficaz diante do que preconiza o sistema processual (art. 73, § 1º, inc. III). O segundo talvez resulte da incom-

---

57. DINAMARCO, Cândido Rangel. Op. cit., p. 398-399.
58. SANTOS, Silas Silva. *Redirecionamentos da execução civil* [livro eletrônico]: projeções da teoria do objeto litigioso. São Paulo: Thomson Reuters Brasil, 2021, Item 21.

preensão sobre os conceitos de obrigação e de mera responsabilidade patrimonial. Ainda que se expliquem os fenômenos do ponto de vista teórico, com alguns poucos exemplos, a cultura jurídica brasileira parece ainda não ter sido capaz de identificar, de maneira sistematicamente segura, os elementos que conotam um e outro instituto. Exemplo disso resulta da fixação da *obrigação* relativa aos cônjuges (arts. 1.643 e 1.644, ambos do CC) os quais, ao mesmo tempo, são tratados como figurantes no quadro da mera *responsabilidade patrimonial* (art. 790, IV, do CPC/2015).[59]

Assim, em análise sistemática da norma, diante de uma execução corrente exclusivamente contra devedor casado, nas situações em que o seu cônjuge não tenha participado da formação do título executivo, três soluções jurídicas poderão ocorrer.

Primeira, intimado da penhora, em razão da responsabilidade patrimonial secundária (CPC, art. 790, IV), deve ele ser tido como terceiro, de modo que eventual constrição de seu patrimônio deverá ser impugnável via embargos de terceiro (CPC, art. 674, § 2º, I), oportunidade em que poderá ser demonstrado que a dívida executada não se deu em prol da família.[60] Malgrado "não tenha contraído a dívida, e permaneça alheio ao título exibido, figurará como parte passiva legítima, *ex vi* do art. 790, IV".[61]

Segunda, tratando-se de débito comunicável (como os contraídos a bem da família ou na administração do patrimônio comum), poderá o cônjuge ser instado a pagá-lo, no prazo legal, na condição de devedor solidário em responsabilidade patrimonial primária.

Ocorre, assim, um verdadeiro redirecionamento da execução (como na execução fiscal) ou "incidente de comunicabilidade" do sistema português,[62] em modificação subjetiva do polo passivo da demanda executória, em que o cônjuge, citado, assumirá a posição de litisconsorte passivo ulterior, podendo impugná-la por meio dos embargos do devedor, com ampla cognição e amplo acesso aos meios de prova.

Em verdade, essas duas primeiras situações devem ser lidas como instrumentos processuais coligados, pois o cônjuge do executado terá legitimidade para opor, de forma alternativa ou cumulativa, tanto embargos do devedor quanto embargos de terceiro, dependendo de sua situação e de sua pretensão no processo,[63] surgindo uma

---

59. Idem.
60. Nos termos da Súmula 134 do STJ "embora intimado da penhora em imóvel do casal, o cônjuge do executado pode opor embargos de terceiro para defesa de sua meação".
61. ASSIS, Araken de. *Manual da Execução*. 18. ed. São Paulo: Ed. RT, 2016, p. 300.
62. "De certa forma, tal postura vai ao encontro do que em Portugal se designa *incidente de comunicabilidade suscitado pelo exequente*, previsto no art. 741º do CPC lusitano. Mediante tal expediente, o exequente pode requerer, mesmo no curso da execução, a citação do cônjuge do executado para que venha participar da execução, sob o argumento de que a dívida executada seja comum. A solução aplica-se, porém, apenas aos títulos executivos que não sejam sentença [...] Conforme salienta a doutrina portuguesa, cuja lição é útil para nós, o incidente de comunicabilidade, quando instaurado por requerimento autônomo no curso da execução, é da competência do juízo da execução e segue uma "sequência declarativa" no bojo do próprio incidente. Implica dizer que há cognição acerca da própria comunicabilidade, mesmo no bojo da execução" (SANTOS, Silas Silva. Op. cit., Item 21).
63. Nesse sentido, já decidiu o STJ que "a intimação do cônjuge enseja-lhe a via dos embargos à execução, nos quais poderá discutir a própria causa debendi e defender o patrimônio como um todo, na qualidade de litisconsorte passivo do(a) executado(a) e a via dos embargos de terceiro, com vista à defesa da meação a que entende fazer jus" (REsp 252854/RJ, 4ª Turma, rel. Ministro Sálvio de Figueiredo Teixeira, DJ 11.09.2000).

circunstância peculiar em que "o cônjuge torna-se simultaneamente parte e terceiro, justificando-se esse duplo papel nos diferentes títulos jurídicos que fundamentam sua dupla atuação no processo",[64] possuindo, assim, dupla legitimidade.[65]

Deveras, é possível que a mesma pessoa seja simultaneamente parte e terceiro no âmbito do próprio processo, caso diferentes os títulos jurídicos que justificam esse duplo papel,[66] haja vista que o "rótulo de 'terceiro' não se aplica somente a pessoas alheias ao processo, mas à própria parte, se esta invocar título (*causa petendi*) autônomo e particular para defender os bens da expropriação".[67]-[68]

Assim, é reconhecida ao cônjuge meeiro dupla posição contra o seu consorte executado: "a de terceiro, quando pretende defender a sua meação, o que o legitima a propor embargos de terceiro; e a de parte, quando, em face da responsabilidade patrimonial dos seus bens, pretende impugnar o título executivo ou os atos de execução, o que fará, consequentemente, por ação de embargos à execução",[69]-[70] cabendo, inclusive, a fungibilidade entre os embargos (do devedor e de terceiro), desde que respeitados os requisitos formais.[71]

Terceira, não se admite o redirecionamento e, por conseguinte, a extensão subjetiva do polo passivo da execução contra o cônjuge que não constou na formação do título executivo. Conforme exposto em julgamento pelo Ministro Luis Felipe Salomão, do STJ, "não havendo citação de ambos os cônjuges no processo de formação do título executivo, ainda que se trate de dívida solidária, impossível será a constrição do patrimônio do cônjuge não intimado para dele participar".[72]

---

64. NEVES, Daniel Amorim Assumpção. *Novo Código de Processo Civil* Comentado. Salvador: JusPodivm, 2016, p. 1248).

65. DIDIER JR., Op. cit., p. 363.

66. BARROS, Hamilton de Moraes e. *Comentários ao Código de processo civil* (Lei 5.869, de 11 de janeiro de 1973). Rio de Janeiro: Forense, 1988. v. 9 (arts. 946 a 1.102).

67. ASSIS, Araken de. Op. cit., p. 1048.

68. "O art. 1.046, § 3º, do Código de Processo Civil conferiu ao cônjuge a qualidade de terceiro quando defende a posse de bens dotais, próprios, reservados ou de sua meação. Com essa disposição ficou placitada a orientação segundo a qual a mesma pessoa física ou jurídica pode ser simultaneamente parte e terceiro no mesmo processo, se são diferentes os títulos jurídicos que justificam esse duplo papel. Assim, se a mulher quiser opor-se a dívida contraída pelo marido, a intimação da penhora lhe possibilitara o exercício dessa pretensão nos próprios autos da lide; se, no entanto, pretender afastar a incidência da penhora sobre sua meação e na posição de terceiro, estranho a "res in iudicio deducta", que deverá agir, tal como qualquer outro terceiro" (RE 93473, rel. Min. Soares Muñoz, 1ª Turma, julgado em 25.11.1980, DJ 12.12.1980). No mesmo sentido: RE 89802/CE, rel. Min. Cordeiro Guerra, 2ª Turma, julgado em 17.10.1978, DJ 28.12.1978).

69. ZAVASCKI, Op. cit., p. 204.

70. Nelson Nery Júnior defende que "o cônjuge pode opor *embargos do devedor*: a) quando tiver sido citado como codevedor e coexecutado; b) quando for responsável secundário (CPC, art. 790, IV); c) quando alegar que o aval dado pelo outro não o foi em benefício do casal; d) quando alegar a ilegitimidade da dívida". O cônjuge poderá opor *embargos de terceiro*: a) mesmo quando for parte na execução, se quiser livrar sua meação (CPC, art. 674, § 2º, I); b) quando não for parte na execução; c) quando for simplesmente intimado da penhora" (*Comentários ao Código de Processo* Civil. São Paulo: Ed. RT, 2015, p. 1653).

71. "Poder-se-á acolher como embargos à execução eventuais embargos de terceiro que impugnem o título ou os atos executivos, com a condição, nessa hipótese, de ter sido observado o prazo próprio" (ZAVASCKI, Op. cit., p. 204-205). No mesmo sentido: THEODORO JÚNIOR, Humberto. *Processo de execução e cumprimento da sentença*, 30. ed. Rio de Janeiro: Forense, 2020, p. 205); NEVES, Daniel Amorim Assumpção, Op. cit., p. 1248.

72. REsp 1444511/SP, rel. Ministro Luis Felipe Salomão, 4ª Turma, julgado em 11.02.2020, DJe 19.05.2020.

Aliás, da análise da jurisprudência da mais alta Corte de Justiça infraconstitucional do País, verifica-se uma divergência *interna corporis* em relação ao tema, conforme se verifica, exemplificativamente, em dois casos emblemáticos.

Primeiro *case* – processo executivo de cobrança de mensalidades escolares contra apenas um dos genitores da criança. Em razão do inadimplemento, requereu-se o redirecionamento da execução contra o outro genitor, cônjuge do devedor, já que se trata de execução de obrigações contraídas para manutenção da economia doméstica, atraindo a solidariedade e a responsabilidade patrimonial deste.

A 4ª Turma do STJ entendeu que, para haver a responsabilização de ambos os consortes, faz-se indispensável que o processo judicial de conhecimento ou execução seja instaurado contra ambos, com a devida citação e formação de litisconsórcio necessário. Em não havendo, o processo será válido e eficaz apenas em face daquele que foi citado, não podendo a execução recair sobre os bens que componham a meação ou os bens particulares do que não fora citado.[73]

Por sua vez, a 3ª Turma daquela Corte, em sentido inverso, reconheceu a possibilidade de redirecionamento da execução contra o consorte, ainda que ele não conste do título executivo, em razão de sua legitimidade passiva extraordinária, por se tratar de obrigação solidária fundada em dívida a bem da família e em decorrência do poder familiar.[74]

Segundo *case* – em cumprimento de sentença contra o devedor inadimplente, casado pelo regime da comunhão parcial de bens, decidiu a 3ª Turma do STJ, por maioria de votos, que, apesar da solidariedade, não seria possível a penhora da conta-corrente do cônjuge que não participou da formação do título executivo.

Segundo a corrente vencedora, capitaneada pelo Ministro Ricardo Villas Bôas Cueva, é inadmissível a penhora de ativos financeiros do cônjuge, posto que não integrante da relação processual que formou o título executivo, violando o devido processo legal, bem como porque a medida seria extremamente gravosa ao terceiro, que teria de demonstrar prova negativa de que o seu consorte, devedor, não utiliza a conta-corrente para realizar movimentações financeiras ou ocultar patrimônio.

Para a tese vencida, conduzida pela Ministra Nancy Andrighi, seria plenamente possível a penhora de ativos financeiros eventualmente existentes na conta-corrente do cônjuge, desde que antes houvesse o exaurimento na busca de patrimônio do devedor.

Pontuou a Ministra que, regra geral, em se tratando de dívida contraída pelo consorte, é do meeiro o ônus da prova de que a dívida não beneficiou a família, em face da solidariedade entre o casal (exigir do credor eventual prova da exis-

---

73. Idem.
74. REsp 1472316/SP, rel. Ministro Paulo de Tarso Sanseverino, 3ª Turma, DJe 18.12.2017.

tência de movimentação oculta e da natureza da verba que estaria sendo objeto de movimentação na conta exclusiva, principalmente diante do sigilo bancário, equivaleria a lhe impor o ônus de produzir uma "prova impossível ou diabólica"). O cônjuge, por sua vez, conseguiria, via embargos de terceiro, demonstrar muito mais facilmente que se trata de ativos protegidos pela cláusula de impenhorabilidade, que não havia ocultação de valores, que a dívida contraída não se reverteu à família ou à economia doméstica ou que o bem está excluído da comunhão, sob pena de incidir a presunção de comunicabilidade prevista no art. 1.658 do CC/2002. Apontou, ainda, que o credor poderá responder civilmente pelas perdas e danos que porventura cause ao terceiro,[75-76] além de que o magistrado, no exercício do poder geral de cautela, poderá exigir caução ou garantia que minimize os riscos causados ao terceiro.

Como se percebe, há nos precedentes, além de uma forte divergência quanto à extensão da responsabilidade patrimonial do cônjuge, uma preocupação em relação ao ônus da prova.

A jurisprudência do próprio STJ já sedimentou o posicionamento de que, em se tratando de dívidas em geral contraídas na constância da sociedade conjugal, assumidas por qualquer um dos cônjuges, há presunção de que foram tomadas em benefício do casal, de modo que "é do meeiro o ônus da prova de que a dívida não beneficiou a família, em face da solidariedade entre o casal".[77] Da mesma forma, eventual alegação de sub-rogação, para fins de comprovação de bem particular, incomunicável, deve ser feita por quem alega,[78] com a demonstração do nexo causal da venda, da compra em substituição e de que não houve excesso comunicável.

No entanto, nos débitos decorrentes de ato ilícito, inverte-se o ônus *probandi*, "não havendo presunção de solidariedade, recaindo sobre o credor o ônus da prova de que o enriquecimento resultante do ilícito reverteu em proveito também do meeiro",[79] cabendo a ele o dever de demonstrar que houve reversão em proveito do casal.[80]

---

75. THEODORO JÚNIOR, Humberto. Op. cit., p. 123.
76. "Nos termos do art. 574 do CPC, 'o credor ressarcirá ao devedor os danos que este sofreu, quando a sentença, passada em julgado, declarar inexistente, no todo ou em parte, a obrigação, que deu lugar à execução'. Cotejando os precedentes do STJ, verifica-se que não é a mera extinção do processo de execução que rende ensejo, por si só, a eventual responsabilização do exequente; ao revés, só haverá falar em responsabilidade do credor quando a execução for tida por ilegal, temerária, tendo o executado sido vítima de perseguição sem fundamento. Se não fosse assim, toda execução não acolhida – qualquer que fosse o motivo – permitiria uma ação indenizatória em reverso'" (REsp 1229528/PR, rel. Ministro Luis Felipe Salomão, 4ª Turma, julgado em 02.02.2016, DJe 08.03.2016).
77. EREsp 866738/RS, rel. Ministro Hamilton Carvalhido, Corte Especial, julgado em 04.05.2011, DJe 24.05.2011.
78. MADALENO, Rolf. Op. cit., p. 290.
79. EREsp 866.738/RS, rel. Ministro Hamilton Carvalhido, Corte Especial, julgado em 04.05.2011, DJe 24.05.2011.
80. No mesmo sentido: ZAVASCKI, Op. cit., p. 202; DIDIER JR., Op. cit., p. 358.

## 5. A RESPONSABILIDADE PATRIMONIAL DO CÔNJUGE OU COMPANHEIRO NO REGIME DA COMUNHÃO PARCIAL DE BENS

A comunhão parcial de bens é considerada o regime legal tanto para o casamento quanto para a união estável (art. 1.725), sendo inclusive o regime supletivo[81] em eventual reconhecimento de nulidade ou ineficácia da convenção. Aliás, a escolha de regime diverso no casamento exige instrumento público,[82] sob pena de nulidade (CC, art. 1.640, parágrafo único), assim como o arranjo familiar estável em que não houver contrato escrito acabará por atrair o regime da comunhão parcial (CC, art. 1.725).

Trata-se do regime da grande maioria dos casamentos brasileiros, seja por comodismo (é o regime "automático" dos casamentos celebrados sem pacto antenupcial), seja por ingenuidade,[83] seja pela dificuldade de discutir e decidir o tema, mas que, como visto, traz enormes consequências patrimoniais aos participantes, pois "passam a ser coproprietários, como titulares de partes ideais, que se denomina meação, desde a data da celebração do casamento".[84]

Por esse regime, a comunhão é automática, ainda que em nome de apenas um consorte, não exigindo prova ou presunção de participação dos cônjuges na aquisição dos bens ao longo da vida conjugal – há presunção absoluta de que são resultado do esforço comum, ainda que seja pelo suporte emocional e pelo apoio afetivo ofertados[85] –, salvo exceções legais, em que o cônjuge poderá demonstrar a incomunicabilidade. No entanto, é relativa a presunção de que os bens móveis foram adquiridos na constância do casamento (CC, art. 1.662).

A norma regente do estatuto patrimonial do casal tem início na data da celebração do matrimônio[86] ou, no tocante aos companheiros, a partir do momento em que eles implementarem, no mundo empírico, os pressupostos do art. 1.723 do Código Civil, devendo a regência das relações patrimonializadas dar-se pela lei vigente à época em que contraídas.[87]

Em razão do fato de ser um regime com uma maior comunicação patrimonial entre os consortes, como sói ser a comunhão universal, ainda que haja, de forma

---

81. Até 1977 (Lei do Divórcio, art. 50) do regime supletivo era o da comunhão universal, nos termos do Código Civil de 1916 (art. 258).
82. REsp 1608590/ES, rel. Ministro Ricardo Villas Bôas Cueva, 3ª Turma, julgado em 13.03.2018, DJe 20.03.2018.
83. Por isso, inclusive, há quem defenda que "a adoção do princípio da igualdade deveria conduzir ao regime de separação, regime que assegura a autonomia recíproca dos cônjuges e tem o mérito da simplicidade. O regime conserva em cada um dos cônjuges a propriedade, a administração e o gozo exclusivo de todos os bens" (OLIVEIRA, José Lamartine Corrêa de; MUNIZ, Francisco José Ferreira, op. cit., 4. ed., Curitiba: Juruá, 2002, p. 347-348).
84. PEREIRA, Rodrigo. Op. cit., p. 152.
85. REsp 1295991/MG, rel. Ministro Paulo de Tarso Sanseverino, 3ª Turma, julgado em 11.04.2013, DJe 17.04.2013.
86. Art. 1639, § 1º.
87. Conforme Rafael Calmon, op. cit., p. 61-62.

excepcional, acervos incomunicáveis, a comunhão parcial de bens é considerada um sistema de índole comunitária.[88]

O arranjo de tal regime caracteriza-se pela convivência entre bens particulares e comuns, ou seja, pela massa de bens particulares dos cônjuges, não comunicáveis, e massa comum dos aquestos comunicáveis que formatam a mancomunhão.

Na comunhão parcial, nos termos do art. 1.660 do CC, entram todos os bens móveis e imóveis adquiridos a título oneroso (com desembolso de recursos pecuniários), ainda que só em nome de um dos cônjuges; os adquiridos por fato eventual após o casamento, com ou sem o concurso de trabalho ou despesa anterior (ex.: prêmio de loteria);[89] os bens adquiridos por doação, herança ou legado, quando feitos em favor de ambos os consortes; as benfeitorias em bens particulares de cada cônjuge (como também as acessões artificiais, v.g., efetivadas em propriedade de terceiros);[90] os frutos dos bens comuns ou particulares de cada cônjuge percebidos na constância do casamento ou pendentes ao tempo de cessar a comunhão (ex.: os aluguéis, os juros, os dividendos, os lucros).[91] Aos bens adquiridos "devem ser assimilados os bens criados por um dos cônjuges durante o casamento [...] provenientes de uma

---

88. Há ainda o sistema separatista – representados pelo regime da separação de bens, convencional ou obrigatória – e o sistema participacionista de bens, reproduzido pelo regime de participação final dos aquestos (CALMON, Rafael. op. cit., p. 65).

89. "Nos termos da norma, o prêmio de loteria é bem comum que ingressa na comunhão do casal sob a rubrica de "bens adquiridos por fato eventual, com ou sem o concurso de trabalho ou despesa anterior" (CC/1916, art. 271, II; CC/2002, art. 1.660, II) [...] Na hipótese, o prêmio da lotomania, recebido pelo ex-companheiro, sexagenário, deve ser objeto de partilha, haja vista que: i) se trata de bem comum que ingressa no patrimônio do casal, independentemente da aferição do esforço de cada um; ii) foi o próprio legislador quem estabeleceu a referida comunicabilidade; iii) como se trata de regime obrigatório imposto pela norma, permitir a comunhão dos aquestos acaba sendo a melhor forma de se realizar maior justiça social e tratamento igualitário, tendo em vista que o referido regime não adveio da vontade livre e expressa das partes; iv) a partilha dos referidos ganhos com a loteria não ofenderia o desiderato da lei, já que o prêmio foi ganho durante a relação, não havendo falar em matrimônio realizado por interesse ou em união meramente especulativa" (REsp 1689152/SC, rel. Ministro Luis Felipe Salomão, 4ª Turma, julgado em 24.10.2017, DJe 22.11.2017).

90. "O Código Civil estabelece que "aquele que semeia, planta ou edifica em terreno alheio perde, em proveito do proprietário, as sementes, plantas e construções; se procedeu de boa-fé, terá direito a indenização" (CC, art. 1.255), evitando-se, desta feita, o enriquecimento indevido do proprietário e, por outro lado, não permitindo que aquele que construiu ou plantou em terreno alheiro tire proveito às custas deste. 2. Na espécie, o casal construiu sua residência no terreno de propriedade de terceiros, pais do ex-companheiro, e, agora, com a dissolução da sociedade conjugal, a ex-companheira pleiteia a partilha do bem edificado [...] É possível a partilha dos direitos decorrentes da edificação da casa de alvenaria, que nada mais é do que patrimônio construído com a participação de ambos, cabendo ao magistrado, na situação em concreto, avaliar a melhor forma da efetivação desta divisão. 5. Em regra, não poderá haver a partilha do imóvel propriamente dito, não se constando direito real sobre o bem, pois a construção incorpora-se ao terreno, passando a pertencer ao proprietário do imóvel (CC, art. 1.255), cabendo aos ex-companheiros, em ação própria, a pretensão indenizatória correspondente, evitando-se o enriquecimento sem causa do titular do domínio" (REsp 1327652/RS, rel. Ministro Luis Felipe Salomão, 4ª Turma, julgado em 10.10.2017, DJe 22.11.2017).

91. "São exemplos de frutos civis os juros extraídos do capital, mesmo aquele aplicado com a sobra ou excedente do produto do trabalho (art. 1659, CI, CCB) ou de dinheiro anterior à união ou recebido a título gratuito (herança, doação); os frutos de propriedade particular de cada cônjuge obtidos com a sua locação, portanto os aluguéis; os dividendos recebidos das ações de sociedade anônima, ou seja, o lucro que a assembleia de acionistas distribui; as retiradas dos sócios nas sociedades empresárias por cota de responsabilidade limitada; os lucros que se retira do comércio" (PEREIRA, Rodrigo da Cunha. Op. cit., p. 154).

O REGIME DE COMUNHÃO PARCIAL DE BENS E A RESPONSABILIDADE PATRIMONIAL DO CÔNJUGE | **119**

atividade material de um cônjuge (por exemplo, um objeto fabricado) ou intelectual (por exemplo, fundo de empresa criado)".[92]

Por outro lado, são excluídos da comunhão (conforme *numerus clausus* do art. 1.659) os bens particulares – isto é, aqueles que cada cônjuge possuía ao casar –, os que lhe sobrevierem, na constância do casamento, por doação ou sucessão, e os sub-rogados em seu lugar; os adquiridos com valores exclusivamente dos bens particulares (sub-rogação[93]); os bens de uso pessoal, livros e instrumentos de profissão; os proventos e rendimentos do trabalho pessoal de cada cônjuge; e as pensões, meios-soldos, montepios e outras rendas semelhantes.[94] Todavia, adverte Paulo Lôbo que "as aplicações e investimentos feitos com rendimentos integram a comunhão, porque deixaram de ser destinados à existência pessoal".[95]

Com relação às obrigações, não entram na comunhão aquelas anteriores ao casamento (o cônjuge responderá com os seus bens pessoais) e aquelas provenientes de atos ilícitos (salvo demonstração de reversão em proveito do casal[96]). Também não se comunicam os bens cuja aquisição tiver por título uma causa anterior ao casamento (art. 1.661), os frutos com fatos geradores constituídos a partir da extinção do casamento nem as indenizações decorrentes de seguros, posto que destinadas a reparar danos.[97]

Nessa ordem de ideias, definidos os que são e os que não são comunicáveis, é possível aferir que há, com relação ao regime da comunhão parcial de bens, uma maior responsabilidade patrimonial do cônjuge, tendo em vista que mais direitos e deveres irradiam no estado de mancomunhão,[98] cuja finalidade é justamente "afetar o patrimônio comum à manutenção da família".[99]

---

92. LÔBO, Paulo. Op. cit., p. 314.
93. O limite da proteção por sub-rogação é o valor do bem originário, devendo o excesso ser comunicado.
94. Gustavo Tepedino aponta que "cabe, portanto, a ressalva de que o que se exclui da comunhão é o direito à remuneração decorrente do trabalho pessoal, pois, no momento em que ela ingressa no mundo financeiro, perderá as características originais, transformando-se em bens adquiridos na constância da sociedade conjugal e, dependendo do regime, tornando-se comunicáveis. Isso significa que o salário não será comunicável enquanto sua função for a de adimplir as despesas mensais do seu titular – ou da família – tornando-se um bem comunicável a partir do momento em que se torna aplicação financeira, ou mesmo, fica armazenado na conta-corrente, significando economia do casal" (TEPEDINO, Gustavo, BARBOZA, Heloísa Helena, MORAES, Maria Celina Bodin de. *Código Civil interpretado conforme a Constituição da República*. Rio de Janeiro: Renovar, 2014, v. IV, p. 303).
95. Op. cit., p. 318.
96. Pondera Fábio Ulhoa Coelho que "o credor da indenização não pode pedir em juízo a penhora de bens objeto de comunicação ou pertencentes exclusivamente ao outro consorte. Haverá a comunhão da obrigação passiva apenas se o ato ilícito, embora praticado por um só dos cônjuges, importou locupletamento também do outro" (op. cit., p. 93).
97. LÔBO, Paulo. op. cit., p. 314.
98. Mancomunhão "é a expressão que define o estado dos bens conjugais antes da sua efetiva partilha. Difere do estado condominial em que o casal detém o bem ou coisa simultaneamente, com direito a uma fração ideal, podendo alienar ou gravar seus direitos, observado a preferência do outro. Na mancomunhão, o bem não poder ser alienado nem gravado por apenas um dos ex-cônjuges, permanecendo indivisível até a partilha. Enquanto não for feita a partilha dos bens comuns, eles pertencem a ambos os cônjuges em estado de mancomunhão" (PEREIRA, Rodrigo da Cunha, op. cit., p. 500).
99. CALMON, Rafael, op. cit., p. 140.

Realmente, além das dívidas atinentes à economia doméstica revertidas em prol da família, que, independentemente do regime matrimonial, são consideradas solidárias (CC, arts. 1.643 e 1.644) e sobre as quais o cônjuge tem responsabilidade primária, somam-se as provenientes de ato ilícito revertidas em proveito do casal (CC, art. 1.659, IV), as despesas decorrentes da administração do patrimônio comum (CC, art. 1.663, § 1º) e as decorrentes de imposição legal (CC, art. 1.664).[100]

Quanto aos bens do cônjuge sujeitos à execução, consideram-se, como visto, os seus bens próprios e os de sua meação quando eles responderem pela dívida (CPC, art. 790, IV); ou seja, poderão responder os bens incomunicáveis (CC, art. 1.659), todos aqueles contraídos pelo marido ou pela mulher para atender aos encargos da família diante da presunção absoluta de esforço comum (CC, art. 16.58) e aqueles previstos no art. 1.660 do Código Civil.[101]

É de se atentar, contudo, para fins de patrimônio de meação, que eventual exclusão deve ser considerada sobre cada bem (e não sobre a totalidade do patrimônio, de forma indiscriminada)[102] e, caso a penhora recaia sobre bem indivisível, que o equivalente à quota-parte do cônjuge alheio à execução incidirá sobre o produto da alienação (CPC, art. 843), inclusive fazendo jus ao direito de preferência na arrematação (§ 1º) e de não expropriação por preço inferior ao da avaliação (§ 2º).

## 6. CONSIDERAÇÕES FINAIS

A comunhão de vidas decorrente do casamento e da união estável implica diversas consequências jurídicas e econômicas, estendendo-se aos bens de propriedade de cada cônjuge que passam a ser também de titularidade do outro consorte, além de tornar possível a responsabilização patrimonial deste em execução corrente contra o seu parceiro, com a sujeição dos bens próprios e comuns, em maior ou menor extensão, a depender do regime de bens da relação.

---

100. Uma descrição exemplificativa de dívidas da sociedade conjugal e, portanto, comunicáveis seriam: "aquelas contraídas por contrato oneroso durante o casamento e em benefício da família; os gastos de manutenção dos cônjuges e de seus filhos; as despesas com a moradia, mobiliário, serviços e encargos de empregados domésticos; os gastos impostos a um dos cônjuges por motivos de saúde; as doações feitas a um dos filhos com dever de colacionar importam aos pais o dever de igualar à legítima dos demais rebentos; os custos com a educação da prole; também são da sociedade conjugal os alimentos que um dos cônjuges é condenado a pagar a seus ascendentes; os gastos com as obras de conservação e os reparos menores dos bens conjugais; juros e débitos devidos pelo atraso no pagamento dos compromissos conjugais provenientes de outras dívidas do casais, os custos de conservação dos bens próprios de cada um dos cônjuges, pois também são comuns os frutos destes bens particulares (CC, art. 1.660, inc. V), sendo encargo do proprietário os reparos de maior expressão econômica" (MADALENO, Rolf. Op. cit., p. 292-293).
101. Os bens não responderiam, por exemplo, nas dívidas contraídas pelos cônjuges na administração de seus bens particulares e em benefícios destes, pois não obrigam os bens comuns, conforme entabulam os arts. 1.665 e 1.666 do Código Civil.
102. ZAVASCKI, Op. cit., 203. DIDIER JR., Op. cit., p. 364.

A práxis jurídica, diante da abertura hermenêutica da norma, tem verificado o crescente pleito dos credores de redirecionamento da execução contra o cônjuge do devedor, diante de sua responsabilidade patrimonial ou de sua obrigação solidária.

Nos dias de hoje, cada vez mais se tem constatado a necessidade de intensificar o debate sobre as regras econômicas que envolvem a conjugalidade e o funcionamento econômico do lar, trazendo incentivos para que as partes melhor conheçam as "regras do jogo", além de maior transparência e planejamento para a tomada de uma decisão mais racional e qualificada no quesito patrimonial, seja como blindagem dos haveres pessoais e do casal, seja influindo em determinados comportamentos, seja ampliando negócios jurídicos em razão das garantias decorrentes da comunhão, seja fomentando futuras políticas púbicas sobre o tema.

Desse modo, poderá o cônjuge/companheiro, de antemão, por exemplo, ter conhecimento sobre uma possível responsabilização e qual extensão do seu patrimônio, a depender do regime de bens, poderá ser alcançado em execução voltada a dívida de seu parceiro.

Negando-se a dívida ou a extensão da sua responsabilidade, poderá o cônjuge defender o seu patrimônio por meio dos embargos à execução ou dos embargos do devedor, respectivamente, ou ainda afastar-se totalmente do feito executivo, por ausência nominal na formação do título objeto da execução.

Assim, no que toca à comunhão de bens, verifica-se que a escolha desse regime pelo casal significa, no âmbito processual, uma maior amplitude de sua responsabilização patrimonial (primária e/ou secundária), justamente porque se trata de sistema comunitário em que, conforme delineamento do direito material, mais direitos e, também, mais obrigações e dívidas são compartilhados.

## 7. REFERÊNCIAS

ASSIS, Araken de. *Manual da Execução*. 18. ed. São Paulo: Ed. RT, 2016.

BARROS, Hamilton de Moraes e. *Comentários ao Código de processo civil* (Lei 5.869, de 11 de janeiro de 1973). Rio de Janeiro: Forense, 1988. v. 9 (arts. 946 a 1.102).

CALMON, Rafael. *Partilha de bens na separação, no divórcio e na dissolução da união estável*. São Paulo: Saraiva Educação, 2018.

COELHO, Fábio Ulhoa. *Curso de direito civil, família, sucessões*. 4. ed. São Paulo: Saraiva, 2011. v. 5.

DIDIER JR., Fredie. *Curso de direito processual civil*. Salvador: JusPodivm, 2019. v. 5.

DINAMARCO, Cândido Rangel. *Instituições de direito processual civil*. 4. ed. São Paulo: Malheiros, 2019. v. IV.

FARIAS, Cristiano Chaves de, ROSENVALD, Nelson. *Curso de direito civil*: famílias. Salvador: JusPodivm, 2021.

GHILARDI, Dóris. Contribuições da análise econômica do direito ao regime de bens. *Revista Nacional de Direito de Família e Sucessões* n. 19, jul./ago. 2017 – Doutrina.

GICO JUNIOR, Ivo Teixeira. Introdução ao direito e economia. In: TIMM, Luciano Benetti. (Org.). *Direito e Economia no* Brasil: estudos sobre a análise econômica do direito. 3. ed. Indaiatuba, SP: Editora Foco, 2019.

KLOH, Gustavo. *Análise econômica do direito de família.* In: PINHEIRO, Armando Castelar; PORTO, Antônio J. Maristrello; SAMPAIO, Patrícia Regina Pinheiro (Coord.). *Direito e economia*: diálogos. Rio de Janeiro: FGV Editora, 2019.

LIEBMAN, Enrico Tullio, *Processo de* execução. São Paulo: Bestbook Editora, 2003.

LOBO, Paulo. *Direito Civil:* Famílias. 6. ed. São Paulo: Saraiva, 2015.

MADALENO, Rolf. *Curso de direito de família.* 4. ed. Rio de Janeiro: Forense, 2011.

NEVES, Daniel Amorim Assumpção. *Novo Código de Processo Civil* comentado. Salvador: JusPodivm, 2016.

NERY JÚNIOR, Nelson. *Comentários ao Código de Processo* Civil. São Paulo: Ed. RT, 2015.

OLIVEIRA, José Lamartine Corrêa de; MUNIZ, Francisco José Ferreira, *Curso de direito de família.* 4. ed. Curitiba: Juruá, 2002.

PEREIRA, Rodrigo da Cunha. *Dicionário de direito de família e sucessões.* 2. ed. São Paulo: Saraiva Educação, 2018.

PEREIRA, Rodrigo da Cunha. *Direito das famílias.* 2. ed. Rio de Janeiro: Forense, 2021.

PEREIRA, Rodrigo da Cunha. *Dicionário de direito de família e sucessões.* 2. ed., São Paulo: Saraiva Educação, 2018.

SANTOS, Silas Silva. *Redirecionamentos da execução civil* [livro eletrônico]: projeções da teoria do objeto litigioso. São Paulo: Thomson Reuters Brasil, 2021.

TEPEDINO, Gustavo, BARBOZA, Heloísa Helena, MORAES, Maria Celina Bodin de. *Código Civil interpretado conforme a Constituição da República*. Rio de Janeiro: Renovar, 2014. v. IV.

THEODORO JÚNIOR, Humberto. *Processo de execução e cumprimento da sentença*, 30. ed. Rio de Janeiro: Forense, 2020.

VELOSO, Zeno. *Regimes matrimoniais de bens*. In: PEREIRA, Rodrigo da Cunha (Org.). *Direito de Família Contemporâneo*. Belo Horizonte: Del Rey, 1997.

VENOSA, Silvio de Salvo. *Direito Civil*. Direito de Família. São Paulo: Atlas, 2001. v. V.

ZAVASCKI, Teori Albino, *Processo de execução*: parte geral. 3. ed. São Paulo: Ed. RT, 2004.

*Decisões judiciais*

BRASIL – STF, RE 93473, rel. Min. Soares Muñoz, 1ª Turma, julgado em 25.11.1980, DJ 12.12.1980.

BRASIL – STF, RE 89802/CE, rel. Min. Cordeiro Guerra, 2ª Turma, julgado em 17.10.1978, DJ 28.12.1978.

BRASIL – STJ, EREsp 866738/RS, rel. Ministro Hamilton Carvalhido, Corte Especial, julgado em 04.05.2011, DJe 24.05.2011.

BRASIL – STJ, REsp 1065209/SP, rel. Ministro João Otávio De Noronha, 4ª Turma, julgado em 08.06.2010, DJe 16.06.2010.

BRASIL – STJ, REsp 1300036/MT, rel. Ministro Paulo de Tarso Sanseverino, 3ª Turma, julgado em 13.05.2014, DJe 20.05.2014.

BRASIL – STJ, REsp 1869720/DF, rel. Ministra Nancy Andrighi, rel. p/ Acórdão Ministro Ricardo Villas Bôas Cueva, 3ª Turma, julgado em 27.04.2021, DJe 14.05.2021.

BRASIL – STJ, REsp 1300036/MT, rel. Ministro Paulo de Tarso Sanseverino, 3ª Turma, julgado em 13.05.2014, DJe 20.05.2014.

BRASIL – STJ, REsp 252854/RJ, 4ª Turma, rel. Ministro Sálvio de Figueiredo Teixeira, DJ de 11.09.2000.

BRASIL – STJ, REsp 1444511/SP, rel. Ministro Luis Felipe Salomão, 4ª Turma, julgado em 11.02.2020, DJe 19.05.2020.

BRASIL–STJ, REsp 1608590/ES, rel. Ministro Ricardo Villas Bôas Cueva, 3ª Turma, julgado em 13.03.2018, DJe 20.03.2018.

BRASIL – STJ, REsp 1689152/SC, rel. Ministro Luis Felipe Salomão, 4ª Turma, julgado em 24.10.2017, DJe 22.11.2017).

BRASIL – STJ, REsp 1327652/RS, rel. Ministro Luis Felipe Salomão, 4ª Turma, julgado em 10.10.2017, DJe 22.11.2017.

BRASIL – STJ, REsp 1295991/MG, rel. Ministro Paulo de Tarso Sanseverino, 3ª Turma, julgado em 11.04.2013, DJe 17.04.2013.

BRASIL – STJ, REsp 1472316/SP, rel. Ministro Paulo de Tarso Sanseverino, 3ª Turma, DJe 18.12.2017.

# O REGIME DE SEPARAÇÃO OBRIGATÓRIA DE BENS PERANTE A SÚMULA 377 DO STF E A NOVA INTERPRETAÇÃO DO FATO-ESFORÇO PELO STJ

*Jones Figueirêdo Alves*

Mestre em Ciências Jurídicas pela Faculdade de Direito da Universidade de Lisboa (FDUL). Membro da Academia Brasileira de Direito Civil (ABDC). e Membro Fundador do Instituto Brasileiro de Direito Contratual (IBDCont). Integra o Instituto Brasileiro de Direito de Família (IBDFAM), como diretor nacional; a Academia Pernambucana de Letras Jurídicas (APLJ) e o Instituto Brasileiro de Responsabilidade Civil (IBERC). Membro honorário do Instituto dos Advogados de São Paulo (IASP) e do Instituto dos Advogados de Pernambuco (IAP). Desembargador Decano do Tribunal de Justiça de Pernambuco (TJPE). E-mail: jonesfig@uol.com.br.

> **Sumário:** 1. Introdução – 2. A escolha do regime de bens – 3. Da comunhão de vida à presunção do esforço comum e sua discutível desinfluência – 4. O fato-esforço provado e a ilusão da meação – 5. A opção esclarecida do regime patrimonial de bens; 5.1 A alteração do regime de bens; 5.2 A desburocratização do pacto nupcial – 6. Considerações finais – 7. Referências.

## 1. INTRODUÇÃO

O que sucede quando temos a criação jurisprudencial de um novo regime patrimonial de bens, destinado aos casados na faixa etária dos 70 anos, diverso ao já existente, sem uma previsão legislativa no rol dos regimes de bens conferidos no Código Civil?[1]

E quando essa criação pretoriana decorre, agora, de uma moderna interpretação dada à Súmula 377 do STF, por decisão judicial do Superior Tribunal de Justiça, afastando a comunicação dos bens adquiridos na constância do casamento, *salvo prova de esforço comum*; o anterior regime sumular de bens dos casais que contraíram núpcias, ao tempo do seu pleno e pacífico entendimento, continua hígido e eficaz?

---

1. O regime de comunhão parcial de bens é o previsto pelo artigo 1.658 do Código Civil, nos seguintes termos: "No regime de comunhão parcial comunicam-se os bens que sobrevierem ao casal, na constância do casamento, com as exceções dos artigos seguintes". No caso, os artigos 1.659 e 1.661 do estatuto civil. No regime de comunhão parcial de bens estarão compreendidos todos os casais que não optaram pelo regime de comunhão universal do artigo 1.667 do Código Civil, através do competente pacto antenupcial, e aqueles septuagenários que não poderão exercer a mesma faculdade de opção, dado que, *ope legis*, estarão alcançados pela regra do art. 1.640 do Código Civil, que é o regime de bens básico do casamento. Em outras palavras: diante de não poderem estabelecer na convenção uma cláusula que contravenha disposição absoluta de lei, v.g., a do artigo 1.641, II, CC. Em ser assim, o regime de comunhão parcial de bens, para uns e outros dos casais, septuagenários ou não, destina-se apenas aos bens adquiridos na constância do casamento por título oneroso, por fato eventual; por doação, herança e legado em favor de ambos os cônjuges; às benfeitorias em bens particulares de cada cônjuge e aos frutos dos bens comuns ou dos particulares de cada cônjuge (art. 1.660, I a V, do Código Civil).

Haverá ou não um direito adquirido à jurisprudência, quando o princípio da confiança nos precedentes deve (ou deveria) ser aplicado em garantia absoluta dos jurisdicionados sexagenários (ou septuagenários) da época?

Será também possível diante da recente posição do STJ, os novos casais da faixa pactuarem livremente. Em ordem de tornar suscetível um tratamento diferenciado ao julgado? Ou seja, poderão eles atribuir no regime de separação legal receberem, no curso da união, bens de patrimônio comum, por uma previsão convencional da presunção do esforço, ditando essa convenção por respeito mútuo?

E, lado outro, quando a Lei 12.344, de 09.12.2010, completou dez anos de sua edição, com a mudança do inciso II do artigo 1.641 do Código Civil, aumentando para 70 anos a idade a partir da qual se torna obrigatório o regime da separação de bens no casamento, como tratá-la, diante do Estatuto do Idoso (Lei 10.741/2003, artigo 4º) segundo o qual "*nenhum idoso será objeto de qualquer tipo de discriminação*"?

Reconhecida a prevalência da lei especial sobre a norma geral, pelo princípio da especialidade, e que o Estatuto do Idoso, como lei especial[2] predomina em relação ao Código Civil, de abrangência geral, a resposta a esse aparente conflito normativo está pronta, de há muito, e precisa logo de ser prestada.

Em outro giro, essas questões ganham maior e urgente relevo jurídico diante da cidadania registral, quando apontados que os Ofícios do Registro Civil são, em toda a sua efetividade de serviços, considerados Ofícios de Cidadania (Lei 13.484, de 26.09.2017), indicando-se a redação do parágrafo 3º, 1ª parte, do artigo 29 trazido à Lei 6.015/73.

De efeito, avoca-se, urgente, a necessidade, como solução "*de lege ferenda*", de uma nova redação ao artigo 1.528 do Código Civil, para os fins de desburocratizar o pacto antenupcial e, mais ainda de desjudicializar a alteração consensual dos regimes de bens, em ordem de apresentar as devidas respostas a esses questionamentos.

A análise que aqui se pretende exposta, envolve, no foco central e imediato, o regime de comunhão parcial de bens, perante a Súmula 377 do STF, em face da nova interpretação do fato-esforço oferecida pelo Superior Tribunal de Justiça.

No mais, o artigo aponta questões-macro de cidadania registral civil, sob a égide de um exercício desburocratizante à efetividade da dignidade da pessoa, em todas as suas realidades existenciais, onde o Registro Civil de Pessoas Naturais é o "*locus*" decisivo, o lugar mais específico (e natural). Veremos a seguir.

## 2. A ESCOLHA DO REGIME DE BENS

Comecemos pelo tema de abertura, a partir da vida do casal que, no pórtico de sua conjugalidade ou de sua convivencialidade, deve definir, conscientemente e de forma esclarecida o regime patrimonial dos seus bens ou dos que mais adiante

---

2. Por todos: REsp 775565/SP.

adquira ou exercite, também, a percepção da melhor conveniência de alteração do regime.[3] Essa, atualmente apenas por via judicial, nos termos do artigo 1.639, § 2º, do Código Civil, com o manejo da ação prevista no artigo 734 do Código de Processo Civil/2015.

Pois bem. Impende, logo, uma primeira reflexão sobre a atual Súmula 377 do STF e revisitada, substancialmente, pelo Superior Tribunal de Justiça.

Doutrina e jurisprudência sempre caminharam no sentido de reconhecer que para efeito de aplicação da Sumula 377 do STF não se exige prova do esforço comum. Mais precisamente, expressa a Súmula:

"No regime da separação legal de bens, comunicam-se os adquiridos na constância do casamento".

Essa mitigação dos efeitos da separação legal de bens, quando reconheceu o STF que se comunicam os bens adquiridos na constância do casamento das pessoas que se casem quando ultrapassada a faixa etária, à época, dos 60 anos, se acha consolidada desde 03.04.1962. É a data da edição do referido verbete sumular 377 do STF.

Desde então, assim vinha sendo:

(I) o regime é o de separação legal de bens, mas o esforço comum do casal, (agora septuagenário) recolhe os bens advindos durante o casamento para efeito de representar situação equipotente ao do regime de comunhão parcial de bens; dominante, sem quaisquer ressalvas, seja no casamento ou na união estável;

(ii) o regime parcial é aquele básico, onde o esforço comum na obtenção dos bens se torna presumido, pela convivência do casal na formação de um novo patrimônio adquirido no curso da união;

(iii) *"A cautela imposta (separação obrigatória de bens) tem por objetivo proteger o patrimônio anterior, não abrangendo, portanto, aquele obtido a partir da união"* (REsp 736627).

Diante disso, observa-se que os casais septuagenários à falta de devida informação dos efeitos da Súmula 377 do STF, se supunham casados sob o regime de uma absoluta separação obrigatória dos seus bens, bens existentes antes e os existentes ao depois; não se comunicando, portanto, os seus respectivos patrimônios.

Entretanto, a leitura da antiga Súmula, diante do artigo 259 do Código Civil/1916 quando competia à Suprema Corte interpretá-lo, era exatamente o contrário do que imaginava o livre pensar daqueles casais.

De tal modo que somente uma vez devidamente ciente do vínculo sumular que lhe afeta, poderia optar o casal pela incomunicabilidade plena dos seus bens ou,

---

3. Nos termos da jurisprudência do STJ, a eleição de regime de bens diverso do legal, que deve ser feita por contrato escrito, tem= efeitos apenas *ex nunc*, sendo inválida a estipulação de forma retroativa (Agint no REsp 1751645, rel. Min. Marco Buzzi, j. em 04.11.2019, DJe 11.11.2019).

consensualmente, pactuar pela não incidência da Súmula 377, tudo à hipótese de sua planejada e desejada união para um regime patrimonial diferenciado.[4]

Ocorre, porém, que tudo agora muda com a decisão paradigma do Superior Tribunal de Justiça por sua 2ª Seção, em julgamento de Embargos de Divergência no Recurso Especial 1623858, de 23.05.2018, quando o Relator Min. Lázaro Magalhães, assim ementou:

"No regime de separação legal de bens, comunicam-se os adquiridos na constância do casamento, desde que comprovado o esforço comum para a sua aquisição".[5]

Até então, entre as turmas do STJ e entre estas e a 2ª Seção, profundas divergências situavam-se a saber sobre os bens adquiridos onerosamente durante a união sexagenária, no tocante à essa referida premissa do *fato- esforço*. Mais ainda, sobre a caducidade da Súmula, editada quando a Suprema Corte então decidia em última instância acerca da interpretação de lei federal.

Em outras palavras, não cabendo, por óbvio, ser exigível uma prova exclusiva de contribuição material à formação do patrimônio, porquanto se apresenta crível que o esforço comum dar-se-á também por formas imateriais ou não unicamente econômicas, ter-se-á, doravante, a nosso entender, duas naturezas de um *esforço concorrente* como elemento de composição ao patrimônio:

(i) *o esforço presumido*, na linha dos regimes básicos do casamento (artigo 1.658, CC) e da união estável (artigo 1.725, CC) e conforme o REsp 1171.820.[6]

---

4. Eis que surgiu, de nossa iniciativa, quando em exercício na Corregedoria Geral de Justiça de Pernambuco, a edição do Provimento 08/2006, de 30 de maio de 2016, segundo o qual os nubentes atingidos pelo artigo 1.641, II, CC, poderiam afastar por escritura pública a incidência da Súmula, "estipulando nesse ponto e na forma do que dispõe o artigo 1.639 do Código Civil, quanto aos seus bens futuros, o que Melhor lhes aprouver".

5. Embargos de Divergência em REsp 1.623858/MG (2016/0231884-4), rel. Ministro Lázaro Guimarães (Desembargador convocado do TRF 5ª Região)

   Ementa: Embargos de Divergência no Recurso Especial. Direito de família. União estável. Casamento contraído sob causa suspensiva. Separação obrigatória de bens (CC/1916, art. 258, II; CC/2002, art. 1.641, II). Partilha. Bens adquiridos onerosamente. Necessidade de prova do esforço comum. Pressuposto da pretensão. Moderna compreensão da súmula 377/STF. Embargos de divergência providos.

   1. Nos moldes do art. 1.641, II, do Código Civil de 2002, ao casamento contraído sob causa suspensiva, impõe-se o regime da separação obrigatória de bens.

   2. No regime de separação legal de bens, comunicam-se os adquiridos na constância do casamento, desde que comprovado o esforço comum para sua aquisição.

   3. Releitura da antiga Súmula 377/STF (No regime de separação legal de bens, comunicam-se os adquiridos na constância do casamento), editada com o intuito de interpretar o art. 259 do CC/1916, ainda na época em que cabia à Suprema Corte decidir em última instância acerca da interpretação da legislação federal, mister que hoje cabe ao Superior Tribunal de Justiça.

   4. Embargos de divergência conhecidos e providos, para dar provimento ao recurso especial.

6. (...) O regime de bens aplicável na união estável é o da comunhão parcial, pelo qual há comunicabilidade ou meação dos bens adquiridos a título oneroso na constância da união, prescindindo-se, para tanto, da prova de que a aquisição decorreu do esforço comum de ambos os companheiros (...) (STJ, REsp 1171820)

## O REGIME DE SEPARAÇÃO OBRIGATÓRIA DE BENS PERANTE A SÚMULA 377 DO STF — 129

(ii) *o esforço provado*, para os casamentos de separação legal obrigatória de bens, na nova linha interpretativa do STJ que se convencionou denominar de "*modernização da Súmula 377*", ou de sua "*nova compreensão*".

Para essa última, a cláusula geral de "*comunhão plena de vida*", como norma-princípio que remete as relações familiares a seus valores éticos e afetivos,[7] existente entre os cônjuges (artigo 1.511 do Código Civil) não terá, assim, qualquer ou nenhuma decisiva influência a provar que houve, na formação do patrimônio, um *esforço contributivo existencial* do outro. Mitiga-se, de efeito, o princípio da intimidade espiritual do casal por razões estritamente econômicas, afastando-se o esforço comum presumido de um dos parceiros.

## 3. DA COMUNHÃO DE VIDA À PRESUNÇÃO DO ESFORÇO COMUM E SUA DISCUTÍVEL DESINFLUÊNCIA

A cláusula geral de "*comunhão plena de vida*", como norma-princípio que remete as relações familiares a seus valores éticos e afetivos aparece, de logo, inserida no primeiro artigo do Livro de Direito de Família (artigo 1.511 do Código Civil), a dizer que "o casamento estabelece comunhão plena de vida, com base na igualdade dos direitos e deveres dos cônjuges".[8]

Adiante, a cláusula é repetida no artigo 1.513, quando dispõe o estatuto civil que "é defeso a qualquer pessoa, de direito público ou privado, interferir na comunhão de vida instituída pela família".

A adoção da técnica de tal cláusula ganha uma ampla dimensão, com repercussões notáveis, quando flagrada a contradição interna entre os mencionados dispositivos (artigos 1.511 e 1.513, CC).

Afinal, "quem estabelece a comunhão plena de vida? O casamento (art. 1.511) ou a família (art. 1.513)?" – pergunta o jurista Eduardo Silva (2002),[9] identificando, em seu estudo, os erros técnicos do legislador que confunde as instituições entre si, introduzindo, daí, as atecnias no texto normativo.

---

(...) 5. Embora tenha prevalecido no âmbito do STJ o entendimento de que o regime aplicável na união estável entre sexagenários é o da separação obrigatória de bens, segue esse regime temperado pela Súmula 377 do STF, com a comunicação dos bens adquiridos onerosamente na constância da união, sendo presumido o esforço comum, o que equivale à aplicação do regime da comunhão parcial. (...) (STJ, 3ª Turma, rel. p/ Acórdão, Min. Nancy Andrighi, j. 07.12.2010).

7. ALVES, Jones Figueirêdo. *Comunhão de vida*. Web: http://www.impresso.diariodepernambuco.com.br/noticia/cadernos/mundo/2014/11/comunhao-de-vida.html.

8. Por extensão, entenda-se aplicável à entidade da família instituída pela união estável, quando o art. 1.724 do Código Civil preconiza que as relações pessoais entre os companheiros estão sujeitas aos deveres de lealdade, respeito e assistência.

9. SILVA, Eduardo Silva da. A dignidade da pessoa e a comunhão plena de vida. In: MARTINS-COSTA, Judith (Org.). *A reconstrução do direito privado*: reflexos dos princípios, diretrizes e direitos fundamentais constitucionais no direito privado. São Paulo: Ed. RT, 2002. p. 451.

Ele oferece a melhor resposta, pronta e adequada, ao indicar que "o erro técnico em que incidiu o legislador levaria a crer que a comunhão de vida é instituída pela família, e não de que a família é, ela própria, uma comunhão de vida!" Bem é certo assim pensar e refletir.

"Aliás, essa a verdadeira evolução em Direito de Família: uma família que se torna comunhão plena de vida entre seus membros e deixa de ser uma mera unidade econômica agregada pelo poder do homem" – acentuou.

Sublinha-se, então, que a cláusula geral da comunhão plena é de conceito aberto, tanto na hipótese (prótase) quanto na consequência jurídica (apódose).

Pois bem. Pergunta-se, nesse ritmo, o que vem a ser a cláusula "*comunhão plena de vida*", enquanto cláusula geral na estrutura do sistema jurídico de família. E mais ainda: como ela repercute e deve repercutir no direito de família, em compreensão do seu próprio significado.

A sua especificidade está ínsita do fenômeno familiar, como fato e valor; ou seja, a cláusula de comunhão representa um conceito ético e operativo, contribuindo para o aperfeiçoamento das relações familiares, a partir dos deveres mútuos de cônjuges ou de companheiros. Logo, a impossibilidade da comunhão será causa determinante para a dissolução do vínculo conjugal (art. 1.573, CC).

A comunhão plena de vida significa compartilhar a família nos seus atributos determinantes, onde para além da norma, estão as pessoas comprometidas entre si, comungando interesses comuns e resultados construídos. Efetivamente, figura como uma cláusula diretiva da existência da comunidade familiar. Essa comunhão é intrínseca, como "unidade valorativa e conceitual" e serve, convenhamos, como estrutura dignificante de cada um dos integrantes do núcleo familiar. Noutro ponto, a comunhão implica uma constatação de vida, "não só com o outro, mas para o outro". Ou seja, a constituição do próprio ser, em sua vida pessoal, como vida destinada para o outro (amar para ser amado etc.) e não bastando, também o "ser com o outro", em realização de solidariedade plena. (Octávio Manuel Gomes Alberto, Lisboa, 2012).

O civilista português situa que "a comunhão de vida pressupõe que cada um dos cônjuges esteja permanentemente disponível para dialogar com o outro, auxiliá-lo em todos os aspectos morais e materiais da existência, colaborar na educação dos filhos etc." Assim, o débito conjugal é, de fato, um dos núcleos mais decisivos da comunhão de vida. Em resumo, comunhão que se reveste de um dever mútuo de cooperação.

De notar que o chamado "dever de comunhão de leito, de mesa e de habitação", denominado "dever de coabitação", em nada significa mais que somente isso. Não necessariamente a comunhão de vida que constituirá a essência da união conjugal ou entre conviventes. Pode haver coabitação, sim, sem que, todavia, os que coabitam comunguem as suas próprias existências em prol de uma existência única e una. Esta existência substancial constitui, a toda evidência, o dever-ser do direito de família, onde homens e mulheres, por auxílio mútuo, integração fisiopsíquica, de interesses e de afetos, destinam-se a formar uma comunidade de vida, na clássica lição de Portalis.

Certo, então, pensar que deverá haver uma personalidade moral e jurídica da própria instituição familiar enquanto arrimada na comunhão plena de vida; o que transcende a personalidade de cada um dos partícipes. Assim, a família que como tal se expressa por essa comunhão de plenitudes, é um dos maiores bens jurídicos que a sociedade pode obter: pessoas que comungam vidas e celebram os seus vínculos. A vida põe o direito a seu serviço.

Diante de tal cenário, abstrair a comunhão de vida do casal, que legitima, instrumentaliza e qualifica o esforço comum para a formação patrimonial dos bens do mesmo casal, significará/implicará, por certo, nenhuma valia existencial do princípio ou a sua influência, desnaturando a presunção do esforço comum em prestígio único ao critério de monetização da obtenção dos bens. Essa anotação é de extrema importância à magnitude e deslinde do tema.

Como assevera, com reflexão primordial, Karime Costalunga:

A comunhão plena de vida, como cláusula geral que é, tem a função de permitir a abertura e a mobilidade do sistema jurídico, tanto para a inserção de elementos externos quanto internos, o que significa dizer que sua interpretação não se faz do modo fechado e exegético, mas sim aberto e coligado com os demais princípios e regras do ordenamento, mesmo que, para tanto, seja necessária a compreensão desta comunhão como, inevitavelmente, patrimonial.[10]

Bem por isso há que pensar na impossibilidade de flexibilização ou mitigação do princípio, que orienta a vida do casal, condutor dos mais expressivos avanços da doutrina e da jurisprudência. A tanto suficiente referir que:

i) "o intuito de plena comunhão de vida entre os cônjuges (art. 1.511 do Código Civil) conduziu o legislador a incluir o cônjuge sobrevivente no rol dos herdeiros necessários (art. 1845), o que reflete irrefutável avanço do Código Civil de 2002 no campo sucessório, à luz do princípio da vedação ao retrocesso social" (STJ, 3ª Turma, REsp 1472.945/RJ);

(ii) o novo modelo de família, fundado na comunhão plena de vida, faz evidenciar, quanto ao regime de bens, que seja qual for o escolhido, tratar-se de uma comunidade por esse princípio instituída,[11] tornando mais certo, por isso, que no regime de comunhão parcial, esse esforço comum é inerente à constituição do patrimônio.

Vale, afinal, trazer referência jurisprudencial atinente à essa solidariedade firmada a partir da anima(ção) do casal, em assinalando que: "os bens adquiridos na constância, no caso, da união estável, devem comunicar-se, independente da prova

---

10. KOSTALUNGA, Karine. O direito à igualdade na relação familiar: Uma proposta de interpretação ao art. 1790 do Código Civil. *Revista de Direito FGV*, v. 2 n. 2, p. 165-186, jul./-dez. 2006.
    Disponível em: https://direitosp.fgv.br/sites/direitogv.fgv.br/files/rdgv_04_pp165-186.pdf.
11. Idem, p. 170.

de que tais bens são provenientes do esforço comum, já que a solidariedade, inerente à vida comum do casal, por si só, é fator contributivo para a aquisição dos frutos na constância de tal convivência" (STJ, 3ª Turma, REsp 1090722 /SP, rel. Min. Massimi Uyeda, j. 30.08.2010).

## 4. O FATO-ESFORÇO PROVADO E A ILUSÃO DA MEAÇÃO

Cuide-se, então, analisar, antes de mais, a formação do patrimônio familiar tendo como fundamento o regime da comunhão parcial de bens.

Extrai-se a sua mais fácil compreensão do disposto no art. 1.658 do Código que constitui "a espinha dorsal do regime da comunhão parcial de bens" (MAIRAN, 2015),[12] pelo qual "comunicam-se *os bens que sobrevierem ao casal, na constância do casamento, com as exceções dos artigos seguintes*". Ou seja, entram na comunhão todos os bens relacionados no art. 1.660 do Código Civil e, dentre eles, consabidamente, com maior frequência, "os bens adquiridos na constância do casamento por título oneroso, ainda que só em nome de um dos cônjuges" (CC, art. 1.600, I). E não entram nesse regime, aqueles outros bens, referidos pelo art. 1.659, do Código Civil.

Nesse espectro, o termo "sobrevierem ao casal na constância do casamento" tem um comando objetivo e incontroverso, por dicção legal, quanto à comunicabilidade dos bens, exceptuados somente os referidos pelo mencionado art. 1.659.

De efeito, diante da Súmula 377 do STF, mesmo com a revogação do artigo 259 do Código Civil de 1916, o STJ sempre entendeu na forma posta naquele enunciado, admitindo uma aplicação hibrida de regimes de bens aos casais idosos, nos fins do art. 1.641, II, CC:

(i) o regime de separação obrigatória dos bens havidos antes do casamento, sob a administração e disposição exclusiva de cada um dos cônjuges, ao tempo da convolação do casamento (art. 11.687, CC) e, no seu curso,

(ii) o regime de comunhão parcial de bens, na forma do art. 1.658, CC.

Suficiente assinalar o julgado seguinte:

Companheiro sexagenário. Súmula 377 do STF. Bens adquiridos na constância da união estável que devem ser partilhados de forma igualitária.

A *ratio legis* foi a de proteger o idoso e seus herdeiros necessários dos casamentos realizados por interesse estritamente econômico, evitando que este seja o principal fator a mover o consorte para o enlace (REsp 1689152/SC, rel. Min. Luis Felipe Salomão, 4ª Turma, julgado em 24.10.2017, DJe 22.11.2017).

Mais precisamente, conforme a Súmula 377 do Supremo Tribunal Federal, de 1964 (até a jurisprudência adversa mais recente), no sentido de que "no regime de

---

12. MAIA JÚNIOR, Mairan Gonçalves. *A família e a questão patrimonial*. Prefácio Teresa Arruda Alvim. 3. ed. São Paulo: Ed. RT, 2015, p. 292-293.

separação obrigatória, comunicam-se os bens adquiridos onerosamente na constância do casamento, sendo presumido o esforço comum" (STJ, 3ª Turma, AgRg no AREsp 650390/SP, rel. Min. João Otávio de Noronha, j. 27.10.2015, DJe de 03.11.2015).

A conclusão jurisprudencial foi a de sempre apresentar-se esse regime equipotente ao do próprio regime de comunhão parcial de bens (artigo 1.658 do Código Civil), regime básico ao casamento e à união estável.

Pois bem. No recente caso julgado que veio instituir o novo entendimento, vale anotar, como consignado que "(...) ao decidir que o cônjuge supérstite, casado sob o regime de separação legal de bens, faz jus à meação de bem adquirido na constância do casamento, independentemente da prova de esforço comum, o TJSP se alinhou ao entendimento do STJ (REsp 593663/DF, 3ª Turma, DJe 20.09.2016 e AgRg no REsp 1008684/RJ, 4ª Turma, DJe 02.05.2012)" (na fl. 408).

Todavia, essa "nova compreensão" desafia a interpretação clássica da doutrina sufragada por Maria Helena Diniz e Washigton de Barros Monteiro, entre outros, quando sustentam que a comunicação dos bens ocorre pelo esforço comum do trabalho e economia do casal, "ante o princípio de que há uma sociedade de fato entre os cônjuges".[13]

Essa denominada *"comunhão de adquiridos"*, assim tratada pelo art. 1.717 do Código Civil português de 25 de novembro de 1966, como regime de bens supletivo, é reconhecida, por Orlando Gomes, como mais atinente "ao espírito da sociedade conjugal", quando expõe:

porque assenta no pressuposto de que o casamento estabelece uma união perfeita entre os cônjuges, uma união de almas, mas, também, uma união de interesses, e os bens adquiridos na constância do casamento devem ser comuns por serem fruto da estreita colaboração que se estabelece entre marido e mulher, resultando, de regra, na família de classe média, do espírito de economia da mulher...[14]

Não há negar, por regras de experiência máxima, que:

(i) os adquiridos devem ser bens comuns, diante do liame de colaboração vinculante que reúne, ordinariamente, os cônjuges na formação do patrimônio novo;

(ii) defeso que não poderá um deles fazer prova negativa da falta dessa estreita colaboração, a afastar a presunção do esforço comum para a aquisição dos bens comuns;

(iii) a não incidência do inciso II do art. 1.659 do Código Civil, quando valores empregados para a aquisição de um novo bem não sejam exclusivos de um dos côn-

---

13. DINIZ, Maria Helena. *Curso de Direito Civil Brasileiro*. 14. ed. São Paulo: Saraiva, 1999, v. 5, p. 155; MONTEIRO, Washington de Barros. *Curso de Direito Civil*. 34. ed. São Paulo: Saraiva, 1997, p. 180-181. Ver, ainda, FUJITA, Jorge Shiguemitsu, *Curso de Direito Civil. Direito de Família*. São Paulo: Juarez de Oliveira, 2000, p. 106-107.
14. GOMES, Orlando. *Direito de Família*. Rio de Janeiro. Porto Alegre: Fabris, 1984, p. 17.

juges. No ponto, cogita-se de uma aquisição com valores híbridos, tanto acrescidos e decorrentes de bens particulares do outro ou de valores de bens comuns.

Entendimento adverso mais recente conduz, entretanto, ao desprovimento do esforço comum de solidariedade existencial, pela comunhão plena de vida, à perfeita vinculação dos bens adquiridos, ingressando-se em conceitos exclusivamente de esforço financeiro proporcional.

Implica dizer que a meação não será mais a meia parte do todo do acervo, como descortina o art. 1.658 do Código Civil (salvo as exceções da comunhão, como disposta no artigo seguinte). A ilusão da meação torna-se visível por equações matemáticas de aplicação financeira ao esforço que será, de tal maneira, apenas materializado pelo emprego de determinado capital.

Em discussão doutrinária na espécie,[15] Flávio Tartuce admitiu que a solução matemático-financeira aplicável estabelecerá a quota parte sobre cada bem adquirido durante o casamento, significando que a cada determinado bem corresponderá um quinhão adequado ao esforço financeiro empregado pelos parceiros. No caso, o esforço provado da aquisição onerosa do bem será daquele que pretender a comunhão, a demonstrar o quanto contribuiu. Nessa diretiva formar-se-ia um condomínio onde cada cônjuge teria o seu direito correspondente a quinhão apurado proporcionalmente ao seu esforço.

Defendi posição distinta ao considerar que a aquisição onerosa na constância da união deve compreender a repartição igualitária, diante da relevante *participação existencial de vida* na união do casal, que se efetiva iniludível, ainda que não financeira. O regime de separação obrigatória atende a sua eficácia exata e somente quanto aos bens anteriores, não se apresentando incompatível, em hibridez, com o regime de comunhão parcial que passa a imperar a partir e no curso da união.

Repita-se: pensar em contrário, significaria tornar ineficaz a regra do art. 1.660, I, do Código Civil ao dispor que entram na comunhão "os bens adquiridos na constância do casamento, por título oneroso, *ainda que* só em nome de um dos cônjuges". Ou seja, mais precisamente, significaria exigir à comunhão o que a lei não exige, o de que estes bens adquiridos sejam necessariamente registrados em nome de ambos os cônjuges para tornar certa e incontroversa a comunhão parcial dos bens.

A interpretação conforme o novo modelo dado ao que dispõe o verbete sumular 377/STF, a exigir comprovado o esforço comum para a aquisição dos bens na constância do casamento sob o regime de separação obrigatória de bens, não se coaduna com a presunção do esforço comum inerente ao próprio regime de comunhão parcial de bens, também alcançado pelos casais septuagenários, em formação do patrimônio superveniente.

---

15. Live promovida pelo Direito Civil Brasileiro, em Instagram coordenado pelo jurista Rodrigo Toscano, com nossa participação e de Flávio Tartuce.

Exigir o esforço provado seria afastar a própria *mens legis* desse segundo regime, pelo qual o esforço se torna presumido em definição ao reportado regime, a manter, destarte, eficaz o regime de separação obrigatória ou legal de bens durante todo o casamento. De fato, "do ponto de vista prático, para efeitos patrimoniais, não há diferença no que se refere à partilha dos bens com base no regime de comunhão parcial ou no da separação legal contemporizado pela Súmula 377 do STF", como já advertia a Min. Fátima Nancy Andrighi no REsp 1171820.

Mais ainda: mesmo nos casos de separação obrigatória, admite-se que sejam os aquestos partilhados (REsp 208640-RS, rel. Min. Carlos Alberto Menezes Direito, j. 15.02.2001).

De ver, por essencial, que a legislação não impõe ou expressa que o regime de separação obrigatória alcance os bens adquiridos durante a convivência. Em ser assim, uma construção jurisprudencial não poderia vir criar outro regime, diverso dos previstos no Código Civil como diverso de uma sua formação ditada pela vontade autônoma dos interessados.

## 5. A OPÇÃO ESCLARECIDA DO REGIME PATRIMONIAL DE BENS

Postas estas reflexões e diante das possíveis projeções da recente jurisprudência criando outro regime diferenciado de bens e que, apesar disso, poucos tem conhecimento, notadamente os próprios nubentes; revela-se destacar, de extrema urgência, quatro principais questões:

(I) a autonomia da vontade dos cônjuges septuagenários em definirem, por livre deliberação e em opção esclarecida, pacto de sociedade igualitária na aquisição onerosa dos bens surgidos após o casamento, *dispensando a exigência do esforço provado* na obtenção de tais bens;

(ii) idêntica autonomia situa também os referidos cônjuges a deliberarem, *contrario sensu*, pela separação convencional dos bens adquiridos na constância do casamento, tornando-os incomunicáveis como àqueloutros anteriores.

A propósito, com elogiável pertinência, surge a crítica de Rafael Calmon, acerca da imprecisão terminológica do legislador processual de 2015 em enunciado do artigo 73, caput e parágrafo 1º, inciso I, do Código de Processo Civil, ao referir sobre a "*separação absoluta de bens*", quando o Código Civil não qualifica a separação dos bens de "*relativa*" ou "*absoluta*", apenas "*convencional*" ou "*obrigatória*".[16]

De fato, a questão da incomunicabilidade dos bens se apresenta decisiva à *participação* do cônjuge em ações sobre o direito real imobiliário, seja para o consentimento do outro para propor a ação, seja para a citação ou não em ação da mesma natureza.

Com a devida precisão, Rafael Calmon também leciona, no que interessa:

---

16. CALMON, Rafael. *Direito das Famílias e Processo Civil*: interação, técnicas e procedimentos sob o enfoque do Novo CPC. São Paulo: Saraiva, 2017, p. 219-220.

É preciso ter atenção, ainda, para uma circunstância que parece ter passado despercebida do legislador de 2015, qual seja, a relativização que esse regime (o de separação obrigatória) sofreu após a entrada em vigor da CF/88, na hipótese de não ser convencionado pelos nubentes (CC, art. 1.650, parágrafo único) mas sim imposto pelo legislador (CC, art. 1.641). Nesse caso, as regras do regime da comunhão parcial lhes serão aplicáveis, justamente pelo fato de a vontade das partes não ter sido considerada no momento da celebração (STF, Súmula 377).[17]

A nosso sentir, a nova compreensão dada à Súmula 377-STF, pelo Superior Tribunal de Justiça não rompe a segura assertiva da doutrina calmonista, por identidade de todas as razões que aqui sustentamos.

De mais a mais, conforme destacou o mestre Zeno Veloso, permanecente entre nós, sempre, por seu imensurável legado de doutrina, o regime de comunhão parcial de bens é um *regime misto*, porquanto há a possibilidade de serem formadas três massas de bens distintas: a dos bens comuns, a dos bens do marido e a dos bens da mulher, recebendo, portanto, "a aplicação das regras ou disposições de cada um dos regimes de que se compõe".[18] Este primeiro componente de massa que se coloca regulamente possível nas uniões sobre esse regime impõe a natural aplicação do art. 73, *caput* e do § 1º, I, do CPC para as ações reais imobiliárias.

Noutro giro, cumpre lembrar que mesmo a separação pura ou a obrigatória não se tornam, definitivamente, absolutas, como realçado há mais de duas décadas, pelo STJ, valendo conferir o acórdão seguinte:

Estipulado, expressamente, no contrato antenupcial, a separação absoluta, não se comunicam os bens adquiridos depois do casamento. A separação pura é incompatível com a superveniência de uma sociedade de fato entre marido e mulher dentro do lar. Precedentes.[19]

(iii) uma nova redação ao artigo 1.528 do Código Civil, no efeito desburocratizante dos pactos antenupciais.

Vejamos. O dispositivo determina, em sua 2ª parte:

"1.528. *É dever do oficial do registro esclarecer os nubentes a respeito dos fatos que podem ocasionar a invalidade do casamento, bem como sobre os diversos regimes de bens*".

Consabido que a escolha do regime de bens no casamento trata-se de um direito patrimonial, essencialmente disponível, vale referir indevida uma interferência estatal para regular essa relação privada, incidindo uma inconstitucionalidade manifesta.

De efeito, conferindo a lei o poder-dever de o Oficial de Registro contribuir para a livre opção dos nubentes sobre o sistema patrimonial de bens,[20] nada justifica a

---

17. Idem, p. 220.
18. VELOSO, Zeno. Regimes Matrimoniais de Bens. In: PEREIRA, Rodrigo da Cunha (Coord.). *Direito de Família Contemporâneo*. Belo Horizonte: Del Rey Editora, 1997, p. 113; p. 79-220.
19. STJ, 4ª Turma, REsp 83,750, rel. Min. Barros Monteiro, j. 19.08.1999.
20. Bem ver que os aquestos se comunicam não importando que tenham sidos ou não adquiridos com esforço comum. "Não se exige a prova do esforço comum para partilhar o patrimônio adquirido na constância da união" (STJ, 3ª Turma, REsp 736627, Min. Carlos Alberto Menezes Direito).

mera limitação ao simples dever de esclarecimento, por ato do processo de habilitação ao casamento.

Essa consagração de atribuição ao Oficial deve ser consolidada, em bom rigor, por mudança de lei com nova redação ao artigo 1.528, CC; podendo esse recolher a manifestação de escolha de ambos os nubentes sobre o regime de bens por eles preferido, sem maiores formalidades, com a dispensa de prévia escritura pública atualmente prevista pelo artigo 1.653 do Código Civil.

Assim, notadamente no atinente ao item (i) acima, ter-se-á procedida pelo Oficial do registro, em processando a habilitação para o casamento, a inclusão no requerimento da objetiva manifestação do casal pela não incidência da atual jurisprudência do STJ, ou seja, pela admissão do esforço presumido, a dispensar o esforço provado.

Aliás, tal relevante atribuição tem consonância com a mais forte tendência atual de desburocratização instituidora de uma nova *cidadania registral*, a tanto que o PL 9.499/2018, simplifica o processo de habilitação ao casamento, alterando o artigo 1.526 do Código Civil e o artigo 67 da Lei 6.015/1973 (Lei de Registros Públicos) e o PL 9.497/2018 altera o art. 50 da lei registral no fim de remessa de dados ao cartório da residência dos genitores nos nascimentos registrados via unidades interligadas de registro civil.

(iv) a odiosa discriminação do idoso, sofrendo a autodeterminação patrimonial dos seus bens, no casamento, como assinalou o saudoso João Baptista Villela. Afirmou, de há muito tempo: "a proibição na verdade, é bem um reflexo da postura patrimonialista do Código e constitui mais um dos ultrajes gratuitos que a nossa cultura inflige à terceira idade".[21]

Ora bem. A discriminação etária não tem qualquer amparo legal, já proibida pelo art. 4º da Lei 10.741/2003 (Estatuto do Idoso), o que, no mais urgente, revela a inconstitucionalidade flagrante do artigo 1.641, inciso II, do Código Civil.

## 5.1 A alteração do regime de bens

Nessa linha de pensar, com idêntica motivação desjudicializante, impõe-se, por igual, a desburocratização da alteração do regime patrimonial de bens, no curso do casamento, a depender, ainda, de judicialização do pedido e da autorização judicial (artigo 1.639 § 2º, CC), quando é desmedida a imposição legal de pedido motivado e de procedência das razões invocadas.

Dispensadas tais exigências excessivas, previstas no estatuto civil, tudo orienta como regra de experiência desburocratizante, que a referida alteração registral do

---

21. VILELA, João Baptista. *Liberdade e família*. Belo Horizonte: Faculdade de Direito da UFMG, 1980, v. 7. p. 35. O consagrado jurista, falecido em 16 de novembro de 2021, notabilizou-se na área do direito de família, ao constituir a teoria da desbiologização da paternidade, que serviu, adiante, de premissa de base aos fundamentos da paternidade socioafetiva, expressão cunhada por Luiz Edson Fachin, Ministro do Supremo Tribunal Federal.

regime de bens se proceda perante o Oficial de Registro Civil, onde habilitado o casamento, operando-se por simples requerimento de manifestação da autonomia de vontade do casal.

Nada justifica que à pretendida alteração do regime de bens, ao tempo de sua desjudicialização, como pretende o PL 4.849/2018, seja por escritura pública, com o emprego dado para a nova redação ao parágrafo 2º do artigo 1.639 do Código Civil. A mesma "*mens legislatoris*" que autoriza a desjudicialização, dispensando provocação jurisdicional, mais legitima a desejada desburocratização destinando-se a providência ao Oficial do Registro Civil onde, com trânsito muito mais rápido, poder-se-á proceder a alteração registral.

A dispensa de uma prévia e burocrática escritura pública a anteceder a averbação em Registro Civil afigura-se, assim, no mesmo patamar da cidadania registral almejada, desburocratizando o procedimento.

## 5.2  A desburocratização do pacto nupcial

Verificado que por nova redação "*de lege ferenda*" atribuída ao artigo 1.528 do Código Civil, tenha-se a definição de regime de bens de ser feita perante o Registro Civil, por opção informada e esclarecida à escolha de determinado regime.

Demais disso, não custa lembrar que o pacto nupcial como negócio jurídico de direito familista, com seu caráter volitivo inerente, não se destina exclusivo à definição do regime de bens, como leciona Fabiana Domingues Cardos.[22] Cuide-se que a convenção deve servir como instrumento de prevenção de conflitos e por essa otimização deve ser prestigiado o pacto; devendo reger somente as relações extrapatrimoniais. As patrimoniais, no tocante ao regime de bens, reserve-se ao Ofício de Registro Civil, lavrando-se maior eficiência nesse ponto e com menor onerosidade e tempo.

## 6.  CONSIDERAÇÕES FINAIS

Em larga medida, devem ser estabelecidos parâmetros razoáveis de interpretação. Do que resulta concluir que:

6.1 No trato do tema, impende reconhecer a autonomia da vontade dos cônjuges apenas e somente limitada pelos termos da lei. De efeito, poderão eles isentarem-se de eventual necessidade de prova do esforço comum, perante o regime de separação de bens aos casais septuagenários, adiantando que esse esforço comum terá, a todos os casos dos bens adquiridos onerosamente, a sua materialização maior pelo princípio dominante da comunhão de vida.

6.2 Em casos que tais, torna-se reconhecer que a cidadania registral na esfera do RGPN ganha e ganhará, maior densidade consolidando metas da desburocratização.

---

22. CARDOSO, Fabiana Domingues. *Regime de Bens e Pacto Antenupci*al. Prefácio Francisco José Cahali. São Paulo: GEN/Editora Método,2010, 294 p.

6.3 Para além disso, em serviço da desburocratização, tão urgente a consolidar uma cidadania registral, cumpre, ainda, exemplificar, quanto bastante:

(i) *O divórcio unilateral*, cujo direito potestativo da parte não admite dissenso (salvo por discurso de ódio), estabelecedor da prevalência da autonomia da vontade da pessoa, objeto do PLS 3.457/2019, de autoria do Senador Rodrigo Pacheco, e que serve à cidadania diretamente perante o Registro Civil e por cuja aprovação toda a sociedade anseia.

(ii) *Uma nova dinâmica das alterações do nome*, diante do pleno abandono de sua imutabilidade, tendo como instrumento mais recente o Provimento 82/CNJ, de 03.07.2019. Sugere-se novas medidas administrativas nessa diretriz. Designadamente a permitir a retomada do nome de solteiro por divorciados que não fizeram a opção de retorno à ocasião do divórcio (questão silenciada no Provimento, que apenas autorizou a pessoa viúva, por ocasião do óbito – artigo 1º, § 3º).

(iii) *Uma tomada de decisão apoiada*, a ser exercida perante o Registro Civil, como instituto de proteção à pessoa com deficiência (Lei 13.146/2015), dando, nesse passo, maior efetividade ao EPD.

6.4 A cidadania registral pede urgência. Quando o direito, apropriando-se da vida, melhor se realiza como um sentimento palpitante de realidade, e a pessoa situa-se, precisamente, em seu núcleo fundante, tudo combina em exatidão com essa cidadania registral, praticada diretamente nos Ofícios do Registro Civil.

6.5 O regime parcial de bens enquanto sujeito a uma eventual negativa de meação dos bens adquiridos, por suposta falta de colaboração do outro cônjuge, pode render ensejo, como assim afigura-se, a um enriquecimento ilícito daquele que venha dispor unicamente dos bens.

Em melhor doutrina, Dimas Messias de Carvalho, indica esse problema, referindo:

"Nada justifica o entendimento de alguns de exigência de prova efetiva de esforços do cônjuge, com trabalho ou financeiramente, como ocorre no regime de separação absoluta, mediante comprovação em ação autônoma, pois se trata de regime imposto para proteger o cônjuge e não escolhido pelas partes, presumindo-se o esforço comum na constância da convivência para aquisição de bens, evitando o enriquecimento de apenas um deles em detrimento do outro."[23]

Por esse viés, Maria Berenice Dias aponta, com a devida propriedade, que a Súmula 377 do Supremo Tribunal Federal foi editada como fórmula inibitória ao enriquecimento ilícito. Afirma a consagrada jurista:

"Visualizando a possibilidade da ocorrência de enriquecimento injustificado, o STF editou a Súmula 377, assim justificando seu enunciado: a interpretação exata da súmula é no sentido de que, no regime de separação legal, os aquestos comuni-

---

23. CARVALHO, Dias Messias de. *Direito das Famílias*. 7. ed. São Paulo: Saraiva, 2019, p. 305-306.

cam-se pelo simples fato de terem sido adquiridos na constância do casamento, *não importando se resultaram ou não, do esforço comum*.[24]

O comando ético-jurídico do verbete sumular não deve perder a sua razão e finalidade de ser, quando se argumenta a necessidade de prova do fato-esforço, consabido que a contribuição psicológica de apoio e solidariedade de um dos cônjuges compreende esforço valioso, que embora desprovido de medidas que fixem a mensuração de uma quota parte ideal, tamanha a subjetividade, não poderá ser desconsiderado como fator contributivo à aquisição do patrimônio.

6.6 Embora o casamento ou a união estável repercutam patrimonialmente, não se tornam uma associação financeira predominante, muito antes eles se acham informados pela comunhão de vida que servirá, decisiva, ao proveito da aquisição de bens.

Segue-se, daí, que o patrimônio familiar, será construído pelo fato-esforço unicamente extraído da comunhão existencial de vida do casal e não, singelamente, por operação estritamente financeiras, quando se pretenda que o bem tenha sido adquirido pelo esforço só de um dos consortes.

6.7 Quando a lei no caso do regime da separação legal não afirma seja esta uma separação absoluta, ou seja, impeditiva ao concurso da comunicação dos bens adquiridos na constância do casamento, tenha-se por corolário lógico que os bens possam se comunicar, como se comunicam, sob a égide do regime de comunhão parcial, independente da prova do esforço comum. A distribuição inequívoca do novo patrimônio é o resultado da própria finalidade do casamento, dentro dos valores solidários e afetivos das relações conjugais que legitimam e assentam as contribuições recíprocas, materiais e imateriais, formando comuns os bens.

6.8 Impende sublinhar que a necessidade de comprovação do esforço comum somente poderia vir ser consagrada por única e expressa vontade dos consortes, a tanto dispondo a respeito, como também, aliás, a incomunicabilidade dos bens adquiridos durante a constância do casamento, mesmo para aqueles sujeitos ao art. 1.641 e incisos do CC, exigirá manifesta intenção mediante escritura pública.

A esse propósito, Conrado Paulino da Rocha chama à colação o Enunciado 634 de Jornada de Direito Civil, dispondo que é "lícito aos que se enquadrem no rol de pessoas sujeitas ao regime de separação obrigatória de bens (art. 1.641 do Código Civil, estipular, por pacto antenupcial ou contrato de convivência, o regime de separação de bens, a fim de assegurar os efeitos de tal regime e afastar a incidência da Súmula 377 do STF".[25]

6.9 Agora, com a "*nova compreensão*" da reportada Súmula, a cientificação do Oficial do Registro Civil será, em outra e devida latitude, a da advertência aos nubentes para afastar, por declaração expressa, a exigência da *regra jurisprudencial* do

---

24. DIAS, Maria Berenice. *Manual de Direito das Famílias*. Porto Alegre: Livraria do Advogado Editora, 2005, p. 233-234.
25. ROSA, Conrado Paulino da. *Direito de Família Contemporâneo*. 8. ed. Salvador: JusPodivm, 2021, p. 287.

esforço provado e, sob o pálio da comunicabilidade dos bens, exaltar a *comunhão plena de vida* que valoriza substancialmente a união.

6.10 Afinal, a efetiva liberdade de escolha do regime de bens no desenho de suas consequências jurídicas deve ser plenamente garantida aos casais no projeto existencial e comum de suas vidas, de modo a superar dissensos doutrinários e a jurisprudência de novas interpretações.

## 7. REFERÊNCIAS

ALVES, Jones Figueirêdo. *Comunhão de vida*. Web: http://www.impresso.diariodepernambuco.com.br/noticia/cadernos/mundo/2014/11/comunhao-de-vida.html.

BONILHA FILHO, Márcio Martins. O afastamento da aplicação da súmula 377, do STF para os casamentos a serem realizados com a imposição do regime de separação obrigatória de bens. *IBDFAM*, 19.04.2020. Web: https://ibdfam.org.br/artigos/1424/O+afastamento+da+aplica%C3%A7%C3%A3o+da+s%-C3%BAmula+377,+do+STF+para+os+casamentos+a+serem+realizados+com+a+imposi%C3%A7%-C3%A3o+do+regime+de+separa%C3%A7%C3%A3o+obrigat%C3%B3ria+de+bens.

CALMON, Rafael. *Direito das Famílias e Processo Civil*: interação, técnicas e procedimentos sob o enfoque do Novo CPC. São Paulo: Saraiva, 2017.

CARVALHO, Dias Messias de. *Direito das Famílias*. 7. ed. São Paulo: Saraiva, 2019.

DELGADO, Mario Luiz. Casamento precedido de união estável e o Regime da Separação Obrigatória de Bens (STJ – Resp. 1.254.252/SC). *Revista Nacional de Direito de Família e Sucessões*, v. 2. p. 138-139. Porto Alegre: Lex Magister/IASP, 2014.

DIAS, Maria Berenice. *Manual de Direito das Famílias*. Porto Alegre; Livraria do Advogado Editora, 2005.

MAIA JÚNIOR, Mairan Gonçalves. *A família e a questão patrimonial*. Prefácio Teresa Arruda Alvim. 3. ed. São Paulo: Ed. RT, 2015.

MAIA JÚNIOR, Mairan Gonçalves. *O Regime da Comunhão Parcial de Bens no Casamento e na União Estável*. Prefácio Teresa Arruda Alvim. São Paulo: Ed. RT, 2010.

GARCIA, Ana Paula Domingues. Sucessão. Regime da separação obrigatória de bens. Possibilidade de afastamento da súmula 377 do STF por meio de pacto antenupcial. *JusBrasil*. Web: https://anagarciaoabdf.jusbrasil.com.br/artigos/440468015/sucessao-regime-da-separacao-obrigatoria-de-bens--possibilidade-de-afastamento-da-sumula-377-do-stf-por-meio-de-pacto-antenupcial.

ROSA, Conrado Paulino da. *Direito de Família Contemporâneo*. 8. ed. Salvador: JusPodivm, 2021.

SIMÃO, José Fernando. Separação obrigatória com pacto antenupcial? Sim, é possível. *Consultor Jurídico*, 11.02.2018. Web: https://www.conjur.com.br/2018-fev-11/processo-familiar-separacao-obrigatoria-pacto-antenupcial-sim-possivel.

TARTUCE, Flávio. Da possibilidade de afastamento da súmula 377 do STF por pacto antenupcial. *Migalhas*, 25.04.2016. Web: https://www.migalhas.com.br/coluna/familia-e-sucessoes/239721/da-possibilidade-de-afastamento-da-sumula-377-do-stf-por-pacto-antenupcial.

TUCCI, Cibele Pinheiro Marçal. Aspectos Patrimoniais do Direito de Família no Brasil. *Revista Nacional de Direito de Família e Sucessões*, v. 1. p. 37-57. Porto Alegre: Lex Magister/IASP, 2014.

# DA (IN)COMUNICABILIDADE DE FGTS E PREVIDÊNCIA PRIVADA NA PERSPECTIVA DO STJ

*J. M. Leoni Lopes de Oliveira*

Doutor em Direito pela Unesa. Mestre em Direito pela Unesa. Professor Emérito da Fundação Escola do Ministério Público do Rio de Janeiro – EMERJ. Membro Fundador da Academia Brasileira de Direito Civil – ABDC. Procurador de Justiça do Ministério Público Estado do Rio de Janeiro.

*Rachel Delmás Leoni*

Doutora em Direito pela PUC-Rio. Mestre em Direito pela PUC-Rio. Professora Convidada dos cursos de pós-graduação lato sensu da PUC-Rio. Professora do Curso de Direito da Unesa. Conselheira da OAB/RJ. Advogada.

**Sumário:** 1. Introdução – 2. Fundo de garantia por tempo de serviço – FGTS – 3. Valores mantidos em planos de previdência privada complementar – aberta e fechada – 4. Análise crítica comparativa entre os diferentes ativos financeiros no regime da comunhão parcial de bens – 5. Considerações finais – 6. Referências.

## 1. INTRODUÇÃO

aumento da complexidade nas relações sociais, a democratização da utilização de investimentos financeiros, que passaram a ser acessados por mais pessoas, deixando de estar reservados, exclusivamente, a especialistas financeiros, determinaram o aumento de conflitos em torno da comunicabilidade e incomunicabilidade de certos ativos financeiros, especialmente no regime de bens mais frequente entre os brasileiros, qual seja a comunhão parcial de bens.

A precarização das relações de trabalho, ou o fenômeno conhecido como *pejotização*, frequentemente relacionado ao trabalho de profissionais autônomos, que constituem empresas e prestam serviços a grandes redes, sem a constituição de vínculo empregatício, como médicos, outros profissionais de saúde, administradores, jornalistas e muitos outros profissionais, determinaram maior preocupação da sociedade com o futuro, onde o valor percebido por aposentadoria pública simplesmente não existirá ou não será capaz de assegurar o padrão de vida experimentado durante a vida.

Diante disso, a procura por produtos como PGBL[1] e VGBL[2] cresceu, especialmente com vistas a assegurar complementação de renda, compatível com os rendimentos experimentados durante a vida.

---

1. Programa Gerador de Benefício Livre – plano de previdência privada diretamente contratado pelo interessado.
2. Vida Gerador de Benefício Livre – modalidade de previdência privada, também contratada diretamente pelo interessado.

Por vezes, contudo, as mais diversas circunstâncias determinam que os valores existentes junto a contas de investimento dessa natureza sejam objeto de disputa entre os cônjuges ou companheiros no momento da dissolução do casamento ou da união estável, apresentando-se nuances também pertinentes ao modelo de previdência complementar adotado por qualquer dos cônjuges ou companheiros, seja a previdência complementar *fechada* ou a previdência complementar *aberta*.

Os conflitos, contudo, não se encerram nos investimentos financeiros, alcançando também os valores constantes de conta vinculada ao Fundo de Garantia por Tempo de Serviço-FGTS.

No que tange ao FGTS as nuances são ainda mais frequentes. As disputas acabam por envolver alegações de sub-rogação quando da aquisição de bem imóvel com a utilização de recursos de FGTS sacados exclusivamente por um dos cônjuges, de modo que aquele que contribuiu com valores sacados de seu fundo, pretende manter a cota parte correspondente na qualidade de bem particular.

As peculiaridades não acabam por aí, pois suscitam o questionamento sobre o saque dos valores depositados ter se dado *antes*, durante ou *após* o início e o fim do casamento, especialmente porque as causas que justificariam o saque são previstas por lei.[3] Do mesmo modo, há de se questionar se terá relevância o período em que foram realizados os depósitos para a verificação da comunicabilidade do referido recurso.

Parte desses questionamentos, acompanhados de seus múltiplos matizes foram enfrentados pelo Superior Tribunal de Justiça, devendo ser analisadas as consequências dos referidos posicionamentos, ao menos majoritários, especialmente no que tange ao regime de comunhão parcial de bens, adotados nos julgados que passamos a analisar.

## 2. FUNDO DE GARANTIA POR TEMPO DE SERVIÇO – FGTS

Apesar do sabido aumento da informalidade das relações de trabalho no Brasil, especialmente nos últimos anos, a quantidade de trabalhadores que são beneficiados pelo Fundo de Garantia por Tempo de Serviço ainda é extremamente relevante, causando grande impacto nas famílias brasileiras.

Especialmente em decorrência das causas legais que permitem o saque do saldo existente junto a uma conta vinculada de FGTS, dispostas no art. art. 20 da Lei 8.036/1990, que são relativamente restritas, é muito frequente a utilização dos valores constantes do fundo para aquisição de imóvel através do Sistema Financeiro de Habitação – SFH. Os recursos depositados pelo empregador, em benefício do

---

3. Art. 20, da Lei 8.036/1990, estabelece, entre outras causas, como motivação de movimentação da conta vinculada do trabalhador ao FGTS a despedida sem justa causa, inclusive a indireta, de culpa recíproca e de força maior.

empregado são recorrentemente utilizados no ato da aquisição do imóvel, ou mesmo para amortização do saldo devedor quiçá quitação do bem destinado, em regra, à residência da família.

Em caso de eventual dissolução do casamento ou união estável, não raro, o cônjuge ou companheiro que destinou seus recursos de FGTS à aquisição do imóvel, reclama a incomunicabilidade do bem, asseverando serem os mencionados valores personalíssimos, buscando determinar sua incomunicabilidade com vistas a tratar--se de valores pertinentes aos proventos exclusivos de um dos cônjuges, em caráter personalíssimo, de modo que bens adquiridos eventualmente com tais recursos estariam afastados da meação, eis que se manteriam exclusivos, em consonância com o disposto no art. 1.659, incisos I, VI e VII do Código Civil.

Ao enfrentar o tema, o STJ vem se posicionando-se no seguinte sentido:

> Agravo interno no recurso especial. Partilha de bens. Divisão do montante relativo à conta vinculada ao FGTS. Comunicabilidade. Aplicação do entendimento do STJ. Agravo interno desprovido.
>
> 1. O entendimento atual do Superior Tribunal de Justiça é o de que os proventos do trabalho recebidos, por um ou outro cônjuge, na vigência do casamento, compõem o patrimônio comum do casal, a ser partilhado na separação, tendo em vista a formação da sociedade de fato, configurada pelo esforço comum dos ex-conviventes.
>
> 2. Consoante a jurisprudência desta Corte, "deve ser reconhecido o direito à meação dos valores do FGTS auferidos durante a constância do casamento, ainda que o saque daqueles valores não seja realizado imediatamente à separação do casal" (REsp 1399199/RS, rel. Ministra Maria Isabel Gallotti, rel. p/ ac. Ministro Luis Felipe Salomão, 2ª Seção, julgado em 09.03.2016, DJe 22.04.2016).
>
> 3. A fim de viabilizar a realização desse direito (divisão de lavores relativos ao FGTS), nos casos em que ocorrer, a Caixa Econômica Federal (CEF) deverá ser comunicada para que providencie a reserva do montante referente à meação, para que num momento futuro, quando da realização de qualquer das hipóteses legais de saque, seja possível a retirada do numerário. Precedente.
>
> 4. Agravo interno desprovido. (AgInt em REsp 1931933/SP. rel. Ministro Marco Aurélio Bellizze. 3ª Turma, julgado em 20.09.2021).

O julgado acima disposto, teve como precedente o REsp 1399199, de Relatoria da Ministra Isabel Gallotti, sendo Relator para Acórdão o Ministro Luis Felipe Salomão, eis que seu voto fora vencedor, quanto aos fundamentos. Apesar de concretamente referir-se a processo em que os valores provenientes do FGTS eram pertinentes a períodos aquisitivos anteriores ao casamento, o que era incontroverso entre as partes, fixou entendimento quanto aos parâmetros determinantes da comunicabilidade de valores proveniente de contas vinculadas ao FGTS.

Nos parece que a plena compreensão dos requisitos de comunicabilidade, fixados pelo STJ tem como premissa a análise da natureza jurídica do Fundo de Garantia, com vistas a incluí-lo ou não entre os bens incomunicáveis no regime da comunhão parcial de bens e comunhão universal de bens. Em concreto, todavia, é imperioso analisar, com vistas a promover segurança jurídica, em que termos se viabiliza a meação dos valores constantes de conta vinculada ao FGTS.

Para ilustrar a situação, imaginemos que um determinado casal, depois de 20 anos de casamento, pelo regime da comunhão parcial de bens, venha a se divorciar. No momento do divórcio, um deles argui a incomunicabilidade de cota parte do imóvel adquirido pelo casal, quitada diretamente com valores pertinentes a seu fundo de garantia, e justifica no fato de que ao adquirirem o imóvel, se utilizou do fundo de garantia de uma vida inteira para quitação do referido bem, e que seu cônjuge, que não sacou seu fundo de garantia, se beneficiaria da meação do imóvel, preservando, contudo, seu FGTS.

Diante desse quadro, seria razoável a meação do imóvel na sua integralidade, sem reserva da parte correspondente ao FGTS utilizado? Caso o imóvel fosse partilhado igualitariamente, seria, do mesmo modo razoável, que o cônjuge que se beneficiou do fundo de garantia de seu consorte, pela meação do bem imóvel comum, tenha preservado o seu fundo de garantia, exclusivamente em decorrência de não ter realizado o saque para aquisição do bem comum?

Para não se perpetrarem situações de extrema insegurança jurídica, seria necessário o estabelecimento de critérios, que partiriam da natureza jurídica do FGTS, associada ao momento de contribuição e eventualmente ao momento do saque dos referidos recursos.

Premissa para se estabelecer outros critérios sobre as circunstâncias que ensejariam a comunicabilidade do fundo de garantia por tempo de serviço, diz respeito à sua natureza jurídica. O fundo de garantia por tempo de serviço é previsto no art. 7°, da Constituição da República de 1988 entre os direitos dos trabalhadores urbanos e rurais, sendo certo seu caráter de manutenção do trabalhador, em diversas hipóteses em que a Lei 8.036/90 possibilita sua movimentação.[4]

Como bem enunciado pela Ministra Isabel Gallotti, em voto proferido no julgamento do REsp 1399199/RS trata-se de:

> direito social decorrente da relação de emprego destinado à manutenção do empregado em caso de despedida sem justa causa ou extinção da empresa, podendo ainda ser sacado em outras hipóteses previstas no art. 20, da Lei 8.036/90, como aposentadoria; falecimento do titular da conta; pagamento de parte das prestações ou amortização de financiamento concedido no âmbito do Sistema Financeiro de Habitação; doenças especificadas em lei, alcance da idade de 70 anos.

É indubitável, que se cuida de uma reserva financeira, compulsoriamente instituída em benefício do empregado, e que em certo momento integrará seu patrimônio. Essa reserva financeira, como bem asseverado pela Exma. Ministra, se dá na proporção de 8% dos rendimentos do empregado, recolhidas mensalmente.

Para a Ilustre Julgadora, contudo, dada a ausência de liberdade sobre o referido patrimônio, até que se efetive uma das hipóteses legais de saque ou movimentação

---

4. O Fundo de Garantia por Tempo de serviço foi instituído pela Lei 5.107/1966, como alternativa à estabilidade do empregado. As causas de movimentação e saque dos valores constantes de contas vinculadas ao FGTS são dispostas no art. 20 da Lei 8.036/90.

da conta mantida em nome do empregado, o saldo lá existente seria indisponível enquanto integrante do sistema do FGTS, caracterizando direito personalíssimo, e, portanto, não sendo passível de integrar patrimônio comum do casal.

A característica de patrimônio exclusivo só perderia essa natureza a partir do momento em que o saque se efetivasse pelo cônjuge beneficiário, quer porque simplesmente operada uma das hipóteses legais de saque, quer para aquisição de bem imóvel no sistema financeiro de habitação. Uma vez desvinculados do fundo, os valores depositados pelo empregador durante o período do casamento ou união estável seriam passíveis de meação, mantendo-se a característica de patrimônio exclusivo a quantia sacada, pertinente a contribuição patronal anterior ou posterior ao período do casamento ou da união estável.

Em resumo conclui a ministra: "apenas os depósitos do FGTS originados durante a vigência do casamento, e caso tenham sido sacados e convertidos em reserva patrimonial durante a união, integram o patrimônio comum do casal".

Em seu voto-vista, o Ministro Luis Felipe Salomão divergiu da natureza personalíssima e, portanto, incomunicável, dos valores constantes de eventual conta vinculada ao fundo de garantia de um dos cônjuges. Ao contrário, o Ministro entendeu serem os valores depositados mês a mês pelo empregador em conta vinculada ao FGTS patrimônio do cônjuge, tal qual qualquer outro investimento financeiro, restando incerto tão somente o momento em que se possibilitará seu levantamento.

Para tanto apoia-se em entendimento firmado em precedente de Relatoria da Ministra Nancy Andrighi, onde afirma que o "FGTS integra o patrimônio jurídico do empregado desde o 1º mês em que é recolhido pelo empregador, ficando apenas o momento do saque condicionado ao que determina a lei".[5] E ainda reitera, fundado em amparado pelos mais diversos autores, que os valores existentes em conta vinculada ao FGTS são equivalentes aos proventos do trabalho, são verbas equivalentes às verbas rescisórias, afastado qualquer caráter indenizatório.[6]

Uma vez firmada a natureza jurídica do fundo de garantia como proventos de trabalho, resta indagar se, na qualidade de proventos do trabalho pessoal, tal verba restaria excluída da comunhão. Nesse sentido, é importante dar adequada interpretação a norma constante do inciso VI, do art. 1.659,[7] do Código Civil. Na forma do voto vencedor, de lavra do Ministro Luis Felipe Salomão, o moderno entendimento

---

5. Voto proferido no REsp 758548/MG.
6. O Voto-vista entre outros menciona inúmeros posicionamentos doutrinários: "Na lição de Sérgio Pinto Martins, o Fundo de Garantia por Tempo de Serviço é 'um crédito feito na conta vinculada do trabalhador, uma espécie de poupança forçada feita em seu proveito', cujo objetivo é 'reparar a despedida injusta por parte do empregador relativo ao período de serviço do operário na empresa'"; "Ressalte-se, ainda, posição sobre a matéria, conforme consta da 18ª edição da obra de Direito de Família de Caio Mario da Silva Pereira, atualizada por sua filha, Tânia da Silva Pereira, a qual registra ser 'pacífico o entendimento de que as verbas decorrentes do FGTS se incluem na rubrica proventos'".
7. Art. 1.659, inciso VI, CC: "art. 1.659. Excluem-se da comunhão: VI – os proventos do trabalho pessoal de cada cônjuge.

do STJ[8] é no sentido de que não se excluem da comunhão os proventos do trabalho de cada cônjuge, em virtude da sociedade de fato que se implementa com o casamento. Os rendimentos percebidos por ambos os cônjuges, em regra, são derivados de seu trabalho, de sua atividade laborativa, de modo que reservas financeiras, e a maioria dos bens adquiridos onerosamente terão esta origem.

No mesmo sentido, já nos posicionávamos, a respeito do inciso VI, do art. 1.659, do CC que:

> se deve interpretar a norma em questão para excluir da comunhão o direito à percepção dos proventos e não àqueles já percebidos. Assim, o que já ingressou (ainda que depositado em estabelecimento bancário) bem como os bens comprados com esse ingresso se comunicam, sob pena de não termos comunhão em relação a todos os bens adquiridos por cada cônjuge com fruto de seu trabalho.[9]

Compreendida que a verba constante do FGTS é passível de meação, resta considerar que nem todos os valores lá existentes em nome do cônjuge beneficiário estarão passíveis de meação. E nos parece razoável o entendimento firmado pelo STJ de que somente os valores depositados em benefício do cônjuge durante o casamento serão passíveis de partilha.

Desta forma, os valores eventualmente depositados antes ou depois do casamento ou da união estável seriam patrimônio exclusivo de seu beneficiário direito. O que determinará eventual direito à meação será, nas palavras do Ministro Luis Felipe Salomão:

> o momento em que o titular adquiriu o direito a percepção do provento. Se durante o casamento, comunicam-se as verbas recebidas; se anteriormente ao matrimônio ou após o desfazimento do vínculo, aqueles valores pertencerão ao patrimônio particular de quem tem o direito a seu recebimento.

O critério, portanto, não pode ser a ocorrência ou inocorrência de saque. E nesse sentido prevaleceu o voto-vista, que divergindo da Ministra Relatora, Isabel Gallotti, consolidou o entendimento de que a comunicação das verbas oriundas do FGTS não pode restar condicionada ao saque dos valores lá depositados ter se dado durante o período do casamento. Nesse caso, aquele que, em benefício da família sacasse seu FGTS teria por consequência a comunicação dos valores com seu cônjuge, e aquele que em postura egoísta preservasse seu fundo de garantia, preservaria o patrimônio como patrimônio particular, a ser utilizado no futuro, bastando, para isso, que o saque se desse depois do divórcio, independentemente da data de depósito de casa parcela.

---

8. Precedente utilizado: voto do Ministro Sanseverino, no julgamento do REsp 848660/RS: "o entendimento atual do Superior Tribunal de Justiça, reconhece que não se deve excluir da comunhão os proventos do trabalho recebidos ou pleiteados na constância do casamento, sob pena de se desvirtuar a própria natureza do regime. A comunhão parcial de bens, como é cediço, funda-se na noção de construção do patrimônio comum durante a vigência do casamento, com separação, grosso modo, apenas dos bens adquiridos ou originados anteriormente".

9. OLIVEIRA. J. M. Leoni Lopes. *Direito Civil* – Família, p. 537.

Parece-nos acertado, portanto, a solução adotada por maioria:

(...)

4. O entendimento atual do Superior Tribunal de Justiça é o de que os proventos do trabalho recebidos, por um ou outro cônjuge, na vigência do casamento, compõem o patrimônio comum do casal, a ser partilhado na separação, tendo em vista a formação de sociedade de fato, configurada pelo esforço comum dos cônjuges, independentemente de ser financeira a contribuição de um dos consortes e do outro não.

5. Assim, deve ser reconhecido o direito à meação dos valores do FGTS auferidos durante a constância do casamento, ainda que o saque daqueles valores não seja realizado imediatamente à separação do casal.

6. A fim de viabilizar a realização daquele direito reconhecido, nos casos em que ocorrer, a CEF deverá ser comunicada para que providencie a reserva do montante referente a meação, pata que num momento futuro, quando da realização de qualquer das hipóteses legais de saque, seja possível a retirada do numerário.

(...)

(REsp 1399199/RS, rel. Ministra Maria Isabel Gallotti, rel. p/ ac. Luis Felipe Salomão).

Os parâmetros adotados, por maioria, pelo STJ, com as distinções, especialmente quanto aos fundamentos apontados, determinam que os valores de FGTS passíveis de meação entre os cônjuges ou companheiros são aqueles cujos depósitos na conta vinculada ocorreram *durante* o casamento ou a união estável. Desta forma, independentemente de os valores terem sido sacados ou não, estes são passíveis de meação. Caso não tenham sido percebidos pelo cônjuge beneficiário ao tempo do divórcio, a separação não será causa de levantamento do valor. Mas o montante cabível ao consorte, a título de meação, será resguardado, pela Caixa Econômica Federal, responsável pelas contas vinculadas ao FGTS, até que se efetive uma das causas de autorização de saque.

Nesse caso, inclusive, posicionou-se o Ministro Paulo de Tarso Sanseverino, que ao acompanhar o voto-vista do Ministro Luis Felipe Salomão, com os acréscimos feitos pelo Ministro Marco Aurélio Bellizze, que sugeria a reserva dos valores para eventual saque, sugerindo que "A solução prática para a Caixa Econômica Federal seria criar uma conta para o cônjuge separado, permitindo-se o levantamento apenas nas hipóteses legais".

Por outro lado, reitere-se que caso o saque tenha se efetivado durante o casamento, porém os valores sejam pertinentes a período de trabalho anterior ao casamento ou a união estável, tais valores serão incomunicáveis.

## 3. VALORES MANTIDOS EM PLANOS DE PREVIDÊNCIA PRIVADA COMPLEMENTAR – ABERTA E FECHADA

acesso aos mais variados tipos de investimentos financeiros se popularizou, em grande medida em virtude dos avanços tecnológicos, e aumento de instituições que oferecem esse tipo de serviço.

Inúmeras famílias passaram a destinar seus recursos financeiros, em lugar de velhos conhecidos como cadernetas de poupança, aos denominados planos de previdência complementar, atraídas pela promessa de segurança a partir de determinada idade, com a complementação de renda almejada.

De outro giro, inúmeras empresas, categorias profissionais, e outras instituições, passaram a oferecer a seus empregados, associados, entre outros, a possibilidade de adesão, nas mais diversas formas, regidos por seus próprios estatutos, com finalidade assemelhada à primeira hipótese, qual seja, a complementação de renda após ser alcançada determinada idade, ou implementada a aposentadoria.

Aos regimes de previdência complementar privada contratados diretamente pelo interessado, onde lhe é facultado e flexibilizado o destino dos recursos, regras de percepção da complementação da renda, e até eventual resgate antecipado dos recursos ali empregados, se denomina de forma corrente previdência complementar privada *aberta*. À segunda modalidade, ainda que aderida pelo beneficiário, mas mantida por fundos de pensão vinculados e subsidiados total ou parcialmente por empresas, empregadores, classes profissionais, entre outros, que estabelecem regras coletivas, e, em regra, não é facultado resgate antecipado, é denominado previdência complementar privada *fechada*.

Fato é que, corriqueiramente, no momento do divórcio, quando um dos cônjuges possui recursos financeiros sob as rubricas de previdência complementar privada, surge o questionamento quanto à comunicabilidade dos valores ali mantidos, de modo que seja assegurado ou não, sobre eles, meação ao consorte.

Ao enfrentar a questão, o Superior Tribunal de Justiça posicionou-se de modo a dar tratamento diverso à denominada previdência complementar privada aberta e previdência complementar privada fechada. Para tanto, antes de adentrar nas conclusões acerca de cada uma das hipóteses, é fundamental diferenciar, a partir da perspectiva do STJ os dois regimes de previdência.

Na concepção do STJ a previdência privada *aberta*, dos quais são exemplos os conhecidos PGBL e VGBL, a par de suas funções securitárias e previdenciárias, há um relevante aspecto caracterizador de *investimento financeiro* como outro qualquer, dando margem a natureza jurídica *mista*.

Como mencionado pela Ministra Nancy Andrighi, em seu voto proferido no REsp 1698774/RS, a natureza previdenciária complementar se opera, exclusivamente, em um segundo momento. Antes das condições necessárias para a conversão de renda periódica se implementarem, os valores ali empreendidos se assemelham a qualquer outro investimento financeiro:

> 19) De outro lado, conquanto o PGBL seja classificado como "plano de previdência complementar aberta com cobertura por sobrevivência (Circular SUSEP 338/2007) e o VGBL seja tipificado como "plano de seguro de pessoa com cobertura por sobrevivência (Circular SUSEP 339/2007), não se pode olvidar que tais contratos assumiram funções substancialmente distintas daquelas para as quais foram concebidos.

20) Com efeito, a natureza securitária e previdenciária complementar desses contratos é evidentemente marcante no momento em que o investidor passa a receber, a partir de determinada data futura e em prestações periódicas, os valores que acumulou ao longo da vida, como forma de complementação do valor recebido da previdência pública e com o propósito de manter um determinado padrão de vida.

21) Entretanto, no período que antecede a percepção dos valores, ou seja, durante as contribuições e formação do patrimônio, com múltiplas possibilidades de depósitos, de aportes diferenciados e de retiradas, inclusive antecipadas, a natureza preponderante do contrato de previdência complementar aberta é de investimento, semelhantemente ao que ocorreria se os valores das contribuições e dos aportes fossem investidos em fundos de renda fixa ou na aquisição de ações e que seriam objeto de patilha por ocasião da dissolução do vínculo conjugal (REsp 1698774/RS, rel. Ministra Nancy Andrighi).

Diante da flexibilidade de utilização dos recursos, saques e qualquer destinação, interrompendo a trajetória que converteria tal fundo à qualidade de complementação de renda, a Ministra Nancy Andrighi conclui pela comunicabilidade dos valores investidos nas denominadas previdências privadas abertas, assim concebidas aquelas que podem ser livremente pactuadas por qualquer pessoa frente a agente financeiro autorizado, e reguladas pela SUSEP, entendendo que:

o hipotético tratamento diferenciado entre os investimentos realizados em previdência privada complementar aberta (incomunicáveis) e os demais investimentos (comunicáveis) possuiria uma significativa aptidão para gerar profundas distorções no regime de bens do casamento e também na sucessão, uma vez que bastaria ao investidor direcionar seus aportes para essa modalidade para frustrar a meação dos cônjuges ou a legítima dos herdeiros.

O referido entendimento foi acolhido por unanimidade, reconhecendo a comunicabilidade dos valores constantes de previdência privada aberta, ementado, no que tange aos planos de previdência nos seguintes termos:

(...).

4 – Os planos de previdência privada aberta, operados por seguradoras autorizadas pela SUSEP, podem ser objeto de contratação por qualquer pessoa física e jurídica, tratando-se de regime de capitalização no qual cabe ao investidor, com amplíssima liberdade e flexibilidade, deliberar sobre os valores de contribuição, depósitos adicionais, resgates antecipados ou parceladamente até o fim da vida, razão pela qual a sua natureza jurídica ora se assemelha a um seguro previdenciário adicional, ora se assemelha a um investimento ou aplicação financeira.

5 – Considerando que os planos de previdência privada aberta, de que são exemplos o VGBL e o PGBL, não apresentam os mesmos entraves de natureza financeira e atuarial que são verificados nos planos de previdência fechada, a eles não se aplicam os óbices à partilha por ocasião da dissolução do vínculo conjugal apontados em precedente da 3ª Turma desta Corte (REsp 1477937/MG).

6 – Embora, de acordo com a SUSEP, o PGBL seja um plano de previdência complementar aberta com cobertura por sobrevivência e o VGBL seja um plano de seguro de pessoa com cobertura por e sobrevivência, a natureza securitária e previdenciária complementar desses contratos é marcante no momento em que o investidor passa a receber, a partir de determinada data futura e em prestações periódicas, os valores que acumulou ao longo da vida, como forma de complementação do valor recebido da previdência pública e com o propósito de manter um determinado padrão de vida.

7 – Todavia, no período que antecede a percepção dos valores, ou seja, durante as contribuições e formação do patrimônio, com múltiplas possibilidades de depósitos, de aportes diferenciados e de retiradas, inclusive antecipadas, a natureza preponderante do contrato de previdência complementar aberta é de investimento, razão pela qual o valor existente em plano de previdência complementar aberta, antes de sua conversão em renda e pensionamento ao titular, possui natureza de aplicação e investimento, devendo ser objeto de partilha por ocasião da dissolução do vínculo conjugal por não estar abrangido pela regra do art. 1.659, VII, do CC/2002. (...)

10 – Recurso especial parcialmente conhecido e, nessa extensão, desprovido. (REsp 1698774/RS, rel. Ministra Nancy Andrighi, julgado em 01.09.2020).

A distinção entre a previdência complementar privada aberta e a denominada previdência complementar privada fechada é a todo tempo asseverada em diferentes posicionamentos do STJ. E, nessas distinções, cinge-se a fundamentação do STJ em estabelecer que enquanto as previdências privadas complementares *abertas*, cujos investimentos aconteçam durante o casamento ou união estável se comunicam com o cônjuge, as previdências privadas complementares *fechadas* não seriam passíveis de qualquer comunicação com os cônjuges, eis que não outorgariam a seus titulares qualquer autonomia sobre os valores ali empreendidos, tendo, portanto natureza jurídica assemelhada a pensões, e, portanto, excluída de comunhão no regime da comunhão parcial de bens, na forma do art. 1.659, inciso VII do Código Civil.

Nesse sentido, a 3ª Turma decidiu, por unanimidade, em Recurso Especial de Relatoria do Ministro Ricardo Villas Bôas Cueva, com julgamento ocorrido em 27 de abril de 2017, decidindo que:

ecurso especial. Direito de família. União estável. Regime de bens. Comunhão parcial. Previdência privada. Modalidade fechada. Contingências futuras. Partilha. Art. 1.659, VII, do CC/2002. Benefício excluído. Meação de dívida. Possibilidade. Súmula 7/STJ. Preclusão consumativa. Fundamento autônomo.

1. Cinge-se a controvérsia a identificar se o benefício de previdência privada fechada está incluído dentro no rol das exceções do art. 1.659, VII, do CC/2002 e, portanto, é verba excluída da partilha em virtude da dissolução de união estável, que observa, em regra, o regime da comunhão parcial dos bens. 2. A previdência privada possibilita a constituição de reservas para contigências futuras e incertas da vida por meio de entidades organizadas de forma autônoma em relação ao regime geral de previdência social. As entidades fechadas de previdência complementar, sem fins lucrativos, disponibilizam os planos de benefícios de natureza previdenciária apenas aos empregados ou grupo de empresas aos quais estão atrelados e não se confundem com a relação laboral (art. 458, § 2º, VI, da CLT). 4. O artigo 1.659, inciso VII, do CC/2002 expressamente exclui da comunhão de bens as pensões, meios-soldos, montepios e outras rendas semelhantes, como, por analogia, é o caso da previdência complementar fechada. 5. O equilíbrio financeiro e atuarial é princípio nuclear da previdência complementar fechada, motivo pelo qual permitir o resgate antecipado de renda capitalizada, o que em tese não é possível à luz das normas previdenciárias e estatutárias, em razão do regime de casamento, representaria um novo parâmetro para a realização de cálculo já extremamente complexo e desequilibraria todo o sistema, lesionando participantes e beneficiários, terceiros de boa-fé, que assinaram previamente o contrato de um fundo sem tal previsão. (...)

É cristalino que a distinção quanto a comunicabilidade dos valores pertinentes às previdências privadas aberta e fechada se dá, especialmente em virtude das chamadas previdências complementares fechadas serem subsidiadas total ou parcialmente por empregadores, bem como pelo fato de que o beneficiário não poderia realizar saques ou ter liberdade de administração dos recursos.

Nesse sentido, concebida a natureza jurídica de pensões e outras rendas assemelhadas, restaria excluída de pretensa meação do cônjuge. Ressalta, contudo, o Ministro Relator Ricardo Villas Bôas Cueva, em que pese as limitações de movimentação do eventual saldo, existirem situações específicas em que o saque ou levantamento dos valores amealhados em nome do beneficiário, sejam por ele levantados, sendo integrados em seu patrimônio, quando em seu voto menciona:

> ressalta-se que tal verba não pode sequer ser levantada ou resgatada ao bel prazer do participante, que deve perder o vínculo empregatício com a patrocinadora ou completar os requisitos para tanto, sob pena de violação de normas previdenciárias e estatutárias.

Em síntese a possibilidade de comunicabilidade das previdências complementares privadas fechadas fora afastada em virtude de, sob a ótica do STJ, não ter a mesma natureza mista das previdências complementares privadas abertas, até o implemento das rendas periódicas, qual seja a de investimentos comuns.

Resta, contudo, uma singela pergunta: se, por alguma circunstância fática, em lugar de efetivamente implementar-se o pagamento de renda periódica complementar à aposentadoria pública do beneficiário, o titular sacar os valores amealhados, a situação fática não seria equivalente à previdência complementar aberta?

Passaremos a enfrentar o tema.

## 4. ANÁLISE CRÍTICA COMPARATIVA ENTRE OS DIFERENTES ATIVOS FINANCEIROS NO REGIME DA COMUNHÃO PARCIAL DE BENS

uardadas as peculiaridades de cada uma das situações fáticas aqui tratadas, é cristalino que o fundamento quanto a comunicabilidade de valores constantes de contas vinculadas ao FGTS e investimentos financeiros identificados como planos de previdência complementar aberta é justamente a reserva financeira em benefício de um dos cônjuges a partir de proventos de seu trabalho, percebidos durante o período do casamento ou da união estável.

No que tange ao FGTS esses valores são adquiridos a partir dos depósitos patronais realizados, ainda que não restem disponíveis de imediato, e no caso da previdência privada aberta, pelo fato de serem valores destinados pelo cônjuge a plano de previdência sobre o qual teria liberdade de movimentação, equivalente, portanto, a investimento financeiro – até que efetivamente convertido em renda periódica, complementar a aposentadoria pública.

Cumpre observar que as impossibilidades de disponibilidade dos valores de FGTS são se mostraram suficientes para afastar a comunicabilidade, sendo a solução a fruição da meação restar em suspenso até que saque se efetive, momento no qual, cada um dos cônjuges ou companheiros perceberá sua meação sobre os valores constituídos ao longo do casamento ou da união estável, restando como particulares os valores amealhados antes do início e depois de dissolvido o vínculo.

Por seu turno, em relação à previdência complementar privada, sua indisponibilidade, como regra, fora decisiva para afastar a comunicabilidade dos valores ali amealhados.

Pois bem, nos parece irretocável o posicionamento do Superior Tribunal de Justiça no que tange aos valores amealhados em conta vinculada ao FGTS. Tais valores compõem os rendimentos dos cônjuges, devendo ser objeto de partilha o montante acumulado durante o período que durar o casamento e a união estável, independentemente de tais valores terem sido sacados e destinados a aquisição de patrimônio, ou ainda restarem preservados junto ao FGTS.

De fato, a evitar fraudes, a solução dada pelo STJ no sentido de oficiar-se à Caixa Econômica Federal quanto a meação do cônjuge, para que quando implementadas as condições se saque sejam a ele destinadas, demonstra-se eficaz.

A partir do entendimento aplicado ao FGTS podemos apreender algumas premissas que talvez devam ser estendidas aos planos de previdência privada, aberta ou fechada. Passamos a explicar.

O instituto da previdência privada complementar, seja em sua modalidade aberta seja em sua modalidade fechada, em última análise, tem como objetivo final possibilitar a complementação de renda na aposentadoria, dadas as limitações do sistema público de previdência. Muitos são os trabalhadores que, ao depender exclusivamente do sistema público de previdência sofreriam crítica queda de seus rendimentos, o que lhes incentiva a optar por regimes complementares, contribuindo durante toda a vida para este fim.

É certo que, ao se considerar a possibilidade de saque antecipado dos valores amealhados, que no caso da previdência privada aberta é absolutamente flexível e disponível ao titular, e no caso da previdência fechada, será mais restrito, porém passível de acontecer, os valores percebidos seriam equivalentes a qualquer investimento financeiro.

No entanto, é possível, e até provável que a depender da idade do beneficiário, que eventualmente lhe impossibilite reiniciar um novo plano de previdência complementar, não exista, por parte do cônjuge que detém tais recursos, intenção de sacá-los ou utilizá-los antecipadamente, por qualquer motivo.

Ao determinar-se a meação sobre tais recursos, especialmente sobre a previdência privada complementar aberta, praticamente tornando o saque do valor correspondente à meação compulsório, o que certamente impactará, ou mesmo inviabilizará a percepção da renda periódica na forma e valores contratados, estar-se-á interferindo no direito que tinha um dos cônjuges à percepção de pensão ou renda assemelhada, que na forma do inciso VII do art. 1.659 do Código Civil é excluída da comunhão.

Veja que não rejeitamos a natureza mista dos planos de previdência privada aberta, tampouco o fato de que quando são sacados equiparam-se a qualquer outro investimento, devendo, portanto, serem considerados patrimônio comum. Todavia, não parece razoável que a ocorrência do divórcio seja legítima a interferir nos planos futuros, bem como organização econômica ao atingir-se determinada idade. Por tal motivo, como já defendido anteriormente, não parece possível que um dos cônjuges por ocasião do divórcio impeça o outro de converter o valor investido em renda vitalícia, e tornar compulsória a meação, seria inviabilizar tal finalidade. Assim, como já defendido anteriormente:

> Como conciliar essas duas situações perfeitamente factíveis? Penso que melhor seria estabelecer, no momento da partilha, que sobre os valores investidos até o momento da separação o outro cônjuge teria direito à metade, caso o cônjuge que fez a previdência sacasse o valor investido, em vez de converter em renda vitalícia ou pelo prazo estabelecido no contrato. Desse modo, garantir-se-ia ao cônjuge que não fez a previdência um direito sob condição suspensiva e ao outro cônjuge a liberdade de contratar uma previdência privada, visando garantir-lhe uma vida mais confortável na velhice. Finalmente, caso já tivesse sido convertida e previdência quando da separação não haveria, evidentemente, comunicação com o outro cônjuge.[10]

A *contrário sensu*, a partir desse posicionamento, pensamos que quanto aos planos de previdência privada complementar fechada, em se possibilitando, por qualquer motivo, o saque antecipado, ou seja, eventualmente não se convertendo em renda vitalícia, deveria ser partilhado com o outro cônjuge.

Desta feita, tal qual se dá com os valores mantidos em contas vinculadas ao FGTS ainda não sacados por seu beneficiário, o direito à meação nos planos de previdência privada, as instituições financeiras seriam cientificadas do montante eventualmente cabível ao cônjuge, a título de meação, valor que lhe seria disponibilizado desde que efetivamente sacado antecipadamente, quando perderia sua natureza previdenciária.

## 5. CONSIDERAÇÕES FINAIS

As relações sociais, econômicas e familiares transformaram-se ao longo do tempo. Em paralelo a crescente e necessária igualdade substancial de gêneros transforma a cada passo alcançado as relações econômicas no interior da família, sendo um grande desafio conciliar a autonomia privada patrimonial com as regras cogentes do direito de família, e evitar-se burlas às regras pertinentes aos regimes de bens, em flagrante violação da boa-fé objetiva e escolha genuína do regime da comunhão parcial de bens.

Quando da celebração do casamento ou da união estável os cônjuges ou companheiros optam pelo regime da separação total de bens convencional, são menores os esforços do intérprete quanto a perquirir sua vontade em novos conflitos patrimoniais. No entanto, o regime de comunhão, associado à conjugação de esforços pelos proventos do trabalho de cada um dos cônjuges ou companheiros, impõe que novos

---

10. OLIVEIRA. J. M. Leoni Lopes. *Direito Civil – Família*, p. 540.

conflitos, novas formas de contratação de ativos financeiros sejam adequadamente interpretados em consonância com o regime vigente no casamento ou união estável, evitando-se que a meação do outro cônjuge ou companheiro seja prejudicada pelo emprego de estratégias e artifícios.

Nesse sentido, acertadamente vem se posicionando o Superior Tribunal de Justiça, especialmente quanto à adequação de interesses privados como a meação do cônjuge com normas de interesse público, pertinentes às hipóteses de saque dos valores de FGTS.

Parece-nos, contudo, no que tange aos planos de previdência privada complementar, na modalidade *aberta* ou *fechada*, o debate sobre as diferentes possibilidades que se impõe, refletidas na possibilidade de saque antecipado, ou efetivamente implementação de previdência complementar, deve ser aprofundado.

Tal qual se deu com o FGTS, há de se buscar a composição entre os interesses patrimoniais do cônjuge que pleiteia sua meação, com a autonomia privada contratual do cônjuge que aderiu ou contratou, a depender de se tratar de previdência privada fechada ou aberta, respectivamente, a plano de previdência complementar.

A nosso sentir, as soluções atualmente predominantes não resguardam adequadamente a autonomia privada do cônjuge que planejou seu futuro a partir da complementação de renda pela previdência privada complementar, nos casos dos planos compreendidos como abertos, ao passo que não asseguram adequadamente o direito de meação do outro cônjuge nos casos da previdência complementar fechada, quando, ainda que remotamente, o saque antecipado é efetivado, não implementando-se renda periódica complementar.

## 6.  REFERÊNCIAS

BRASIL. Constituição Federal de 1988.

BRASIL. Lei 10.406 de 2002 – Código Civil.

BRASIL. Lei 8.036 de 1990.

MADALENO, Rolf. *Direito de Família*. Rio de Janeiro: Forense, 2016.

OLIVEIRA, J. M. Leoni Lopes. *Direito Civil. Família*. Rio de Janeiro: Forense, 2019.

STJ. Agravo Interno no Recurso Especial 1932.933 – SP. Relator Ministro Marco Aurélio Bellizze.

STJ, REsp 1399199/RS, rel. Min. Maria Isabel Gallotti, rel. p/ ac. Ministro Luis Felipe Salomão.

STJ, REsp 1477937MG, rel. Ministro Ricardo Villas Bôas Cueva.

STJ, REsp 1698774/RS, rel. Ministra Nancy Andrighi.

TARTUCE, Flavio. *Direito de Família*. Rio de Janeiro: Forense, 2017.

# O REGIME DE COMUNHÃO PARCIAL DE BENS E A PARTILHA DE PARTICIPAÇÕES SOCIETÁRIAS NO DIVÓRCIO E NA DISSOLUÇÃO DE UNIÃO ESTÁVEL

*Mário Luiz Delgado*

Doutor em Direito Civil pela USP e Mestre em Direito Civil Comparado pela PUC-SP. Especialista em Direito Processual Civil pela Universidade Federal de Pernambuco. Professor de Direito Civil na Escola Paulista de Direito – EPD. Diretor do Instituto dos Advogados de São Paulo – IASP e Presidente da Comissão de Assuntos Legislativos do IBDFAM. Membro da Academia Brasileira de Direito Civil – ABDC e do Instituto de Direito Comparado Luso Brasileiro – IDCLB. Foi assessor, na Câmara dos Deputados, da Relatoria-Geral do projeto de lei que deu origem ao novo Código Civil Brasileiro. Autor e coautor de livros e artigos jurídicos.

**Sumário:** 1. Notas introdutórias – 2. Do regime de comunhão parcial de bens: bens comuns e bens particulares – 3. Da separação de fato e seus efeitos. Da extinção da sociedade conjugal e do regime de bens – 4. Da partilha e apuração de haveres em relação à sociedade constituída durante o casamento/união estável. Critério contábil para avaliação das quotas. Balanço patrimonial e patrimônio líquido – 5. Os frutos do patrimônio comum pós-separação de fato. Lucros distribuídos depois de extinto o regime de bens. Incomunicabilidade – 6. Dos frutos comuns. Apuração do valor na data da ruptura do relacionamento e não na data da efetiva partilha – 7. Valorização de quotas sociais pretéritas durante o casamento/união estável. Impossibilidade de comunicação – 8. Das quotas sociais de sociedade uniprofissional. Instrumento da profissão. Incomunicabilidade – 9. Conclusões – 10. Referências.

## 1. NOTAS INTRODUTÓRIAS

Questão sobre a qual grassa infindável controvérsia diz respeito aos efeitos patrimoniais decorrentes da dissolução do casamento e da união Estável, especialmente no que tange aos eventuais direitos de meação sobre participações societárias, passíveis de atribuição aos ex-consortes. Em outras palavras, qual o destino a ser dado, para fins de partilha, às sociedades constituídas durante o casamento submetido a regime de bens comunitário? As quotas sociais de sociedade constituída durante a convivência integram o patrimônio comum? Como se fará a partilha das quotas? Qual o critério para a apuração dos haveres devidos ao cônjuge não sócio?

Seriam partilháveis também os lucros distribuídos ao sócio no período do casamento/união estável, bem como aqueles a serem distribuídos até que haja a partilha? A valorização das quotas sociais tendo em vista valores supostamente reinvestidos na empresa, também integra o monte mor partilhável?

E as sociedades uniprofissionais, constituídas exclusivamente para prestação de serviços por profissionais liberais, também se sujeitam à partilha?

Para que possamos elucidar essas questões, utilizaremos o instrumental tanto do Direito Patrimonial de Família, como do Direito de Empresa. Como se sabe, o Código Civil estruturou o Direito de Família com base na distinção entre direito pessoal e patrimonial, a depender das relações jurídicas regradas, a partir de seus atributos de pessoalidade ou de patrimonialidade. No Direito Patrimonial de Família situam-se as relações cuja estrutura mais se aproxima do Direito das Obrigações e do Direito Comercial ou Empresarial, como é o caso dos regimes de bens. Além do regime de bens entre cônjuges, fazem parte do Direito Patrimonial de Família, o regime de bens entre companheiros, o usufruto e a administração dos bens de filhos menores, os alimentos e o bem de família.

No Direito de Empresa, por sua vez, que enfeixa a disciplina geral das sociedades, vamos extrair, a partir do art. 1.027, a norma que regulamenta a partilha das participações societárias nos casos de divórcio e dissolução de sociedade conjugal em decorrência de separação legal, aplicável, também, à dissolução de união estável, à separação extrajudicial e à separação de fato. A regra também oferece solução para a pretensão dos herdeiros do cônjuge ou do companheiro de sócio, no tocante às participações societárias a que aqueles fizessem jus. Enquanto os herdeiros do sócio falecido poderão eventualmente integrar a sociedade, por sucessão das respectivas quotas, nos termos do art. 1.028, o ex-cônjuge ou ex-companheiro do sócio (e seus herdeiros), não poderão participar da sociedade, como consequência do resultado da partilha, que apenas lhes conferirá o direito à percepção dos lucros que ao sócio divorciado ou separado tocariam e que seriam distribuídos a cada ano, se positivo o resultado social.

Todas essas questões serão tratadas nos tópicos que se seguirão.

## 2. DO REGIME DE COMUNHÃO PARCIAL DE BENS: BENS COMUNS E BENS PARTICULARES

O regime de bens é o bloco de regras e princípios que disciplinam direitos e obrigações patrimoniais das pessoas que compõem uma entidade familiar, configurando o "estatuto patrimonial" dos conviventes, ou seja, o regramento das questões atinentes aos bens, com início após o casamento ou a união estável e vigência, exclusivamente, enquanto perdurar a comunhão de vidas.[1] São regras dispositivas das relações pecuniárias dos cônjuges durante a convivência matrimonial, abrangendo, também, a disciplina dos direitos de terceiros que contratam com o casal, daqueles que se tornam seus credores, e os direitos que caberão a cada cônjuge a partir do dia em que dissolver-se o casamento ou encerrada a convivência.[2]

---

1. Tanto o casamento como a união estável estabelecem uma comunhão plena de vidas. (CC/2002: Art. 1.511. O casamento estabelece comunhão plena de vida, com base na igualdade de direitos e deveres dos cônjuges).
2. Regime de bens é o estatuto que disciplina os interesses econômicos, ativos e passivos, de um casamento, regulamentando as consequências em relação aos próprios nubentes e a terceiros, desde a celebração até a dissolução do casamento, em vida ou por morte. Complexo de regras aplicáveis aos efeitos econômicos de

O REGIME DE COMUNHÃO PARCIAL DE BENS E A PARTILHA DE PARTICIPAÇÕES SOCIETÁRIAS **159**

Efetivamente, com o casamento ou com a união estável passa a vigorar um estatuto econômico-financeiro da família. A opção de regência patrimonial realizada pelo casal gera direitos e deveres de ordem econômica que repercutem até o fim do relacionamento, especialmente no que toca à comunicação ou não de bens adquiridos durante a convivência. Infelizmente, uma família, notadamente um par conjugal, não se constrói apenas com afeto, destacando-se, ao lado dos vínculos afetivos, um eixo patrimonial, responsável pela satisfação e manutenção das necessidades materiais da família.

O regime de bens aplicável por presunção volitiva do casal, na falta de convenção em contrário, é o da comunhão parcial de bens, onde podem-se formar e coexistir, em regra, três patrimônios distintos: o pessoal do companheiro ou cônjuge, o pessoal da companheira ou cônjuge e o comum. Mesmo bens adquiridos durante a união estável ou o casamento poderão integrar um acervo de bens pertencente exclusivamente ao varão, ou exclusivamente à virago. Nem todos os bens de aquisição contemporânea à convivência ou ao casamento pertencerão a ambos, devendo-se observar as exceções legais.

A presunção de comunhão, nessas situações, é sempre relativa, devendo "ceder, portanto, diante de prova em contrário, de modo a compatibilizá-la com as hipóteses em que o legislador, de modo expresso e taxativo, afastou a comunhão. Em outras palavras, cabe ao intérprete harmonizar a ampla comunicabilidade enunciada no art. 1.660 com as previsões dos incisos do art. 1.659 do Código Civil".[3]

Se houver patrimônio em comum, decorre daí o "direito de meação", consistente no direito, quando da dissolução da união, à metade de tudo o que foi adquirido no casamento ou na união estável, observadas as exceções próprias de cada um dos regimes. Para que se possa apurar se existe meação, e qual o monte mor partilhável quando da dissolução de uma união regrada pelo regime da comunhão parcial de bens, é preciso analisar a causa do negócio jurídico de aquisição de cada bem.

---

um matrimônio. Ou seja, é "o estatuto patrimonial dos cônjuges" e compreende "as relações patrimoniais entre os cônjuges e entre terceiros e a sociedade conjugal". (FARIAS, Cristiano Chaves de; ROSENVALD, Nelson. *Direito Das Famílias/* 3. ed. rev., ampla. e atual. Rio de Janeiro: Lumen Juris, 2011, p. 272).

3. TEPEDINO, Gustavo. *Tratado de Direito Família*. 2. ed. In: PEREIRA, Rodrigo da Cunha (Org.). Belo Horizonte: IBDFAM, 2002, p. 500. Destaca o professor Antônio Junqueira de Azevedo que "a presunção de que os bens [...] são fruto do trabalho e da colaboração comum [...] não é aí a absoluta (*iuris et de iure*) e sim a relativa (*iuris tantum*), representando consolidação do que a jurisprudência dominante vinha decidindo. A regra geral é a de que as presunções legais admitem contraprova; sua finalidade é inverter o ônus da prova, atendendo ao *quod plerum que fit*, no interesse daquele em favor do qual ela foi instituída. Normalmente, as presunções não 'congelam' artificialmente a realidade e admitem a produção de prova contrária ao fato presumido. Esse é, aliás, o espírito do processo civil moderno, pautado pela amplitude dos meios de prova (art. 332 do Código de Processo Civil). [...] A regra permanece, pois, a mesma: ausente previsão legal quanto ao caráter absoluto ou relativo da presunção, ela é relativa" (AZEVEDO, Antônio Junqueira de. Incomunicabilidade dos proventos do trabalho pessoal de cada cônjuge no regime da comunhão parcial dos Códigos Civis de 1916 e 2002. Extensão da incomunicabilidade aos bens móveis ou imóveis sub-rogados. Incomunicabilidade de bem imóvel adquirido durante a união estável anterior ao casamento, por ser relativa a presunção do art. 5º da Lei 9.276/96. *Novos estudos e pareceres de direito privado*. Rio de Janeiro: Saraiva, 2009, p. 510-511).

Tratando sobre o regime legal de comunhão parcial, o legislador foi claríssimo quando estabeleceu quais bens entrariam na comunhão e os que dela estariam excluídos, *verbis*:

Art. 1.660. Entram na comunhão:

I – os bens adquiridos na constância do casamento por título oneroso, ainda que só em nome de um dos cônjuges;

II – os bens adquiridos por fato eventual, com ou sem o concurso de trabalho ou despesa anterior;

III – os bens adquiridos por doação, herança ou legado, em favor de ambos os cônjuges;

IV – as benfeitorias em bens particulares de cada cônjuge;

V – os frutos dos bens comuns, ou dos particulares de cada cônjuge, percebidos na constância do casamento, ou pendentes ao tempo de cessar a comunhão.

Art. 1.659. Excluem-se da comunhão:

I – os bens que cada cônjuge possuir ao casar, e os que lhe sobrevierem, na constância do casamento, por doação ou sucessão, e os sub-rogados em seu lugar;

II – os bens adquiridos com valores exclusivamente pertencentes a um dos cônjuges em sub-rogação dos bens particulares;

III – as obrigações anteriores ao casamento;

IV – as obrigações provenientes de atos ilícitos, salvo reversão em proveito do casal;

V – os bens de uso pessoal, os livros e instrumentos de profissão;

VI – os proventos do trabalho pessoal de cada cônjuge;

VII – as pensões, meios-soldos, montepios e outras rendas semelhantes.

Atenção redobrada é exigida do intérprete, tanto quanto aos bens que, não obstante adquiridos na constância do casamento ou da união estável, encontram-se excluídos da comunhão, como em relação àqueles que passarão a integrar a comunhão, mesmo quando originados de bens anteriores ao início da convivência. Nesse último caso, se situam as benfeitorias em bens particulares e os frutos dos bens particulares de cada cônjuge/companheiro, percebidos na constância do casamento ou da união estável. Já no primeiro caso, encontram-se excluídos da comunhão, entre outros, os bens que sobrevierem, na constância da convivência, por sucessão e os sub-rogados em seu lugar, os bens de uso pessoal, os livros e os instrumentos de profissão e os proventos do trabalho pessoal de cada um.

## 3. DA SEPARAÇÃO DE FATO E SEUS EFEITOS. DA EXTINÇÃO DA SOCIEDADE CONJUGAL E DO REGIME DE BENS

regime de bens, quer seja no casamento ou na união estável, se extingue a partir da separação de fato do casal, com ou sem o ajuizamento de medida judicial de separação de corpos, dissolução de união estável ou divórcio. Com a evolução do direito de família, "a separação de fato passou a ser encarada como uma conduta normal, decorrente do fim do afeto conjugal, sem a reprovação jurídica que reforçava a concepção do casamento como instituição indissolúvel. A tendência foi a substituição das consequências jurídicas negativas pelos efeitos positivos de variados matizes (constitutivos, extintivos e modificativos). A separação de fato pode resultar de decisão conjunta do casal ou da iniciativa de um dos cônjuges".[4]

A doutrina pátria é unânime no que pertine aos efeitos desconstitutivos da separação de fato em relação ao regime de bens do casamento e da união estável, opinião partilhada por este autor e pelos principais civilistas brasileiros. Para Washington de Barros Monteiro "como em qualquer sociedade, desde que desaparece a *affectio societatis,* a conjugal também tem de extinguir-se, uma vez que não mais subsiste entre os cônjuges tal vínculo de colaboração ativa, consciente e igualitária".[5] Segundo Euclides Benedito de Oliveira, é "inaplicável o regime de comunhão de bens entre os cônjuges desde que cessada a vida em comum, com a separação de fato, pela curial razão de que a regra da comunicação, com presunção de colaboração na formação do patrimônio comum, somente tem lugar com a efetiva convivência dos cônjuges".[6] Além disso, enfatiza Regina Beatriz Tavares da Silva, "a continuidade da plena vigência do regime de bens na separação de fato pode conduzir a situações de enriquecimento sem causa daquele que em nada contribuiu na aquisição do patrimônio".[7]

Realmente, não é possível condescender que, após a separação de fato, os bens conjugais permaneçam indefinidamente em mancomunhão, como se a sociedade se mantivesse íntegra. Equivaleria a postergar, na ficção do tempo, o que os cônjuges/companheiros já encerraram no plano fático. Qualquer que seja a forma de separação, o efeito é, inarredavelmente, o fim da situação econômica derivada do regime de bens.

A propósito, esta é a orientação que emana da jurisprudência. A quase totalidade dos julgados reconhece que, após a separação de fato, não se aplicam mais as regras do regime da comunhão de bens. O separado de fato não faz jus aos bens pelo outro adquiridos posteriormente ao afastamento conjugal, ainda que não desfeitos, oficialmente, os laços matrimoniais pelo divórcio.[8] Pelo caráter paradigmático da

---

4. LÔBO, Paulo. *Famílias* – Direito Civil. São Paulo: Saraiva, 2008, p. 131-132.
5. MONTEIRO, Washington de Barros, 1910-1999. *Curso de Direito Civil.* 37. ed., rev. e atual. Por Regina Beatriz Tavares da Silva. São Paulo: Saraiva, 2004, v. 2: direito de família, p. 243-244.
6. Separação de Fato e Cessação do Regime de Bens no Casamento. In: CAHALI, Yussef Said e CAHALI, Francisco José (Org.). *Doutrinas Essenciais* – Famílias e Sucessões. São Paulo: Ed. RT, 2011, p. 320.
7. TAVARES DA SILVA, Regina Beatriz. In: FIUZA, Ricardo (Coord.). *Código Civil comentado.* 9. ed. São Paulo: Saraiva, 2015, p. 1.590.
8. Nesse mesmo sentido, confira-se, ainda: "Agravo regimental. Agravo de instrumento. Separação de fato. Deveres conjugais. Comunhão de bens. Efeitos. Súmula 83/STJ. 1. Constatada a separação de fato, cessam os deveres conjugais e os efeitos da comunhão de bens. (...)" (STJ, 4ª T., AgRg no Ag 1268285/SP, rel. Min. Maria Isabel Gallotti, j. 05.06.2012). "Separação de fato anterior à abertura da herança e separação judicial posterior. Inteligência do art. 1.576 do Código Civil. Rompimento do vínculo matrimonial e fim do regime patrimonial do casal..." (TJSP, 4ª Câm. de Dir. Priv., AI 0191927-7520118260000, rel. Des. Fábio Quadros, j. 17.11.2011). Apelação cível – Partilha de bens – Ex-cônjuges – Regime de comunhão universal de bens – Patrimônio adquirido na constância da União – Meação igualitária – Termo final – Separação de fato – Manutenção da sentença. – Observado o regime de comunhão universal adotado pelos litigantes, impõe-se a manutenção da sentença que determinou a meação igualitária dos bens imóveis adquiridos na constância da união, adotando como termo final a data da separação de fato – Recurso não provido (TJMG, ApCiv 10313120318909001, rel. Des. Luís Carlos Gambogi, 5ª Câmara Cível, julgamento em 30.04.2015,

decisão, oportuno transcrever trecho do voto do Ministro Luís Felipe Salomão, no julgamento do REsp 555771/SP, quando afirmou que a configuração da separação de fato, "implica o fim do *affectio maritalis* entre os cônjuges, que passam a se portar como se casados não fossem. Logo, mostra-se desprovido de bom senso mantê-los vinculados pelo regime patrimonial, quando desejosos de romper todas as relações próprias da vida conjugal".

Da mesma forma como ocorre no casamento, a dissolução da união estável (e do regime de bens), em decorrência da ruptura fática, produz, como efeito patrimonial ou econômico, a necessidade de partilha dos bens tidos como comuns até a data da separação de fato, de acordo com o regime de bens aplicado ao casamento. Existindo aquestos, é necessária a partilha, mas essa divisão pode ser realizada depois, a qualquer tempo. O importante é que ela tome por base o patrimônio existente na data da separação de fato. O patrimônio amealhado pelo casal durante e enquanto existente a união estável, incluindo os lucros distribuídos por sociedade empresária, até a data do rompimento, deve ser dividido, a princípio, de forma igualitária.

Sem embargo, repita-se: trata-se do patrimônio existente na data em que dissolvida a sociedade conjugal, quer a dissolução decorra de separação de fato, separação de direito ou divórcio. Os bens e valores adquiridos durante o relacionamento, mas que não mais existam na data da separação (v.g. porque foram consumidos em prol da família) não integram o monte mor partilhável.

A desvinculação e a independência entre a extinção autônoma da união estável, pela separação fática, e os pedidos judiciais de reconhecimento, dissolução e partilha refletem a tendência atual de garantir, cada vez mais, autonomia aos direitos de personalidade, entre os quais se insere o direito de dissolver o casamento e a união estável, distanciando-os daqueles direitos eminentemente patrimoniais, como bem anota a Ministra Fátima Nancy Andrighi: "[...] a visão contemporânea do fenômeno familiar reconhece a importância das ações relacionadas ao estado civil das pessoas, enquanto direitos de personalidade, a partir das lentes constitucionais de proteção integral à dignidade da pessoa humana. Portanto, o estado civil de cada pessoa deve refletir sua realidade afetiva, desprendendo-se cada vez mais de formalidades e valores essencialmente patrimoniais. Estes, por sua vez, não ficam desprotegidos ou desprezados, mas deverão ser tratados em sede própria, por meio de ações autônomas, na qual seja admissível a realização de ampla

---

publicação da súmula em 12.05.2015). Agravo regimental. Agravo de instrumento. Direito de família. Divórcio direto. Separação de fato. Partilha de bens. 1. O conjunto de bens adquiridos por um dos cônjuges, após a separação de fato, não se comunica ao outro, não podendo, por isso, ser partilhado. Precedentes. 2. Agravo regimental não provido. (AgRg no Ag 682230/SP, rel. Ministro Vasco Della Giustina (Desembargador Convocado do TJ/RS), 3ª Trma, julgado em 16.06.2009, DJE 24.06.2009) Casamento. Comunhão de bens. Partilha. Bens adquiridos depois da separação de fato. Adquirido o imóvel depois da separação de fato, quando o marido mantinha concubinato com outra mulher, esse bem não integra a meação da mulher, ainda que o casamento, que durou alguns meses, tivesse sido realizado sob o regime da comunhão universal. Precedentes. Recurso não conhecido (REsp 140694/DF, rel. Ministro Ruy Rosado De Aguiar, 4ª Turma, julgado em 13.10.1997, DJ 15.12.1997, p. 66430).

O REGIME DE COMUNHÃO PARCIAL DE BENS E A PARTILHA DE PARTICIPAÇÕES SOCIETÁRIAS

dilação probatória, sem, contudo, corresponder a empecilho à realização do direito fundamental de busca da felicidade".[9]

A força motriz da separação de fato, como causa extintiva das relações patrimoniais entre cônjuges e companheiros é tão grande que altera o regime sucessório, modificando a ordem da vocação hereditária e afastando os direitos sucessórios que os consortes detivessem reciprocamente. A norma que se extrai do art. 1.830 do Código Civil atual dita que a prolongada separação de fato desfigura, não apenas a comunicação e a repartição dos bens comuns, mas igualmente os direitos hereditários.

## 4. DA PARTILHA E APURAÇÃO DE HAVERES EM RELAÇÃO À SOCIEDADE CONSTITUÍDA DURANTE O CASAMENTO/UNIÃO ESTÁVEL. CRITÉRIO CONTÁBIL PARA AVALIAÇÃO DAS QUOTAS. BALANÇO PATRIMONIAL E PATRIMÔNIO LÍQUIDO

Tratando-se de sociedade de pessoas, constituída durante o casamento ou união estável, submetidos a regime de comunhão parcial de bens, urge que sejam esclarecidos alguns pontos, no que tange a eventuais direitos patrimoniais sobre as quotas, atribuíveis aos ex consortes após a extinção da sociedade conjugal.

O primeiro deles é que não existe direito à divisão das quotas do sócio separado. O ex-cônjuge ou ex-companheiro do sócio (e seus herdeiros), não poderão participar da sociedade, como consequência do resultado da partilha, que lhes conferirá não mais que o direito ao equivalente pecuniário de sua participação nas quotas ou à percepção dos lucros que ao sócio divorciado ou separado tocariam e que seriam distribuídos a cada ano, se positivo o resultado social. Àquelas pessoas não outorgou o Código Civil o direito de votar, de fiscalizar a gestão da sociedade, mas somente direito semelhante ao que assegurou ao credor do sócio (art. 1.026).

O art. 1.027 do CC/2002 esclarece que se um dos cônjuges for sócio de uma sociedade de pessoas, seu ex-consorte, havendo dissolução da sociedade conjugal, só se tornará titular das quotas que lhe couberem (ou vierem a caber) em partilha se os demais sócios anuírem. Em razão da *affectio societatis*, nem o ex-consorte, nem o ex-companheiro, poderão ingressar no quadro societário, pois ninguém é obrigado a se tornar sócio de alguém contra a sua vontade. Os sócios remanescentes não estão compelidos a receber, no quadro societário, pessoa que lhes é estranha.

Em resumo, após a separação, dissolução de união estável ou o divórcio do sócio, a sua quota social permanece íntegra, não havendo que se falar em partilha ou divisão de participações societárias. O consorte que não era sócio torna-se, meramente, um credor do sócio (e não da sociedade) pela metade do equivalente pecuniário das quotas.

---

9. STJ, REsp 1281236/SP, DJe 26.03.2013.

O segundo ponto é que qualquer direito atribuível a ex companheiro ou ex cônjuge do sócio, inclusive no tocante à comunicação dos frutos das participações societárias, cessa a partir da data da separação de fato. Assim, em havendo direitos de meação sobre quotas, o valor correspondente deve ser apurado tomando por base a data da separação de fato. Jamais o valor das quotas na data em que decretada a partilha, pois qualquer valorização do capital social ocorrida após a separação não integrou o patrimônio do casal.

A questão foi examinada pelo STJ, no REsp 1595775/AP, onde restou decidido que o valor a ser considerado, como o da expressão patrimonial das quotas, para fins de partilha, seria o do *montante do capital social integralizado na data da separação de fato*.[10] Com efeito, é a data da dissolução fática da comunhão de bens que deve constituir o marco para monetarização dos haveres do cônjuge/companheiro que se retira da sociedade conjugal. A extinção da sociedade conjugal pela separação de fato tem como efeito direto e imediato a resolução da subsociedade que se formou entre os cônjuges no que toca às quotas. Dessa forma, em relação ao cônjuge não sócio, a resolução ou liquidação da sociedade ocorre no momento da separação de fato, postergando-se, exclusivamente, o pagamento dos haveres para a ocasião seguinte da partilha. Extinto o regime de bens, não há mais subsociedade alguma entre os cônjuges.

No art. 1.031 do Código Civil, o legislador foi muito claro quando elegeu a data em que a sociedade "termina" como aquela em que se dará a apuração dos haveres. Não só no art. 1.031, quando determina que "nos casos em que a sociedade se resolver em relação a um sócio, o valor da sua quota, liquidar-se-á com base na situação patrimonial da sociedade, *à data da resolução*", mas igualmente no art. 1.672, quando disciplina a apuração dos aquestos com base no patrimônio existente "à época da dissolução da sociedade conjugal".

Ao ocupar-se da ação de dissolução parcial de sociedade, o Código de Processo Civil igualmente dispôs sobre a possibilidade de o cônjuge/companheiro do sócio, cujo relacionamento terminou, "requerer a apuração de seus haveres na sociedade, que serão pagos à conta da quota social titulada por este sócio" (CPC/2015, art. 600, parágrafo único). E o legislador processual de 2015 foi taxativo quando decretou, no art. 604, que "para apuração dos haveres, o juiz: I – fixará *a data da resolução da sociedade*", bem como no art. 606, cuja dicção ordena que, em caso de omissão do contrato social, o juiz definirá, como critério de apuração de haveres, o valor patri-

---

10. "(...)*O valor do capital social integralizado de determinada empresa é parâmetro adequado para a partilha especialmente quando a separação de fato do casal, ocasião em que finda o regime de bens, ocorre em momento muito próximo à sua constituição.* 6. Ausência de necessidade de realização de balanço contábil referente a apenas um mês para aferir o valor real a ser partilhado, já que o percentual de participação do recorrido em tão curto período de tempo não justificaria a alteração do critério adotado pelo Tribunal de origem, à luz das provas constantes dos autos, insindicáveis no presente momento processual" (REsp 1595775/AP, Rel. Ministro Ricardo Villas Bôas Cueva, 3ª Turma, julgado 09.08.2016, DJe 16.08.2016).

monial apurado em balanço de determinação, *tomando-se por referência a data da resolução*".[11]

Em outras palavras, constitui comando categórico da lei adjetiva que a apuração do valor das participações sociais, salvo previsão diversa em contrato social ou estatuto, tem que ser feita com base na data da resolução da sociedade. E tais regras, conforme se infere da redação do parágrafo único do art. 600 do CPC/2015, são aplicáveis outrossim às situações em que o cônjuge ou companheiro do sócio se retira da sociedade conjugal pela separação de fato ou dissolução da união estável.

Torno a repetir, para que não restem dúvidas: a "resolução" da sociedade conjugal ou da união estável não se dá por ocasião da partilha dos bens comuns, mas no momento em que cessada a convivência. Com a separação de fato, o cônjuge/companheiro se retira, não meramente da sociedade conjugal, mas também da subsociedade formada com o consorte em relação à empresa da qual só um deles integrava o quadro social. As duas sociedades se extinguem na data da separação de fato e é esta a data em que se devem apurar os haveres.

Entender o contrário, ou seja, apurar o valor das quotas no momento efetivo da partilha, que venha a ocorrer decorrido considerável lapso temporal, além de profundamente injusto em relação àquele que se manteve à frente da sociedade, nos casos em que a empresa cresceu e se desenvolveu às custas de sua exclusiva labuta, é passível, por outro lado, de ocasionar grave risco ao cônjuge/companheiro não sócio que, se permanecer atrelado à sociedade, pode vir a ser chamado a responder por prejuízos futuros, decorrentes de fatos verificados muito tempo após o término da sociedade conjugal.

Vale dizer, cria-se um precedente perigoso, onde o ex-companheiro, que não componha a sociedade, mas que tenha direito de meação sobre a expressão econômica das quotas, estaria sujeito, também, aos prejuízos que a empresa experimentasse por conta da má administração dos sócios. E a consequência desse entendimento seria um permanente e incorrigível desequilíbrio na partilha.[12] Isso porque, caso o valor das quotas, apurado na ocasião da partilha, seja superior ao valor da data da separação, haverá um enriquecimento sem causa do ex-companheiro não-sócio, que não contribuiu, nem teve qualquer participação no incremento das atividades da sociedade, depois de dissolvido o vínculo. No entanto, se houver um decréscimo no valor das quotas, o enriquecimento sem causa seria do ex-companheiro que participa da sociedade, pois dividiria os prejuízos com aquele que nada colaborou para o insucesso da empresa.

---

11. Art. 606. Em caso de omissão do contrato social, o juiz definirá, como critério de apuração de haveres, o valor patrimonial apurado em balanço de determinação, tomando-se por referência a data da resolução e avaliando-se bens e direitos do ativo, tangíveis e intangíveis, a preço de saída, além do passivo também a ser apurado de igual forma.

12. Infringindo, assim, o art. 2.017 do Código Civil. (*No partilhar os bens, observar-se-á, quanto ao seu valor, natureza e qualidade, a maior igualdade possível*).

Por isso, o companheiro não sócio, depois de terminada a sociedade conjugal, não pode participar do acréscimo, nem do eventual decréscimo do valor das quotas, havidos consecutivamente à separação de fato, sob pena de enriquecimento indevido de um dos ex-cônjuges.

Um último ponto a aclarar diz respeito ao critério contábil a ser utilizado para a avaliação da expressão monetária das quotas. Se o contrato social não estabelece a forma de apuração de haveres em caso de divórcio do sócio, ou dissolução de união estável, aplica-se o já citado art. 1.031 do CC/2002, segundo o qual "nos casos em que a sociedade se resolver em relação a um sócio, o valor da sua quota, considerada pelo montante efetivamente realizado, liquidar-se-á, salvo disposição contratual em contrário, com base na situação patrimonial da sociedade, à *data da resolução, verificada em balanço especialmente levantado*". O art. 606 do CPC/2015 similarmente estatui, como critério de apuração de haveres, nos casos de omissão do contrato social, o valor patrimonial encontrado no *balanço de determinação*, tomando-se por referência a *data da resolução* e avaliando-se ativos e passivos.[13]

O Balanço de Determinação é "um balanço patrimonial especial, elaborado para fins judiciais por perito contábil, a partir de balanço patrimonial oficial da empresa, que não afeta a contabilidade da mesma e é utilizado para determinar o montante dos haveres que cabe ao sócio dissidente, excluído ou falecido. Os procedimentos avaliatórios básicos para elaboração do Balanço de Determinação estão fundamentados na NBC-T-4 e respeitam os pronunciamentos dos Tribunais superiores".[14]

Ou seja, a legislação vigente, respaldada na orientação pretoriana, elege como critério adequado de avaliação das quotas, nos casos de falecimento, divórcio ou dissolução de união estável do sócio, o patrimonial e não o econômico. Por isso, "no caso da retirada ou falecimento, a pessoa jurídica deve reembolsar ao sócio dissidente o valor de sua participação societária, calculado com base no patrimônio líquido da sociedade, ou seja, com base na situação patrimonial da sociedade, verificada em balanço especialmente levantado, à data da resolução".[15]

O STJ esposou, recentemente, nova manifestação em torno dessa temática, ao julgar o REsp 1877331/SP, no sentido de reforçar a higidez do art. 606 do CPC, quanto à eleição do balanço de determinação como a única metodologia de cálculo aplicável à hipótese, diante da omissão do contrato social. Isso porque "o legislador, ao eleger o balanço de determinação como forma adequada para a apuração de haveres, excluiu a possibilidade de aplicação conjunta da metodologia do fluxo

---

13. Art. 606. Em caso de omissão do contrato social, o juiz definirá, como *critério de apuração de haveres, o valor patrimonial apurado em balanço de determinação, tomando-se por referência a data da resolução* e avaliando-se bens e direitos do ativo, tangíveis e intangíveis, a preço de saída, além do passivo também a ser apurado de igual forma. Parágrafo único. Em todos os casos em que seja necessária a realização de perícia, a nomeação do perito recairá preferencialmente sobre especialista em avaliação de sociedades.

14. PEREZ, Marcelo Monteiro e FAMÁ, Rubens. Métodos de avaliação de empresas e o balanço de determinação. *Administração em Diálogo*. São Paulo, no 6, 2004, p. 108.

15. TJSP, AgIn 22291095120178260000, rel. Des. Ricardo Negrão.

de caixa descontado". No entender daquele tribunal, "a metodologia do fluxo de caixa descontado, associada à aferição do valor econômico da sociedade, utilizada comumente como ferramenta de gestão para a tomada de decisões acerca de novos investimentos e negociações, por comportar relevante grau de incerteza e prognose, sem total fidelidade aos valores reais dos ativos, não é aconselhável na apuração de haveres do sócio dissidente".[16]

Quando apreciou, anteriormente, o REsp 958116/PR, o Tribunal da Cidadania já havia orientado a "fazer o levantamento do patrimônio da sociedade por meio de *balanço patrimonial* confeccionado com tal finalidade – se outra hipótese não estiver prevista no estatuto social – apurando-se o que caberia a cada sócio se a sociedade fosse extinta, o que difere da avaliação para alienação, situação em que se mensuram expectativas de resultados futuros".[17]

Dessa maneira, não é possível o uso de outras metodologias, como se dá com o método de fluxo de caixa descontado, nem podem ser levados em conta os resultados futuros da sociedade. O valor econômico das quotas (*valuation*),[18] decorrente do fluxo de caixa projetado associado à taxa de crescimento esperado e ao índice de retorno do setor, é adequado para eventos societários, como cessão ou alienação de participações sociais, dissolução total ou parcial, fusão, cisão ou incorporação de sociedades, mas não para as situações de partilha de quotas, decorrente de divórcio ou dissolução de união estável, em relação ao ex-consorte que jamais integrou o quadro social da empresa.

Como bem coloca Fábio Ulhôa Coelho, "quando a participação societária é objeto de negociação entre partes racionais e livres, atribuem-lhes os contratantes um preço em montante que tende a se aproximar do *valor econômico*. Este valor, contudo, não é necessariamente o mais adequado *quando a obrigação de pagar pelas quotas ou ações não deriva de negociação racional e livre*, visando à assinatura de um contrato de compra e venda; *mas, sim, de um fato jurídico de natureza não contratual* (retirada, exclusão ou morte de sócio na sociedade contratual ou heterotipia institucional). Neste último caso, *o melhor critério de avaliação das quotas ou ações é sempre o patrimonial*" (g.n.).[19]

---

16. REsp 1.877.331/SP (2019/0226289-5), rel. Ministra Nancy Andrighi, rel. p/ ac. Ministro Ricardo Villas Bôas Cueva. 13 de abril de 2021(Data do Julgamento).

17. REsp 958116/PR, 1ª Turma, rel. Min. João Otávio de Noronha, DJE 06.03.2013.

18. Operação de avaliação do negócio por meio de modelos quantitativos que levam em consideração a situação financeira e as perspectivas de crescimento da empresa.

19. COELHO, Fabio Ulhoa. A dissolução de sociedades no Código de Processo Civil. In: YARSHELL, Flávio Luiz; PEREIRA, Guilherme Setoguti J. *Processo societário III*. São Paulo: Quartier Latin, 2018. p. 159-160. No mesmo sentido a doutrina de Fernando Sacco Neto: "(...)a opção do legislador pelo valor patrimonial – na hipótese de omissão do contrato social –, além de manter-se sintonizada com o art. 1.031 do CC, é a mais acertada na medida em que a apuração de haveres – e consequentemente obrigação de pagamento das cotas – não decorre de ato de livre iniciativa de ambas as partes, e sim por força de fato jurídico consistente na exclusão, retirada ou falecimento de sócio" (SACCO NETO, Fernando. Da ação de dissolução parcial de sociedade. In: WAMBIER, Teresa Arruda Alvim et al. *Breves comentários ao Novo Código de Processo Civil*. São Paulo: Ed. RT, 2015, p. 1512).

Notadamente em se tratando de partilha conjugal, não se deve perquirir o valor econômico da empresa, como negócio empresarial, em função de seus riscos ou benefícios futuros ou de sua capacidade de gerar riquezas, mas tão somente o valor do patrimônio que foi acrescido à sociedade conjugal durante o relacionamento afetivo. Até porque se o cônjuge ou companheiro não responderá, em regra, pelas dívidas sociais, contraídas pela empresa no giro de suas atividades, não pode se beneficiar dos sucessos da sociedade.

No julgamento do AgIn 22291095120178260000, o Tribunal de Justiça do Estado de São Paulo ressaltou que o método do fluxo de caixa descontado, por refletir o valor econômico da empresa, "é o método mais adequado para avaliar a empresa objeto de trespasse, cisão, fusão ou incorporação. Mas justamente por projetar lucros futuros parte da jurisprudência não aceita o método de fluxo de caixa descontado, partindo da premissa de que se o sócio se retira da sociedade, não tem direito ao que a sociedade poderá vir a lucrar. Assim, tem-se que o método que melhor reflete a situação patrimonial da sociedade na data da resolução é o balanço especial de determinação a que se refere o art. 1.031 do Código Civil e art. 606 do Código de Processo Civil".[20] Esse aresto foi confirmado pelo Superior Tribunal de Justiça justamente no julgamento do citado REsp 1877331/SP, onde o STJ pontuou que "o critério legal (patrimonial) é o mais acertado e está mais afinado com o princípio da preservação da empresa, ao passo que o econômico (do qual deflui a metodologia do fluxo de caixa descontado), além de inadequado para o contexto da apuração de haveres, pode ensejar consequências perniciosas, tais como (i) desestímulo ao cumprimento dos deveres dos sócios minoritários; (ii) incentivo ao exercício do direito de retirada, em prejuízo da estabilidade das empresas, e (iii) enriquecimento indevido do sócio desligado em detrimento daqueles que permanecem na sociedade".[21]

O cônjuge ou companheiro de sócio, *sócio não é*, e nem o pagamento de meação pode ser confundido com o negócio jurídico oneroso de cessão ou alienação de quotas a terceiros, cujos mecanismos de avaliação, tanto pelo vendedor, como pelo comprador, são completamente diferentes. O parceiro conjugal do sócio, quando da dissolução do casamento/união estável, não se retira da sociedade empresária, mas, sim, da sociedade conjugal e da subsociedade que se formou entre o casal no tocante às quotas.

Os seus haveres serão apurados exclusivamente com base na situação patrimonial da empresa, não podendo o "não sócio" receber haveres como se estivesse vendendo quotas da sociedade. O critério de avaliação das quotas em um caso e noutro são absolutamente diferentes. Enquanto na alienação de quotas é possível a utilização de critérios destinados a aferir o valor econômico da sociedade e o resultado que ela será capaz de gerar, cuidando-se de divórcio ou dissolução de união estável, o valor a ser aferido é o patrimonial da quota, e nada mais.

---

20. TJSP, AgIn 22291095120178260000, rel. Des. Ricardo Negrão.
21. REsp 1877331/SP.

Não se pode compreender essa situação, em que um dos consortes se retira da subsociedade formada sobre as quotas, como uma situação análoga à da alienação da participação do sócio retirante.[22]

Logo, exclusivamente o balanço de determinação, especialmente levantado na data da separação de fato, servirá de parâmetro para a aferição do equivalente econômico das quotas sociais. Esse critério contábil não impede, nem exclui que os bens integrantes do ativo e do passivo sejam avaliados a valor de mercado, antes pelo contrário: "Quando o artigo 1.031 [do Código Civil] prescreve a apuração da 'situação patrimonial da sociedade', ele claramente se refere a um balanço que busque encontrar o valor efetivo dos bens e direitos, individualmente considerados, que compõem o patrimônio social. E isso se dá exatamente pela finalidade do balanço a ser então levantado, que não é a de medir de tempos em tempos o resultado alcançado pela entidade a que se refere, mas sim calcular a porção do sócio retirante na riqueza acumulada".[23]

## 5. OS FRUTOS DO PATRIMÔNIO COMUM PÓS-SEPARAÇÃO DE FATO. LUCROS DISTRIBUÍDOS DEPOIS DE EXTINTO O REGIME DE BENS. INCOMUNICABILIDADE

Se o patrimônio é comum, os frutos também pertencem a ambos os cônjuges e companheiros. Nos regimes de comunhão, entram na partilha, tanto os frutos dos bens comuns, como os dos bens particulares de cada um, percebidos na constância do casamento e da união estável, ou pendentes ao tempo em que cessar a comunhão. Todavia, após a separação de fato, com a extinção do regime de bens, cessam todos os efeitos patrimoniais do regime, qualquer que seja ele, descabendo-se cogitar da comunicação de frutos, de bens comuns ou de bens particulares.

Isso porque, como já afirmado, a separação de fato dissolve a sociedade conjugal e põe termo ao regime de bens, cessando, com ela, a soma de esforços dos cônjuges e companheiros para manutenção e ampliação do patrimônio comum.[24]

Esse entendimento tem apoio na jurisprudência de grande parte dos tribunais brasileiros, coerente em decretar a incomunicabilidade de frutos, aí incluídos lucros e dividendos, após a separação de fato, com base no ApCiv 70069428985, o Tribunal

---

22. Cf. MENDES, Rodrigo Otávio Broglia. Apuração de haveres na retirada do sócio e fundo de comércio (aviamento). In: YARSHELL, Flávio Luiz; PEREIRA, Guilherme Setoguti J. *Processo societário*. São Paulo: Quartier Latin, 2012, p. 664.
23. TRINDADE, Marcelo Fernandez; TANNOUS, Thiago Saddi. O art. 1.031 do Código Civil e a sua interpretação. In: YARSHELL, Flávio Luiz; PEREIRA, Guilherme Setoguti J. *Processo societário II*. São Paulo: Quartier Latin, 2015, p. 500.
24. No tocante aos lucros não distribuídos, já decidiu o STJ não se tratar de patrimônio comum: "O lucro destinado à conta de reserva, que não é distribuído aos sócios, não integra o acervo comum do casal, tendo em vista pertencer apenas à sociedade e não ao sócio. 3. A quantia destinada a futuro aumento de capital não deve ser objeto de partilha em virtude do fim de união estável, pois não está incluída no conceito de fruto, à luz do art. 1.660, inciso V, do Código Civil" (REsp 1595775/AP, rel. Ministro Ricardo Villas Bôas Cueva, 3ª Turma, julgado 09.08.2016, DJE 16.08.2016).

de Justiça do Rio Grande do Sul entendeu descabida a pretendida partilha de lucros de uma empresa, depois da separação de fato do casal, exatamente porque, a partir daquela data, se extinguira o regime de bens. O casal convivia em união estável, sob regime de comunhão de bens, e durante a convivência constituíram uma empresa que integrou o patrimônio comum. Após a separação de fato, a empresa seguiu administrada de forma exclusiva pelo varão. Na pretensão de partilha, a mulher almejou receber 50% dos rendimentos líquidos da empresa após a separação. O Tribunal, com acerto, negou a postulação, porquanto cessada a soma de esforços das partes para manutenção e ampliação do patrimônio familiar.[25]

Em essência, não há que se falar em direito à partilha de lucros auferidos pela sociedade após a separação de fato, não se afigurando possível a partilha dos frutos (lucros e dividendos) advindos após aquela data.

## 6. DOS FRUTOS COMUNS. APURAÇÃO DO VALOR NA DATA DA RUPTURA DO RELACIONAMENTO E NÃO NA DATA DA EFETIVA PARTILHA

A partilha dos frutos dos bens, comuns ou particulares, deve se restringir ao valor destes na data da separação de fato do ex-casal, sem considerar aqueles produzidos em momento posterior. Nem muito menos os frutos já consumidos.[26]

Com efeito, é a data da dissolução fática da comunhão de bens que deve constituir o marco para monetarização dos haveres do cônjuge ou companheiro. A extinção da convivência pela separação de fato tem como efeito direto e imediato a resolução da subsociedade que se formou entre os cônjuges/companheiros, quer no tocante às quotas ou aos seus frutos. Dessa forma, em relação ao cônjuge/companheiro não sócio, a resolução ou liquidação da sociedade ocorre no momento da separação de

---

25. "Apelação cível. União estável. Partilha de bens. Lucros de empresa. Reforma de imóvel. Empresa. Descabe partilhar os lucros da empresa, depois da separação de fato do casal, porque a partir dessa data extingue-se o regime de bens, já que cessa a soma de esforços das partes para manutenção e ampliação do patrimônio comum. Nesse passo, e sendo incontroverso que depois da separação o bar seguiu administrado de forma exclusiva pelo varão, não tem direito a autora/apelante a 50% dos rendimentos líquidos da empresa após essa data. Reforma de imóvel onde residia o casal. Em sendo incontroversa a realização de melhorias na casa onde residia o casal, de propriedade da genitora da apelante, mostra-se adequada a sentença que condenou-a a indenizar o demandado em 50% do valor da reforma. Reforma de imóvel exclusivo do demandado. Inexistindo prova nos autos de que a autora tenha utilizado valores exclusivos para financiamento de reforma em imóvel do varão, descabe condená-lo a reembolsar a ex-companheira. Ademais, em contestação, o apelado referiu que as partes teriam conciliado quanto ao pedido e, em réplica, a autora sequer se manifestou, sendo lícito presumir que tenha concordado com a extinção do pedido, ainda que tenha sido analisado na sentença. Negaram provimento (TJRS, ApCiv 70069428985, 8ª Câmara Cível, rel. Rui Portanova, Julgado 28.07.2016).

26. Frutos, como se sabe, são bens acessórios porque se originam periodicamente de um outro bem, chamado de principal, sem destruição ou prejuízo deste. São normalmente classificados em naturais, industriais ou civis. Estes últimos correspondem a todos os rendimentos oriundos da fruição da coisa, como é o caso dos lucros e dividendos produzidos a partir das participações societárias. Diz-se *frutos percebidos* aqueles que já foram colhidos ou extraídos e, por isso, não fazem mais parte do bem principal. *Frutos pendentes* aqueles que ainda estão ligados ao bem principal, a exemplo do lucro não distribuído, mas já apurado e cuja distribuição foi aprovada. E *frutos consumidos*, aqueles que não existem mais porque foram utilizados para qualquer outra atividade.

O REGIME DE COMUNHÃO PARCIAL DE BENS E A PARTILHA DE PARTICIPAÇÕES SOCIETÁRIAS **171**

fato, postergando-se, apenas, o pagamento dos haveres, existentes na data do rompimento, para a ocasião seguinte da partilha.

Os frutos colhidos e consumidos em data anterior à separação de fato, bem como os que forem percebidos posteriormente, não se submetem a partilha.

Como a "resolução" da subsociedade convivencial e do regime de bens não se dá por ocasião da partilha dos bens comuns, mas no momento em que cessada a convivência, o cônjuge/companheiro não sócio, depois de terminada a convivência *more uxorio*, não faz jus aos frutos havidos consecutivamente à separação de fato, sob pena de enriquecimento indevido, o que afrontaria o art. 884 do Código Civil.[27]

Demais disto, considerar os frutos distribuídos em momento posterior ao rompimento fático, prolongaria o regime de bens para além do fim da relação conjugal. Assim, somente os frutos já distribuídos ou percebidos durante a convivência ou o casamento e que, simultaneamente, permaneçam integrando o patrimônio comum na data do rompimento fático, se submeterão à partilha.

## 7. VALORIZAÇÃO DE QUOTAS SOCIAIS PRETÉRITAS DURANTE O CASAMENTO/UNIÃO ESTÁVEL. IMPOSSIBILIDADE DE COMUNICAÇÃO

A valorização dos bens particulares, quando decorrente do fenômeno econômico, ou dos esforços exclusivos de um só dos cônjuges ou conviventes, não se comunica, razão pela qual deve ser atribuída exclusivamente ao titular do bem particular.

A orientação jurisprudencial consolidada, inclusive no âmbito do Superior Tribunal de Justiça, diz que, na vigência do casamento ou da união estável, a valorização das quotas não se comunica, nem integra a partilha em futuro divórcio ou ação dissolutória, por se tratar de mero fenômeno econômico, e não do esforço conjunto dos cônjuges. Assim, a valorização patrimonial de bens adquiridos "antes do casamento ou da união estável não deve integrar o patrimônio comum a ser partilhado, por ser decorrência de um fenômeno econômico que dispensa a comunhão de esforços do casal".[28]

No julgamento do REsp 1173931/RS, já havia afirmado o STJ que a valorização patrimonial das quotas sociais de sociedade limitada, decorrente de mero fenômeno econômico, e não do esforço comum dos companheiros, não se comunica.[29] Enquanto ao julgar o já aludido REsp 1595775/AP, o Tribunal da Cidadania sufragou o enten-

---

27. Art. 884. Aquele que, sem justa causa, se enriquecer à custa de outrem, será obrigado a restituir o indevidamente auferido, feita a atualização dos valores monetários.
28. AgInt no AREsp 236955/RS, rel. Ministro Lázaro Guimarães, DJe 27.11.2017.
29. Recurso especial. Direito civil. Família. União estável. Regime de bens. Comunhão parcial de bens. Valorização de cotas sociais. 1. O regime de bens aplicável às uniões estáveis é o da comunhão parcial, comunicando-se, mesmo por presunção, os bens adquiridos pelo esforço comum dos companheiros. 2. A valorização patrimonial das cotas sociais de sociedade limitada, adquiridas antes do início do período de convivência, decorrente de mero fenômeno econômico, e não do esforço comum dos companheiros, não se comunica. 3. Recurso especial provido (STJ, REsp 1173931/RS 2010/0004289-4, rel. Min. Paulo de Tarso Sanseverino, Data de Julgamento: 22.10.2013, 3ª Turma, Data de Publicação: DJe 28.10.2013).

dimento de que a valorização de quotas, mesmo quando originada de capitalização de reservas e lucros decorrentes da própria atividade empresarial, não está sujeita à partilha, por não se tratar de bem passível de comunicação.[30]

A incomunicabilidade da valorização das quotas se faz impositiva especialmente quando as participações sociais não compuserem o acervo familiar partilhável, dado que adquiridas anteriormente ou por sucessão/doação. Ainda mais quando se trata de uma sociedade de pessoas, na qual as características subjetivas dos sócios são muito mais importantes do que a contribuição material que eles dão, para a consecução do objeto social.

## 8. DAS QUOTAS SOCIAIS DE SOCIEDADE UNIPROFISSIONAL. INSTRUMENTO DA PROFISSÃO. INCOMUNICABILIDADE

As sociedades formadas para otimizar o exercício da profissão se enquadram na categoria jurídica de "instrumentos da profissão" a que alude o inciso V do art. 1.659 do Código Civil de 2002 (art. 263, IX, do CC/1916), pois é através desse tipo societário que o profissional liberal exerce, de forma mais efetiva, a sua profissão. Assemelham-se, no passado, ao que representavam os livros ou a biblioteca do escritório do advogado ou o estetoscópio e o aparelho de pressão do médico.

Especificamente sobre os instrumentos da profissão, explica Carvalho Santos constituir fundamento dessa incomunicabilidade o fato de os "instrumentos da profissão não serem susceptíveis de penhora (S. G. de Moraes, Tratatus de Executionibus, L. 6, c.8, nihil ominus; – Pereira de Souza, Primeiras Linhas, § 403 e nota 815; – Paula Baptista, Theoria e Pratica do Proc. Civ., § 200)".[31] A absoluta impenhorabilidade dos instrumentos da profissão encontra-se, atualmente, prevista no art. 833, V do CPC, como destaca Ernani Fidelis dos Santos:

> É de interesse público e social que o cidadão não seja nunca tolhido ou prejudicado no exercício de sua profissão. Assim, a contrição sobre um bem possa dificultar tal mister, a lei julga mais conveniente salvaguardar a atividade profissional do que permitir a excussão ao credor, ainda que induvidoso seja o crédito. Assim, qualquer que seja o bem de utilidade para a profissão, como exemplificadamente livros, máquinas, utensílios e instrumentos, a impenhorabilidade se impõe.
>
> Para que qualquer dos objetos meios se subtraia da penhorabilidade, mister se faz seja, realmente, necessário ou útil ao exercício da profissão com que se relaciona, por mais valioso que possa ser, como ocorre no caso dos consultórios dentários, dos aparelhos radiográficos, livros e máquinas de digitação do advogado, do contabilista e do próprio médico etc.

---

30. A capitalização de reservas e lucros decorrente da própria atividade empresarial constitui produto da sociedade por incrementar o seu capital social. 2. *O lucro destinado à conta de reserva, que não é distribuído aos sócios, não integra o acervo comum do casal, tendo em vista pertencer apenas à sociedade e não ao sócio. 3. A quantia destinada a futuro aumento de capital não deve ser objeto de partilha* em virtude do fim de união estável, pois não está incluída no conceito de fruto, à luz do art. 1.660, inciso V, do Código Civil.(...) (REsp 1595775/AP, rel. Ministro Ricardo Villas Bôas Cueva, Terceira Turma, j. 09.08.2016, DJe 16.08.2016).

31. CARVALHO SANTOS, J. M. de. *Código civil brasileiro interpretado*. 2. ed. Rio de Janeiro: Freitas Bastos, 1937, v. V. p. 70.

O conceito de necessidade ou utilidade é relativo, e cada caso exige tratamento específico, também com aplicação da razoabilidade e proporcionalidade. O livro de literatura, por exemplo, se não for essencial ao exercício profissional do advogado, o é, no entanto, para o professor de línguas.

O veículo, por mais caro que seja, é instrumento de trabalho necessário do motorista profissional, diga-se, o caminhão e o táxi. Se a pessoa, no entanto, possuir dois ou mais veículos, com que exerce seu mister, possível será a penhora de um deles, desde que se lhe reserve um que lhe permita o exercício profissional.

A empresa individual, quando composta apenas de instrumentos indispensáveis ao razoável exercício profissional, não pode ser penhorada, como também não o podem ser cada um dos bens individualmente. Um gráfico pode organizar-se em verdadeira empresa de prestação de bens e serviços, mas se a maquinaria do estabelecimento for o mínimo que se exige para que haja aceitável exercício profissional, suas máquinas não podem ser penhoradas individualmente, nem o estabelecimento em seu conjunto, critério que poderá ser alterado, se houver excesso de utensílios e instrumentos de trabalho. Para que, por exemplo, duas ou três máquinas impressoras, duas ou três máquinas cortadoras, quando, individualmente, ou com pequeno auxílio de assalariados, uma máquina apenas atende o exercício profissional razoável, embora, às vezes, menos rendoso? A necessidade ou utilidade de instrumentos e utensílios, aliás, não se relaciona com a maior ou menor rentabilidade do serviço, mas apenas com o exercício profissional, que não pode ser cerceado.

Utensilio e instrumento de trabalho são termos que se equiparam e não se confundem com bens que, porventura, venham a ser objeto do trabalho profissional ou sobre o qual ele recaia. Não são utensílios a matéria-prima destinada a transformação, mercadorias para a revenda, ou objeto que foi industrializado.

Os bens que não se sujeitam a penhora, por serem úteis ou necessários ao exercício profissional devem, realmente, relacionar-se com a profissão habitual do devedor. Pode um fazendeiro, por exemplo, através de terceiro, manter estabelecimento que produza sorvete. Nada impede penhora de máquinas, no caso, já que seu proprietário, na realidade, delas faz tão somente fonte de renda e não exercício profissional.[32]

Idêntica previsão havia no CPC/39.[33] Sobre o dispositivo já enfatizava Pontes de Miranda, àquela época, que a inserção do art. 942, IX tinha origem insigne, qual seja, a doutrina quanto aos livros dos estudantes, professores, advogados e magistrados, que se equipararam às armas dos militares: "O critério é a profissão, – tudo quanto seja necessário a ela". A presunção de necessariedade ou utilidade é absoluta, não cabendo, segundo Pontes, sequer apurar "se, sem os livros, as máquinas, utensílios ou instrumentos, poderia ganhar a vida o executado".[34]

Afirmando que a única exigência é que o bem esteja ligado à atividade profissional, o autor critica o que chamou de "deslizes" da jurisprudência quando se decidiu que "a máquina de escrever não é indispensável ao advogado, nem o cofre (2ª Câmara Cível do Tribunal de Apelação do Rio Grande do Sul, 12 de julho de 1944, j. 25.597), como se não fosse mal aparelhado o escritório em que qualquer deles falte

---

32. ALVIM, Angélica, ASSIS, Araken; ALVIM, Eduardo; LEITE, George. *Comentários ao Código de Processo Civil*. São Paulo: Saraiva, 2016. p. 952-953.

33. Art. 942. Não poderão absolutamente ser penhorados: (...) IX – os livros, máquinas, utensílios e instrumentos necessários ou úteis ao exercício de qualquer profissão.

34. Idem.

e o padrão o exigisse; o automóvel do médico e de pessoas que tenham de exercer a profissão locomovendo-se".[35]

A impenhorabilidade dos instrumentos necessários ou úteis ao exercício da profissão esteve igualmente contemplada no art. 649, inciso V, do CPC/73. Esse dispositivo, voltado a uma nova realidade social, quando comparado com a Lei Adjetiva de 1939, ao comandar que seriam absolutamente impenhoráveis os instrumentos ou outros bens móveis necessários ou úteis ao exercício de qualquer profissão, destinava-se à proteção dos bens das pessoas naturais, especialmente dos profissionais liberais ou empreendedores autônomos, que deles se utilizavam para trabalhar, no intuito de prover a própria subsistência.

A partir daí surgem, na jurisprudência, numerosos escólios no sentido, tanto de que os instrumentos da profissão são absolutamente impenhoráveis, como, exatamente por isso, não entram na comunhão, mesmo quando adquiridos durante o casamento ou união estável. São remansosos os arestos que reconhecem, por exemplo, a inexistência de meação em relação a equipamentos médicos de alto valor, adquiridos pelo cônjuge médico enquanto casado em regime de comunhão, pois o art. 1.659 do Código Civil exclui expressamente da comunicação os "bens caracterizados como instrumentos de profissão no regime da comunhão parcial, sem mencionar qualquer restrição relacionada com o valor do objeto".[36]

---

35. Op. cit., p. 291.
36. Direito de família. Divórcio. Regime da comunhão parcial. Bens de terceiros. Partilha descabida – No regime da comunhão parcial de bens comunicam-se os bens que sobrevierem ao casal na constância do casamento, sendo descabida a pretensão de partilha de patrimônio registrado em nome alheio, alienado ainda durante a vigência da sociedade conjugal ou adquirido posteriormente ao seu término. Partilha de bens – Equipamentos médicos – Instrumento de profissão – CC, art. 1.659, v, *in fine* – Exclusão. Prevê o art. 1.659 do Código Civil a expressa exclusão da comunicação de bens caracterizados como instrumentos de profissão no regime da comunhão parcial, sem mencionar qualquer restrição relacionada com o valor do objeto. (...) (TJSC; AC 00178992120088240023; Florianópolis; 5ª Câmara de Direito Civil; rel. Des. Luiz Cézar Medeiros; DJSC 05.07.2018; p. 205) Apelações cíveis. Ações de dissolução de união estável, arrolamento de bens e cautelar inominada. Sentença decretando o fim da relação conjugal e partilhando os bens adquiridos durante a união estável. Contrarrazões da ré. Alegação de inovação recursal quanto ao pleito de exclusão de bens da partilha. Inocorrência. Matéria devidamente discutida. Não há inovação recursal quando a tese sustentada no apelo, de exclusão de bens da partilha, foi discutida nos autos. Apelo do autor. Equipamento de ultrassonografia adquirido pela ré durante a união estável. Instrumento indispensável para o exercício profissional de médica/ré. Exclusão do bem da partilha. Art. 1.659, V, do Código Civil. De acordo com o art. 1.659, inciso V, do Código Civil, os instrumentos indispensáveis para o exercício da profissão são excluídos da partilha de bens. Assim, comprovado que o equipamento de ultrassonografia foi adquirido pela Requerida para aperfeiçoar a prestação de serviços de radiologia, em seu consultório médico, está configurado que o bem é essencial para o desenvolvimento da profissão dela, devendo ser expurgado do rol de bens a ser partilhado. (...) (TJMG; ApCiv 10024097353932/001; rel. Des. Eduardo Guimarães Andrade; Julg. 16.04.2013; DJEMG 25.04.2013). Agravo de instrumento. Cumprimento de sentença. Penhora. Bens úteis ou necessários ao exercício de atividade empresarial. Impossibilidade. Art. 649, V, DO CPC. O art. 649, V, do Código de Processo Civil estabelece a impenhorabilidade absoluta dos livros, máquinas, ferramentas, utensílios, instrumentos ou outros bens móveis necessários ou úteis ao exercício de qualquer profissão. Outrossim, não se pode perder de vista que a própria Lei Processual Civil elenca outros meios eficazes para a satisfação do crédito. Nessa senda, o art. 655 do CPC indica, para efeito de penhora, o dinheiro, em espécie ou em depósito ou aplicação em instituição financeira, ações e quotas de sociedade empresárias e percentual de faturamento de empresa devedora. Reclamação conhecida e improvida. (TJDF; Rec 20130020306430;

O REGIME DE COMUNHÃO PARCIAL DE BENS E A PARTILHA DE PARTICIPAÇÕES SOCIETÁRIAS

**175**

Igualmente frequentes as decisões que afastam a comunicabilidade de veículo utilizado como táxi (ainda que constitua o único patrimônio da família), e do respectivo ponto, por constituírem instrumentos indispensáveis ao exercício profissional do outro cônjuge/companheiro, sob pena de privá-lo "dos meios que lhes asseguram a sobrevivência".[37] O mesmo se diga em relação ao caminhão utilizado exclusivamente pelo varão em seu trabalho de caminhoneiro.

Dada à constante mutação do mercado de trabalho, como bem observa Paulo Lôbo, instrumentos da profissão ou instrumentos de trabalho, especialmente em se tratando de profissionais liberais, abrangem todas as ferramentas, não somente as necessárias, no sentido de imprescindibilidade, mas também as que são úteis para otimizar o desempenho da atividade.[38]

No âmbito do Superior Tribunal de Justiça, já se decidiu que a incomunicabilidade, no caso, "justifica-se pela manifesta conveniência de não privar o profissional dos meios de que carece para seu exercício, o que ocorreria com a separação e consequente divisão do patrimônio, não existisse a ressalva legal. Supõe o efetivo exercício profissional, deixando de justificar-se quando esse deixou de existir. Em caso de abandono da profissão ou de morte, não subsiste razão para a incomunicabilidade".[39]

O profissional liberal, nas grandes metrópoles, é compelido à socialização dos seus serviços, deixando de prestá-los na pessoa natural e passando fazê-lo nas sociedades prestadoras de serviços, associado a outros colegas de profissão. Trata-se de uma tendência irrefreável que atinge, não só médicos ou advogados, mas contadores, engenheiros, publicitários, arquitetos, profissionais de informática e todos os que exercem profissão intelectual. Esses profissionais constituem, então, uma sociedade dedicada à profissão intelectual, científica, literária ou artística.

Uma sociedade uniprofissional, mais do que qualquer outra, é construída pelo labor pessoal dos sócios. As carteiras de clientes, de que depende o valor patrimonial

---

Ac. 770768; 1ª Turma Recursal dos Juizados Especiais do Distrito Federal; rel. Juiz Alvaro Luiz Chan Jorge; DJDFTE 01.04.2014; p. 355).

37. Apelação cível. Ação de divórcio litigioso c/c partilha de bens. Falecimento do advogado originário. Desnecessidade de constituição de novo patrono. Existência de substabelecimento nos autos. Decisão reformada no ponto. Pedido de partilha de ponto de táxi. Impedimento. Serviço público sujeito à permissão administrativa. Inexistência de posse e ou propriedade. Requerimento de divisão de veículo de taxista. Instrumento necessário ao exercício profissional. Impossibilidade de partilha. Art. 1.659, INCISO V, DO CC/2002. Recurso conhecido e parcialmente provido. (...) Inviável a partilha de ponto de táxi entre as partes em uma separação judicial, pois não há que se falar em propriedade de quem quer que seja, vez que existe somente alvará de licenciamento para prestação de serviço de táxi, que, por sua vez, é tratado como serviço público sujeito à permissão administrativa. Embora o alvará possua valor econômico, constitui direito sobre o qual não se exerce posse, mas exercício. Os instrumentos de profissão não podem ser objeto de partilha, isso porque se excluem da comunhão os instrumentos indispensáveis ao exercício profissional de cada cônjuge, sob pena de privá-los dos meios que lhes asseguram a sobrevivência, conforme dispõe o artigo 1.659, V, do CC. (TJMT; ApCiv 57908/2017; Alta Floresta; Rel. Des. Dirceu dos Santos; Julg. 30.08.2017; DJMT 05.09.2017; p. 82).

38. Cf. Op. cit.

39. REsp 82142/SP, rel. Ministro Eduardo Ribeiro, 3ª Turma, j. 02.12.1997, DJ 12.04.1999, p. 142.

da sociedade, só existem em razão e em função dessas características personalíssimas dos sócios. E, por isso mesmo, nem a carteira, nem as próprias quotas da sociedade, passam a integrar a comunhão dos bens conjugais.

Tratando-se de instrumentos da profissão, e sendo absolutamente impenhoráveis, não integram a meação do outro cônjuge/companheiro, quando da dissolução do relacionamento afetivo. O contrário representaria admitir o absurdo de que a capacidade laboral do cônjuge/companheiro médico, advogado, contador ou prestador de serviços de TI também entraria na comunhão.

Enfim, nos casos em que a personalidade jurídica não tem outra razão de ser, senão o rateio dos custos operacionais que permitam ao profissional liberal exercer a profissão, não se podendo muito menos afirmar que é a sociedade quem exerce a atividade, eis que, não obstante fazendo uso da personalidade jurídica, a atividade continua a ser prestada em caráter essencialmente personalíssimo, e necessariamente dependente de cada um dos profissionais do quadro social, não se pode admitir como partilháveis as quotas dessa sociedade.

A sociedade existe para apoiar a atividade conjunta dos profissionais e facilitar-lhes o trabalho. Nos dias atuais, sem essa colaboração recíproca, é praticamente impossível o exercício da profissão pelo profissional liberal. Tendo em vista as grandes transformações no exercício das atividades intelectuais, os profissionais prestadores de serviços não conseguem mais desempenhar sua atividade laboral de forma isolada. Dificilmente conseguem exercer o seu ofício em caráter personalíssimo ou exclusivamente artesanal.

Não há dúvida, portanto, de que, hodiernamente, a sociedade profissional e suas respectivas quotas sociais enquadram-se na categoria jurídica de instrumentos da profissão. É por meio da sociedade que a pessoa natural do profissional liberal exerce o seu labor e garante a sua subsistência. Até mesmo porque o exercício da profissão é prerrogativa exclusiva do ser humano, enquanto humano. Pessoa jurídica não exerce a profissão, razão pela qual, nas sociedades de profissionais liberais, a sociedade só existe em razão da atuação personalíssima de seus sócios.

## 9. CONCLUSÕES

O regime de bens, quer seja no casamento ou na união estável, se extingue a partir da separação de fato do casal, com ou sem o ajuizamento de medida judicial de separação de corpos, dissolução de união estável ou divórcio. A dissolução da sociedade conjugal (e do regime de bens), em decorrência da ruptura fática, produz, como efeito patrimonial ou econômico, a necessidade de partilha dos bens tidos como comuns até a data da separação de fato, de acordo com o regime de bens aplicado ao casamento. Existindo patrimônio comum, é necessária a partilha, mas essa divisão pode ser realizada depois, a qualquer tempo. O importante é que ela tome por base o patrimônio existente na data da separação de fato.

No regime legal da comunhão parcial de bens, podem-se formar e coexistir, em regra, três patrimônios distintos: o pessoal do marido/companheiro, o pessoal da mulher/companheira e o comum. Nem todos os bens adquiridos durante a convivência serão partilháveis, enquanto alguns bens passarão a integrar a comunhão, mesmo quando originados de bens anteriores ao início da convivência. É o caso das benfeitorias em bens particulares e dos frutos dos bens particulares de cada companheiro, percebidos na constância da união estável.

Em se tratando de sociedade de pessoas, constituída durante o casamento ou união estável, em regime de comunhão parcial de bens, não existe direito à divisão das quotas que eram titularizadas pelo sócio separado. O ex-cônjuge do sócio não pode participar da sociedade, como consequência do resultado da partilha, que apenas lhe conferirá o direito ao equivalente econômico de sua participação nas quotas, apurado na data da separação de fato por meio de balanço de determinação especialmente levantado para essa finalidade. O critério é exclusivamente patrimonial. Na ausência de previsão específica em contrato social, os haveres do outro cônjuge/companheiro serão avaliados com base na situação patrimonial da empresa, à data da resolução da sociedade conjugal, a partir de balanço especialmente levantado (balanço de determinação). Nas sociedades prestadoras de serviços, quando os serviços são prestados direta e pessoalmente pelos próprios sócios, sem patrimônio ou sede própria, sem empregados ou clientes fixos e sem estabelecimento comercial ou *goodwill*, o balanço de determinação será equivalente ao valor do PL (Patrimônio Líquido).

Os lucros efetivamente distribuídos por sociedade empresária, superavitária, integrada por um dos cônjuges/companheiros devem ser partilhados, se existentes na data da separação de fato. Entretanto, inexiste o direito à partilha de lucros distribuídos pela sociedade após dissolvida a sociedade conjugal, com a separação de fato, não se afigurando possível a partilha de frutos advindos (ou pendentes) após aquela data, da mesma forma que não se podem partilhar frutos já consumidos em data anterior ao rompimento do relacionamento.

É incomunicável a valorização das quotas sociais pretéritas, ainda que ocorrida durante o casamento/união estável. A valorização dos bens particulares, quando decorrente do fenômeno econômico, não se comunica. Conforme orientação jurisprudencial, a valorização de quotas, mesmo quando originada de capitalização de reservas e lucros decorrentes da própria atividade empresarial, não está sujeita à partilha. Especialmente quando as participações sociais não compuserem o patrimônio comum, dado que adquiridas anteriormente ao início do relacionamento.

Nas sociedades de trabalho, uniprofissionais, não se pode negar às respectivas quotas sociais a natureza jurídica de instrumentos da profissão, a que alude o inciso V do art. 1.659 do Código Civil de 2002. E, nessa qualidade, não integram a meação do outro companheiro, quando da dissolução do relacionamento afetivo.

## 10. REFERÊNCIAS

ALVIM, Angélica, ASSIS, Araken; ALVIM, Eduardo; LEITE, George. *Comentários ao Código de Processo Civil*. São Paulo: Saraiva, 2016.

CAHALI, Said Cahali; CAHALI, Francisco José (Org.) Separação de Fato e Cessação do Regime de Bens no Casamento in: *Doutrinas Essenciais* – Famílias e Sucessões. São Paulo: Ed. RT, 2011. v. V.

CARVALHO SANTOS, J. M. de. *Código civil brasileiro interpretado*. 2. ed. Rio de Janeiro: Freitas Bastos, 1937. v. V.

COELHO, Fabio Ulhoa. A dissolução de sociedades no Código de Processo Civil. In: YARSHELL, Flávio Luiz; PEREIRA, Guilherme Setoguti J. *Processo societário III*. São Paulo: Quartier Latin, 2018.

FARIAS, Cristiano Chaves de; ROSENVALD, Nelson. *Direito Das Famílias*. 3. ed. rev., ampl. e atual. Rio De Janeiro: Lumen Juris, 2011.

LÔBO, Paulo. *Famílias* – Direito Civil. São Paulo: Saraiva, 2008.

MENDES, Rodrigo Otávio Broglia. Apuração de haveres na retirada do sócio e fundo de comércio (aviamento). In: YARSHELL, Flávio Luiz; PEREIRA, Guilherme Setoguti J. *Processo societário*. São Paulo: Quartier Latin, 2012.

MONTEIRO, Washington de Barros, 1910-1999. *Curso de Direito Civil*. 37. ed. rev. e atual. Por Regina Beatriz Tavares da Silva. São Paulo: Saraiva, 2004. v. 2: direito de família.

PEREZ, Marcelo Monteiro e FAMÁ, Rubens. Métodos de avaliação de empresas e o balanço de determinação. *Administração em Diálogo*. n. 6. São Paulo, 2004.

TAVARES DA SILVA, Regina Beatriz. In: FIUZA, Ricardo (Coord.). *Código Civil comentado*. 9. ed. São Paulo: Saraiva, 2015.

TEPEDINO, Gustavo. In: Pereira, Rodrigo da Cunha (Org.). *Tratado de Direito Família*. 2. ed. Belo Horizonte: IBDFAM, 2002.

TRINDADE, Marcelo Fernandez; TANNOUS, Thiago Saddi. O art. 1.031 do Código Civil e a sua interpretação. In: YARSHELL, Flávio Luiz; PEREIRA, Guilherme Setoguti J. *Processo societário II*. São o os Paulo: Quartier Latin, 2015.

WAMBIER, Teresa Arruda Alvim, et. al. *Breves comentários ao Novo Código de Processo Civil*. São Paulo: Ed. RT, 2015.

# DA SUB-ROGAÇÃO NO REGIME DA COMUNHÃO PARCIAL DE BENS. APLICABILIDADE E EFEITOS

*Luiz Paulo Vieira de Carvalho*

Mestrado e Pós-Graduado pela Faculdade de Direito da Universidade de Lisboa, Portugal. Professor e Conferencista Emérito da Escola da Magistratura do Estado do Rio de Janeiro-EMERJ. Presidente da Comissão de Direito de Família e Sucessões do Instituto dos Advogados Brasileiros-IAB. Vice-Presidente da Comissão Nacional de Direito das Sucessões do Instituto Brasileiro de Direito de Família – IBDFAM. Advogado, Consultor jurídico, parecerista e autor. Ex-Defensor Público Geral do Estado do Rio de Janeiro.

**Sumário:** 1. Do regime legal supletivo de bens no casamento e na união estável. Da sub-rogação de bens particulares pertencentes a qualquer dos parceiros familiares – 2. Da sub-rogação de bens particulares de qualquer dos parceiros de vida. Caracterização e efeitos – 3. Conclusões – 4. Referências.

## 1. DO REGIME LEGAL SUPLETIVO DE BENS NO CASAMENTO E NA UNIÃO ESTÁVEL. DA SUB-ROGAÇÃO DE BENS PARTICULARES PERTENCENTES A QUALQUER DOS PARCEIROS FAMILIARES

1. Em todo casamento[1] e por consequência, em toda união estável, há regime de bens cuja finalidade é disciplinar as relações patrimoniais do casal, externas ou internas, uma vez que se trata de consequência direta da sociedade conjugal nascida das famílias matrimonializadas, em sentido amplo, *ex vi* os arts. 1.639 e ss. e 1.725 do Código Civil.[2]

Em tais termos, o regime de bens nas famílias em questão, se exterioriza como o conjunto de regras jurídicas que disciplinam as relações econômicas entre os cônjuges e/ou companheiros e entre estes e terceiros.

Destarte, o estudo quanto ao regime de bens, nada mais é do que a pesquisa sobre quais são os *bens particulares* ou *próprios* de cada um dos parceiros, portanto, incomunicáveis ao outro e, consequentemente, insuscetíveis de partilha futura e, quais os bens que serão objeto de *comunhão* (comunhão de mão comum), estes pertencentes a ambos e, assim, suscetíveis de partilha (meação) por ocasião do rompimento da sociedade conjugal e/ou do vínculo matrimonial ou então, do liame fático da união estável.[3] Nesse campo, repisamos, se pesquisa igualmente, as relações patrimoniais dos cônjuges em relação a terceiros que negociam como casal.

---

1. Arts. 226, *caput*, e § 1º e 2 da CRFB/88 c/c art. e ss. do CC.
2. Arts. 226, *caput*, e §§ 1º e 2 da CRFB/88 c/c art.1723 a 1.726 do CC.
3. Art. 1.571 do CC: "A sociedade conjugal termina: I – pela morte de um dos cônjuges; II – pela nulidade ou anulação do casamento; III – pela separação judicial; IV – pelo divórcio. § 1º O casamento válido só se dissolve pela morte de um dos cônjuges ou pelo divórcio, aplicando-se a presunção estabelecida neste Código quanto ao ausente". "Art. 1.562. Antes de mover a ação de nulidade do casamento, a de anulação, a

O Direito brasileiro, no Código Civil de 1916, apresentava como regimes de bens *típicos*, disciplinados expressamente no seu corpo, o regime da *comunhão universal*, o regime da *comunhão parcial*, o regime da *separação de bens legal* ou *obrigatória*, o regime da *separação convencional de bens* e o *regime dotal*, mais não impedia que, quando os nubentes pudessem escolher o regime, que optassem por regimes de bens *mistos*, isto é, com características pinçadas de um ou mais de regimes de bens típicos, ou então, criassem regimes *atípicos*, desde que não houvesse ofensa à ordem pública.[4]

Quanto ao regime da *comunhão universal* (também denominado pelos irmãos portugueses de regime de Cartas de Ametade), foi o regime legal *supletivo*[5] a vigorar no Brasil, tanto à época das Ordenações Del Rey de Portugal,[6] quanto no contexto do Código Civil de 1916, até a revogação do *caput* do art. 258 do referido diploma realizada pela Lei do Divórcio (Lei 6.515/1977, art. 50), quando, então, passou a ser o regime da *comunhão parcial*.[7]

Deste modo, o regime da comunhão parcial, alçado ao regime legal *supletivo* ou *dispositivo*, como se disse antes, – ver art. 1.640, parágrafo único, do Código Civil

---

de separação judicial, a de divórcio direto ou a de *dissolução de união estável*, poderá requerer a parte, comprovando sua necessidade, a separação de corpos, que será concedida pelo juiz com a possível brevidade" (destaques nossos)

4. Art. 256 do CC/16: "É lícito aos nubentes, antes de celebrado o casamento, estipular, quanto aos seus bens, o que lhes aprouver (arts. 261, 273, 277, 283, 287 e 312). Parágrafo único. Serão nulas tais convenções: I – não se fazendo por escritura pública; II – não se lhes seguindo o casamento". Art. 257 do CC: "Ter-se-á por não escrita a convenção, ou a cláusula: I – que prejudique os direitos conjugais, ou os paternos; II – que contravenha disposição absoluta da lei".

5. Art. 258 do CC de 1916, após entrar vem vigor a Lei do Divórcio, Lei 6515/77: "Não havendo convenção, ou sendo nula, vigorará quanto aos nubentes, o regime da comunhão parcial". Assim, o regime legal supletivo se caracteriza do seguinte modo: quando o casal pode escolher o regime de bens, através de pacto (antenupcial ou de convivência) e não o faz, o legislador supre a vontade dos parceiros, impondo o regime que considera mais justo para a sociedade.

6. Na época do Rei Felipe II da Espanha (Felipe I Portugal), p.ex., em matéria patrimonial de família, já se dizia ser o regime legal supletivo do matrimônio o regime da comunhão universal, qual seja, o regime de Cartas de Ametade. Assim, nas Ordenações Filipinas (1603 a 1916), em seu Livro 4º, Título 46, *caput*, 1 e 2, se via: "Como o marido e mulher são *meeiros* de seus bens. Todos os casamentos feitos em nossos Reinos e senhorios se entendem serem feitos por *Cartas de ametade* (repisamos, o que se denomina modernamente de Comunhão Universal, art. 1.667 e ss. do CC/2002); *salvo* quando entre as partes outra cousa fôr acordada e contractada, porque, então, se guardará o que entre elles for contratado". (destacamos)

7. E mais: a União Estável, hoje entendida como um tipo de entidade familiar na Constituição Federal de 1988, art. 226, parágrafo 3º, e no Código atual, arts. 1.723 a 1.726, porquanto antes, no Código de 1916, só se fazia menção ao *Concubinato*, regido pelo Direito das Obrigações (Súmulas 380 e 382 do STF), já estava prevista no cenário familiar, nas mesmas Ordenações no Livro 4º, Título 46, *caput*, 1 e 2: "Outrossim serão meeiros, provando os que estiveram em casa teúda e manteúda, ou em casa de seu pai, ou em outra pública voz com fama de marido e mulher por tanto tempo, que, *segundo o direito baste para presumir matrimônio entre eles, posto se não provem as palavras de presente*". (destacamos)

É de se destacar que ali já se encontrava mencionado, o "casamento de fato" (atualmente denominado de *união estável*, alçada a categoria de *entidade familiar* e anteriormente, *concubinato puro*, à época do diploma substantivo anterior, CC/16), que ocorria quando as pessoas sem impedimento legal de se casarem entre si, viviam como se casadas fossem, isto é, com estabilidade temporal suficiente para presumir matrimônio entre eles, através de comunhão de vida íntima permeada de *affectio maritalis* e *honor matrimonii*, *verbis*: "Outrossim serão meeiros, provando os que estiveram em casa teúda e manteúda, ou em casa de seu pai, ou em outra pública voz com fama de marido e mulher por tanto tempo, que, segundo o direito baste para presumir matrimônio entre eles, posto se não provem as palavras de presente" (Livro 4º, Título 46,3).

# DA SUB-ROGAÇÃO NO REGIME DA COMUNHÃO PARCIAL DE BENS. APLICABILIDADE E EFEITOS | 181

de 2002,[8] regulamentado no art. 1.658 e ss. do Código Civil e, anteriormente, no mencionado *caput* do art. 258, e arts. 269 e ss. do Código Civil de 1916, passou a predominar na maioria esmagadora dos enlaces familiares no Direito pátrio.

Sob tais termos, o regime da *comunhão parcial*, também denominado de comunhão limitada, comunhão dos adquiridos ou comunhão dos aquestos, caracteriza-se, inicialmente, pela *não* comunicação ao outro cônjuge ou companheiro dos bens cuja *causa* da aquisição foi anterior ao início[9] do matrimônio ou da união estável,[10] por qualquer dos parceiros, seja a título gratuito, p. ex., doação ou herança, seja a título oneroso – compra e venda, dação em pagamento, permuta etc. (arts. 1.661 e 1.659, 1ª parte, do CC), bem como pela não comunicação dos bens adquiridos individualmente na constância do casamento a título *gratuito* (doação ou herança individual, legítima ou testamentária) e os *sub-rogados* em lugar desses (arts. 1.659, inciso I, 2ª parte, e 1.659, inciso II, do CC), todos eles considerados bens *particulares* ou *próprios* do cônjuge adquirente.

Também são considerados bens particulares e, portanto, *incomunicáveis* ao outro cônjuge, os de natureza personalíssima, mencionados nos demais incisos do referido art. 1.659 do Código Civil, com exceção, contudo, do disposto nos incisos VI e VII da mesma regra,[11] por ter a jurisprudência do Egrégio Superior Tribunal de Justiça se direcionada no sentido de que os *proventos*[12] percebidos na constância do casamento ou da união estável por qualquer dos parceiros e, mesmo as pensões recebidas à época e desde que não personalíssimas, comunicam-se ao outro cônjuge (ou companheiro), mesmo que não tenham sido colhidos naquela ocasião.[13]

---

8. Art. 1.640 do CC/2002: "Não havendo convenção, ou sendo ela nula ou ineficaz, vigorará, quanto aos bens entre os cônjuges, o regime da comunhão parcial. Parágrafo único. Poderão os nubentes, no processo de habilitação, optar por qualquer dos regimes que este código regula. Quanto à forma, reduzir-se-á a termo a opção pela comunhão parcial, fazendo-se o pacto antenupcial por escritura pública, nas demais escolhas".

9. Art. 1.661 do CC: "São incomunicáveis os bens cuja aquisição tiver por título uma causa anterior ao casamento".

10. Art. 1.725 do CC: "Na união estável, salvo contrato escrito entre os companheiros, aplica-se às relações patrimoniais, no que couber, o regime da comunhão parcial de bens.

11. Art. 1.659. Excluem-se da comunhão: I – os bens que cada cônjuge possuir ao casar, e os que lhe sobrevierem, na constância do casamento, por doação ou sucessão, e os sub-rogados em seu lugar; II – os bens adquiridos com valores exclusivamente pertencentes a um dos cônjuges em sub-rogação dos bens particulares; III – as obrigações anteriores ao casamento; IV – as obrigações provenientes de atos ilícitos, salvo reversão em proveito do casal; V – os bens de uso pessoal, os livros e instrumentos de profissão; VI – os proventos do trabalho pessoal de cada cônjuge; VII – as pensões, meios-soldos, montepios e outras rendas semelhantes".

12. Proventos em sentido amplo é tudo aquilo que se obtém como o trabalho da pessoa natural: salário, remuneração, comissões etc.

13. "Recurso especial. Casamento. Regime de comunhão parcial de bens. Doação feita a um dos cônjuges. Incomunicabilidade. FGTS. Natureza jurídica. Proventos do trabalho. Valores recebidos na constância do casamento. Composição da meação. Saque diferido. Reserva em conta vinculada específica. 1. No regime de comunhão parcial, o bem adquirido pela mulher com o produto auferido mediante a alienação do patrimônio herdado de seu pai não se inclui na comunhão. Precedentes. 2. O Supremo Tribunal Federal, no julgamento do ARE 709212/DF, debateu a natureza jurídica do FGTS, oportunidade em que afirmou se tratar de "direito dos trabalhadores brasileiros (não só dos empregados, portanto), consubstanciado na criação de um pecúlio permanente, que pode ser sacado pelos seus titulares em diversas circunstâncias legalmente definidas (cf. art. 20 da Lei 8.036/1995)". (ARE 709212, rel. Min. Gilmar Mendes, Tribunal

Sob tais perspectivas, em resumo, no regime da *comunhão parcial* comunicam-se a ambos os nubentes, os denominados *aquestos típicos* (hipóteses mais comum), quais sejam, os bens havidos em conjunto ou separadamente, a título oneroso, na constância da sociedade conjugal, *sem* que haja *sub-rogação* (substituição de um bem particular por outro – art. 1.660 do CC/2002, inciso I, do CC e art. 271, inciso I, do CC/1916), sejam os aquestos *atípicos* (hipóteses bem menos comuns na vida diária, art. 1.660, incisos II a V, do CC e art. 271, incisos II a VI, do CC/1916, p.ex., havidos por virtude de fato eventual-loteria, acessão, avulsão etc., herança testamentária (ou o legado) recebida por ambos, benfeitorias realizadas nos bens particulares, os frutos civis dos bens particulares ou comuns etc.), todos, assim, formadores de patrimô-

---

Pleno, julgado em 13.11.2014, DJe-032 Divulg 18.02.2015 Public 19.02.2015) 3. No âmbito do Superior Tribunal de Justiça, a Egrégia Terceira Turma enfrentou a questão, estabelecendo que o FGTS é "direito social dos trabalhadores urbanos e rurais", constituindo, pois, fruto civil do trabalho. (REsp 848660/RS, rel. Ministro Paulo de Tarso Sanseverino, 3ª Turma, DJe 13.05.2011) 4. O entendimento atual do Superior Tribunal de Justiça é o de que os proventos do trabalho recebidos, por um ou outro cônjuge, na vigência do casamento, compõem o patrimônio comum do casal, a ser partilhado na separação, tendo em vista a formação de sociedade de fato, configurada pelo esforço comum dos cônjuges, independentemente de ser financeira a contribuição de um dos consortes e do outro não. 5. Assim, deve ser reconhecido o direito à meação dos valores do FGTS auferidos durante a constância do casamento, ainda que o saque daqueles valores não seja realizado imediatamente à separação do casal. 6. A fim de viabilizar a realização daquele direito reconhecido, nos casos em que ocorrer, a CEF deverá ser comunicada para que providencie a reserva do montante referente à meação, para que num momento futuro, quando da realização de qualquer das hipóteses legais de saque, seja possível a retirada do numerário. 7. No caso sob exame, entretanto, no tocante aos valores sacados do FGTS, que compuseram o pagamento do imóvel, estes se referem a depósitos anteriores ao casamento, matéria sobre a qual não controvertem as partes. 8. Recurso especial a que se nega provimento" (REsp 1399199, 2ª Seção, rel. p/ ac. Ministra Maria Isabel Gallotti, julgado em 09.03.2016).

"Processo civil. Partilha. Comunicabilidade de verba indenizatória trabalhista. Interpretação dos arts. 1.658 e 1.659, vi, do cc. Violação do art. 535 do CPC configurada. 1. *No regime de comunhão parcial ou universal de bens, o direito ao recebimento dos proventos não se comunica ao fim do casamento, mas, ao serem tais verbas percebidas por um dos cônjuges na constância do matrimônio, transmudam-se em bem comum, mesmo que não tenham sido utilizadas na aquisição de qualquer bem móvel ou imóvel* (arts. 1.658 e 1.659, VI, do Código Civil). 2. *O mesmo raciocínio é aplicado à situação em que o fato gerador dos proventos e a sua reclamação judicial ocorrem durante a vigência do vínculo conjugal, independentemente do momento em que efetivamente percebidos, tornando-se, assim, suscetíveis de partilha.* Tal entendimento decorre da ideia de frutos percipiendos, vale dizer, aqueles que deveriam ter sido colhidos, mas não o foram. Precedentes. 3. No caso, conquanto alegue a recorrente que o ex-cônjuge ficou desempregado durante a constância do casamento, é certo que o Tribunal de origem (TJ/SP), a despeito da determinação anterior deste Superior Tribunal de Justiça (REsp 1193576/SP) para que explicitasse qual o período em que teve origem e em que foi reclamada a verba auferida na lide trabalhista, negou-se a fazê-lo, em nova e manifesta ofensa ao art. 535 do Código de Processo Civil. 4. Recurso especial provido" (STJ, 4ª Turma, REsp 1358916, rel. Ministro Luis Felipe Salomão, julgado em 16.09.2014). (grifamos)

A ferramenta *Jurisprudência em Teses* 113 (STJ), que versa sobre a Dissolução da sociedade conjugal e da União Estável, aponta: (...) "3) As verbas de natureza trabalhista nascidas e pleiteadas na constância da união estável ou do casamento celebrado sob o regime da comunhão parcial ou universal de bens integram o patrimônio comum do casal e, portanto, devem ser objeto da partilha no momento da separação". 4) Deve ser reconhecido o direito à meação dos valores depositados em conta vinculada ao Fundo de Garantia de Tempo de Serviço FGTS auferidos durante a constância da união estável ou do casamento celebrado sob o regime da comunhão parcial ou universal de bens, ainda que não sejam sacados imediatamente após a separação do casal ou que tenham sido utilizados para aquisição de imóvel pelo casal durante a vigência da relação".

nio comum a ser objeto de partilha entre os cônjuges por ocasião da dissolução da sociedade conjugal, do casamento ou da união estável.[14]-[15]

Dá suporte à comunicação dos *aquestos* no regime da comunhão parcial, que, como antes dito, formam uma massa patrimonial comum, a *presunção*[16] *absoluta* (*iure et de iure*,[17]-[18] isto é, sem *admissão* de *prova* em *contrário*) de que ambos os nubentes colaboraram para a aquisição dos bens, advinda da *affectio maritalis*, cerne da sociedade conjugal.

---

14. Art. 1.660. Entram na comunhão: I – os bens adquiridos na constância do casamento por título oneroso, ainda que só em nome de um dos cônjuges; II – os bens adquiridos por fato eventual, com ou sem o concurso de trabalho ou despesa anterior; III – os bens adquiridos por doação, herança ou legado, em favor de ambos os cônjuges; IV – as benfeitorias em bens particulares de cada cônjuge; V – os frutos dos bens comuns, ou dos particulares de cada cônjuge, percebidos na constância do casamento, ou pendentes ao tempo de cessar a comunhão.

15. No regime da comunhão parcial de bens, permanecem separados os bens existentes, anteriormente ao casamento e os adquiridos após este, a título gratuito, como no caso de recebimento, por um dos cônjuges, de doação ou de herança. Comungam-se os aquestos, ou seja, os bens adquiridos após o matrimônio, a título oneroso"(...) Assim, coexistem no regime da comunhão parcial, três patrimônios: o da marido, o da mulher e o comum (aquestos onerosamente adquiridos)" VILLAÇA AZEVEDO. Álvaro. *Direito de Família*: Curso de direito Civil. São Paulo: AVA/Atlas, 2013, p. 292. É de se observar, entretanto, tendo em vista o reconhecimento atual das famílias homoafetivas, bem como o regime patrimonial supletivo igualmente ser concedido aos companheiros na união estável, é de se entender: o patrimônio individual dos parceiros de vida e o patrimônio comum.

16. Art. 349 do Código Civil português: "Presunções são as ilações que a lei ou o julgador tira de um facto conhecido para firmar um facto desconhecido". Ao comentar a referida regra, FARIA DE ANDRADE, Ana Margarida, leciona no seguinte sentido: "No que toca ao nosso ordenamento jurídico, *a presunção* encontra-se expressamente definida no artigo 349º do Código Civil e é um *conceito consensual entre os diversos autores. A presunção consiste no resultado de uma dedução lógica, que tem como ponto de partida um facto conhecido e pretende demonstrar a realidade desse ou de outro facto.* Esta dedução é o resultado da elaboração de um raciocínio lógico, sendo que a presunção será a base da conclusão e explicação do outro facto que se pretende provar, não esquecendo que o facto que serve de ponto de partida é já um facto conhecido ou provado, em que apenas se pretende alcançar um facto desconhecido". HARET, Florence Cronemberger – Por um conceito de presunção, p. 736-740. VARELA, Antunes; BEZERRA, J. Miguel; NORA, Sampaio e – *Manual de Processo Civil*: de acordo com o Dec.- lei 242/85, p. 500, apud FARIA DE ANDRADE, Ana Margarida. Tese de Mestrado na Faculdade de Direito da Universidade Autônoma de Lisboa Luís De Camões: A prova por presunção no direito civil e processual civil as presunções judiciais e o recurso ao senso comum e às máximas da experiência, Lisboa, Portugal, 2016, p. 14.

17. "Quanto a presunção *iuris et de iure*, esta verifica-se nos casos em que a presunção é considerada absoluta e irrefutável, ou seja, que a sua validade não pode ser questionada e em que nem é admitida prova em contrário". LEITÃO, Helder Martins. *Da instrução em Processo Civil*: das Provas, VARELA, Antunes; BEZERRA, J. Miguel; NORA, Sampaio e. *Manual de Processo Civil*: de acordo com o Dec.-lei 242/85; ANDRADE, Manuel Augusto Domingues de; VARELA, Antunes (em colaboração); ESTEVES, Herculado (em colaboração). *Noções Elementares de Processo Civil*. SERRA, Adriano Paes da Silva Vaz – Provas: Direito Probatório Material, apud FARIA DE ANDRADE, Ana Margarida. Tese cit., p. 16.

18. Na doutrina pátria, p. ex., encontramos a distinção entre a presunção *absoluta* e a presunção *relativa* por ocasião de comentários acerca do art. 374, IV do CPC, 2015: "A presunção legal pode ser absoluta (juris et de jure) ou relativa (juris tantum). No primeiro caso, o fato é considerado verdadeiro pelo próprio sistema jurídico, sendo irrelevante qualquer comprovação em sentido contrário. Exemplo: o art. 844 do CPC/2015 estabelece que, realizada a averbação da penhora no registro imobiliário, haverá presunção absoluta de conhecimento por terceiros. Por outro lado, quando a presunção é relativa, incumbe à parte prejudicada (e não à lei) comprovar a inocorrência do fato". DONIZETTI, Elpídio. *Provas*: Aspectos comuns e produção antecipada de prova, genjurídicom.br, artigos, pesquisa em 17.02.2021.

Por sua vez aplica-se a união estável, como regra, o regime da comunhão parcial nos moldes os dispostos no art. 1.725 do CC: "Na união estável, na *falta* de *contrato escrito* em *contrário* aplica-se, no que couber, o regime da *comunhão parcial de bens*".[19] (destaques nossos)

## 2. DA SUB-ROGAÇÃO DE BENS PARTICULARES DE QUALQUER DOS PARCEIROS DE VIDA. CARACTERIZAÇÃO E EFEITOS

Assim, não se comunicam no referido regime, nem os bens cuja *causa* seja *anterior* ao casamento (art. 1.661 do CC e 272 do CC/16[20]), nem aqueles bens que são objeto de *sub-rogação real*,[21] consoante espelhado nos incisos I e II do mencionado art. 1.659 do CC,[22] ratificado e repetido o que já estava contido nos incisos 269, I e II do CC/16.[23]

A propósito, nossa melhor doutrina assim se posiciona e prospecta a respeito: "O Código Civil de 2002 compilou no art. 1.659 os conteúdos dos arts. 269 e 270 de 1916 que enumeravam os bens que eram excluídos da comunhão parcial, não tendo recepcionado aqueles previstos nos incisos III e IV do art. 269. O regime da comunhão parcial caracteriza-se pela comunicação de determinados bens e valores, e pela exclusão de outros. Em primeiro plano, excluem-se da comunhão os bens que cada cônjuge possuía ao casar. Constituem, portanto, bens particulares de cada um. Na mesma categoria de incomunicáveis são os bens que cada cônjuge, na constância do casamento, recebeu por doação ou herança, e os sub-rogados no seu lugar. (...) Ocorrendo a *sub-rogação* desses *bens* em *outros, sem que para a aquisição dos*

---

19. Com algumas exceções, no entanto; 1) na situações descritas no Enunciado 346 da Jornada de Direito Civil, *verbis*: "Na união estável o regime patrimonial obedecerá à norma vigente no momento da aquisição de cada bem, salvo contrato escrito" Nos moldes da pesquisa da Ferramenta Jurisprudência em Teses, Edição 50, acerca da União Estável (site do STJ), em 20.12.2019, também encontramos outra exceção: "6) Na união estável de pessoa maior de setenta anos (art. 1.641, II, do CC/02), impõe-se o regime da separação obrigatória, sendo possível a partilha". A respeito, por força da Lei 12.344/2010, a idade limite passou para 70 (setenta anos).

20. Art. 1.661 do CC/2002: "São incomunicáveis os bens cuja aquisição tiver por título uma causa anterior ao *casamento*". Art. 272 do CC/16: "São incomunicáveis os bens cuja aquisição tiver por título uma causa anterior ao casamento".

21. A *Sub-rogação real* é assim definida: "É a que se processa pela substituição de uma coisa por outra, sem atenção às pessoas, titulares ativos e passivos dos direitos correspondentes. (...) Na sub-rogação real, *as coisa substituídas*, tomam a natureza destas, suportando todos os encargos que lhes pesavam. Bem por isso se afirma que "*subrogatum capit naturam subroganti*". PLÁCIDO E SILVA. *Dicionário Jurídico*, Rio de Janeiro/ São Paulo. Forense,1964, v. IV, p. 1484-1485.

22. Art. 1.659 do CC/202: "*Excluem-se da comunhão: I – os bens que cada cônjuge possuir ao casar, e os que lhe sobrevierem, na constância do casamento, por doação ou sucessão, e os sub-rogados em seu lugar; II – os bens adquiridos com valores exclusivamente pertencentes a um dos cônjuges em sub-rogação dos bens particulares;* (...)" (destaques nossos)

23. Art. 269 do CC/16: "*No regime da comunhão limitada ou parcial, excluem-se da comunhão: I – Os bens que cada cônjuge possuir ao casar, e os que lhe sobrevierem, na constância do matrimônio, por doação ou sucessão. II – Os adquiridos com valores exclusivamente pertencentes a um dos cônjuges, em sub-rogação dos bens particulares.* (...)" (destacamos)

*sub-rogados concorram valores ou recursos advindos ou fornecidos pelo outro cônjuge, permanece a exclusão".[24]-[25]*

E mais, o mesmo raciocínio se aplicaria se levarmos em conta quaisquer aquisições onerosas individuais mediante *sub-rogação*, quando em vigor a Lei 9.278 de 10 de maio de 96, *verbis*: "Os bens móveis e imóveis adquiridos por um ou por um ou ambos os conviventes, na constância da união estável e a título oneroso, são considerados fruto do trabalho e da colaboração comum, passando a pertencer a ambos, em condomínio e em partes iguais, salvo estipulação contrária em contrato escrito § 1º. Cessa a presunção do *caput* deste artigo se a aquisição patrimonial ocorrer com o produto de bens adquiridos anteriormente ao início da união".

Nessa linha de interlocução, trazemos novamente o Enunciado 346 da IV Jornada de Direito Civil CEJ-STJ: "Na união estável o regime patrimonial obedecerá a norma vigente no momento da aquisição de cada bem, salvo contrato escrito".

Quanto à *sub-rogação* determinada pelo legislador como *meio excludente* de *comunicação* de *bens* no *regime* da *comunhão parcial* (art. 1.659, I e II do CC), é de se reafirmar, significar a *substituição* de determinado bem por outro bem dentro do princípio da autonomia privada concedida ao *vero dominus* contida no art. 1.228 do CC.[26]

A *sub-rogação* pode ser *total* ou *parcial,* e sua aplicação prática é demonstrável no seguinte trecho doutrinário: "Maneira objetiva de considerar essas mutações patrimoniais é a declaração patrimonial junto ao imposto sobre a renda. Assim, se um cônjuge possui um bem particular e o vende por R$ 300.000,00, esse produto

---

24. PEREIRA, Caio Mário da Silva. *Instituições de Direito Civil.* 16. ed. Atual. Tânia da Silva Pereira. Rio de Janeiro: Forense, 2006, v. 5, Direito de Família, p. 214.

25. A título de exemplo, também em Portugal (pátria mãe) e na Argentina (projeto do antigo CC de 1871 realizado pelo notável brasileiro Teixeira de Freitas), encontramos o mesmo salutar princípio: Código Civil português, art. Artigo 1722 "(Bens próprios)1. São considerados próprios dos cônjuges: a) Os bens que cada um deles tiver ao tempo da celebração do casamento; b) Os bens que lhes advierem depois do casamento por sucessão ou doação; c) *Os bens adquiridos na constância do matrimónio por virtude de direito próprio anterior*". Código Civil argentino anterior, art. Art. 1267: "La cosa adquirida durante la sociedad, no pertenece a ella aunque se haya adquirido a título oneroso, cuando la causa o título de adquisición le ha precedido y se ha pagado com bienes de uno de los cónyuges". Novo Código Civil e Comercial argentino (2015): "Sección 2ª Bienes de los cónyuges. Artículo 464. Bienes propios. *Son bienes propios de cada uno de los cónyuges:* (...) g) los adquiridos durante la comunidad, aunque sea a título oneroso, *si el derecho de incorporarlos al patrimonio ya existía al tiempo de su iniciación*". Do mesmo modo o Código Civil peruano preleciona: "Artículo 302º *Bienes propios Son bienes propios de cada conyuge:* (...) 2. – *Los que adquiera durante la vigencia de dicho regimen a titulo oneroso, cuando la causa de adquisicion ha precedido a aquella*". Já no Código Civil alemão (BGB,1894), o assunto é tratado da seguinte forma: "Seção 1418 Propriedade reservada (1) *A propriedade reservada é excluída da propriedade conjugal.* (2) Propriedade reservada são os objetos 1. que, por contrato de casamento, sejam declarados propriedade reservada de um cônjuge, 2. que um cônjuge adquire como resultado de morte ou que lhe são dados por terceiros gratuitamente, se o testador especificado por disposição testamentária ou o terceiro especificado ao fazer a disposição de que a aquisição deve ser propriedade reservada; 3. que um cônjuge adquira com base em um direito que faça parte de sua propriedade reservada ou como compensação pela destruição, dano ou remoção de um objeto que faça parte da propriedade reservada ou por uma transação legal relacionada a propriedade reservada" (destaques nossos, tradução livre).

26. Art. 1.228 do CC: "O proprietário tem a faculdade de usar, gozar e dispor da coisa, e o direito de reavê-la do poder de quem quer que injustamente a possua ou detenha".

da venda é só seu e poderá ser usado para aquisição de outro bem. Se o novo bem custar R$ 400.000,00, haverá sub-rogação de R$ 300.000,00 e comunicação quanto o valor a maior, R$ 100.000,00".[27]

É de se declamar, por fim que, não se deve levar em conta, de modo absoluto, opinião no sentido de que, além da prova que de fato um bem substitui o outro, a *sub-rogação* para ser considerada deve estar contida *expressamente* em *cláusula contratual* do *negócio jurídico* que espelha a *substituição*.[28]

É certo que tal ressalva expressa, gera a favor do comprador, uma presunção de que a sub-rogação efetivamente ocorreu e, assim a não houve a comunicabilidade do bem sub-rogado ao outro parceiro, independentemente ou não deste ter anuído expressamente no título.

Contudo tal fato, não impede, a produção de prova em sentido contrário,[29] *uma*, por força da importantíssima e relevante regra constitucional revestida da natureza

---

27. VILLAÇA AZEVEDO, Álvaro. *Direito de Família* cit., p. 293.

Vide ainda, por exemplo, o escorreitamente declamado na Apelação Cível, 70078443702. "Apelações cíveis. Declaratória de união estável. Partilha de bens. Apelação da ré: 1. Existência da união estável. Caso em que a prova documental produzida demonstra a presença dos pressupostos caracterizadores da união estável, tais como publicidade da relação, relação contínua e duradoura e o ânimo de constituir família. Nesse passo, destaca-se o fato de a apelante ter incluído o autor como seu dependente do plano de saúde e ter dito que vivia "maritalmente" com o autor, em ocorrência policial. Desprovido o apelo. 2. Partilha da diferença na aquisição de veículo. Não foi provada a origem de recursos exclusivos ou particulares da ré para inteirar o valor de compra do veículo Citroen C3. Consequentemente, prevalece a presunção de *esforço comum*, decorrente do regime da comunhão de bens da união estável, para o aporte da diferença monetária necessária à aquisição do veículo. Mantida a sentença que partilhou a diferença para aquisição do veículo, *excluída* apenas a *sub-rogação parcial* de veículo particular da ré, utilizado na aquisição (...)" (TJRS, ApCiv 70074980822, 8ª Câmara Cível, rel. Desembargador Rui Portanova, julgada em 22.03.2018) (destacamos).

28. "Os bens que substituem os bens particulares, os que a lei se refere como sub-rogados, também se excluem da comunhão. *Para que se aplique o dispositivo, é necessário que o cônjuge ressalve essa sub-rogação no título aquisitivo* e prove que de fato um bem substituiu o outro". VENOSA, Sílvio de Salvo. *Direito Civil*: direito de família, 15. ed. São Paulo: Atlas, 2015, v. 6, p. 373. (destacamos) "Sendo o regime da comunhão parcial de bens, por exemplo, o art. 1658 do CC vai estabelecer a comunicação de todos os que foram adquiridos na constância do casamento, com exceção das hipóteses previstas no artigo 1659 do CC. Neste artigo, os incisos I e II excluem da comunhão os bens sub-rogados. Assim sendo, para que não seja necessária a prova documental quando do divórcio ou do inventário, deve a sub-rogação constar do título aquisitivo do novo bem. Por exemplo, sendo ele imóvel, deve ser colocada na escritura a cláusula de sub-rogação, que indique ter sido o novo bem adquirido com o dinheiro do antigo, que era incomunicável. Essa escritura de compra deve ser assinada pelo cônjuge, para atestar a veracidade dos fatos". CASSERATTI, Cristiano, entrevista ao site do IBDFAM: http://www.notariado.org.br/blog/sem-categoria/artigo-importancia-de-constar-na-escritura-clausula-da-sub-rogacao-por-isabela-franco-maculan-assumpcao-e-leticia-franco-maculan-assumpcao; Acesso em: 02 maio 2021.

29. Em nosso sentir, porém, no caso de o parceiro ter anuído na escritura, ou anuído por *outro modo* (p.ex. não ter alegado a copropriedade no imposto de renda etc.), e vier a impugnar a sub-rogação, estaremos diante do *venire contra factum proprio non potest* (proibição de comportamento contraditório), isto é, do princípio que veda a pessoa ou seus sucessores hereditários, alegar um direito próprio em absoluta contrariedade a um comportamento anterior. Nessa direção, vide p.ex., o AREsp 1380001, julgado pelo Superior Tribunal de Justiça em 26.10.2020, 3ª Turma, rel. Ministro Paulo de Tarso Sanseverino, *verbis*: "Agravo interno no agravo em recurso especial. Direito de família. Ação de divórcio c/c partilha de bens. Alegação de que um dos imóveis adquiridos na constância do casamento deve ser partilhado igualmente pelos cônjuges. Premissas fixadas pelo acórdão recorrido no sentido de que o bem foi adquirido com recursos dos pais da ré, *o autor abriu mão do imóvel e houve o reconhecimento tácito da sub-rogação*. Pretensão de revisão das conclusões

## DA SUB-ROGAÇÃO NO REGIME DA COMUNHÃO PARCIAL DE BENS. APLICABILIDADE E EFEITOS

de cláusula pétrea a consagrar o princípio da legalidade estampada no inciso II do art. 5º da Constituição Federal no capítulo Dos Direitos e Garantias Fundamentais: "Todos são iguais perante a lei, sem distinção de qualquer natureza, garantindo-se aos brasileiros e aos estrangeiros residentes no País a inviolabilidade do direito à vida, à liberdade, à igualdade, à segurança e à propriedade, nos termos seguintes: (...) " II – Ninguém será obrigado a fazer ou deixar de fazer alguma coisa senão por virtude de lei.", sendo de curial sabença, tal como reza o antigo brocardo que, "O que a lei não restringe, não cabe ao intérprete restringir (*Ubi lex non distinguit nec non distinguere habemus*").

A *duas*, e em outras palavras, adaptando-se a regra fundamental ao relato ora exposto, se a lei infraconstitucional *não* determina que, para se *comprovar* a *sub-rogação* de bens particulares há de *positivar* tal *cláusula* no *contrato aquisitivo*, sendo de clareza solar que ao único titular e maior interessado, isto é, o titular do bem sub-rogado, é permitido, mediante a produção de qualquer meio de prova, comprovar a ocorrência da alegada substituição, *in casu*, repisamos, de natureza real.

A *três*, vale dizer, inclusive, que eventual vedação a tal iniciativa teria o condão de atingir em cheio o sagrado princípio do acesso ao Poder Judiciário,[30] do contraditório e da ampla defesa,[31] bem como faria implodir ilegitimamente os importantes princípios da proteção à propriedade individual,[32] e do direito à herança dos sucessores do sub-rogante.[33]

Sob tais contornos, com todas as vênias, é de se reafirmar incabível exigir-se, como pregam alguns doutos que, na *falta* de *figuração expressa da sub-rogação* nos *títulos* de aquisição derivada, *não mais se possa comprovar* que os bens imóveis ou móveis regularmente adquiridos pelo ex-parceiro anteriormente a união familiar e alienados na constância da sociedade conjugal, note-se, por valor inferior ou idêntico aos dos novos bens assim obtidos, agora sob nova roupagem, continuem *próprios* ou *particulares* e, portanto, *incomunicáveis*, não podendo se prestar à especulação de que seriam consequência de qualquer tipo de esforço comum (direto ou indireto) por parte da ex-parceiro (a) não adquirente.

A atestar a veracidade do acima alegado, trazemos à baila alentada doutrina: "Contudo, não soa correto que a *sub-rogação*, particularmente em se tratando bens imóveis, *exija para a sua eficácia a inscrição da cláusula respectiva no título aquisitivo*, como parte da jurisprudência se inclina em exigir. Isso porque ao impor formalidade

---

do tribunal de origem quanto à partilha. Necessidade de reexame do conjunto fático probatório constante dos autos. Inviabilidade. Súmula 7 do STJ. Manutenção da decisão agravada. Agravo interno desprovido" (destacamos).

30. Art. 5º, XXXV da CRFB: "a lei não excluirá da apreciação do Poder Judiciário lesão ou ameaça a direito". Art. 3º do CPC: "Não se excluirá da apreciação jurisdicional ameaça ou lesão a direito".

31. Art. 5º, LV, da CRFB: "LV – aos litigantes, em processo judicial ou administrativo, e aos acusados em geral, são assegurados o contraditório e a ampla defesa, com os meios e recursos a ela inerentes".

32. Art. 5º, XXII, da CRFB: "é garantido o direito de propriedade".

33. Art. 5º, XXX, da CRFB: "é garantido o direito de herança".

que a lei não prescreve, a orientação pretoriana ao menos arranha o cânone constitucional do art. 5º, II (ninguém será obrigado a fazer ou deixar de fazer alguma coisa senão em virtude de lei). Também, na interpretação sistemática, é necessário lembrar que declarações unilaterais apenas presumem-se verdadeiras em relação ao signatário" (CPC, art. 368), não podendo alcançar direito de terceiro". (...) O fato é que a sub-rogação pode acontecer mesmo na ausência de declaração no título aquisitivo, como também não inclui a possibilidade de que a declaração não seja verdadeira. A questão deve estar focada na prova, na demonstração do encadeamento, na comprovação de que os haveres oriundos da alienação de bem originariamente incomunicável realmente foram utilizados, total ou parcialmente, na aquisição do bem sub-rogado. Precedente do Egrégio Tribunal de Justiça de São Paulo acolhe essa interpretação e indica fundamento doutrinário que aconselha, de *lege ferenda*, a inclusão da origem dos haveres no título aquisitivo".[34]-[35]

a mesma toada, nossa melhor jurisprudência assim se manifesta:

> Trata-se de agravo de instrumento manifestado por XXXXX em face de decisão que inadmitiu o seguimento do recurso especial, interposto pela alínea "a" e "c", do inciso III, do art. 105 da Constituição Federal, no qual se alega violação aos arts. 333, I, do CPC, e 1660, I, do CC/2002, sob o fundamento de que o imóvel rural foi adquirido pelo casal a título oneroso, na constância do casamento, sob o regime de comunhão parcial, e a simples exibição do título de aquisição, escritura pública de compra e venda, gera presunção *juris tantum* de que se trata de um bem comum; que desnecessário que o recorrente tenha que provar ter contribuído para a aquisição do bem; que deveria estar expresso na escritura tratar-se de sub-rogação de herança ou a cláusula de inalienabilidade, o que não ocorreu no presente caso.

A decisão restou assim ementada (fl. 22): "Civil e processual. Apelação. Partilha litigiosa de bens. Herança. sub-rogação. 1 – Os bens adquiridos por qualquer dos cônjuges através de sucessão *causa mortis* e os sub-rogados em seu lugar, ainda que na constância do matrimônio realizado em comunhão parcial, não se comunicam, devendo ser excluídos da partilha, nos moldes do artigo 1659, I do Código Civil vigente. 2 – Desnecessária a averbação da sub-rogação junto à matrícula do Cartório de Registro de Imóveis quando tratar-se de casamento celebrado no regime da comunhão parcial de bens. 3 – Apelo conhecido e provido". Consta do acórdão que a venda dos lotes objeto da sucessão ocorreu em setembro de 1985; que a aquisição

---

34. MALHEIROS FILHO, Fernando. A sub-rogação no regime da comunhão parcial de bens. In: MELHORANZA, Mariângela Guerreiro e PEREIRA, Sérgio Gischkow (Coord.). *Direto Contemporâneo de Família e Sucessões*. Estudos em Homenagem ao Professor Rolf Madaleno. Rio de Janeiro: Giz Editora, 2009, p. 68. (destacamos)

35. Verifique-se, igualmente, em obra de escol e a propósito, a opinião de CALMON, Rafael: "Com esse entendimento, inclusive, o Superior Tribunal de Justiça, deu parcial provimento ao Recurso Especial 1.295.991/MG, solidificando seu posicionamento no sentido de que 'vigente o regime da comunhão parcial, há presunção absoluta de que os bens adquiridos onerosamente na constância da união são resultados do esforço comum' e de que 'os bens adquiridos onerosamente apenas não se comunicam quando configuram bens de uso pessoal ou instrumentos da profissão *ou ainda quando há sub-rogação de bens particulares, o que deve ser provado em cada caso*" (rel. Ministro Paulo de Tarso Sanseverino, *DJe* de 17.04.2013). *Partilha de bens*: na separação, no divórcio e na dissolução da união estável. Aspectos materiais e processuais. 2. tir. São Paulo: Saraiva *Jur*, 2018, p. 69-70. (destacamos)

da fazenda objeto do litígio deu-se em fevereiro de 1986; que além da proximidade das datas, pelos valores das negociações comprova-se que parte do produto obtido com a venda dos lotes foi utilizada na compra da fazenda, pertencendo então somente à cônjuge virago; que caracterizada a sub-rogação implícita; que não há nos autos prova de que o agravante tenha contribuído para a aquisição da fazenda; que, da mesma forma, não há prova alguma de ter sido dado outro destino ao preço proveniente da venda dos lotes e que, por isso, torna-se desnecessária a averbação de uma sub-rogação junto à matrícula do Cartório de Registro de Imóveis. Com efeito, o *registro de uma sub-rogação, feita no Cartório de Registro de Imóveis*, geraria uma *presunção absoluta das alegações da agravada*, o que *não impede*, no entanto, que possa ser feita uma *presunção relativa pelo julgador, juris tantum*, como ocorreu no presente caso, em que o tribunal baseou-se nos fatos narrados e provados por ambas as partes. O fato de não existir a sub-rogação no registro, ou alguma cláusula de incomunicabilidade, não impede que o julgador firme o seu convencimento sobre o cerne da controvérsia, ou seja, ter sido de fato a fazenda adquirida com parte da herança recebida pela agravada. Nesse aspecto, inexiste qualquer ofensa ao art. 1.660, I, do CC/2002, ainda incidindo, – reflexamente, o óbice da Súmula n. 7 do STJ, que igualmente alcança a controvérsia sobre o art. 333 do CPC. Por outro lado, quanto ao art. 333 do CPC, aplica-se a Súmula 7 desta Corte. Ante o exposto, nego provimento ao agravo. Publique-se. Brasília (DF), 06 de outubro de 2009. Ministro Aldir Passarinho Junior, Relator" (STJ, Agravo de Instrumento 1062858, data da publicação da decisão: 28.10.2009).

Na mesma esteira, trazemos:

Recurso especial. Civil. Direito de família. Violação do art. 535 do CPC. Não ocorrência. União estável. Regime de bens. Comunhão parcial. Bens adquiridos onerosamente na constância da união. Presunção absoluta de contribuição de ambos os conviventes. *Patrimônio comum. Sub-rogação de bens que já pertenciam a cada um antes da união. Patrimônio particular.* Frutos civis do trabalho. Interpretação restritiva. Incomunicabilidade apenas do direito e não dos proventos.

1. Ausência de violação do art. 535 do Código de Processo Civil, quando o acórdão recorrido aprecia com clareza as questões essenciais ao julgamento da lide, com abordagem integral do tema e fundamentação compatível.

2. Na união estável, vigente o regime da comunhão parcial, há presunção absoluta de que os bens adquiridos onerosamente na constância da união são resultado do esforço comum dos conviventes.

3. Desnecessidade de comprovação da participação financeira de ambos os conviventes na aquisição de bens, considerando que o suporte emocional e o apoio afetivo também configuram elemento imprescindível para a construção do patrimônio comum.

4. Os bens adquiridos onerosamente apenas *não* se comunicam quando configuram bens de uso pessoal ou instrumentos da profissão ou ainda quando há *sub-rogação de bens particulares,* o que deve ser *provado em cada caso.*

5. Os frutos civis do trabalho são comunicáveis quando percebidos, sendo que a incomunicabilidade apenas atinge o direito ao seu recebimento.

6. Interpretação restritiva do art. 1.659, VI, do Código Civil, sob pena de se malferir a própria natureza do regime da comunhão parcial.

7. Caso concreto em que o automóvel deve integrar a partilha, por ser presumido o esforço do recorrente na construção da vida conjugal, a despeito de qualquer participação financeira.

8. Sub-rogação de bem particular da recorrida que deve ser preservada, devendo integrar a partilha apenas a parte do bem imóvel integrante do patrimônio comum.

9. Recurso Especial parcialmente provido (REsp 1295991, 3ª Turma, rel. Ministro Paulo de Tarso Sanseverino, julgado em 11.04.2013). (destaques nossos)

Partilha de bens. Comunhão parcial de bens. *Sub-rogação. Prova que dispensa a ressalva expressa no título aquisitivo, bastando a cronologia dos atos para demonstrar a sucessão dos bens.* Valores oriundos do FGTS que se comunicam e passam a integrar o patrimônio do casal. Recurso que visa a exclusão de determinados bens da partilha. Provimento parcial do recurso (TJRJ, Agravo de Instrumento 0007251-16.2013.8.19.0000, relator Desembargador Benedicto Abicair, julgamento em de 05.07.2013). (Idem)

Quanto a ser ou não a *perícia contábil* meio de prova hábil para que o a parte venha a provar a sub-rogação a seu favor, afirmamos que sim e trazemos à colação o lapidar acórdão da lavra de sua Excelência, o Desembargador Juarez Folhes, nobre integrante do Egrégio Tribunal de Justiça do Estado do Rio de Janeiro, a se encaixar como uma luva na questão proposta, *in litteris*:

Agravo de instrumento. Direito de família. Inventário e partilha de bens. Discordância das partes quanto ao montante dos bens. Decisão do juízo *a quo* determinando a realização de perícia técnica. Agravo de instrumento interposto pelo autor. Alegação de que não foi explicitado o escopo da perícia e a especialidade do perito, o que implica em cerceamento de defesa. Não provimento do agravo de instrumento. Ação de "inventário e partilha de bens" ajuizada pelo ora agravante em face da ex-mulher. Decisão do juízo a quo determinando a *realização de perícia técnica para averiguar a extensão dos bens do casal.* Agravo de instrumento interposto pelo autor requerendo a reforma da decisão. Alega que não foi explicitado o escopo da perícia e a especialidade do perito, o que o impede de formular seus quesitos e contratar um assistente técnico adequadamente, o que implica em cerceamento de defesa. Não assiste razão ao agravante. Sendo o destinatário da prova, o Magistrado não é mero espectador da luta das partes, podendo, a seu juízo, deferir ou indeferir as diligências inúteis ou determinar quais devam ser produzidas e quais são estéreis à formação do seu convencimento ou protelatórias, sem que isso caracterize cerceamento de defesa. A prova judiciária tem por objeto os fatos da causa, cuja finalidade é a formação da convicção quanto à existência destes fatos, sendo o juiz o seu destinatário, nos termos do art. 130 do CPC. A produção da prova pericial só importaria em cerceamento de defesa para qualquer das partes, nos termos do art. 5º, LV, da Constituição Federal, caso fosse imotivada, a teor do expresso no art. 165 do CPC, o que claramente não ocorreu, visto que o juízo *a quo* determinou a prova pericial, de cunho eminentemente contábil, ante a discordância das partes sobre os bens, a fim de averiguar a extensão e valor patrimonial do casal, observada as regras vigentes quanto ao regime da comunhão parcial de bens, o qual fora adotado pelos litigantes. Não configuração de quaisquer das hipóteses elencadas no § único do art. 420 do CPC. Inteligência da Súmula 156 desta Corte de Justiça: "A decisão que defere ou indefere a produção de determinada prova só será reformada se teratológica". Precedentes jurisprudenciais do STJ e desta Corte. Agravo de instrumento ao qual se nega provimento" (TJRJ, 14ª Câmara Cível, AgIn 00038166320158190000, rel. Desembargador Juarez Folhes, julgado em 27.05.2015.

Apelação cível. Partilha de bens. Regime da comunhão parcial de bens. Sub-rogação. O patrimônio adquirido na constância do casamento deve ser dividido igualitariamente, exceto quanto aos bens particulares e os sub-rogados em seu lugar. É necessário, contudo, prova cabal da existência da sub-rogação, para excluir o bem da partilha, ônus daquele que alega, porquanto se

## DA SUB-ROGAÇÃO NO REGIME DA COMUNHÃO PARCIAL DE BENS. APLICABILIDADE E EFEITOS

trata de exceção à regra da comunicabilidade do patrimônio adquirido na constância da união. Apelação desprovida" (TJRS, ApCiv 70063120455, 7ª Câmara Cível, rel. Desembargador Jorge Luís Dall'Agnol, julgado em 25.03.2015).

Apelação cível, reconhecimento e dissolução de união estável. Partilha. Regime da comunhão parcial de bens. Sub-rogação. Reconhecimento. 1. Às uniões estáveis, salvo contrato escrito entre as partes, aplica-se o regime da comunhão universal de bens, pelo qual comunicam-se todos os bens adquiridos onerosamente na constância da convivência, independentemente da comprovação da efetiva participação de cada um dos companheiros, presumindo-se o esforço comum. 2. *A sub-rogação, exceção à regra da comunicabilidade, para ser reconhecida exige prova cabal* por parte de quem a invoca em seu favor. 3. Comprovada pela virago a sub-rogação no respeitante ao imóvel adquirido no curso da união estável, descabe a partilha, sob pena de *locupletamento ilícito do varão*. Apelo provido (TJRS, ApCiv 70062528351, 7ª Câmara Cível, rel. Desembargadora Sandra Brisolara Medeiros, julgado em 27.05.2015) (destaques nossos).

Na mesma esteira, trazemos uma vez mais, expressiva opinião: "Também não parece inteiramente correto que a sub-rogação merece prova exclusivamente documental, embora seja forçoso concluir que predominantemente haverá de ser assim demonstrada, considerando os resíduos do fato, isto é, o encadeamento de valores, devem mesmo ficar consignados em documentos de toda a espécie, como contratos, instrumentos públicos, registros bancários, contabilidade, declarações de renda, além de outras espécies. (...) Obviamente, o aspecto da prova é fundamental, como também a interpretação que se deve emprestar ao instituto, quer porque vigora *o princípio de direito probatório* segundo o qual *non est in actis non est in mundo*, ou seja, o que não está nos autos não está no mundo jurídico, como também a excepcionalidade da sub-rogação com relação à regra da comunhão albergada pelo regime de bens".[36]

De todo modo, aquele que alega a ocorrência de sub-rogação de molde a ilidir a presunção de comunicação ao parceiro na hipótese de aquisição onerosa ocorrida na constância de casamento ou união estável celebrado pelo no regime da comunhão parcial deve, para tanto, produzir prova cabal nesse sentido, como se extraí da nossa melhor produção pretoriana.[37]

Vale dizer, quanto aos casamentos e uniões estáveis regidos pelo regime da comunhão parcial, ser *incabível* chegar-se à conclusão de que, tão só pelo fato de *não* ter constado no título que a aquisição onerosa ocorrida na constância da sociedade conjugal se deu por sub-rogação (total ou parcial), automaticamente, o correspondente bem se comunica, no todo ou em parte, ao parceiro não adquirente, mesmo porque não há no ordenamento jurídico pátrio qualquer dispositivo legal expresso neste sentido (art. 5º, II da CF/88).

---

36. Cf. MALHEIROS FILHO, Fernando. Op. cit., p. 68-73.

37. "Apelação cível. Partilha de bens. Regime da comunhão parcial de bens. Sub-rogação. O patrimônio adquirido na constância do casamento deve ser dividido igualitariamente, exceto quanto aos bens particulares e os sub-rogados em seu lugar. É necessário, contudo, prova cabal da existência da sub-rogação, para excluir o bem da partilha, ônus daquele que alega, porquanto se trata de exceção à regra da comunicabilidade do patrimônio adquirido na constância da união. Apelação desprovida" (TJRS, ApCiv 70063120455, 7ª Câmara Cível, Desembargador relator Jorge Luís Dall'Agnol, julgado 25.03.2015).

Daí pode se extrair somente presunção relativa[38] de que houve a comunicação em questão, sendo de se admitir ao adquirente a produção de prova em sentido contrário, até mesmo em homenagem ao princípio do contraditório e da ampla defesa (art. 5º, LV da CRFB/88), com o fito de afastar-se a comunicação, de molde a não se prestigiar, em detrimento do parceiro proprietário, indesejável enriquecimento indevido por parte do parceiro, não adquirente (art. 884 e ss. do CC[39]), bem como evitar ofensa ao direito à propriedade exclusiva do parceiro beneficiado pela sub-rogação (art. 5º, XXII da CRFB[40]).

De igual modo, se houve a declaração expressa no título aquisitivo de que a aquisição onerosa é efetuada mediante valor apurado por força de alienação anterior de bem particular, por tratar-se igualmente de *presunção* meramente *relativa*, é facultado ao parceiro não adquirente produzir a indispensável e cabal prova da tentativa de fraude à sua meação, isto é, de que não houve a sub-rogação e que se trata, em verdade, de aquisição com produto de bens comuns, de tal sorte que a partilha futura correspondente se dará em relação ao bem assim adquirido.[41]

## 3. CONCLUSÕES

Pelo exposto, é de se concluir que, embora seja uma atitude extremamente prudente e produtora de significativa presunção a favor daquele(a) que a realizou, não se exige legalmente constar de modo expresso no título aquisitivo de aquisição onerosa de bens imóveis ou móveis realizada na constância da sociedade conjugal por um dos cônjuges e/ou companheiros consorciados pelo regime da comunhão

---

38. "As presunções legais têm duas subclassificações: as presunções *iuris tantum* e as presunções *iuris et de iure*. A presunção iuris tantum verifica-se nos casos em que a lei admite prova em contrário, que tem a capacidade de descredibilizar e arruinar a presunção. Por isso é que são consideradas facilmente refutáveis e relativas". LEITÃO, Helder Martins – Da instrução em Processo Civil: das Provas, p. 46; ANDRADE, Manuel Augusto Domingues de; VARELA, Antunes (em colaboração); ESTEVES, Herculado (em colaboração) –Noções Elementares de Processo Civil, p. 216; VARELA, Antunes; BEZERRA, J. Miguel; NORA, Sampaio e – Manual de Processo Civil: de acordo com o Dec.-lei 242/85, apud FARIA DE ANDRADE, Ana Margarida. A *Prova por presunção no direito civil e direito processual civil.* As presunções judiciais e o recurso ao senso comum e às máximas de experiência. Tese de Mestrado na Faculdade de Direito da Universidade Autônoma de Lisboa Luís De Camões, 2016, p. 15).

39. Art. 884 do CC: "Art. 884. Aquele que, sem justa causa, se enriquecer à custa de outrem, será obrigado a restituir o indevidamente auferido, feita a atualização dos valores monetários. Parágrafo único. Se o enriquecimento tiver por objeto coisa determinada, quem a recebeu é obrigado a restituí-la, e, se a coisa não mais subsistir, a restituição se fará pelo valor do bem na época em que foi exigido".

40. CRFB, XXII: " é garantido o direito de propriedade".

41. "Na mesma categoria de incomunicáveis são os bens que cada cônjuge, na constância do casamento, receber por doação ou herança, e os sub-rogados em seu lugar. Excluem-se também aqueles recebidos como legado. Esta exclusão independe de determinação do autor da herança, em cláusula testamentária. Ocorrendo a *sub-rogação* desses bens em outros sem que para a aquisição dos sub-rogados concorram valores ou recursos advindos ou fornecidos pelo outro cônjuge, permanece a exclusão. Se se der a contribuição, passam os sub-rogados a integrar o acervo comum (incisos I e II do art. 1.659). *Comprovada, porém, que o bem adquirido na constância do casamento foi completado com valores oriundos da vida em comum, caberá a cada um dos cônjuges na partilha 50% da diferença*". PEREIRA, Caio Mário da Silva. *Instituições de Direito Civil* cit., p. 248 (destacamos).

parcial, para que o parceiro adquirente possa, em juízo, comprovar cabalmente que tal aquisição é fruto de sub-rogação, com a finalidade de evitar a comunicabilidade, total ou parcial, dos referidos bens e a consequente exclusão da partilha do parceiro não adquirente.

## 4. REFERÊNCIAS

ANDRADE, Manuel Augusto Domingues de; VARELA, Antunes (em colaboração); ESTEVES, Herculado (em colaboração) –*Noções Elementares de Processo Civil*.

CASSERATI, Cristiano, entrevista ao site do IBDFAM: http://www.notariado.org.br/blog/sem-categoria/artigo-importancia-de-constar-na-escritura-clausula-da-sub-rogacao-por-isabela-franco-maculan--assumpcao-e-leticia-franco-maculan-assumpcao. Acesso em: 02 maio 2021.

CALMON, Rafael. *Partilha de bens*: na separação, no divórcio e na dissolução da união estável. Aspectos materiais e processuais. 2. tir. São Paulo: Saraiva Jur, 2018.

FARIA DE ANDRADE, Ana Margarida. *A prova por presunção no direito civil e direito processual civil*. As presunções judiciais e o recurso ao senso comum e às máximas de experiência. Tese de Mestrado na Faculdade de Direito da Universidade Autônoma de Lisboa Luís de Camões, 2016.

MALHEIROS FILHO, Fernando. A sub-rogação no regime da comunhão parcial de bens. In: MELHORAN-ZA, Mariângela Guerreiro e Pereira, Sérgio Gischkow. *Direto contemporâneo de Família e Sucessões*. Estudos em Homenagem ao Professor Rolf Madaleno, Rio de Janeiro: Giz Editora, 2009.

PEREIRA, Caio Mário da Silva. *Instituições de Direito Civil*. 16. ed. Atualizada por PEREIRA, Tânia da Silva. Rio de Janeiro: Editora Forense, 2006. v. 5, Direito de Família.

LÁCIDO E SILVA. *Dicionário Jurídico*. Rio de Janeiro/São Paulo. Forense, 1964. v. IV.

VENOSA, Sílvio de Salvo. *Direito Civil*. Direito de Família. 15. ed. São Paulo: Atlas, 2015. v. 6.

VILLAÇA AZEVEDO. Álvaro. *Direito de Família*: Curso de direito Civil. São Paulo: AVA/Atlas, 2013.

# PACTO ANTENUPCIAL NO REGIME DE COMUNHÃO PARCIAL

*Newton Teixeira Carvalho*

Pós-Doutor em Investigação e Docência Universitária pelo IUNIR – Instituto Universitário Italiano de Rosário/Argentina. Doutor em Direito pela Pontifícia Universidade Católica do Rio de Janeiro. Mestre em Direito Processual Civil pela Pontifícia Universidade Católica de Minas Gerais. Especialista em Direito de Empresa pela Fundação Dom Cabral. Desembargador do Tribunal de Justiça de Minas Gerais. Atualmente Terceiro Presidente do Tribunal de Justiça de Minas Gerais. Coordenador do Núcleo Permanente de Métodos Adequados de Solução de Conflitos e Superintendente da Gestão da Inovação do TJMG. Membro do IBDFAM/MG. Professor de Direito de Família e de Processo Civil da Escola Superior Dom Helder Câmara. Coautor de diversos livros e artigos na área de Direito Ambiental, Família e Processual Civil. E-mail: newtonteixeiracarvalho@yahoo.com.br.

**Sumário:** 1. Introdução – 2. Princípios do direito de família aplicáveis aos regimes de bens – 3. Pacto antenupcial – 4. Pacto antenupcial no regime de comunhão parcial – 5. Considerações finais – 6. Referências.

## 1. INTRODUÇÃO

No Brasil, a advocacia preventiva praticamente inexiste. Basta entender que, para se casar, um dos momentos mais importantes da vida do casal, o advogado não é procurado para as necessárias e prévias orientações. E, por causa dessa inércia, no momento da dissolução do casamento, seja pelo divórcio ou pela morte, muitas das questões que poderiam, por antecipação, já estarem revolvidas no próprio pacto serão motivo de uma eterna disputa judicial, principalmente com relação ao direito patrimonial.

E, mesmo quando se faz o pacto, verifica-se um certo conservadorismo, no que tange aos direitos pessoais, sobretudo. Assim, é importante discutir – escopo deste trabalho –, até onde as partes podem abdicar ou estabelecer direitos e deveres, principalmente considerando que, no direito das famílias, as leis são ainda consideradas de ordem pública, sem uma necessário distinção e observância dos princípios constitucionais, o que é um obstáculo às partes para se desatrelarem da legislação civilista.

Além disso, os tabeliães costumam ter pactos praticamente prontos e, por conseguinte, as minutas de pactos antenupciais realizadas por advogados não são bem aceitas nos cartórios, em razão do tradicionalismo do nosso direito e da ausência de um melhor diálogo entre tabelião e advogado.

A justificativa da relevância temática é perceptível a partir do problema fundamental da pesquisa proposta, qual seja: o que pode ser acordado entre as partes, no regime de comunhão parcial, no tocante aos direitos pessoais e patrimoniais ou na verdade o pacto antenupcial não poderá ir além do que foi posto pelo legislador civilista?

O objetivo geral desta pesquisa é incentivar a feitura de pactos antenupciais, com mais liberdade, considerando alguns princípios, como o da dignidade da pessoa humana, da solidariedade, bem como o princípio da autonomia e o da liberdade, com o prevalecimento, antes de tudo, das vontades das partes.

É chegado o momento de se afastar o Estado paternal, que não deixa as pessoas pensarem por si mesmas e que, principalmente no direito das famílias, acaba interferindo, drasticamente, na vontade das partes, que é anulada, pela intervenção estatal, ou limitada a poucas atitudes.

Estado paternal e o princípio da autonomia da vontade são incompatíveis e demonstra, se prevalecente o paternalismo, que ainda não adentramos no verdadeiro Estado Democrático de Direito, uma vez que ainda não somos dignos de caminharmos, de pensarmos, de resolver nossos desencontros sozinhos.

E, conforme doutrina Luciana Faísca Nahas, ressaltando que nos dias atuais, casamento é considerado relação jurídica contratual, acrescentamos, com a permissão desta aludida jurista que, uma vez superada a conservadora teoria do casamento como instituição jurídica, principalmente a partir da Lei 6.515/77 e, sem dúvida alguma, a partir da Constituição atual,

> A ampla liberdade de casar e permanecer casado deve trazer outros contornos à liberdade de pactuar os efeitos do casamento, acompanhando o movimento do instituto jurídico a que se vincula. Acentuada a natureza contratual do casamento, o pacto antenupcial – negócio jurídico acessório – assume central importância para que as partes possam manifestar o exercício pleno de sua vontade, amadurecendo os efeitos que pretendem à sua união.[1]

## 2. PRINCÍPIOS DO DIREITO DE FAMÍLIA APLICÁVEIS AOS REGIMES DE BENS

Princípio, como o próprio nome está a indicar, é a base, o começo de todo o direito. E, no confronto com a lei, a partir da Constituição Federal de 1988, que é principiológica, toda legislação que não observar os princípios jurídicos deve ser interpretada de maneira a encampá-los.

Contrariamente, portanto, aos adeptos da uma interpretação literal dos textos normativos, necessário é uma interpretação das leis em consonância com os princípios e, porventura, havendo confronto entre lei e princípios, de prevalecer estes últimos, constitucionalizado ou não, pois vários deles são universalizados.

---

1. NAHAS, Luciana Faísca. Pacto antenupcial – O que pode e o que não pode constar? Reflexões sobre cláusulas patrimoniais e não patrimoniais. In: PEREIRA, Rodrigo da Cunha; DIAS, Maria Berenice (Org.). *Famílias e Sucessões*: polêmicas, tendências e inovações. Belo Horizonte: IBDFAM, 2018, p. 229.

Ademais, os fatos são dinâmicos, a exigir uma reciclagem constante do texto legislativo, via princípios constitucionais. Destaca Marcelo Neves, em seu livro *A constitucionalização simbólica*:

> Nesse contexto não se fala de legislação e de atividade constituinte como procedimentos de produção de norma jurídica (geral), mas sim de emissão de texto legal ou de emissão de texto constitucional. A norma jurídica, especialmente a norma constitucional, é produzida no decorrer do processo de concretização.[2]

Sabemos que é fundamento da República a dignidade da pessoa humana (art. 1º, inciso III, da Constituição da República). Assim e para ser realmente uma pessoa humana é necessário ter dignidade, isto é, ser respeitada por todos, com observância dos direitos fundamentais, ditados pela própria Constituição.

Como esclarece Portes Júnior ao tratar dos princípios aplicados no direito das famílias, "a dignidade da pessoa humana também se enquadra como um valor supremo, intrínseco a todo ser humano, que determina nossas ações e define nossas condutas".[3]

Assim sendo, a dignidade da pessoa humana protege as pessoas da ingerência do Estado na vida delas. Afasta o Estado tirano e permite ao cidadão o direito de escolha de como viver, de como agir, de como dispor de seus bens, enfim, de exercer, na plenitude, sua autonomia privada.

A partir do princípio da dignidade da pessoa humana outros princípios vêm reforçá-lo, a exemplo do princípio da intervenção mínima, do princípio da autonomia privada e o da livre liberdade de escolha.

O princípio da autonomia privada, concomitantemente com o da intervenção mínima, permite liberdade de atuação dos futuros cônjuges, que possuem a liberdade para desenvolverem seus projetos de vida, inclusive planejar como ficarão os bens, advindo o casamento.

A respeito da liberdade de os acordantes poderem dispor dos bens como bem entenderem, posto que estamos diante de direito exclusivamente patrimonial, Samir Namur doutrina:

> Atualmente, imperioso compreender que a base da família é apenas a proteção da manifestação de vontade afetiva do indivíduo, devendo as relações patrimoniais ser reguladas pelo direito obrigacional e real. Desse modo, pessoas livres e em situação de pleno discernimento são obviamente livres para contratar, para dispor de seus patrimônios. Como as relações patrimoniais entre familiares são relações patrimoniais como quaisquer outras (com a mesma lógica, mesmos elementos) a tônica deve ser a mesma. Excetuam-se desse conjunto aqueles relações que, ainda que tenham conteúdo patrimonial, são inspiradas pelo valor da solidariedade e repercutem dire-

---

2. NEVES, Marcelo. *A constitucionalização simbólica*. 3. ed. São Paulo: WMF Martins Fontes, 2018, p. 85.
3. PORTES JÚNIOR, Otávio. *Poliamor*: visão jurídica e filosófica sobre as uniões simultâneas e poliafetivas. Belo Horizonte: Del Rey, 2020, p. 42.

tamente na esfera existencial, quando ao sustento da pessoa, tais como os alimentos e a sucessão mortis causa dos bens.[4]

Assim, adiante faremos uma releitura crítica do Código Civil, a partir dos princípios constitucionais aqui aludidos, considerando que, não obstante posterior à Constituição, o ortodoxo legislador ordinário não teve o cuidado de observar o novo e democrático direito das famílias, ditado pela Constituição Republicana de 1988.

## 3. PACTO ANTENUPCIAL

O pacto antenupcial deve ser realizado por meio de escritura pública, sob pena de nulidade, conforme determinação do art. 1.653 do Código Civil. Dessa forma, estamos diante de um ato jurídico, que tem forma prescrita em lei e, portanto, urge que seja observada (art. 104, inciso III, do Código Civil).

Outra determinação legal, constante do art. 1.657, do Código Civil, é a de que, para ter efeito perante terceiros, as convenções antenupciais deverão ser registradas em livro especial, pelo Oficial de Registro de Imóveis do domicílio dos cônjuges. Se não registrado, o pacto terá validade exclusivamente entre as partes e não *erga omnes*.

O artigo 1.653 do Código Civil afirma que o pacto antenupcial não terá eficácia se não lhe seguir o casamento. Dessa forma, é um negócio jurídico celebrado sob condição suspensiva. Assim, não advindo o evento futuro – ou seja, o casamento –, o pacto não terá validade apenas no que tange aos negócios atinentes ao casamento, conforme esclarece Zeno Veloso:

> Pode ocorrer, não obstante, de ter sido aproveitada a escritura pública que contém o pacto antenupcial para formalizar outros atos ou negócios jurídicos, mesmo estranhos ao direito de família. Tais atos ou negócios, em regra, não estão subordinados a que o casamento se realiza. Então, ainda que o matrimônio não se efetue, a ineficácia do pacto, com relação às disposições ligadas ao regime de bens, não implica perda da eficácia no que diz respeito a esses outros atos e negócios eventualmente abrigados no instrumento.[5]

O art. 1.654 do Código Civil também exige, para a eficácia do pacto antenupcial, quando celebrado por menor, a aprovação do seu representante legal. Entretanto, tal exigência não prevalece, em se tratando de casamento celebrado sob o regime obrigatório de separação de bens, conforme ressalva constante da parte final do próprio art. 1.654.

Esses desencontros, com relação ao menor de idade e seus representantes legais, acontecem em razão de a idade núbil não coincidir com a capacidade civil. Com efeito, o menor para se casar, já com a idade núbil alcançada aos 16 (dezesseis) anos, necessita ainda da autorização dos pais que, se negada, poderá ser suprida pelo juiz.

---

4. NAMUR, Samir. *Autonomia privada para a constituição da família*. Rio de Janeiro: Lumen Juris, 2014, p. 180.
5. VELOSO, Zeno. *Regime matrimonial de bens*: direito de família contemporâneo. Belo Horizonte: Del Rey, 1997, p. 86.

Questão a ser superada neste momento é no tocante ao disposto no art. 1.655 do Código Civil ao ditar este mencionado disposto legal, que é nula a convenção ou cláusula dela que contravenha disposição absoluta de lei.

Assim e numa interpretação liberal do disposto neste aludido art. 1.655, o pacto antenupcial que contrariar disposição absoluta de lei, em todas as suas cláusulas, é nulo por inteiro. Caso apenas algumas cláusulas contrariem absolutamente a lei, há de prevalecer as demais.

Entretanto, a discussão começa na interpretação do que significa a expressão "contrariar disposição absoluta de lei".

Sílvio de Salvo Venosa esclarece que "na verdade, não se pode admitir no pacto qualquer disposição que contrarie ou infrinja direitos fundamentais ou da personalidade",[6] ou seja, que esteja conflitante com a Constituição.

A respeito dessa discussão, afirma ainda Salvo Venosa: "Será nula, por exemplo, a cláusula que determine que caberá a apenas um dos cônjuges a educação dos filhos; que imponha que os nubentes ou um deles abracem determinado credo, religião, partido político ou profissão".[7]

Assim, o pacto será nulo ou algumas cláusulas dele, se contrariar a Constituição. Apenas nessa hipótese haverá contrariedade à disposição absoluta de lei.

Outra discussão é no tocante à afirmativa no sentido de que o pacto se destina a tratar de direitos exclusivamente patrimoniais, o que excluiria cláusulas que tratassem de direitos pessoais que, porventura redigidas, seriam nulas.

No estágio atual do direito das famílias, entendemos que do pacto possa constar tanto direitos patrimoniais quanto direitos pessoais e também outras questões patrimoniais, ou seja, outros negócios jurídicos distintos do regime de bens.

Contrariando entendimento, por exemplo, do jurista mineiro Dimas Messias de Carvalho, no sentido de que não poderá haver "dispensa dos deveres conjugais",[8] bem como de Rolf Madaleno,[9] entendemos, juntamente com Cristiano Chaves de Faria e Nelson Rosenvald[10] e Maria Berenice Dias,[11] que é possível, sim, essa negociação em alguns casos, desde que adstritos apenas às partes, conforme mencionaremos logo adiante.

Assim é que entendemos ser possível, para evitar possível futuro questionamento, constar do pacto antenupcial os seguintes acertos de vontades, apenas exemplificativamente: moradia fora do mesmo domicílio; impossibilidade de um ou de ambos

---

6. VENOSA, Silvio de Salvo. *Código Civil Interpretado*. São Paulo: Atlas, 2010, p. 1519.
7. VENOSA, Silvio de Salvo. *Código Civil Interpretado*. São Paulo: Atlas, 2010, p. 1519.
8. CARVALHO, Dimas Messias de. *Direito das Famílias*. 8. ed. São Paulo: Saraiva Educação, 2020, p. 284.
9. MADALENO, Rolf. *Repensando o direito de família*. Porto Alegre: Livraria do Advogado, 2007, p. 42.
10. FARIAS, Cristiano Chaves de; ROSENVALD, Nelson. *Curso de Direito Civil* – Famílias. 5. ed. Salvador: Juspodivm. 2013, v. 6, p. 371.
11. DIAS, Maria Berenice. *Manual de direito das famílias*. 8. ed. São Paulo: Ed. RT, 2011, p. 234.

do casal não poder ter filhos; conhecimento de erro essencial, para evitar possível ação de anulação de casamento; estipulação de benefícios em razão do tempo de durabilidade do casamento etc.

Também é possível constar do pacto antenupcial cláusula de doação ou promessa de doação tanto para o casamento como para a hipótese de acontecer a sua dissolução, observadas evidentemente as regras atinentes à doação.

Apesar da resistência doutrinária é possível estabelecer cláusula de indenização pelo fim do casamento, inclusive progressiva, levando-se em consideração o tempo de permanência no estado de casados, doutrinando, a respeito, Maria Berenice Dias:

> Gera controvérsia a possibilidade de ser pactuada indenização para ser paga por um dos cônjuges ao outro por ocasião do fim do casamento, seja em razão a vontade de ambos ou de culpa de um deles. Também se tem notícia do estabelecimento, ao menos em contratos de união estável, de indenizações progressivas pelo tempo de duração do vínculo. Divergem as opiniões sobre a validade de tais avenças. Por não haver qualquer restrição a tais estipulações, que não afrontam a lei, Mathias Coltro as admite, mas Claudio Santos as reconhece como inconciliáveis com a comunhão de vida.[12]

E também é possível estipular a quebra do dever de fidelidade. Para tanto, basta considerar que, uma vez casados e existindo infidelidade, pode haver o perdão por parte do traído, continuando os cônjuges casados e mantendo contatos íntimos. Se de fato o casamento continua a existir, uma vez que é algo da esfera íntima dos cônjuges, não pode o Estado interferir, mesmo que não haja exclusividade de relacionamento sexual, será puro conservadorismo ou hipocrisia, caso não admitida cláusula que permita o relacionamento extraconjugal.

Também é aceitável constar do pacto antenupcial que um ou ambos os nubentes mantenha relacionamento extraconjugal com terceira pessoa e que assim continuará agindo, por mútuo consentimento. Poderá haver, outrossim, o reconhecimento de famílias paralelas ou de poliamor.

No pacto antenupcial outra questão que poderá restar solucionada é a existência anterior de possível união estável. Assim, além do reconhecimento desta união as partes também podem acordar a respeito dos bens existentes durante aquela convivência, evitando possível ação de extinção de união estável c/c partilha, não havendo acordo entre eles.

Com lastro nos princípios da liberdade e da autonomia privada, se é possível estipular a quebra do dever de fidelidade, também é aceitável reforçar, no pacto antenupcial, cláusula indenizatória pelo desrespeito aos deveres do casamento. Estamos diante de uma cláusula penal, de multa contratual ou pena convencional, com finalidade coercitiva, exigindo o cumprimento do que foi estabelecido, e ressarcitória, ou seja, com a fixação prévia das perdas e danos, no caso de inadimplemento da obrigação.

---

12. DIAS, Maria Berenice. *Manual de direito das famílias*. 8. ed. São Paulo: Ed. RT, 2011, p. 234-235.

Apesar de doutrina e jurisprudência, no que tange à manutenção do patronímico do outro cônjuge, entenderem que é faculdade daquele que o inseriu mantê-lo ou não findo o casamento, não obstante é possível acordar, no pacto antenupcial, a retirada do nome, no caso de dissolução do casamento.

E no mundo virtualizado em que vivemos também é possível inserir no pacto antenupcial cláusula de privacidade entre os cônjuges, com fixação de multa para o caso de violação, limitando, por consequência, a exposição da vida conjugal em redes sociais.

Assim e apenas a título de exemplo pode-se convencionar a proibição de exibição de fotos dos cônjuges e dos filhos menores, nas redes sociais, bem como a publicação de documentos sigilosos e a vedação do uso de servidores em nuvem para armazenamento de dados.

Discute-se também a possibilidade de fixação antecipada de alimentos entre os cônjuges ou até mesmo a renúncia da verba alimentar no pacto antenupcial. Quer nos parecer que a fixação do valor da verba alimentar entre os cônjuges é possível no acordo prévio. Evidentemente que, existindo modificação econômica, em razão de fato superveniente, durante o casamento, também será possível revisar os alimentos, mesmo que estipulado em pacto antenupcial. Assim, é bom que se registre as condições econômicas da época em que os alimentos serão previamente acordados.

E, quanto à renúncia, por serem os alimentos, mesmo entre os cônjuges, uma necessidade do momento, entendemos que não é possível a renúncia prévia, pois esta mencionada abdicação deve ser contemporânea à dissolução do casamento, momento em que se perquire a necessidade ou não do percebimento da verba alimentícia.

Precisamos, portanto, encampar a realidade trazendo-a para dentro dos pactos antenupciais, sem hipocrisia e evitando atitudes negacionistas, posteriormente, com o advento do casamento.

Evidentemente que não poderá constar do pacto a permissão para a prática de sevícia, de injúria, uma vez que tais cláusulas contrariariam princípios constitucionais, a exemplo do princípio de respeito mútuo, do afeto, da dignidade da pessoa humana e o da autonomia da vontade.

Pelo art. 1.656 do Código Civil, em se tratando do regime de participação final nos aquestos, poder-se-á convencionar a livre disposição dos bens particulares.

Dessa forma, considerando que no regime de comunhão parcial é necessária a anuência do outro cônjuge, mesmo para venda de bens particulares, de entender-se, apressadamente e apenas numa interpretação legal e não principiológica, que não será possível constar do pacto antenupcial, neste regime, a dispensa desta autorização. Bastaria entender que, quando quis dispensar a anuência do outro cônjuge, o legislador o fez por lei, a exemplo da disposição de bens particulares apenas para o regime de participação final nos aquestos.

Entretanto e ainda diante dos princípios rapidamente mencionados acima, entendemos que poderá, mesmo no regime de comunhão parcial, haver a dispensa da anuência do outro cônjuge para a venda de bens particulares, desde que não seja o bem moradia comum do casal, fato que deverá ficar esclarecido no próprio pacto antenupcial, ou seja, que existe mais de um bem particular ou que nenhum deles será moradia do casal.

Conforme doutrina Rolf Madaleno, ao falar da consolidação da igualdade constitucional dos cônjuges e conviventes e também sobre o princípio da autonomia privada:

> A autonomia privada dos cônjuges e conviventes se encontra na atualidade, fortemente assentada no sistema jurídico continental, sendo extremamente amplo o conteúdo dos pactos matrimoniais com suas cláusulas e convenções materiais consignadas antes, durante e para depois da ruptura do casamento pelo divórcio ou para a revisão de falecimento de um dos consortes.[13]

Outra questão a ser considerada, neste momento, de suma importância, a partir do disposto no art. 1.829 do Código Civil, que instituiu a concorrência entre o cônjuge e os herdeiros, é se poderá constar do pacto antenupcial renúncia à mencionada concorrência.

A discussão surge considerando, por exemplo, o regime de separação consensual que, pelo art. 1.829, inciso I, do Código Civil, estipula a concorrência entre os filhos e o cônjuge supérstite. Assim, caso houvesse o divórcio do casal, não haveria a meação entre eles, posto que existem somente bens particulares. Entretanto, morrendo o proprietário dos bens particulares, no estado de casado, o cônjuge sobrevivente herda em concorrência com os filhos.

E no regime de comunhão parcial, ainda pelo artigo 1.829, inciso I, do Código Civil, o cônjuge sobrevivente terá a meação sobre os bens comuns e, havendo bens particulares, concorrerá com os filhos na partilha desses bens.

Nova questão a ser superada é, neste momento, é sé é possível admitir ou não a renúncia da concorrência no pacto antenupcial, considerando que,

> O Direito brasileiro absorveu e sem ressalvas a orientação legal francesa e proibiu os pactos sucessórios, sem qualquer critério crítico ou alguma reflexão mais apurada, e vedou igualmente a renúncia da herança antes da morte do *de cujus* e tampouco admitiu qualquer promessa de renúncia.
>
> Miguel Maria Serpa Lopes já chamava a atenção deste flagrante e impensado equívoco do legislador brasileiro ao generalizar, sem qualquer meditação, a proibição do pacto sucessório e lembra que sequer o Código Napoleão foi tão intransigente.[14]

---

13. MADALENO, Rolf. Renúncia de herança no pacto antenupcial. In: PEREIRA, Rodrigo da Cunha; DIAS, Maria Berenice (Org.). *Famílias e Sucessões*: polêmicas, tendências e inovações. Belo Horizonte: IBDFAM, 2018, p. 86.
14. MADALENO, Rolf. Renúncia de herança no pacto antenupcial. In: PEREIRA, Rodrigo da Cunha; DIAS, Maria Berenice (Org.). *Famílias e Sucessões*: polêmicas, tendências e inovações. Belo Horizonte: IBDFAM, 2018, p. 69.

Assim e pela chamada *pacta corvina* a disposição de herança de pessoa viva é, em princípio, proibida, em face do disposto no art. 426 do Código Civil. Há, portanto, uma genérica proibição da celebração de pacto sucessório, um dogma civilista que carece de superação, em se tratando de concorrência do cônjuge supérstite com os herdeiros do *de cujus*.

Lastreado, mais uma vez, em Rolf Madaleno, entendemos possível renunciar o direito à concorrência, previsto no art. 1.829, I e II, do Código Civil, considerando que,

> Cônjuges e conviventes podem livremente projetar para o futuro a renúncia de um regime de comunicação de bens, tal qual podem projetar para o futuro a renúncia expressa ao direito concorrencial dos incisos I e II, do artigo 1.829 do Código Civil brasileiro, sempre que concorrem na herança com descendentes ou ascendentes do consorte falecido. A renúncia de direitos hereditários futuros não só não afronta o artigo 426 do Código Civil (pacta corvina), como diz notório respeito a um mero benefício vidual, passível de plena e prévia abdicação, que, obviamente, em contratos sinalagmáticos precisa ser reciprocamente externada pelo casal, constando como um dos capítulos do pacto antenupcial ou do contrato de convivência, condicionado ao evento futuro da morte de um dos parceiros e da subsistência do relacionamento afetivo por ocasião da morte de um dos consortes e sem precedente separação de fato ou de direito.[15]

## 4. PACTO ANTENUPCIAL NO REGIME DE COMUNHÃO PARCIAL

Até o advento da Lei 6.515/77, a chamada Lei do Divórcio, o regime legal ou supletivo era o de comunhão universal. Legal, uma vez que dispensava o pacto. Supletivo considerando que, se o pacto fosse considerado nulo, o regime que prevalecia era também o de comunhão universal.

Para evitar o chamado "golpe do baú", a partir da Lei 6.515/77 o regime legal ou supletivo é o de comunhão parcial. A expressão economicista "golpe do baú" surge em razão de no regime de comunhão parcial não existir bens particulares e, portanto, todo o patrimônio se comunica. Assim é que, se uma pessoa, sem bens, se casasse com outra que fosse rica, com inúmeros bens, imediatamente ao casamento os bens eram comunicados entre os cônjuges e, havendo divórcio, partilhados meio a meio.

E, no regime de comunhão parcial todos os bens que um dos cônjuges tem, antes de se casar, são considerados particulares. Assim, não há comunicabilidade desses bens. Bens comuns, que se comunicam, são apenas os adquiridos durante o casamento, independentemente de esforço comum.

O regime legal ou supletivo, que é o de comunhão parcial, dispensa a feitura do pacto antenupcial. Entretanto, nada impede que tal documento seja feito. E, pelo princípio da liberdade, que também passa pelos pactos antenupciais, além dos outros

---

15. MADALENO, Rolf. Renúncia de herança no pacto antenupcial. In: PEREIRA, Rodrigo da Cunha; DIAS, Maria Berenice (Org.). *Famílias e Sucessões*: polêmicas, tendências e inovações. Belo Horizonte: IBDFAM, 2018, p. 87-88.

acima aludidos, entendemos que até mesmo um regime misto poderá ser estipulado, com a combinação de normas de um regime com a de outro.

A respeito de as partes, combinando a cláusula de um regime com outro e, por conseguinte, criando um quinto regime de bens, Luciana Faísca Nahas afirma que:

> Além da escolha de alguns dos regimes tipificados expressamente no Código Civil – comunhão parcial, comunhão universal, separação de bens e participação final nos aquestos, é lícito às partes contratarem um regime misto, mesclando regras dos existentes. Poderiam optar por manter a separação de bens no que diz respeito a participações societárias, por exemplo, e a comunhão parcial em relação aos bens imóveis adquiridos na constância do matrimônio.[16]

Assim é que, no pacto antenupcial, mesmo no regime de comunhão parcial, poderá constar que um bem a ser adquirido, no futuro, não se comunicará, sendo de propriedade exclusiva do adquirente.

Disputas que se arrastam por anos nas Varas de Família e que poderiam ser evitadas é com relação ao imóvel financiado e que um dos cônjuges já pagou, por exemplo, mais da 80% (oitenta por cento) do bem. É possível constar do pacto que, embora o regime seja o de comunhão parcial, este bem não se comunicará.

Pelo inciso V do art. 1.660 do Código Civil são comunicáveis os frutos dos bens comuns, ou dos particulares de cada cônjuge, percebidos na constância do casamento, ou pendentes ao tempo de cessar a comunhão.

A comunicação dos frutos dos bens particulares é de difícil compreensão e na verdade representa uma diminuição de patrimônio. Para tanto, basta entender que se uma pessoa tinha R$ 500.000,00 (quinhentos mil reais) antes de se casar, rendendo por mês 2% em aplicação financeira, portanto, R$ 10.000,00 (dez mil reais), a partir do momento em que se casar a pessoa dividirá tal valor que é o rendimento (fruto) de um bem particular. E daí surge outra discussão, devendo ser excluída da meação a correção monetária, que não é acréscimo, mas mera atualização do valor aplicado. Assim, se comunicaria apenas os juros.

Em se tratando de semoventes, a questão parece mais paradoxal ainda. As crias das vacas são frutos e, portanto, se comunicariam, o que mais uma vez demonstra que o bem particular estará perdendo seu valor a cada dia, até desaparecer, posto que apenas as vacas existentes antes do casamento é que não se comunicaram e vão envelhecer e morrer, com o passar dos anos.

Entendemos, portanto, perfeitamente possível constar do pacto antenupcial que os frutos dos bens particulares não se comuniquem, corrigindo este equívoco do legislador civilista.

---

16. NAHAS, Luciana Faísca. Pacto antenupcial – O que pode e o que não pode constar? Reflexões sobre cláusulas patrimoniais e não patrimoniais. In: PEREIRA, Rodrigo da Cunha; DIAS, Maria Berenice (Org.). *Famílias e Sucessões*: polêmicas, tendências e inovações. Belo Horizonte: IBDFAM, 2018, p. 231.

Ainda e a partir do comando do art. 1.659, inciso I, do Código Civil que considera bens particulares os bens que cada cônjuge possuir ao se casar, e os que lhes sobrevierem na constância do casamento, por doação ou sucessão, e os sub-rogados, ou seja, os bens adquiridos com o produto da venda desses bens particulares, entendemos possível que no pacto antenupcial possa constar cláusula no sentido de que os bens advindos por sucessão se comunicarão, em razão do princípio da liberdade dos pactos antenupciais e também do princípio da autonomia privada e que estamos diante de mero direito patrimonial.

Evidentemente que, com relação à doação realizada exclusivamente a um dos cônjuges durante o casamento, não poderia constar, no pacto antenupcial, que, advindo bens por doação, estes se comunicariam, pois, nessa hipótese estar-se-ia interferindo na vontade do doador.

O mesmo acontece com relação ao disposto no inciso II do art. 1.659 do Código Civil que também exclui da meação os bens de uso pessoal, bem como os livros e instrumentos de profissão que, em razão da disponibilidade do direito, podem ser objeto de comunicabilidade estabelecida em pacto antenupcial.

Nota-se que o artigo 1.660 do Código Civil estabelece a comunicabilidade da benfeitoria em bens particulares de um dos cônjuges. Pensamos que é possível estabelecer no pacto antenupcial, a incomunicabilidade desta aludida benfeitoria, posto que também estamos diante de direito patrimonial, cuja disponibilidade deve ser a tônica. E se encampada tal proposta, evitaria inúmeras discussões quando da partilha litigiosa entre os cônjuges ou entre os herdeiros.

## 5.  CONSIDERAÇÕES FINAIS

As propostas acima requerem, antes de tudo, mudanças de paradigmas, uma vez que buscam aplicar e reforçar o princípio da liberdade entre os cônjuges, bem como o princípio da autonomia e o da liberdade.

Reafirmando e pugnando a visibilidade de nossas propostas no sentido de flexibilizar a imperatividade das leis do direito das famílias, no que tange principalmente ao pacto antenupcial, devolvendo a autonomia aos futuros cônjuges, basta esclarecer que o casal, sempre de comum acordo, pode dispor de todo o bem, não ficando com nada quando da dissolução do casamento ou da morte.

Desta forma, se durante o casamento as partes podem dispor de todos os bens, assim também poderão acordar quando da celebração do pacto antenupcial, renunciando ou estabelecendo direitos e obrigações entre elas, cujo limite para tanto será apenas a Constituição.

Esperarmos, apesar de o conservadorismo reinante no direito das famílias e da prevalência do dogmatismo, que haja receptividade de nossa proposta no meio jurídico, principalmente quando o direito envolver apenas os futuros cônjuges, sem interferência na vontade de outras pessoas, ou quando, mesmo em se tratando de direitos pessoais, a questão, na prática, já seja uma realidade, nada impedindo, por conseguinte, que tais fatos venham para dentro do pacto antenupcial.

Conforme aludido acima, tal proposta vem reforçar o princípio da autonomia das partes e encampa a colocação no sentido de que, ao contrário do pensamento hegeliano, o Estado deve se fazer cada vez menos presente na vida das pessoas, que poderão, por consequência, sempre dispor de seus direitos, antecipadamente, desde que não envolvendo assunto relacionado aos futuros filhos, com relação ao seu alimento, guarda, visitas e outras questões que envolvam interesses de menores.

Não é correto argumentar que a manutenção do patrimônio é de interesse dos menores, pois, como dito, os pais podem vender, de comum acordo, todo o patrimônio do casal e também não se deve confundir expectativa de herança dos filhos com a própria herança, que somente acontecerá com a morte dos pais, se ainda existirem bens a serem partilhados.

Está, pois, lançada nossa proposta, com o escopo de encorajar as pessoas quando da feitura do pacto antenupcial, saindo fora dos padrões comuns. Os fatos da vida são dinâmicos e no direito das famílias esse dinamismo é maior ainda. Não podemos ficar engessados, como se o tempo estivesse parado e nós fôssemos, como estamos sendo de fato, com a presença maciça do Estado nas nossas vidas, pessoas incapazes, apesar de nossa higidez mental e de nossa capacidade civil.

E caso essas propostas não encontrem acolhida na doutrina ou na jurisprudência, que sirvam de início a um debate que acabe desaguando em uma possível reforma do Código Civil, certo de que o dogmatismo no mundo do direito perpetua inúmeras injustiças, principalmente quando a própria lei infraconstitucional despreza os inúmeros princípios ditados pela Constituição Republicana de 1988.

## 6. REFERÊNCIAS

BRASIL. *Constituição da República Federativa do Brasil de 1988*. Brasília, DF: Presidência da República, 1988. Disponível em: http://www.planalto.gov.br/ccivil_03/constituicao/constituicao.htm. Acesso em: 08 out. 2021.

BRASIL. *Lei 13.105, de 16 de março de 2015*. Código de Processo Civil (2015). Brasília, DF: Presidência da República, 2015. Disponível em: http://www.planalto.gov.br/ccivil_03/_ato2015-2018/2015/lei/l13105. Acesso em: 08 out. 2021.

CARVALHO, Dimas Messias de. *Direito das Famílias*. 8. ed. São Paulo: Saraiva Educação, 2020.

DIAS, Maria Berenice. *Manual de direito das famílias*. 8. ed. São Paulo: Ed. RT, 2011.

FARIAS, Cristiano Chaves de; ROSENVALD, Nelson. *Curso de Direito Civil – Famílias* 5. ed. Salvador: Juspodivm, 2013. v. 6.

MADALENO, Rolf. *Repensando o direito de família*. Porto Alegre: Livraria do Advogado, 2007.

MADALENO, Rolf. Renúncia de herança no pacto antenupcial. In: PEREIRA, Rodrigo da Cunha; DIAS, Maria Berenice (Org.). *Famílias e Sucessões*: polêmicas, tendências e inovações. Belo Horizonte: IBDFAM, 2018.

NAHAS, Luciana Faísca. Pacto antenupcial – O que pode e o que não pode constar? Reflexões sobre cláusulas patrimoniais e não patrimoniais. In: PEREIRA, Rodrigo da Cunha; DIAS, Maria Berenice (Org.). *Famílias e Sucessões*: polêmicas, tendências e inovações. Belo Horizonte: IBDFAM, 2018.

NAMUR, Samir. *Autonomia privada para a constituição da família*. Rio de Janeiro: Lumen Juris, 2014.

NEVES, Marcelo. *A constitucionalização simbólica*. 3. ed. São Paulo: WMF Martins Fontes, 2011.

PEREIRA, Rodrigo da Cunha. *Princípios Fundamentais para o direito de família*. Belo Horizonte: Del Rey, 2005.

PORTES JÚNIOR, Otávio. Poliamor: visão jurídica e filosófica sobre as uniões simultâneas e poliafetivas. Belo Horizonte: Del Rey, 2020.

VELOSO, Zeno. *Regime matrimonial de bens*: direito de família contemporâneo. Belo Horizonte: Del Rey, 1997.

VENOSA, Silvio de Salvo. *Código Civil Interpretado*. São Paulo: Atlas, 2010.

# O STJ E A PARTILHA INTERNACIONAL DE BENS

*Patricia Novais Calmon*

Mestranda em Direito Processual Civil pela Universidade Federal do Espírito Santo (UFES). Advogada. Presidente da Comissão do Idoso do IBDFAM/ES" e "Membra da Comissão Nacional de Direito de Família da ABA - Associação Brasileira de Advogados.

**Sumário:** 1. Introdução – 2. A cooperação jurídica, o acesso à justiça transnacional e os conflitos familiares pluriconectados – 3. As regras brasileiras sobre divórcio com partilha internacional de bens – 4. O STJ e a possibilidade de homologação de sentença estrangeira sobre partilha consensual de bens situados no Brasil – 5. Conclusão – 6. Referências.

## 1. INTRODUÇÃO

Parece inquestionável que as relações da contemporaneidade sejam marcadas por elementos de estraneidade. Afinal, diante do fenômeno da globalização e a partir da grande movimentação de pessoas, bens e serviços entre países, é possível perceber uma desvinculação do ser humano à sua terra natal. Hoje, há a formação de vínculos de várias naturezas com outras nações, sejam eles de caráter contratual, consumerista, trabalhista e, no que mais interessa por aqui, familiares.

Isso não significa, contudo, que tais relações produzirão efeitos apenas em um dado e específico país, seja o de origem ou o estrangeiro. Muito pelo contrário. Em muitos casos, existirão relações jurídicas conectadas a mais de um ordenamento jurídico (pluriconectadas), sendo fundamental que os atos realizados em determinado lugar também produzam efeitos válidos em outro e vice-versa.

Para solucionar tais situações, três são os elementos que buscam resolver os litígios com caráter de internacionalidade, sendo eles, a definição, por cada país: a) da lei aplicável; b) das regras sobre conflito de jurisdição internacional, e; c) do sistema de reconhecimento e execução de sentenças estrangeiras.[1]

Quanto ao primeiro, os ordenamentos jurídicos nacionais fixam regras de conexão para definir qual será a lei aplicável para a regência de tais relações jurídicas pluriconectadas. No Brasil, tal missão é realizada pela Lei de Introdução às Normas do Direito Brasileiro (LINDB), que estabelece, por exemplo, que "a lei do país em que domiciliada a pessoa determina as regras sobre o começo e o fim da personalidade, o nome, a capacidade e os direitos de família" e, ainda, que "o regime de bens, legal ou convencional, obedece à lei do país em que tiverem os nubentes domicílio, e, se este for diverso, a do primeiro domicílio conjugal" (art. 7º, *caput* e § 4º).

---

1. BASSO, Maristela. *Curso de direito internacional privado*. São Paulo: Atlas, 2020, p. 17.

Em relação ao segundo, também há regulamentação, por aqui, a respeito dos conflitos de jurisdição internacional, desta vez, pelos artigos 21 e seguintes do CPC, que estabelecem regras de jurisdição concorrente (tanto o Brasil quanto outro país poderiam julgar a causa) ou exclusiva (apenas o Brasil poderia processar e decidi sobre a matéria).

Já no tocante ao terceiro, o sistema jurídico brasileiro normatiza a possibilidade de reconhecimento e execução de sentenças estrangeiras judiciais ou arbitrais nos artigos 960 e seguintes do CPC, através da propositura da ação de homologação de decisão estrangeira, perante o STJ.

Em conflitos internacionais de família, é essencial que haja a análise das três situações, inclusive nos casos que envolvam a partilha de bens entre ex-consortes.

No entanto, tal temática se complica um pouco quando se denota que, de acordo com o art. 23, III, do CPC, apenas competirá à autoridade judiciária brasileira, com exclusão de qualquer outra, processar e julgar casos de divórcio, separação judicial ou dissolução de união estável, nos quais se pretendam partilhar bens situados no Brasil, ainda que o titular seja de nacionalidade estrangeira ou tenha domicílio fora do território nacional. Via de consequência, caso um Estado estrangeiro julgue tal matéria, sua decisão será inutilmente dada, pois, a princípio, ficaria impossibilitada de ser reconhecida e executada por aqui. Tanto é assim que, se, porventura, houver a propositura da ação de homologação de decisão estrangeira perante o STJ, ela será julgada improcedente, por violar o preceito estipulado no art. 963, I, do CPC, isto é, pelo fato de ter sido proferida por autoridade incompetente (competência internacional indireta), o que exigiria que, mesmo depois de ter tido todo o seu trâmite desenvolvido no exterior, a parte ingressasse com uma nova ação, agora no Brasil.

Ocorre que a rigidez da referida regra tem sido flexibilizada pelo Superior Tribunal de Justiça, o qual tem se atentado à importância de se promover a simplificação do acesso à justiça em caráter transnacional, de modo a autorizar a produção de efeitos de decisões estrangeiras homologatórias de acordos de partilhas consensuais operacionalizadas no estrangeiro, ainda que envolvam bens imóveis situados no Brasil.

Diante dessa significativa mudança de paradigma, o presente artigo terá por finalidade estudar como se desenvolve a partilha internacional de bens no Brasil, tencionando descobrir, por exemplo, se ela estaria em consonância com mandamentos de maior envergadura no sistema, como o direito fundamental de acesso à justiça. Para tanto, no primeiro tópico, se analisará a correlação existente entre a cooperação jurídica e o acesso à justiça transnacional em conflitos familiares. Após, se investigará como o sistema jurídico brasileiro regulamenta a matéria atinente à partilha internacional de bens. Ao final, se ingressará no entendimento atualmente adotado pelo Superior Tribunal de Justiça, no sentido de flexibilizar a rigidez do artigo 23, III, do CPC, viabilizando o reconhecimento de decisões estrangeiras sobre partilha de bens, ao menos quando estas se operacionalizam por meios consensuais.

## 2. A COOPERAÇÃO JURÍDICA, O ACESSO À JUSTIÇA TRANSNACIONAL E OS CONFLITOS FAMILIARES PLURICONECTADOS

Na atualidade, não é mais suficiente que os Estados garantam o acesso à justiça apenas dos conflitos submetidos à sua jurisdição. Diante da maior integração entre países, é fundamental, também, que disputas com caráter de internacionalidade recebam um tratamento mais consentâneo com a nova realidade, e que, com isso, haja a promoção de uma série de direitos humanos já consagrados tanto pelos ordenamentos internos a cada país quanto por Convenções internacionais.

Aliás, sequer parece existir dúvida de que o acesso à justiça também deva ser garantido em caráter transnacional, pois se trata de meio para se garantir todos os demais direitos. Na visão da professora uruguaia Cecilia Fresnedo, inclusive, o acesso à justiça é o mais fundamental direito humano, já que através dele que se garantem os outros.[2] Não por outro motivo, a literatura vem sugerindo que, para além das três ondas de acesso à justiça, já consagradas por Mauro Cappelletti e Bryant Garth,[3] exista uma quarta onda, que abarcaria o acesso à justiça transnacional.[4]

Por isso, o acesso à justiça, nos últimos tempos, tem se reconfigurado, para abraçar também os conflitos transnacionais. E essa reconfiguração, curiosamente, tem levado a outra reconformação. Como a territorialidade inerente à jurisdição, tradicionalmente, se coliga à ideia de soberania estatal, a cooperação vem se mostrado elemento essencial para que as decisões proferidas em determinado país atinja seus efeitos fora de suas fronteiras.[5]

Assim, falar de acesso à justiça transnacional é, também, falar de cooperação jurídica internacional.

Inclusive, a cooperação jurídica internacional foi regulamentada pelo Código de Processo Civil de 2015 (arts. 26 a 41; 960 a 965) por uma série de instrumentos

---

2. Em suas palavras, "acess to justice has been considered the most fundamental human right in a moden egalitarian legal system that tries to guarantee and not only proclaim the rights of everybody". AGUIRRE, Cecilia Fresnedo de. *Public policy*: common principles in the American States. Boston: Brill Nijhoff, 2016, p. 313.

3. As quais poderiam ser assim sintetizadas: a primeira onda seria a assistência judiciária para os pobres, a segunda seria a representação dos interesses difusos e a terceira seria a "representação em juízo a uma concepção mais ampla de acesso à justiça", incluindo, dentro desta, a busca por métodos à solução de conflitos que sejam adequados e distintos do mero acesso ao Poder Judiciário. (CAPPELLETTI, Mauro; GARTH, Bryant. *Acesso à justiça*. Trad. e revisão Ellen Gracie Northfleet. Porto Alegre: Sergio Antonio Fabris Editor, 1988).

4. BERNARDES, Lívia Heringer Pervidor; CARNEIRO, Yandria Gaudio. As ondas de acesso à justiça de Mauro Cappelletti e o acesso transacional à justiça. *Anais do III Congresso de Processo Civil Internacional*, Vitória, 2018.

5. Nas palavras de Carmen Tibúrcio, "*co-operation between States is deemed fundamental because of the international law maxim that jurisdiction is territorial. Therefore, without co-operation amongst States, authorities from one State could not reach beyond its territorial boundaries and justice would thus be impaired*" (TIBURCIO, Carmen. The Current Practice of International Co-Operation in Civil Matters (Volume 393), p. 53. *Collected Courses of the Hague Academy of International Law*. Disponível em: http://dx.doi.org/10.1163/1875-8096_pplrdc_A9789004392748_01. p. 53. Acesso em: 13 out. 2021).

jurídicos que propiciam uma adequada comunicação e realização de atos jurídicos pelo Poder Judiciário, Tribunais arbitrais e, ainda, órgãos administrativos de diferentes Estados, como um meio para se atingir objetivos específicos,[6] dentre os quais, o respeito ao acesso à justiça.

A cooperação torna-se, então, um imperativo dos novos tempos e seria um "meio de auxílio mútuo entre diferentes Estados e em áreas diversificadas, estabelecido, via de regra, em convenções ou acordos internacionais e destinado a promover e proteger os interesses nacionais, regionais ou globais",[7] estando pautada "nos princípios da independência e igualdade soberana".[8]

Para além disso, a cooperação jurídica é reconhecida, ainda, como um princípio regulador do direito internacional privado.[9]

De acordo com o CPC, a cooperação pode se proceder de forma ativa (quando o Brasil é o requisitante) ou passiva (quando o requisitante é o país estrangeiro). Adicionalmente, a codificação processual de 2015 consagra os *instrumentos* típicos pelos quais a cooperação jurídica internacional pode se operar: através do auxílio direto, da carta rogatória e, para o que importa ao presente artigo, da *homologação de decisão estrangeira*.

Finalmente, é possível, ainda, que a cooperação também se operacionalize através de medidas atípicas, admitindo-se "qualquer outra medida judicial ou extrajudicial não proibida pela lei brasileira" (art. 27, VI, CPC/15).

Percebe-se, desse modo, que a homologação de decisão estrangeira é uma manifestação da cooperação jurídica internacional e, a este respeito, cada Estado possui a sua própria regulamentação, sendo possível encontrar aqueles que reconheçam a eficácia da decisão estrangeira, a exemplo do Brasil, e, ainda, outros que recusem conferir eficácia a pronunciamentos alienígenas, admitindo-as como meras presunções, como é o caso da Inglaterra.[10-11]

---

6.  Humberto Dalla Bernardina Pinho cita Alan Uzelac, que assim ensina: "The two main goals of civil justice may be in the broadest sense defined as: resolution of individual disputes by the sustem of state courts; and implementation of social goals, functions and policies". In: PINHO, Humberto Dalla Bernardina. *Jurisdição e pacificação*: limites e possibilidades do uso dos meios consensuais de resolução de conflitos na tutela dos direitos transindividuais e pluri-individuais. Curitiba: Editora CRV, 2017, p. 25.

7.  IMBROISI, Giulio Cesare; BORGES, Orlindo Francisco (Org.). *Advocacia transnacional e o Novo Código de Processo Civil*. Brasília: Conselho Federal, 2016, p. 336.

8.  IMBROISI, Giulio Cesare; BORGES, Orlindo Francisco (Org.). *Advocacia transnacional e o Novo Código de Processo Civil*. Brasília: Conselho Federal, 2016, p. 336.

9.  Previsto no art. 1.2. "b", dos Princípios ASADIP sobre o acesso transnacional à justiça – TRANSJUS e nos arts. 7.2, 12.4, 24.3 e 31, ALI/Unidroit. São instrumentos que, embora não vinculantes, visam conferir uma harmonização normativa no aspecto processual internacional.

10.  MOREIRA, José Carlos Barbosa. *Comentários ao Código de Processo Civil*. Rio de Janeiro: Forense, 2006, p. 53.

11.  Visando conferir uma maior harmonia entre os sistemas jurídicos, a Conferência da Haia de Direito Internacional Privado aprovou, em 02 de julho de 2019, um importantíssimo instrumento, que é a Convenção sobre o Reconhecimento e Execução de Decisões Estrangeiras em Matérias Civis e Comerciais (*"The Hague Judgments Convention"*), que visa conferir uma maior segurança e padronização no reconhecimento de sentenças estrangeiras. Mas mesmo para esta Convenção, há expressa exclusão de sua incidência em matéria de

É importante frisar que o sistema de reconhecimento de decisões estrangeiras brasileiro é bastante flexível, facilitando, dessa maneira, o acesso à justiça por quem precise conferir eficácia às referidas decisões também no Brasil. Mas, por outro lado, considerando que outros países podem não reconhecer decisões estrangeiras, as sentenças proferidas por nosso Judiciário podem não ser eficazes além de nossas fronteiras, prejudicando aqueles que tenham optado pela jurisdição brasileira. Como consequência, é possível se vislumbrar a existência das indesejáveis, mas inevitáveis, *relações jurídicas claudicantes*, isto é, de decisões plenamente válidas em um país e não eficazes em outro (ou, com efeitos distintos em ambos).[12]

De acordo com a lei nacional, o Brasil apenas se recusará a homologar decisões estrangeiras caso não sejam cumpridos os requisitos previstos no CPC (art. 963) e no Regimento Interno do STJ (arts. 216-C, 216-D, III e 216-F), a exemplo do dever de o autor demonstrar que a decisão estrangeira foi proferida por autoridade competente *(i)*; foi precedida de citação regular, ainda que verificada a revelia *(ii)*; é eficaz no país em que foi proferida *(iii)*; não ofende a coisa julgada brasileira *(iv)*; está acompanhada de tradução oficial, salvo disposição que a dispense prevista em tratado *(v)*; não contenha manifesta ofensa à ordem pública *(vi)*.[13]

Na análise de todos os requisitos, não é permitido que o STJ ingresse no mérito da decisão estrangeira (sistema da delibação),[14] mas apenas que faça a "verificação dos requisitos formais e da ofensa à ordem pública, bons costumes e soberania nacional",[15] em razão da adoção do regime de contenciosidade limitada neste tipo de demanda.

Tal regramento é aplicável a todas as matérias de direito, inclusive as de família. Ocorre que no cenário da partilha de bens, uma disposição em especial se destaca no ordenamento jurídico brasileiro, que remete a uma competência exclusiva da autoridade judiciária brasileira (art. 23, III, CPC), não se admitindo, a rigor, que decisões emanadas por juiz estrangeiro sejam reconhecidas por aqui.

Tal regramento será analisado com mais vagar no tópico seguinte.

---

direito de família (art. 2, 1, "c"), e, com isso, tais matérias se submeterão ao crivo normativo de cada país, trazendo, sem dúvida, maior insegurança sobre o acesso à justiça internacional em conflitos familiares.

12. "Malgrado sejam inevitáveis – porque decorrem da diversidade do direito internacional privado e do direito material entre os diversos sistemas jurídicos –, elas são altamente indesejáveis" (GRUENBAUM, Daniel. Reconhecimento de sentença estrangeira: análise do requisito da competência da autoridade estrangeira. In: ZANETI JR, Hermes; RODRIGUES, Marco Antonio. *Cooperação internacional*. Salvador: Juspodivm, 2019, p. 269.

13. Além destes requisitos, o Regimento Interno do STJ apresenta outros, ordenando que a petição: a) seja instruída com o original ou cópia autenticada da decisão homologanda e de outros documentos indispensáveis, devidamente traduzidos por tradutor oficial ou juramentado no Brasil e chancelados pela autoridade consular brasileira competente, quando for o caso (art. 216-C); b) ter transitado em julgado (art. 216-D, III); c) não ofender a soberania nacional, a dignidade da pessoa humana e/ou a ordem pública (art. 216-F).

14. "2. O mérito da sentença estrangeira não pode ser apreciado pelo Superior Tribunal de Justiça, pois o ato homologatório restringe-se à análise dos seus requisitos formais". STJ, SEC 3035 FR 2008/0044435-0, rel. Min. Fernando Gonçalves, CE, DJe 31.08.2009.

15. ARAUJO, Nadia de. *Direito Internacional Privado*: teoria e prática brasileira. 7. ed. São Paulo: Ed. RT, 2018, p. 257.

## 3. AS REGRAS BRASILEIRAS SOBRE DIVÓRCIO COM PARTILHA INTERNACIONAL DE BENS

Como dito, o Brasil regulamenta a lei aplicável aos conflitos transnacionais de família, no caso de ser o país competente para processar e julgar determinado conflito, dispondo que "a lei do país em que domiciliada a pessoa determina as regras sobre o começo e o fim da personalidade, o nome, a capacidade e os direitos de família" (art. 7º, *caput*, LINDB), bem como que "o regime de bens, legal ou convencional, obedece à lei do país em que tiverem os nubentes domicílio, e, se este for diverso, a do primeiro domicílio conjugal" (art. 7º, § 4º).

Logo, uma coisa é a lei aplicável; outra é ter o Brasil aptidão para processar e julgar, de maneira exclusiva ou concorrente, os casos a ele submetidos.

Assim, para além da lei aplicável, é fundamental a análise sobre o regramento a respeito do conflito de jurisdição internacional, bem como do sistema de reconhecimento e execução de sentenças estrangeiras (que, como visto, se manifesta como uma forma de cooperação jurídica internacional).

Pois bem.

Diante das severas alterações normativas a respeito do divórcio no Brasil, advindas a partir da entrada em vigor da Emenda Constitucional n. 66/10 (tornando desnecessária a propositura de ação judicial e a observância de prazos mínimos para a sua efetivação),[16] é possível que a decisão prolatada por autoridade estrangeira produza efeitos também no cenário interno. Nesse caso, existe uma competência concorrente entre a jurisdição nacional e estrangeira, sendo possível o processamento do divórcio no Brasil ou no exterior.

Quando processado no estrangeiro, o CPC/15 fixou que "a sentença estrangeira de divórcio consensual produz efeitos no Brasil, independentemente de homologação pelo Superior Tribunal de Justiça" e que, "competirá a qualquer juiz examinar a validade da decisão, em caráter principal ou incidental, quando essa questão for suscitada em processo de sua competência" (arts. 961, §§ 5º e 6º).[17] Para tanto, o Conselho Nacional de Justiça (CNJ) editou o Provimento 53, de 16 de maio de 2016, fixando a possibilidade de averbação direta do divórcio consensual realizado no estrangeiro por Oficial de Registro Civil das Pessoas Naturais, no assento de casamento.

---

16. No Brasil, o divórcio extrajudicial, realizado pelos Ofícios de Notas, já é admitido desde o ano de 2007, como decorrência da edição da Lei 11.441/07, que modificou o CPC/73, e da Resolução 35 do Conselho Nacional de Justiça. Essa possibilidade foi ainda mais acentuada a partir da modificação ocasionada pela Emenda Constitucional 66, de 2010, ao retirar os prazos mínimos para a dissolução do vínculo conjugal, sendo, a partir daí, um direito potestativo, o que envolve basicamente um poder de agir, atribuindo uma sujeição àquele outro componente da relação jurídica.

17. "Se, no Brasil, o divórcio consensual não mais precisa ser decretado por sentença judicial, correlatamente a sentença estrangeira de divórcio consensual não depende de prévia homologação pelo STJ para a produção de efeitos" (HILL, Flávia. A cooperação jurídica internacional no Código de Processo Civil de 2015. In: ZANETI JR, Hermes; RODRIGUES, Marco Antonio. *Cooperação internacional*. Salvador: JusPodivm, 2019, p. 157).

Certamente, essa possibilidade é conferida apenas à decisão que decreta o divórcio denominado de puro ou simples, isto é, ao pronunciamento judicial estrangeiro que apenas estabeleça a dissolução do matrimônio. Não poderá abranger outras disposições, como a guarda de filhos, os alimentos ou, no que mais importa ao presente artigo, à partilha de bens, pois, nesse caso, o divórcio é designado de qualificado (art. 1º, § 3º, Provimento 53/2016).

Dessa maneira, se, por um lado, o divórcio simples independe de homologação, podendo ser diretamente averbado no Registro Civil, o mesmo não ocorrerá quando se estiver diante de divórcios com partilha de bens (qualificados), seja em caráter litigioso ou consensual.

Aliás, o divórcio com partilha internacional de bens colore a temática com novos tons, já que o art. 23, III, do CPC, estabelece uma competência exclusiva da autoridade judiciária brasileira em tais matérias, o que não deixa de ser uma novidade, já que inexistia previsão expressa em tal sentido no CPC/73, em que havia a atribuição de competência exclusiva à autoridade judiciária brasileira apenas para "proceder a inventário e partilha de bens, situados no Brasil, ainda que o autor da herança seja estrangeiro e tenha residido fora do território nacional" (art. 89, II).

A propósito, isso se deve ao fato de que, na época, o tribunal competente para homologar decisões estrangeiras (o STF e, após a EC/45 de 2004, o STJ), entendia que o regramento se aplicava apenas às partilhas *mortis causae*,[18] tornando possível a homologação de decisões estrangeiras que procediam à partilha de bens *inter vivos*, em razão da dissolução da vínculo conjugal.

Porém, tal situação foi modificada substancialmente com o advento do CPC/15, que definiu a competência exclusiva da autoridade judiciária brasileira tanto para a partilha *causa mortis* quanto *inter vivos, como visto*. Como resultado, tanto em matéria de sucessão hereditária (art. 23, II), quanto em divórcio, separação judicial ou dissolução de união estável (art. 23, III), haverá uma competência exclusiva brasileira.

Isso faz com que, ao menos de acordo com a literalidade da lei, o regramento atinente ao reconhecimento de decisões estrangeiras que versem sobre divórcio com partilha de bens fique mais dificultado do que era no passado.

Por isso, é possível encontrar, na doutrina, críticas a respeito da inclusão da partilha *inter vivos* no rol de competência exclusiva da autoridade brasileira. Na ótica de Daniel Gruenbaum, por exemplo, houve uma "lamentável guinada contrária a décadas de boa construção jurisprudencial".[19]

---

18. É o caso, por exemplo, de: STF, SEC 4512, rel. Paulo Brossard, DJ 02.12.1994.
19. GRUENBAUM, Daniel. Reconhecimento de sentença estrangeira: análise do requisito da competência da autoridade estrangeira. In: ZANETI JR, Hermes; RODRIGUES, Marco Antonio. *Cooperação internacional*. Salvador: JusPodivm, 2019, p. 268.

Mas, mesmo assim, o certo é que o dispositivo legal consta da codificação processual vigente, e, portanto, sua observância é obrigatória, em razão da imperatividade inerente às normas jurídicas.

A situação se complica ainda mais, quando se constata que o CPC nada dispõe a respeito de se tratar de divórcio com partilha de bens em caráter litigioso ou consensual, como, aliás, se analisará no próximo tópico.

Diante desse regramento, Nádia de Araújo opina que, certamente, o STJ irá revisar sua posição a respeito do tema, para não admitir a homologação de decisões estrangeiras também sobre partilhas *inter vivos*, em situações que envolvam o rompimento de vínculos conjugais.[20]

Ademais, outros dois pontos a respeito da partilha internacional de bens devem ser ponderados.

O primeiro deles é que, diferentemente da regra disposta no inciso I do artigo 23, que determina a competência exclusiva da autoridade brasileira para conhecer de ações relativas a *imóveis* situados no Brasil, o referido inciso III nada define a respeito de se tratar de bens móveis ou imóveis.

Para resolver essa questão, encontram-se posicionamentos doutrinários no sentido de que "o artigo se refere a bens, aí incluídos os bens móveis e imóveis (art. 8º da LINDB), e também ao conjunto de bens, acolhendo o sistema unitário".[21] No entanto, este não parece ser o posicionamento do STJ, que, em uma interpretação conjugada dos incisos I e III do artigo 23, entende que apenas as partilhas que envolvam bens imóveis estarão no âmbito da competência internacional exclusiva da autoridade brasileira.[22]

Dessa maneira, na visão do STJ, a referida competência exclusiva apenas alcançará a partilha de bens imóveis, sendo plenamente possível, portanto, a homologação de decisões estrangeiras que tratem sobre bens móveis situados no Brasil. Aliás, a Corte entende que não há necessidade sequer de menção expressa, na decisão estrangeira, sobre a individualização dos bens situados no Brasil.[23]

O segundo ponto consiste na ideia de que se encontra inserido na competência exclusiva da autoridade judiciária brasileira apenas o divórcio com partilha que diga respeito a bens adquiridos na constância de união celebrada sob o regime da comunhão parcial de bens, não aqueles que se refiram a bens excluídos da comunhão, mas

---

20. ARAÚJO, Nádia. *Direito internacional privado*. 7. ed. São Paulo: Ed. RT, 2018, p. 193.
21. ARAÚJO, Nádia. *Direito internacional privado*. 7. ed. São Paulo: Ed. RT, 2018, p. 193.
22. STJ, HDE 176/EX, rel. Min. Benedito Gonçalves, CE, DJe 21.08.2018.
23. A respeito, já se julgou que "a sentença homologanda, embora não tenha feito expressa referência a bens situados no Brasil, determinou a partilha de todo o vasto patrimônio adquirido em comum, o que acaba por incluir os imóveis situados no Brasil, não podendo, nesse ponto, ser objeto de homologação" (STJ, SEC 9272/EX, rel. Min. Luis Felipe Salomão, CE, DJe 25.05.2015).

O STJ E A PARTILHA INTERNACIONAL DE BENS **217**

que, por alguma razão, estejam sendo objeto de partilha.[24] Sobre o tema, o Tribunal já teve oportunidade de considerar válida partilha de bem imóvel situado no Brasil, adquirido em data anterior ao casamento contraído sob regime de comunhão parcial de bens.[25]

E nem se diga que tal entendimento possa ser considerado intuitivo, pois a lei aplicável aos divórcios com partilha de bens não será necessariamente a brasileira (com aplicação às regras atinentes aos regimes de bens previstos Brasil), havendo, ainda, vedação de ingresso no mérito propriamente dito da decisão estrangeira (sistema da delibação).

Analisando-se detalhadamente o entendimento atual do STJ, talvez seja possível se concluir que apenas haverá competência exclusiva da autoridade brasileira e, consequentemente, não será possível a homologação de decisão estrangeira quando se tratar de: a) divórcio com partilha de bens imóveis situados no Brasil; b) divórcio com partilha de bens imóveis que sejam adquiridos na constância de casamentos celebrados sob regime de comunhão parcial, e; c) divórcio com partilha de bens em caráter litigioso, tema que será objeto de maior detalhamento no tópico a seguir.

Percebe-se, então, que a previsão legal contida no art. 23, III, do CPC, é aberta o suficiente para admitir tais interpretações e viabilizar, em algumas hipóteses, o reconhecimento de decisões estrangeiras que versem sobre divórcio com partilha de bens situados no Brasil.

Firmadas essas premissas, resta saber se, ao não distinguir as partilhas internacionais de bens de caráter litigioso ou consensual, a norma do art. 23, III, do CPC incidiria apenas sobre as partilhas litigiosas ou se se estenderia, também, à homologação de decisões estrangeiras homologatórias de acordos de partilha de bens.

É isso que se estudará no próximo e derradeiro tópico.

## 4. O STJ E A POSSIBILIDADE DE HOMOLOGAÇÃO DE SENTENÇA ESTRANGEIRA SOBRE PARTILHA CONSENSUAL DE BENS SITUADOS NO BRASIL

Principalmente em um contexto em que a promoção consensual dos conflitos passa a ocupar o papel de norma fundamental do processo civil (art. 3º, §§ 2º e 3º, CPC/15), a atribuição de eficácia às decisões estrangeiras que se limitem a homologar acordos enlaçados pelas partes se mostra bastante salutar, ainda que em matéria

---

24. "Assim, a partilha decretada no estrangeiro é válida tão somente em relação ao imóvel adquirido no Brasil em data anterior ao casamento, não havendo como homologar a partilha do imóvel cuja aquisição se deu já na constância do casamento e nem, tampouco, cabe discutir a partilha dos bens situados no estrangeiro" (STJ, SEC 15639/EX, rel. Min. Og Fernandes, CE, DJe 09.10.2017).

25. STJ, SEC 15639/EX, rel. Min. Og Fernandes, CE, DJe 09.10.2017 e SEC 14822/EX, rel. Min. Francisco Falcão, CE, DJe 13.09.2018.

de competência internacional exclusiva. Afinal, hoje, é muito firme a ideia de que o termo acesso à justiça não é sinônimo de acesso ao judiciário.[26]

Aliás, deve-se ressaltar que não é só no Brasil que o fomento à autocomposição passa a ocupar papel central no acesso à justiça. Desde a década de 70, o professor americano Frank Sander cunhou o termo *multidoor courthouse system*, para traduzir a existência de um sistema multiportas, de modo que o Poder Judiciário deixaria de ser a única alternativa disponível às partes, que agora podem se beneficiar de um sistema com várias possibilidades aptas a tratar aquele determinado conflito.[27] Entra em cena, então, os meios alternativos de tratamento de conflitos (ADR – *alternative dispute resolution*), que inclui técnicas mais adequadas, como a mediação, a conciliação, a arbitragem, o direito colaborativo e o direito cooperativo. À exceção da arbitragem (que representa um método heterocompositivo, diante do julgamento do conflito pelo árbitro), todas as demais técnicas citadas consistem em métodos autocompositivos, às quais, ao final do enlace, as partes celebrarão um acordo, que, indubitavelmente, também deverá ser merecedor de eficácia e exequibilidade jurídica. Logo, fomentar a técnica autocompositiva também deveria significar a possibilidade de execução das cláusulas instrumentalizadas em seus pactos.

No entanto, dentro de tais técnicas, percebe-se que algumas delas possuem uma regulamentação mais adequada para tal fim, seja no cenário nacional ou internacional. É o caso, por exemplo, da arbitragem, cujas sentenças podem ser reconhecidas no ordenamento jurídico nacional em moldes semelhantes às decisões judiciais estrangeiras (art. 960, § 3º, CPC/15 e art. 35, Lei 9.307/96; Convenção de Nova York de 1958).

Outras técnicas não se beneficiam desse tratamento privilegiado. No campo da mediação, por exemplo, existe uma atual tendência de regulamentação de seus pactos, para que produzam efeitos no exterior. É o caso da Convenção de Singapura sobre Mediação Comercial, pela Comissão das Nações Unidas para o Direito Comercial Internacional (Uncitral), aprovada em 20 de dezembro de 2018, que traz um procedimento vinculante para a exequibilidade dos acordos de mediação comercial firmados sob sua égide.[28]

Em relação aos acordos realizados no âmbito da mediação familiar, entretanto, a situação continua a se mostrar bastante delicada, já que inexiste um procedimento específico para o reconhecimento de seus acordos, uma vez que tal matéria é excluída expressamente da incidência da Convenção de Singapura.

---

26. FENSTERSEIFER, Tiago. *Defensoria pública, direitos fundamentais e ação civil pública*. São Paulo: Saraiva, 2015, p. 35.
27. MUNIZ, Tânia Lobo; SILVA, Marcos Claro da. O modelo de tribunal multiportas americano e o sistema brasileiro de solução de conflitos. *Revista da Faculdade de Direito da UFRGS*. Porto Alegre, n. 39, v. esp., p. 288-311, dez. 2018.
28. Em 04 de junho de 2021 o Brasil assinou a referida convenção.

Nesses casos, para a produção de efeitos de maneira mais segura, acaba sendo fundamental que as partes ingressem com ação (no país estrangeiro) pleiteando a homologação judicial do acordo, e que, com isso, obtenham uma decisão judicial que viabilize o seu reconhecimento no Brasil. Isso porque, não obstante seja potencialmente possível que o acordo de mediação realizado em país estrangeiro adquira eficácia de título executivo extrajudicial no ordenamento jurídico brasileiro, deverá preencher os severos requisitos previstos em lei (art. 192, parágrafo único, CPC/15; art. 784, §§ 2º e 3º, CPC/15), o que, sem dúvida, poderá esbarrar em empecilhos burocráticos de maior envergadura para a sua efetiva execução.

Não raro, aquele acordo não terá nenhuma validade no sistema jurídico brasileiro, a não ser que seja instrumentalizado por meio de uma decisão judicial estrangeira.

Em um contexto internacional de insegurança jurídica quanto à eficácia e exequibilidade de acordos, é muito pertinente que o Poder Judiciário se posicione favoravelmente à resolução consensual de conflitos. Diante disso, o STJ parece notar que, não raras vezes, as partes buscam uma decisão judicial estrangeira apenas com o fim de viabilizar, de maneira segura, o seu reconhecimento no Brasil.

Então, tem-se que toda esta lógica deve ser aplicada ainda quando se estiver diante de regras acerca de competência internacional exclusiva, como é o caso da partilha internacional de bens operacionalizada por meios consensuais.

Pois bem.

Como visto, pela expressa literalidade do art. 23, III, do CPC, apenas a autoridade judiciária brasileira poderá, "em divórcio, separação judicial ou dissolução de união estável, proceder à partilha de bens situados no Brasil". Não há, como se vê, nenhuma delimitação a respeito de se tratar de partilhas de bens desenvolvidas em processos litigiosos ou consensuais.

Diante desse cenário, o STJ, em louvável interpretação do dispositivo legal, tem entendido que, "não obstante o disposto no art. 89, I, do CPC de 1973 (atual art. 23, I e III, do CPC de 2015) e no art. 12, § 1º, da LINDB, autoriza a homologação de sentença estrangeira que, decretando o divórcio, convalida acordo celebrado pelos ex-cônjuges quanto à partilha de bens imóveis situados no Brasil, que não viole as regras de direito interno brasileiro".[29]

Dentre vários, confira o seguinte julgado:

Sentença estrangeira contestada. Divórcio consensual. Acordo de separação incorporado à sentença. Preenchimento dos requisitos. Pedido de homologação deferido.

1. É devida a homologação da sentença estrangeira de divórcio consensual, porquanto foram atendidos os requisitos previstos na legislação processual.

---

29. No mesmo sentido: SEC 14233/EX, rel. Min. Og Fernandes, CE, DJe 27.11.2018; SEC 9877/EX, rel. Min. Benedito Gonçalves, CE, DJe 18.12.2015; SEC 7201/EX, rel. Min. Herman Benjamin, CE, DJe 21.11.2014; SEC 9617/EX, rel. Min. Napoleão Nunes Maia Filho, CE, DJe 04.08.2015.

2. A homologação da sentença estrangeira não pode abranger e nem estender-se a tópicos, acordos ou cláusulas que não se achem formalmente incorporados ao texto da decisão homologanda. Precedentes do STF e do STJ.

3. No caso, a sentença estrangeira de divórcio fez expressa menção ao acordo de separação celebrado entre as partes, afirmando que está incorporado à decisão de dissolução do casamento. Além disso, há explícita anuência do requerente ao pedido da requerida de homologação dos termos integrais da sentença com a inclusão do aludido acordo.

4. A jurisprudência do Superior Tribunal de Justiça, não obstante o disposto no art. 89, I, do CPC de 1973 (atual art. 23, I e III, do CPC de 2015) e no art. 12, § 1º, da LINDB, autoriza a homologação de sentença estrangeira que, decretando o divórcio, convalida acordo celebrado pelos ex-cônjuges quanto à partilha de bens imóveis situados no Brasil, que não viole as regras de direito interno brasileiro.

5. Pedido de homologação da sentença estrangeira deferido.

(STJ, SEC 11795/EX, rel. Min. Raul Araújo, CE, DJe 16.08.2019).

A propósito, este também era o posicionamento do STF, quando as ações de homologação de sentença estrangeira eram de sua competência.[30]

Nessa ordem de ideias, o Tribunal da Cidadania parece ter firmado tese no sentido de que a mera alegação de que a sentença estrangeira dispôs sobre acordo de partilha de imóvel não obsta sua homologação, até porque, tanto ele quanto o STF entendem que a sentença estrangeira que dispõe acerca de bem localizado no território brasileiro, sobre o qual tenha havido acordo entre as partes, e que tão somente ratifica o que restou pactuado não ofende a soberania nacional e a ordem pública.

Esse posicionamento pode ser encontrado, dentre vários, no julgado abaixo transcrito:

Homologação de sentença estrangeira. Alemanha. Divórcio com acordo de partilha de bens. Requisitos preenchidos.

1. Não constitui óbice à homologação de sentença estrangeira o eventual inadimplemento de obrigações dela decorrentes. O objetivo da homologação é reconhecimento da validade da decisão, a fim de que tenha eficácia no território brasileiro.

2. A mera alegação de que a sentença estrangeira dispôs sobre acordo de partilha de imóvel não obsta a homologação da sentença estrangeira. Ademais, tanto o STF quanto o STJ "já se manifestaram pela ausência de ofensa à soberania nacional e à ordem pública a sentença estrangeira que dispõe acerca de bem localizado no território brasileiro, sobre o qual tenha havido acordo entre as partes, e que tão somente ratifica o que restou pactuado" (SEC 1304/US).

3. Sentença estrangeira homologada.

(SEC 13469/EX, rel. Min. João Otávio de Noronha, CE, DJe 16.12.2016).[31]

---

30. Homologação de sentença estrangeira. Partilha de imóveis situados no território brasileiro. Art. 89 do código de processo civil. Soberania nacional. Não viola a soberania nacional o provimento judicial estrangeiro que ratifica acordo, celebrado pelos antigos cônjuges, acerca de bens imóveis localizados no Brasil. Precedentes. Pedido formulado conforme o art. 216 do Regimento Interno do STF. Homologação deferida. (STF, SEC 7146, rel. Ilmar Galvão, DJ 02.08.2002).

31. STJ, SEC 1304 US 2005/0153253-6, rel. Min. Gilson Dipp, CE, DJe 03.03.2008.

Justamente diante do mencionado cenário bastante complexo, o entendimento do STJ adquire relevantíssima importância, por ampliar a cooperação jurídica, em nome do direito fundamental ao acesso à justiça transnacional, que deve incidir em todas as técnicas de resolução de conflitos. Afinal, a simples necessidade de homologação judicial de acordos não retira o caráter consensual do tratamento daquele conflito.

Ademais, deve-se frisar que o STJ é bastante cauteloso quanto à comprovação de que efetivamente houve acordo entre as partes, e, ainda, que elas compareceram ao processo estrangeiro, não admitindo a homologação de decisão estrangeira quando constatada a revelia.[32] Para além de consensual, a Corte também já consignou que o pacto envolvendo partilha de bens em divórcio deve ser equitativo.[33]

Assim sendo, por todos os fundamentos acima expostos, entende-se como louvável o posicionamento do STJ a respeito da possibilidade de reconhecimento de decisões estrangeiras que se limitam a homologar acordo de divórcio com partilha de bens, ainda que de imóveis situados no Brasil.

## 5. CONCLUSÃO

Com o advento do CPC/15, as decisões judiciais estrangeiras que versam sobre divórcios com partilha de bens (partilhas *inter vivos*) foram incluídas no rol de competência internacional exclusiva da autoridade judiciária brasileira (art. 23, III, CPC/15). Antes, o entendimento jurisprudencial era firme no sentido de que apenas as partilhas *causa mortis* estariam inseridas nessa lista.

Esse novo regramento acabou por restringir a possibilidade de homologação de decisão estrangeira a respeito de divórcio com partilha internacional de bens situados no Brasil. Por isso, tal opção legislativa é bastante criticada pela doutrina, já que, eventualmente, poderão ser vislumbradas muitas *relações jurídicas claudicantes*, com decisões plenamente válidas em um país e não eficazes em outro (ou, com efeitos distintos em ambos), indo, ainda, de encontro com o direito fundamental de acesso à justiça transnacional, em razão da restrição da cooperação jurídica em tais matérias.

Diante de tal percepção, a jurisprudência do STJ tem interpretado de maneira mais flexível o art. 23, III, do CPC/15, para compreender que a competência internacional exclusiva da autoridade brasileira se voltará ao divórcio: a) com partilha de bens *imóveis* situados no Brasil; b) com partilha de bens adquiridos na constância

---

32. "3. No caso, a partilha de bens imóveis situados no Brasil, em decorrência de divórcio ou separação judicial, é competência exclusiva da Justiça brasileira, nos termos do art. 23, III, do Código de Processo Civil. Nada obstante, a jurisprudência pátria admite que a Justiça estrangeira ratifique acordos firmados pelas partes, independente do imóvel localizar-se em território brasileiro. Contudo, tal entendimento não pode se aplicar à situação em exame, em que não houve acordo, inclusive porque o réu, devidamente citado, não compareceu ao processo estrangeiro. 5. Pedido de homologação de sentença estrangeira deferido parcialmente" (STJ, SEC 15639/EX, rel. Min. Og Fernandes, CE, DJe 09.10.2017).

33. STJ, SEC 6344/EX, rel. Min. Benedito Gonçalves, CE, DJe 12.06.2015.

do casamento celebrado em regime de comunhão parcial e, ainda; c) com partilha internacional de bens com caráter litigioso.

Em relação ao divórcio com partilha internacional de bens em caráter consensual, o STJ tem posicionamento pacífico no sentido de que a decisão estrangeira que se limitar a homologar acordo pactuado pelas partes poderá ser reconhecida no sistema jurídico brasileiro e, com isso, produzir validamente seus efeitos por aqui.

Em muitos casos, o ingresso ao Poder Judiciário estrangeiro tem por finalidade única a formação de um título apto a ser reconhecido em ordenamento jurídico estrangeiro, consignando, assim, maior segurança jurídica aos acordos consensuais. Dessa maneira, o posicionamento emanado pela Corte é louvável, pois coerente com o direito fundamental ao acesso à justiça transnacional, bem como com o fomento à resolução autocompositiva de conflitos.

## 6. REFERÊNCIAS

AGUIRRE, Cecilia Fresnedo de. *Public policy*: common principles in the American States. Boston: Brill Nijhoff, 2016.

ARAUJO, Nadia de. *Direito Internacional Privado*: teoria e prática brasileira. 7. ed. São Paulo: Ed. RT, 2018.

BASSO, Maristela. *Curso de direito internacional privado*. São Paulo: Atlas, 2020, p. 17.

BERNARDES, Lívia Heringer Pervidor; CARNEIRO, Yandria Gaudio. As ondas de acesso à justiça de Mauro Cappelletti e o acesso transacional à justiça. *Anais do III Congresso de Processo Civil Internacional*, Vitória, 2018.

CAPPELLETTI, Mauro; GARTH, Bryant. *Acesso à justiça*. Trad. e revisão Ellen Gracie Northfleet. Porto Alegre: Sergio Antonio Fabris Editor, 1988.

FENSTERSEIFER, Tiago. *Defensoria pública, direitos fundamentais e ação civil pública*. São Paulo: Saraiva, 2015.

GRUENBAUM, Daniel. Reconhecimento de sentença estrangeira: análise do requisito da competência da autoridade estrangeira. In: ZANETI JR, Hermes; RODRIGUES, Marco Antonio. *Cooperação internacional*. Salvador: Juspodivm, 2019.

HILL, Flávia. A cooperação jurídica internacional no Código de Processo Civil de 2015. In: ZANETI JR, Hermes; RODRIGUES, Marco Antonio. *Cooperação internacional*. Salvador: JusPodivm, 2019.

IMBROISI, Giulio Cesare; BORGES, Orlindo Francisco (Org.). *Advocacia transnacional e o Novo Código de Processo Civil*. Brasília: Conselho Federal, 2016.

MOREIRA, José Carlos Barbosa. *Comentários ao Código de Processo Civil*. Rio de Janeiro: Forense, 2006.

MUNIZ, Tânia Lobo; SILVA, Marcos Claro da. O modelo de tribunal multiportas americano e o sistema brasileiro de solução de conflitos. *Revista da Faculdade de Direito da UFRGS*, n. 39, vol. esp., p. 288-311, Porto Alegre, dez. 2018.

PINHO, Humberto Dalla Bernardina. *Jurisdição e pacificação*: limites e possibilidades do uso dos meios consensuais de resolução de conflitos na tutela dos direitos transindividuais e pluri-individuais. Curitiba: Editora CRV, 2017.

TIBURCIO, Carmen. The Current Practice of International Co-Operation in Civil Matters (Volume 393), p. 53. *Collected Courses of the Hague Academy of International Law*. Disponível em: http://dx.doi.org/10.1163/1875-8096_pplrdc_A9789004392748_01. p. 53. Acesso em: 13 out. 2021.

# A COMUNICABILIDADE DAS BENFEITORIAS E FRUTOS DOS BENS IMÓVEIS PARTICULARES NO REGIME DE COMUNHÃO PARCIAL DE BENS: ASPECTOS PRÁTICOS NA PARTILHA DA DISSOLUÇÃO DO CASAMENTO OU UNIÃO ESTÁVEL

*Sueli Aparecida De Pieri*

Doutoranda em Direito Civil pela Universidade de Coimbra, Portugal. Mestre em Direito Civil pela Universidade Metodista de Piracicaba, São Paulo. Docente e Coordenadora dos Cursos de Especialização em Direito de Família e Sucessões da Escola Superior de Advocacia-ESA/SP. Docente convidada de outras instituições. Membro do Instituto Brasileiro de Direito de Família – IBDFAM e do Instituto Brasileiro de Estudos de Responsabilidade Civil – IBERC. Advogada.

**Sumário:** 1. Introdução – 2. Considerações acerca dos regimes de bens – 3. O regime de comunhão parcial de bens e a comunicabilidade das benfeitorias e frutos dos bem imóveis particulares – 4. Aspectos práticos da partilha das benfeitorias e frutos dos bens imóveis particulares na dissolução do casamento ou união estável – 5. Considerações finais – 6. Referências.

## 1. INTRODUÇÃO

O casamento e a união estável geram efeitos, tanto na esfera social, pessoal, quanto na seara patrimonial, dando origem a direitos e deveres que são disciplinados pelo ordenamento jurídico e que devem ser cumpridos por ambos os contraentes, a partir de sua celebração, no casamento ou início da convivência, na união estável. Por seu turno, os efeitos patrimoniais decorrem das regras do regime de bens escolhido pelo casal.

No ordenamento jurídico brasileiro, o regime de comunhão parcial de bens é o regime legal ou supletivo de bens, instituído a partir da Lei 6.515, de 26 de dezembro de 1977, também conhecida como Lei do Divórcio. Nesse regime de bens, conforme determina o art. 1.658 do atual Código Civil, "comunicam-se os bens que sobrevierem ao casal, na constância do casamento".

Imperioso ressaltar que, como regra geral, o ordenamento jurídico estabelece a liberdade de escolha do regime de bens. Quanto à possibilidade de escolha de regime diverso de bens, o art. 1.639 do Código Civil vigente dispõe que "é lícito aos nubentes, antes de celebrado o casamento, estipular, quanto aos seus bens, o que lhes aprouver". Essa manifestação de vontade é exercida por meio de escritura pública de pacto antenupcial.

Para tanto, o Código Civil estabeleceu as seguintes possibilidades de regime de bens: a) de comunhão parcial (CC., art. 1.658 a 1.666); b) de comunhão universal (CC., art. 1.667 a 1.671); c) separação obrigatória de bens (CC., art. 1.641); d) de separação de bens – *convencional* (CC., art. 1.687 e 1.688); e) de participação final nos aquestos (CC., art. 1.672 a 1.686).

Assim, os efeitos patrimoniais do casamento ou da união estável decorrem das regras do regime de bens escolhido pelo casal. Em decorrência da falta de planejamento patrimonial, seja através de um pacto antenupcial ou contrato de convivência, a maior parte da população acaba por contrair matrimônio, ou estabelecer de uma união estável, pelo regime supletivo do país, qual seja, o regime da comunhão parcial de bens.

Muito embora esse regime de bens possua essência "comunitária" no tocante aos bens adquiridos de forma onerosa na constância do casamento ou união estável, algumas regras que o regula acabam gerando celeumas, notadamente quando da partilha dos bens por ocasião da dissolução, quer em vida ou *post mortem*. Isso se dá em razão de o Código Civil, ao estabelecer regras quanto aos bens comunicáveis (art. 1.660 CC), ter inserido as benfeitorias e frutos dos bens particulares, ou seja, dos bens excluídos da comunhão (art. 1.659 CC).

Percebe-se que os casais acabam por não prestar atenção nas regras desse regime durante a convivência, mas apenas quando da dissolução, haja vista a dificuldade de provar a incomunicabilidade ou mensurar a expressão econômica obtida pelo casal em razão das benfeitorias, frutos ou rendimentos de tais bens.

Deste modo, o presente estudo tem como objetivo destacar, no direito brasileiro, como as benfeitorias e frutos dos bens imóveis particulares de cada cônjuge ou companheiro podem ser consideradas bens comuns no regime da comunhão parcial de bens no casamento e na união estável, bem como se é possível afastar sua comunicabilidade. Para melhor compreensão, abordar-se-á considerações acerca da definição de benfeitorias e frutos. Após, será enfatizado os aspectos práticos da partilha da das benfeitorias e frutos dos bens imóveis, por ocasião da dissolução do casamento ou união estável, seja em vida ou *post mortem,* contando com a contribuição doutrinária e jurisprudencial.

Insta ressaltar que, sem prejuízo de aplicabilidade da comunicabilidade das benfeitorias, frutos e rendimentos de todos os bens que compõem o patrimônio particular do casal, centralizaremos a temática quanto aos bens *imóveis* particulares.

## 2. CONSIDERAÇÕES ACERCA DOS REGIMES DE BENS

É o regime de bens estabelecido pelo casal que organizará a comunicabilidade dos bens amealhados na constância do casamento ou da união estável. Como pondera José Luiz Gavião de Almeida, "o regime de bens é o complexo de princípios jurídicos reguladores das relações econômicas entre marido e mulher. É o estatuto, o código de regras que disciplina os interesses patrimoniais durante o matrimônio".[1]

Nesse sentido, Nelson Rosenvald e Felipe Braga Netto, ensinam que do casamento se originam inúmeros direitos e deveres e destacam que, "na verdade um vasto complexo de relações jurídicas perpassa a esfera jurídica do casal que escolhe se casar – não só as entre o casal, na dimensão existencial e patrimonial, mas também na relação a terceiros".[2]

Assim, tem-se que esse conjunto de regras que regulam o patrimônio dos cônjuges ou companheiros é que delimitará o patrimônio comum amealhado na vigência do casamento ou união estável até que haja partilha por eventual dissolução em vida ou *post mortem*.

Rolf Madaleno, destaca que:

 regime de bens deve conter normas sobre a propriedade do acervo trazido para o casamento ou para a união estável, e tratar destino desses bens depois da sua constituição, identificando os proprietários dos bens adquiridos durante o matrimônio ou na constância da relação estável, sua administração e gozo, a sua disposição, como se finaliza o regime e o destino dos bens, tudo com vistas às relações conjugais ou de convivência fática, passando pelos cuidados dos interesses dos filhos, quando existentes, da família e dos terceiros que contratam com o casal, ou individualmente com um dos integrantes da sociedade afetiva.[3]

Desse modo, denota-se que não existe casamento ou união estável sem efeitos patrimoniais e, assim, sem regime de bens que o estabeleça, (art. 1.639 e 1.745 CC), delimitando os bens comunicáveis e incomunicáveis. Sendo assim, é prudente que haja um regime de bens legal, que vigore dependente ou independentemente de escritura pública de pacto antenupcial, desde que, nesse sentido, as partes manifestem a sua vontade.

No ordenamento jurídico pátrio, o regime de comunhão parcial de bens é o regime legal ou supletivo de bens (aquele que é reduzido à termo na ausência de um pacto antenupcial ou se este for nulo ou ineficaz), instituído a partir da Lei 6.515, de 26 de dezembro de 1977, também conhecida como Lei do Divórcio. Nesse regime de bens, conforme determina o art. 1.658 do atual Código Civil, "comunicam-se os bens que sobrevierem ao casal, na constância do casamento".

À semelhança do direito pátrio, o Código Civil Português também adota um regime supletivo nos moldes de comunhão parcial de bens ao prever no seu artigo 1.717º que "na falta de convenção antenupcial, ou no caso de caducidade, invalidade ou ineficácia da convenção, considera-se celebrado sob o regime da comunhão de adquiridos". Assim, em Portugal, o regime de "comunhão de adquiridos" é o regime

---

1. ALMEIDA, José Luiz Gavião. *Direito Civil – Família*. Rio de Janeiro: Elsevier, 2008, p. 281.
2. ROSENVALD, Nelson. NETTO, Felipe Braga. *Código Civil Comentado*. Salvador. Bahia: JusPodivm, 2021, p. 1.744.
3. MADALENO, Rolf. *Curso de Direito Civil*. Rio de Janeiro: Forense, 2013, p. 702.

supletivo para os que se casaram posteriormente ao dia 31 de maio de 1.967 (cfr. Artigo 15º do Decreto-lei 47334, de 25/11/1966). Antes desta data, o regime supletivo era o da comunhão geral.

Como ensina o doutrinador português, Jorge Augusto Pai de Amaral,

> O regime de comunhão de adquiridos não se confunde com esse outro regime supletivo que existia anteriormente, ou seja, com o regime de comunhão geral. Em ambos existe *comunhão* de bens, mas no regime de comunhão de adquiridos a comunhão de bem não se generaliza, por forma englobar os bens que os nubentes levaram para o casamento e os que posteriormente adquiriram. No regime da comunhão de *adquiridos*, só estes, ou seja, só os adquiridos pelos cônjuges após o casamento se consideram comuns. Mas nem todos os bens são considerados comuns. Apenas os são os *adquiridos a título oneroso na constância do casamento*.[4]

Retornando ao direito pátrio, como bem salienta Débora Gozzo, muito embora é o Estado quem, mais uma vez, interfere na esfera jurídica do particular a fim de lhe resguardar poderes e deveres, torna-se inafastável o exercício de um direito subjetivo pelos nubentes de estabelecer, por pacto antenupcial, o regime que quiserem, inclusive diverso daqueles existentes na normatização do país, desde que não se infrinja norma de ordem cogente.[5]

Quanto à possibilidade de escolha de regime de bens diverso, o art. 1.639 do Código Civil vigente dispõe que "é lícito aos nubentes, antes de celebrado o casamento, estipular, quanto aos seus bens, o que lhes aprouver". Essa manifestação de vontade é exercida por meio de escritura pública de pacto antenupcial.

Nesse sentido, deve seguir-se a orientação do art. 1.655 do atual Código Civil,[6] determinando que a liberdade de escolha de um regime de bens por intermédio do pacto antenupcial não deverá contrariar disposição absoluta de lei, sob pena de nulidade.

Sobre a infração de tal artigo (1.655), é possível colher subsídios em José Antonio Encinas Manfré, entendendo-se que serão nulas as cláusulas (não o pacto) de seguinte conformação: (a) que dispensem os cônjuges dos deveres do casamento; (b) que privem a mãe do poder familiar ou, submissa ao marido, de assumir a direção da família; (c) que alterem a ordem de vocação hereditária; (d) que ajustem a comunhão de bens, quando, por força de lei, o casamento somente se poderia realizar sob o regime de separação; (e) que estabeleçam poder ao marido de vender imóveis sem outorga uxória.[7]

Isto posto, ocorrendo nulidade de cláusula, prevalece o regime de comunhão parcial de bens, assim como ao silêncio dos nubentes. Essa é a determinação do art. 1.640 do atual Código Civil, dispondo que "não havendo convenção, ou sendo ela

---

4. AMARAL, Jorge Augusto Pais de. *Direito da Família e das Sucessões*. Coimbra: Almedina, 2014. p. 154.
5. GOZZO, Débora. *Pacto antenupcial*. São Paulo: Saraiva, 1992. p. 2.
6. Art. 1.655. É nula a convenção ou cláusula dela que contravenha disposição absoluta de lei.
7. MANFRÉ, José Antonio Encinas. *Regime matrimonial de bens no novo código civil*. São Paulo: Juarez de Oliveira, 2003. p. 30.

ASPECTOS PRÁTICOS NA PARTILHA DA DISSOLUÇÃO DO CASAMENTO OU UNIÃO ESTÁVEL **227**

nula ou ineficaz, vigorará, quanto aos bens entre os cônjuges, o regime da comunhão parcial".

Quanto a possibilidade de escolha de regime de bens diverso de Comunhão Parcial de Bens, o Código Civil estabeleceu as seguintes possibilidades, a) de comunhão universal (CC., art. 1.667 a 1.671); b) de separação de bens – *convencional* (CC., art. 1.687 e 1.688); c) de participação final nos aquestos (CC., art. 1.672 a 1.686).

Contudo, vale ressaltar a inovação instituída pela mesma norma legal no que tange aos regimes de bens; trata-se da possibilidade de sua alteração no curso do casamento, introduzida pelo art. 1.639, § 2º,[8] que revogou o art. 230[9] do Código Civil de 1916, que tratava da irrevogabilidade do regime de bens.

Uma observação mais atenta a Rolf Madaleno permite acreditar na viabilidade de se afirmar que a mudança judicial do regime de bens não comporta a via unilateral, compulsória, alcançada em processo litigioso que tenta vencer a resistência do cônjuge demandado. Eis que o § 2º do artigo supracitado (1.639) exige pedido formulado por ambos os cônjuges, apurada a procedência das razões invocadas e ressalvados os direitos de terceiros.[10]

Ressalte-se, porém, que tal dispositivo não é aplicado apenas aos casamentos realizados a partir da vigência do atual Código Civil, mas também àqueles anteriormente entabulados, conforme essência da própria jurisprudência nacional.[11]

Isto posto, embora o artigo 2.039 do Código Civil vigente determine que o regime de bens nos casamentos celebrados na vigência do Código Civil anterior é por ele estabelecido, não há vedação à alteração do regime para os casamentos celebrados anteriormente à vigência do Código atual.

Promovendo-se a breve análise pode-se concluir que o ordenamento jurídico brasileiro permite que os nubentes demonstrem a intenção da regulamentação de seu patrimônio por meio de um regime de bens previsto na legislação que melhor

---

8. É admissível alteração do regime de bens, mediante autorização judicial em pedido motivado de ambos os cônjuges, apurada a procedência das razões invocadas e ressalvados os direitos de terceiros.

9. Art. 230. O regime dos bens entre cônjuge começa a vigorar desde a data do casamento e é irrevogável.

10. MADALENO, Rolf. Do regime de bens entre os cônjuges. In: DIAS, Maria Berenice; PEREIRA, Rodrigo da Cunha (Coord.). *Direito de família e o novo código civil*. Belo Horizonte, MG: Del Rey, 2002. p. 176: o mesmo autor sustenta que a lei concubinária já vinha permitindo a mudança do regime de bens mesmo na constância da união estável.

11. STJ, 4ª Turma, REsp 730546/MG, rel. Min. Jorge Scatezzini, j. 23.08.2005, v.u., dar provimento parcial ao recurso. Ementa do Coordenador: Regime de Bens – Alteração – Casamento celebrado anteriormente à vigência do atual Código Civil – Admissibilidade – Inteligência dos arts. 1.639, § 2º, 2.035 e 2.039 do CC – Recurso provido para esse fim. No mesmo sentido: STJ, 4ª Turma, REsp 1.119.462/MG, rel. Min. Luis Felipe Salomão, j. 26.02.2013, v.u., dar parcial provimento ao recurso especial. Ementa: Direito de Família. Casamento celebrado na vigência do Código Civil de 1916. Regime de Bens. Alteração. Possibilidade. Exigências previstas no art. 1.639, § 3º, do Código Civil. Justificativa do Pedido. Divergência quanto à constituição de sociedade empresária por um dos cônjuges. Receio de comprometimento do patrimônio da esposa. Motivo, em princípio, hábil a autorizar a modificação do regime. Ressalva de direito de terceiros. No mesmo sentido, cf. TJSP, 5ª Câmara de Direito Privado, AfI 3183214300, rel. Des. A. C. Mathias Coltro, j. 27.07.2005.

lhes satisfaça, quer por pacto antenupcial e, ainda, posteriormente ao casamento, pela alteração do regime de bens, refletindo as regras para uma eventual separação ou nos casos de sucessão.

Assim, uma vez deferida a alteração do regime de bens, vigorará a partir de então (*"ex nunc"*), e esse novo regime obedecerá aos ditames do Código Civil vigente.[12]

Importante destacar que o artigo 1.725, do atual Código Civil, cuidou de estabelecer regra patrimonial à união estável, ao dispor que: "Na união estável, salvo contrato escrito entre os companheiros, aplica-se às relações patrimoniais, no que couber, o regime de comunhão parcial de bens".

Nesse passo, embora os companheiros também tenham a liberdade de dispor sobre suas relações patrimoniais, extrai-se do citado artigo 1.725, do atual Código Civil, que ante a ausência de contrato escrito entre os companheiros a respeito do regime de bens que gostariam de adotar, (instrumento particular ou por intermédio de escritura pública) prevalece o regime de comunhão parcial de bens, aplicando-se, assim, as regras dos artigos 1.658 a 1.666, do CC.

Oportuno ressaltar, conforme disposto no artigo 1.723 do Código Civil, que "é reconhecida como entidade familiar a união estável entre o homem e a mulher, configurada na convivência pública, contínua e duradoura e estabelecida com o objetivo de constituição de família". Portanto, o seu reconhecimento independe de prova escrita, mas sim fática. Isto posto, segundo entendimento do STJ, uma posterior escritura pública declaratória de união estável ou um contrato particular não tem o condão de afastar o regime da comunhão parcial de bens, que prevalece no período anterior à instrumentalização. Assim, o entendimento ressalta a impossibilidade retroativa de escolha de outro regime de bens.[13] Contudo, é importante esclarecer

---

12. CHINELATO, Silmara Juny. *Comentário ao Código Civil*. São Paulo: Saraiva, 2004. p. 274.
13. Civil. Processual civil. Direito de família e das sucessões. Omissões e contradições. Inocorrência. Questões examinadas e coerentemente fundamentadas. Erro, fraude, dolo ou sub-rogação de bens particulares. Questão não reconhecida pelo acórdão recorrido. Reexame de fatos e provas. Súmula 7/STJ. Formalização da união estável. Desnecessidade. Caracterização que independe de forma. Efeitos patrimoniais da união estável. Regime de bens. Aplicabilidade da regra do art. 1.725 do CC/2002 e do regime da comunhão parcial, na ausência de disposição expressa e escrita das partes. Submissão ao regime de bens impositivamente estabelecido pelo legislador. Ausência de lacuna normativa que sustente a tese de ausência de regime de bens. Celebração de escritura pública de incomunicabilidade patrimonial com eficácia retroativa. Impossibilidade, pois configurada a alteração de regime com eficácia *ex tunc*, ainda que sob o rótulo de mera declaração de fato preexistente.
    1 – Os propósitos recursais consistem em definir, para além da alegada negativa de prestação jurisdicional: (i) se houve erro, fraude, dolo ou aquisição de bens particulares sub-rogados e de efetiva participação da companheira; (ii) se a escritura pública de reconhecimento de união estável e declaração de incomunicabilidade de patrimônio firmada entre as partes teria se limitado a reconhecer situação fática pretérita, a existência de união estável sob o regime da separação total de bens, e não a alterar, com eficácia retroativa, o regime de bens anteriormente existente.
    2 – Inexistem omissões e contradições no acórdão que examina amplamente, tanto no voto vencedor, quanto no voto vencido, todas as questões suscitadas pelas partes.
    – Dado que o acórdão recorrido não reconheceu a existência de erro, fraude ao direito sucessório, dolo ou aquisição de patrimônio por meio de bens particulares sub-rogados e de efetiva participação da companheira,

que nada impede que neste momento de instrumentalização, os conviventes optem pela escolha de outro regime de bem, que terá efeitos *"ex nunc"*.

## 3. O REGIME DE COMUNHÃO PARCIAL DE BENS E A COMUNICABILIDADE DAS BENFEITORIAS E FRUTOS DOS BEM IMÓVEIS PARTICULARES

Como o próprio nome leva a entender, comunhão compreende o verbo *comungar*, ou seja, tornar comum.

Nos moldes delineados anteriormente, o regime de comunhão parcial de bens é o "regime legal ou supletivo de bens", instituído a partir da Lei 6.515, de 26 de dezembro de 1977, também conhecida como Lei do Divórcio. Nesse regime de bens, conforme determina o art. 1.658 do atual Código Civil, *"comunicam-se os bens que sobrevierem ao casal, na constância do casamento"*. Assim, também será na união estável sem contrato escrito estabelecendo regime diverso, consoante disposto no artigo 1.725, do atual Código Civil: "Na união estável, salvo contrato escrito entre os companheiros, aplica-se às relações patrimoniais, no que couber, o regime de comunhão parcial de bens".

---

descabe o reexame dessa questão no âmbito do recurso especial diante da necessidade de novo e profundo reexame dos fatos e das provas, expediente vedado pela Súmula 7/STJ.

4 – Conquanto não haja a exigência legal de formalização da união estável como pressuposto de sua existência, é certo que a ausência dessa formalidade poderá gerar consequências aos efeitos patrimoniais da relação mantida pelas partes, sobretudo quanto às matérias que o legislador, subtraindo parte dessa autonomia, entendeu por bem disciplinar.

5 – A regra do art. 1.725 do CC/2002 concretiza essa premissa, uma vez que o legislador, como forma de estimular a formalização das relações convivenciais, previu que, embora seja dado aos companheiros o poder de livremente dispor sobre o regime de bens que regerá a união estável, haverá a intervenção estatal impositiva na definição do regime de bens se porventura não houver a disposição, expressa e escrita, dos conviventes acerca da matéria.

6 – Em razão da interpretação do art. 1.725 do CC/2002, decorre a conclusão de que não é possível a celebração de escritura pública modificativa do regime de bens da união estável com eficácia retroativa, especialmente porque a ausência de contrato escrito convivencial não pode ser equiparada à ausência de regime de bens na união estável não formalizada, inexistindo lacuna normativa suscetível de ulterior declaração com eficácia retroativa.

7 – Em suma, às uniões estáveis não contratualizadas ou contratualizadas sem dispor sobre o regime de bens, aplica-se o regime legal da comunhão parcial de bens do art. 1.725 do CC/2002, não se admitindo que uma escritura pública de reconhecimento de união estável e declaração de incomunicabilidade de patrimônio seja considerada mera declaração de fato preexistente, a saber, que a incomunicabilidade era algo existente desde o princípio da união estável, porque se trata, em verdade, de inadmissível alteração de regime de bens com eficácia *ex tunc*.

8 – Na hipótese, a união estável mantida entre as partes entre os anos de 1980 e 2015 sempre esteve submetida ao regime normativamente instituído durante sua vigência, seja sob a perspectiva da partilha igualitária mediante comprovação do esforço comum (Súmula 380/STF), seja sob a perspectiva da partilha igualitária com presunção legal de esforço comum (art. 5º, *caput*, da Lei 9.278/96), seja ainda sob a perspectiva de um verdadeiro regime de comunhão parcial de bens semelhante ao adotado no casamento (art. 1.725 do CC/2002).

9 – Recurso especial conhecido e parcialmente provido.

(REsp 1845416/MS, rel. Ministro Marco Aurélio Bellizze, rel. p/ ac. Ministra Nancy Andrighi, 3ª Turma, julgado em 17.08.2021, DJe 24.08.2021).

Isto posto. Destaca-se que o no regime de comunhão parcial de bens, o legislador estabelece os bens que se comunicam e os que são excluídos da comunhão. Os bens que integram a comunhão estão dispostos no art. 1.660 (incisos I a V)[14] da mesma norma legal, sendo discriminados como tais os bens adquiridos na constância do casamento por título oneroso, ainda que apenas em nome de um dos cônjuges; bens adquiridos por fato eventual, com ou sem o concurso de trabalho ou despesa anterior, como, por exemplo, os ganhos em loteria, sorteios.

Ainda, integram o patrimônio comum os bens adquiridos por doação, herança ou legado, em favor de ambos os cônjuges, além das benfeitorias, frutos e rendimentos em bens comuns e particulares de cada cônjuge ou companheiro. Nesse caso, apropriando-se dos extensos conhecimentos de Arnaldo Rizzardo, apreende-se que correspondem todas as benfeitorias, sejam necessárias, úteis ou voluptuárias; assim, quaisquer melhoramentos em bens particulares de um ou outro cônjuge ingressam na comunhão e passam a pertencer ao patrimônio comum, não interessando o montante com que cada cônjuge contribuiu.[15]

Os frutos dos bens comuns ou particulares de cada cônjuge, percebidos na constância do casamento ou pendentes ao tempo de cessar a comunhão, são integrados ao patrimônio do casal; no entanto, o bem, de forma específica, continua incomunicável, obtendo apenas a comunhão nos ganhos futuros.

Após a análise dos artigos supracitados, verifica-se que os bens adquiridos na constância do casamento devem ser os adquiridos a título oneroso – por serem fruto da estreita colaboração que se estabelece entre o casal – assim como bens doados a ambos os cônjuges, benfeitorias, frutos e rendimentos dos bens particulares. Não se comunicam aqueles bens possuídos antes de se casarem ou adquiridos na constância do casamento a título gratuito, além dos sub-rogados em bens particulares.

Por seu turno, os bens excluídos da comunhão no referido regime estão descritos nos arts. 1.659 e 1.661 do Código Civil vigente, que são: os bens que cada cônjuge possui ao se casar e os que lhe sobrevierem, na constância do casamento, por doação ou sucessão, e os sub-rogados em seu lugar; os bens adquiridos com valores exclusivamente pertencentes a um dos cônjuges em sub-rogação dos bens particulares; as obrigações anteriores ao casamento; a obrigação proveniente de atos ilícitos, salvo reversão em proveito do casal; os bens de uso pessoal, os livros e instrumentos de profissão; os proventos de trabalho pessoal de cada cônjuge; as pensões, meio-soldos, montepios e outras rendas semelhantes. São, ainda, incomunicáveis os bens cuja aquisição tiver por título uma causa anterior ao casamento.

---

14. Art. 1.660. Entram na comunhão: I – os bens adquiridos na constância do casamento por título oneroso, ainda que só em nome de um dos cônjuges; II – os bens adquiridos por fato eventual, com ou sem o concurso de trabalho ou despesa anterior; III – os bens adquiridos por doação, herança ou legado, em favor de ambos os cônjuges; IV – as benfeitorias em bens particulares de cada cônjuge; V – os frutos dos bens comuns, ou dos particulares de cada cônjuge, percebidos na constância do casamento, ou pendentes ao tempo de cessar a comunhão.

15. RIZZARDO, Arnaldo. *Direito das Sucessões*. 2. ed. Rio de Janeiro: Forense, 2007.

É possível destacar que no regime da comunhão parcial de bens, muito embora estejam elencados no art. 1.659 do CC os bens que são "excluídos" da comunhão os bens particulares de um ou ambos cônjuges ou companheiros, sua essência é "comunitária". E sendo um regime comunitário, deve-se levar em consideração o equilíbrio econômico do casal, motivo pelo qual o legislador prevê, como exemplo, a comunicabilidade das benfeitorias, frutos e rendimentos, inclusive acerca dos bens "particulares' de cada cônjuge ou companheiro.

Conclui-se, assim, que nesse regime de bens formam-se três massas patrimoniais: 1ª) – a massa dos bens particulares do esposo/companheiro (art. 1.659 CC); 2ª) – a massa dos bens particulares da esposa/companheira (art. 1.659 CC) e, 3ª) – a massa dos bens comuns, adquiridos pelo casal na constância do casamento ou união estável, conforme disposto no art. 1.660 CC. A divisão das regras desse regime em massas patrimoniais facilita a compreensão e a partilha, seja em casos de dissolução em vida ou *post mortem*, inclusive para conhecer o regime e promover um planejamento patrimonial para a entidade familiar ou sucessório.

Em relação a comunicabilidade das benfeitorias e frutos dos bens particulares, também existe semelhanças com o Direito português. Ainda utilizando-se como base os ensinamentos do doutrinador português, Jorge Augusto Pais de Amaral,[16] conforme disposição contida no artigo 1.733º,[17] do Código Civil português, "os frutos, quer dos bens comuns, quer os dos bens próprios, são considerados bens comuns e deverá ser compensado o patrimônio comum nos casos em que para a nova aquisição tenham sido feitas despesas custeadas com dinheiro ou valores comuns", ou seja, a incomunicabilidade dos bens não abrange os respectivos frutos e nem o valor das benfeitorias úteis, com exceção das referidas na alínea c) do artigo 1.723.[18]

---

16. AMARAL, Jorge Augusto Pais de. Op. cit., 2014. p. 159.

17. Artigo 1733.º (Bens incomunicáveis)

1. São exceptuados da comunhão:

a) Os bens doados ou deixados, ainda que por conta da legítima, com a cláusula de incomunicabilidade;

b) Os bens doados ou deixados com a cláusula de reversão ou fideicomissária, a não ser que a cláusula tenha caducado;

c) O usufruto, o uso ou habitação, e demais direitos estritamente pessoais;

d) As indemnizações devidas por factos verificados contra a pessoa de cada um dos cônjuges ou contra os seus bens próprios;

e) Os seguros vencidos em favor da pessoa de cada um dos cônjuges ou para cobertura de riscos sofridos por bens próprios; f) Os vestidos, roupas e outros objectos de uso pessoal e exclusivo de cada um dos cônjuges, bem como os seus diplomas e a sua correspondência;

g) As recordações de família de diminuto valor económico.

h) Os animais de companhia que cada um dos cônjuges tiver ao tempo da celebração do casamento.

2. A incomunicabilidade dos bens não abrange os respectivos frutos nem o valor das benfeitorias úteis.

18. Artigo 1723.º(Bens sub-rogados no lugar de bens próprios)

Conservam a qualidade de bens próprios:

a) Os bens sub-rogados no lugar de bens próprios de um dos cônjuges por meio de troca directa;

b) O preço dos bens próprios alienados;

Como inicialmente delineado, no direito pátrio, os casais acabam por não prestar atenção nas regras do regime de bens durante a convivência, mas apenas quando da dissolução, resultando celeumas, haja vista a dificuldade de provar e mensurar a expressão econômica obtida pelo casal em razão das benfeitorias, frutos ou rendimentos de tais bens.

Mas, o que pode ser considerado "benfeitorias" e "frutos" de bens imóvel particulares?

Pois bem. Consoante disposto no art. 96 do Código Civil,[19] é possível compreender que "benfeitorias" são melhoramentos feitos em coisas já existentes. É toda obra realizada pelo homem na estrutura de uma coisa para melhorá-la (benfeitorias úteis), conservá-la (benfeitorias necessárias) ou embelezá-la (benfeitorias voluptuárias).

Esse também é o entendimento de Pablo Stolze ao explicar e exemplificar que a benfeitoria *necessária* é aquela realizada para evitar um estrago iminente ou a deterioração da coisa principal, (ex: reparos em uma viga). *Úteis,* aquelas empreendidas com o escopo de facilitar a utilização da coisa (ex: a abertura de uma nova entrada que servirá de garagem para a casa). E, finalmente, *voluptuárias,* quando empreendidas para mero deleite ou prazer, sem aumento da utilidade da coisa (a decoração de um jardim) (art. 96 CC).[20]

Todavia, utilizando-se dos exemplos destacados por Nelson Rosenvald e Felipe Braga Netto, não será considerada benfeitoria a iluminação pública, ainda que tenha valorizado o imóvel, ou a abertura de uma nova estrada em frente à antiga fazenda, não poderá ser considerada como benfeitoria.[21]

A *acessão,*[22] por sua vez, é um modo de aquisição de propriedade imobiliária, mediante a união física da coisa acessória à principal, aumentando o volume desta última

Rafael Calmon, explica que:

---

*c) Os bens adquiridos ou as benfeitorias feitas com dinheiro ou valores próprios de um dos cônjuges, desde que a proveniência do dinheiro ou valores seja devidamente mencionada no documento de aquisição, ou em documento equivalente, com intervenção de ambos os cônjuges.*

19. *Art. 96. As benfeitorias podem ser voluptuárias, úteis ou necessárias.*

§ 1º São voluptuárias as de mero deleite ou recreio, que não aumentam o uso habitual do bem, ainda que o tornem mais agradável ou sejam de elevado valor.

§ 2º São úteis as que aumentam ou facilitam o uso do bem.

§ 3º São necessárias as que têm por fim conservar o bem ou evitar que se deteriore.

20. GAGLIANO, Pablo Stolze. PAMPLONA FILHO, Rodolfo. *Novo Curso de Direito Civil.* Direito de Família. 4. ed. São Paulo: Saraiva, 2014. v. 6, p. 354.

21. ROSENVALD, Nelson. NETTO, Felipe Braga. Op. cit., 2021, p. 187.

22. Art. 1.248. A acessão pode dar-se:

I – por formação de ilhas;

II – por aluvião;

III – por avulsão;

IV – por abandono de álveo;

V – *por plantações ou construções.*

enquanto benfeitorias são tidas como as obras e despesas realizadas em coisa preexistente (móvel ou imóvel) para sua conservação, melhoramento ou embelezamento (CC, art. 96), as acessões artificiais são constituídas por plantações e construções lançadas pelo ser humano exclusivamente sobre bem imóvel, que criam algo, distinto em relação a ele, tornando possível, por isso, sua aquisição pela pessoa responsável por sua implantação (CC, arts. 1.253 e s.) Nas benfeitorias há *intervenção em algo que já existe*, ao passo que nas acessões existe *criação de algo até então inexistente*.[23]

No tocante aos frutos. Veja-se que o inciso V, do art. 1.660, do CC,[24] não especifica claramente quais seriam esses frutos, deixando de forma ampla. Assim, pode-se entender que se trata do proveito econômico (rendimentos) de referidos bens, pois, conforme disposto no artigo 95 do Código Civil, "apesar de ainda não separados do bem principal, os frutos e os produtos podem ser objeto de negócio jurídico".

Tem-se como exemplo, no caso de bem imóveis, o aluguel ou até mesmo o arrendamento de plantações e criação de animas. Nesse sentido, Pablo Stolze, define os frutos como:

a) Naturais – são gerados pelo bem principal sem necessidade da intervenção humana direta. Decorrem do desenvolvimento orgânico vegetal (laranja, soja) ou animal (crias de um rebanho)

b) Industriais – são decorrentes da atividade industrial humana (bens manufaturados);

c) Civis – são utilidades que a coisa frugífera periodicamente produz, viabilizando a percepção de uma renda (juros, aluguel). Os rendimentos são também, na essência, frutos civis.[25]

## Para Rolf Madaleno:

Frutos são benefícios ou vantagens obtidas, ainda que provenham de bens próprios, por surgirem da atividade de qualquer um dos cônjuges em razão da comunicabilidade de vidas, sendo alcançados os frutos naturais ou industriais à medida que são separados ou colhidos, e os civis são adquiridos quando forem arrecadados ou cobrados, e os pendentes no momento da dissolução da relação afetiva, apesar de não terem sido recebidos, eles se mantêm dentro da massa comum porque dela não saíram, tornando-se frutos pendentes.

O art. 95 do Código Civil prescreve que apesar de ainda não separados do bem principal, os frutos e os produtos podem ser objeto de negócio jurídico, caracterizando-se pela periodicidade, pela não alteração da substância e por serem separáveis do bem principal.[26]

O doutrinador explica, ainda, que os frutos podem ser os "civis, naturais e ou industriais" e conceitua-as:

---

23. CALMON, Rafael. *Partilha de Bens na Separação, no Divórcio e na Dissolução de União Estável*. Aspectos materiais e processuais. 2. ed. São Paulo: Saraiva, 2018. p. 71.

24. Art. 1.660. Entram na comunhão:
    [...]
    *V – os frutos dos bens comuns, ou dos particulares de cada cônjuge, percebidos na constância do casamento, ou pendentes ao tempo de cessar a comunhão.*

25. GAGLIANO, Pablo Stolze. PAMPLONA FILHO, Rodolfo. Op. cit. 2014. p. 356.

26. MADALENO, Rolf. *Fraude no Direito de Família e Sucessões*. Rio de Janeiro: Forense, 2021. p. 29.

Os frutos *civis* são os rendimentos, os *naturais* são aqueles renováveis periodicamente pela força da natureza, por exemplo, os grãos colhidos da plantação, e os *industriais* surgem pela intervenção do homem na natureza. Conforme Orlando Gomes, a distinção entre coisa principal e acessória baseia-se na superioridade de uma sobre a outra, pela extensão, pela qualidade, ou pelo valor econômico, e diz que a caracterização dos frutos requer a conjunção de três requisitos: 1° *Periodicidade*; 2° *inalterabilidade*; 3° *separabilidade da coisa principal*.

Quanto ao seu estado, os frutos podem ser *pendentes*, porque ainda não foram colhidos, *percebidos*, porque já foram colhidos; *estantes* são os que já foram acolhidos e estão armazenados; *percipiendos* são os que deveriam ter sido colhidos, mas não o foram; e os *consumidos* são aqueles que não mais existem.[27]

Completando, destaca-se o entendimento de Rodrigo da Cunha Pereira, para quem a compreensão de frutos civis são rendimentos periódicos retirados da coisa, decorrente do seu uso e gozo, sem alteração ou diminuição. E exemplifica os frutos civis, citando os juros extraídos do capital, mesmo aquele aplicado com a sobra ou excedente do produto do trabalho (art. 1.659, VI, CCB) ou de dinheiro anterior à união ou recebido a título gratuito (herança ou doação), assim como os frutos de propriedade particular de cada cônjuge obtidos com a sua locação, portanto os aluguéis, os dividendos recebidos de ações de sociedade anônima, ou seja, o lucro que a assembleia de acionistas distribui; as retiradas dos sócios nas sociedades empresárias por cota de responsabilidade limitada; ou lucros que se retira do comércio.[28]

Isto posto, é possível afirmar, ainda, que o inciso V do art. 1.660 CC, ao dispor acerca da comunicabilidade também dos frutos dos bens particulares de cada cônjuge, percebidos na constância do casamento/união estável faz a ressalva acerca daqueles pendentes ao tempo de cessar a comunhão, restando inequívoca interpretação de que o legislador autorizou a divisão entre os cônjuges ou companheiros.

## 4. ASPECTOS PRÁTICOS DA PARTILHA DAS BENFEITORIAS E FRUTOS DOS BENS IMÓVEIS PARTICULARES NA DISSOLUÇÃO DO CASAMENTO OU UNIÃO ESTÁVEL

Conforme delineado nos tópicos anteriores, as benfeitorias e os frutos dos bens particulares de cada cônjuge ou companheiro, auferidos na constância da união, são integrados ao patrimônio do casal (art. 1.660, IV, CC), com a ressalva importante de que não se discute a propriedade do bem imóvel. Este continua incomunicável, obtendo apenas a comunhão nos ganhos futuros ou benfeitorias realizadas. Não estaremos aqui, falando em "condomínio existente sobre o imóvel".[29]

---

27. Ibidem, p. 30.
28. PEREIRA, Rodrigo da Cunha. *Direito das Famílias*. 2. ed. Rio de Janeiro: Forense. 2020. p. 154.
29. Art. 1.314. Cada condômino pode usar da coisa conforme sua destinação, sobre ela exercer todos os direitos compatíveis com a indivisão, reivindicá-la de terceiro, defender a sua posse e alhear a respectiva parte ideal, ou gravá-la. Parágrafo único. Nenhum dos condôminos pode alterar a destinação da coisa comum, nem dar posse, uso ou gozo dela a estranhos, sem o consenso dos outros.

Quanto aos frutos, conforme exposto no item 3, cita-se como exemplo o aluguel ou arrendamento deste bem imóvel particular. Na prática, esses valores podem estar depositados em contas bancárias e, assim, devem ser partilhados no momento da dissolução. Ainda, é possível que os valores recebidos à título de frutos na constância do casamento tenha sido utilizados para compra de bens móveis ou outro imóvel. Sendo assim, referidos bens serão incorporados na massa de bem comum do casal, portanto, partilhável.

Mas, indaga-se: como mensurar o valor das benfeitorias realizadas no imóvel particular no momento da partilha do divórcio ou dissolução de união estável? E quando a partilha é com efeitos *"causa mortis"*?

Pois bem. Antes mesmo de adentrar ao cerne da indagação, para uma melhor compreensão e complementação do presente estudo, torna-se relevante expor o que é meação.

Como em qualquer outra sociedade, os bens comuns, isto é, aqui neste estudo, pertencente a duas pessoas que foram casadas ou conviventes, devem ser divididos por ocasião da partilha. Nesse ponto, a meação é avaliada de acordo com as regras do regime de bens que regulava o casamento ou a união estável. No caso da comunhão universal de bens, todo o patrimônio é dividido ao meio. Já na comunhão parcial de bens, dividem-se pela metade os bens adquiridos onerosamente na constância do casamento ou união estável (massa de bens comuns), inseridos neste contexto, o valor correspondente às benfeitorias realizadas nos bens particulares de um ou outro cônjuge, assim como os frutos e rendimentos (arts. 1.658 e 1.660, inciso I a V).

Isto posto. Enquanto casados ou conviventes, os bens adquiridos pertencem à sociedade conjugal (mancomunhão[30]). Será no momento da dissolução, seja em razão do divórcio ou dissolução de união estável ou ainda pela morte, quando desfaz-se a sociedade conjugal, que encontramos a meação.

Feitas as considerações, voltamos a questão da partilha, considerando a comunicabilidade e divisão das benfeitorias e frutos dos bens imóveis particulares de cada cônjuge, percebidos na constância do casamento, ou pendentes ao tempo de cessar a comunhão.

Veja-se que o dispositivo legal (IV do art. 1.660, CC[31]), confere presunção de que as benfeitorias introduzidas no imóvel particular de cada cônjuge ou companheiro, são produtos do esforço comum.

---

30. Cf. CALMON, Rafael. op. cit., p. 137: o autor explica que "quando a comunhão de direitos se refere especificamente ao patrimônio amealhada pelo casal sob o abrigo dos regimes comunitários de bens, mostra-se tecnicamente adequado considerá-la como uma *mancomunhão*, que jamais pode ser confundida com o condomínio ou com comunhão ordinária".

31. Art. 1.660. Entram na comunhão:

[...]

IV – as benfeitorias em bens particulares de cada cônjuge;

Esse também é o entendimento da doutrina de Flávio Tartuce, no sentido de "que há uma presunção de que tais benfeitorias foram realizadas com recursos de ambos os cônjuges, durante o casamento, o que justifica a comunicação. A comunicação ocorre por igual quanto às acessões, apesar da ausência de previsão legal".[32]

E, nesse sentido, cumpre destacar o Informativo n. 430 do STJ, que conclui:

> ser humano vive de retribuição pecuniária que aufere com o seu trabalho. Não é diferente quando ele contrai matrimônio, hipótese em que marido e mulher retiram de seus proventos o necessário para seu sustento, contribuindo, proporcionalmente, para a manutenção da entidade familiar. Se é do labor de cada cônjuge, casado sob o regime da comunhão parcial de bens, que invariavelmente advêm os recursos necessários à aquisição e conservação do patrimônio comum, ainda que em determinados momentos, na constância do casamento, apenas um dos consortes desenvolva atividade remunerada, a colaboração e o esforço comum são presumidos, servindo, o regime matrimonial de bens, de lastro para a manutenção da família.[33]

Assim, não há como afastar a presunção da comunicabilidade dos bens elencados no art. 1.660 do CC (presunção "juris et juris"), salvo a imprescindível prova de que as benfeitorias foram realizadas com valor exclusivo, decorrente de bem ou valores existentes anteriormente ao início da união, ou recebidos por doação ou herança. Ainda, não se ventila a hipótese de não comunicabilidade do salário de cada cônjuge (inciso VI, art. 1.659 CC), tendo em vista que, uma vez recebido, o proveito econômico do salário integra o patrimônio comum do casal. O que não se comunica é o "direito" aos proveitos de cada cônjuge.

Nesse sentido, Rodrigo da Cunha Pereira destaca que no regime da comunhão parcial e comunhão de bens, os frutos civis do trabalho são incomunicáveis (arts. 1.659, VI e 1.668, V, CC), mas ressalva:

> Todavia, o que efetivamente é excluído da partilha de bens é o direito aos proventos mensais que não se comunica ao fim do casamento em razão de seu caráter personalíssimo. Entretanto, os proventos recebidos por um ou ambos os cônjuges, passa a ser considerado bem comum, ou seja, entra no patrimônio do casal no momento em que esses frutos civis do trabalho ingressarem no mundo financeiro, como por exemplo, se ele ou parte dele, se transforma em aplicações e reservas financeiras, ou se se adquire algum bem móvel ou imóvel. Neste caso, perdem completamente as características originais, transformando-se em bens adquiridos na constância da sociedade conjugal (REsp 861.058).[34]

No que tange a comunicabilidade dos proventos do trabalho de cada cônjuge no regime supletivo, o Direito português resolve a questão no artigo 1724° do Código Civil português, ao dispor acerca dos bens que integram a comunhão que "fazem parte da comunhão: a) O produto do trabalho dos cônjuges; b) Os bens adquiridos pelos cônjuges na constância do matrimónio, que não sejam exceptuados por lei".

---

32. TARTUCE, Flávio. *Direito Civil.* Direito Civil. 13. ed. São Paulo: Forense, 2021. v. 5, p. 177.
33. Disponível em: https://www.stj.jus.br/publicacaoinstitucional/index.php/informjurisdata/issue/view/1192/showToc. Acesso em: 03 jan. 2022.
34. PEREIRA, Rodrigo da Cunha. Op. cit., p. 155.

Assim, em Portugal, conforme Jorge Augusto Pais de Amaral, o legislador deixa expresso que o "produto do trabalho destina-se, em princípio, a satisfazer as necessidades econômicas dos cônjuges. Não perdem a qualidade de bens comuns pelo fato de se encontrarem depositados no banco, em conta aberta apenas em nome de um deles. Pela mesma razão, as economias, se as houver, também constitui bens comuns".[35]

É possível compreender, portanto, que no direito pátrio, se não for demonstrada a sub-rogação ou utilização de recursos de bens incomunicáveis, prevalecerá a comunicabilidade, de forma a integrar a comunhão e ser resolvida pela entrega da meação, no momento da dissolução.[36]

No mesmo sentido, colhe-se o entendimento jurisprudencial:

> Apelação cível. Família. Ação de dissolução de união estável c/c alimentos, guarda, partilha de bens e regulamentação de visitas. Partilha de bens. Bem imóvel. Residência do ex-casal. Doação. Não demonstrada. Construção durante união estável. Não verificada. Partilha indevida. Salão de beleza. Construção realizada durante união estável e benfeitorias. Partilha devida. Aplicam-se às relações patrimoniais na união estável, no que couber, o regime da comunhão parcial de bens, a teor do art. 1.725 do Código Civil. Comunicam-se no regime de comunhão parcial os bens que sobrevierem aos companheiros, na constância da união estável, excluindo-se da comunhão os bens que cada qual possuir ao início da união, e os que lhe sobrevierem, na constância do relacionamento, por doação ou sucessão, e os sub-rogados em seu lugar, assim como os bens adquiridos com valores exclusivamente pertencentes a um dos companheiros em sub-rogação dos bens particulares. *Hipótese em que a recorrente não se desincumbiu do ônus de comprovar que na constância da união estável foi realizada construção da residência da ex-casal, tampouco o recorrido que a residência teria sido doação de seu irmão, restando evidenciado/incontroverso, contudo, que houve durante a união estável construção no mesmo terreno de uma peça para o salão de beleza, com respectivas benfeitorias, devendo os direitos desta construção ser objeto da partilha em 50% para cada parte, mediante apuração em liquidação de sentença.* Precedentes do TJRS. Apelação provida em parte (TJRS, AC 70085227205/RS, rel. Carlos Eduardo Zietlow Duro, Data de Julgamento: 20.07.2021, 7ª Câmara Cível, Data de Publicação: 09.08.2021).

Ainda, o Tribunal de Justiça de São Paulo ao julgar a ApCiv 1009053-5120188260068,[37] entendeu pela partilha do valor das benfeitorias na constância

---

35. AMARAL, Jorge Augusto Pais de. Op. cit., 2014. p. 159.
36. Art. 373. O ônus da prova incumbe:
    [...]
    II – ao réu, quanto à existência de fato impeditivo, modificativo ou extintivo do direito do autor.
37. União estável – Recurso de apelação da companheira – Partilha do valor das benfeitorias edificadas na constância do matrimônio em imóvel de propriedade exclusiva do companheiro – Legitimidade – Prova testemunhal conclusiva – Decidir diferente, afastando-se o direito à indenização de benfeitorias edificadas pelo incontroverso esforço comum dos conviventes, ofenderia sobremaneira o direito legal de partilha inerente à dissolução de união estável (art. 1.658, do CC), bem como, ensejaria o enriquecimento ilícito do varão, violando-se o princípio previsto no art. 884, do CC – Recurso de apelação do companheiro – veículo financiado – Companheira que faz jus apenas à metade do valor das parcelas que foram quitadas até o fim da união estável, pois constituem patrimônio comum – Indenização das parcelas que forem quitadas após o fim da união estável ou indenização pelo valor do imóvel – Ilegitimidade – condenação afastada – as parcelas pagas após a ruptura são patrimônio exclusivo daquele que as adimpliu – Alimentos – percentual estipulado em 22% do salário do genitor – Impossibilidade de redução – Montante estipulado em observância do binômio necessidade e possibilidade – valor que se adequa aos gastos de duas adolescentes em desenvolvimento

do matrimônio em imóvel de propriedade exclusiva do companheiro, tendo em vista que a decisão contrária ofenderia sobremaneira o direito legal de partilha inerente a dissolução da união estável, bem como ensejaria o enriquecimento ilícito da parte proprietária exclusiva do imóvel, violando, assim, o princípio previsto no artigo 884 do Código Civil. Do mesmo modo, a decisão da ApCiv 10123497720188260037,[38] embora tenha excluído o bem imóvel particular de um dos cônjuges da comunhão, nos termos do artigo 1.650, inciso I, do Código Civil, reconheceu a partilha das benfeitorias realizadas e pagamento de parte do preço durante a vigência do casamento.

Desse modo, conforme anteriormente delineado, o direito à partilha somente será excluído se o cônjuge ou companheiro demonstrar que realizou as benfeitorias com recursos provenientes de sub-rogação de bens excluídos da comunhão.

Veja-se, ainda, que será necessário mensurar o valor das "benfeitorias" que integraram o imóvel particular. Diferentemente é a valorização do bem imóvel, que permanece incomunicável. Assim, se realizado benfeitorias, a esta aplica-se, no momento da partilha, a valorização de mercado e, em alguns casos, por intermédio de perícia judicial.

Conclui-se, portanto, que as benfeitorias, e consequentes frutos, dos bens particulares de cada cônjuge entram na meação (massa de bens comuns) e serão partilhados, na ocasião do divórcio ou dissolução de união estável, na proporção de 50% para cada, permanecendo o bem em "si" na massa patrimonial particular de cada cônjuge.

Por outro lado, questão importante a ressaltar é o reflexo da partilha do bem imóvel particular, como também as benfeitorias e frutos, quando a dissolução do casamento ou união estável se der em decorrência da morte. Neste caso, é possível, em consonância com o disposto no inciso I ou II, do art. 1.829 do CC, afirmar que, além da comunicabilidade à título de meação (massa de bens comuns) das benfeitorias ou frutos, como já delineado, o próprio bem imóvel particular entra na partilha à título

---

e vem respaldado pela capacidade financeira do alimentante – Sentença parcialmente reformada – apelo da autora provido e recurso do requerido parcialmente provido – Sucumbência inalterada (TJSP, ApCiv 10090535120188260068; rel. Hertha Helena de Oliveira; Órgão Julgador: 2ª Câmara de Direito Privado; Foro de Barueri, 1ª Vara Cível, Data do Julgamento: 22.06.2020, Data de Registro: 22.06.2020).

38. Ação de divórcio litigioso. I. Partilha de bens. Imóvel do cônjuge varão. Aquisição de direitos que é anterior à constituição da entidade casamentária. Fato incontroverso. Exclusão do bem imóvel da comunhão, na forma do artigo 1.659, inciso I, do Código Civil. II. Evidência, todavia, de realização de benfeitorias e pagamento de parte do preço durante a vigência do casamento. Declaração da meação, na forma do disposto nos artigos 1.658 e 1.660, inciso IV, do Código Civil. Mero fato de o réu ser cessionário de direitos adquiridos junto à CDHU, e não proprietário, que não impede o reconhecimento da participação da virago nos acréscimos, dado que os direitos de cessão têm representatividade econômica e a contribuição da virago se incorporou ao patrimônio do varão. Partilha imposta, consoante o pedido inicial. III. Meação de dívida. Adequação. Prova da existência de saldo em aberto. Presunção de que o empréstimo bancário foi contraído em benefício do casal. Divisão imperativa do montante assumido exclusivamente pelo varão após a dissolução da entidade familiar. Aplicação do disposto no artigo 1.663 do Código Civil. Precedentes. Sentença reformada em parte. Apelos providos (TJSP, ApCiv 10123497720188260037, rel. Donegá Morandini, Órgão Julgador: 3ª Câmara de Direito Privado, Foro de Araraquara, 2ª Vara de Família e Sucessões; Data do Julgamento: 20.07.2020; Data de Registro: 20.07.2020).

de herança, em razão da concorrência sucessória do cônjuge ou companheiro com os descendentes ou ascendentes do falecido. Ainda, dependendo da ordem de vocação hereditária, (inciso III), é possível que o cônjuge ou companheiro sobrevivo receba a integralidade do bem, posto que pertence a massa de bens particulares do falecido.[39]

No que concerne à herança, Caio Mario da Silva Pereira a define como o conjunto patrimonial transmitido *causa mortis*; é definida também como "*acervo hereditário, massa ou monte*". Numa especialização semântica, como equivalente a espólio, traduz a universalidade de coisas (*universitas rerum*), até que sua individualização pela partilha determine os quinhões ou pagamentos dos herdeiros.[40]

Dessa forma, entende-se por herança a parte do patrimônio ou da meação que pertencia ao cônjuge falecido, transmitindo-se aos seus sucessores legítimos ou testamentários, excluída a meação do cônjuge sobrevivente.

A meação, portanto, decorre do regime de bens entre os cônjuges e não se confunde com os bens ou parte objeto da sucessão, pertencendo esta ao cônjuge sobrevivente.

Isso de dá em decorrência da ordem de vocação hereditária, com a inclusão do cônjuge, como também o companheiro, na ordem de vocação hereditária do art. 1.829 do CC (Recurso Extraordinário 878694, Tema 809, Repercussão Geral),[41] que

---

39. Art. 1.829. A sucessão legítima defere-se na ordem seguinte: (Vide RE 646721) (Vide RE 878694).

I – aos descendentes, em concorrência com o cônjuge sobrevivente, salvo se casado este com o falecido no regime da comunhão universal, ou no da separação obrigatória de bens (art. 1.640, parágrafo único); ou se, no regime da comunhão parcial, o autor da herança não houver deixado bens particulares;

II – aos ascendentes, em concorrência com o cônjuge;

III – ao cônjuge sobrevivente;

IV – aos colaterais.

40. PEREIRA, Caio Mario da Silva. *Instituições de direito civil*. Rio de Janeiro: Forense, 1980a. p. 3.

41. Ementa: Direito constitucional e civil. Recurso extraordinário. Repercussão geral. Inconstitucionalidade da distinção de regime sucessório entre cônjuges e companheiros. 1. A Constituição brasileira contempla diferentes formas de família legítima, além da que resulta do casamento. Nesse rol incluem-se as famílias formadas mediante união estável. 2. Não é legítimo desequiparar, para fins sucessórios, os cônjuges e os companheiros, isto é, a família formada pelo casamento e a formada por união estável. Tal hierarquização entre entidades familiares é incompatível com a Constituição de 1988. 3. Assim sendo, o art. 1790 do Código Civil, ao revogar as Leis 8.971/94 e 9.278/96 e discriminar a companheira (ou o companheiro), dando-lhe direitos sucessórios bem inferiores aos conferidos à esposa (ou ao marido), entra em contraste com os princípios da igualdade, da dignidade humana, da proporcionalidade como vedação à proteção deficiente, e da vedação do retrocesso. 4. Com a finalidade de preservar a segurança jurídica, o entendimento ora firmado é aplicável apenas aos inventários judiciais em que não tenha havido trânsito em julgado da sentença de partilha, e às partilhas extrajudiciais em que ainda não haja escritura pública. 5. Provimento do recurso extraordinário. Afirmação, em repercussão geral, da seguinte tese: "No sistema constitucional vigente, é inconstitucional a distinção de regimes sucessórios entre cônjuges e companheiros, devendo ser aplicado, em ambos os casos, o regime estabelecido no art. 1.829 do CC/2002". RE 878694, ED Processo Eletrônico Julg-26.10.2018 UF-MG Turma-TP Min. Roberto Barroso p. 006 DJe-238 Divulg 08.11.2018 Public 09.11.2018.

Ementa: Direito das sucessões. Recurso extraordinário. Dispositivos do código civil que preveem direitos distintos ao cônjuge e ao companheiro. Atribuição de repercussão geral. 1. Possui caráter constitucional a controvérsia acerca da validade do art. 1.790 do Código Civil, que prevê ao companheiro direitos sucessórios distintos daqueles outorgados ao cônjuge pelo art. 1.829 do mesmo Código. 2. Questão de relevância social e jurídica que ultrapassa os interesses subjetivos da causa. 3. Repercussão geral reconhecida.

introduziu no ordenamento jurídico brasileiro um novo critério de divisão ou partilha da herança, que se dá por meio da "concorrência sucessória" entre descendentes ou ascendentes e o cônjuge ou companheiro sobrevivo.

Esta "concorrência sucessória", que decorre de lei, somente é aplicada à sucessão legítima, onde o "concorrente" é sempre o cônjuge ou o companheiro sobrevivo, considerando de forma presumida ser esta a última vontade do autor da herança.

No entanto, para que ocorra a concorrência sucessória do cônjuge sobrevivo, a Lei Civil impõe certos limites ou restrições. Como primeira restrição à concorrência sucessória encontra-se a observação quanto ao regime de bens; o cônjuge sobrevivo somente "herda" se casado no regime de comunhão parcial de bens, objeto do estudo, quando o *de cujus* possuir bens particulares, ou seja, aqueles excluídos da comunhão em razão do regime de bens, que não fazem parte do acervo do casal, denominada meação.[42]

Por fim, importante destacar que mesmo que o *de cujus* e o cônjuge ou companheiro sobrevivente não tenham adquirido bens na constância do casamento, o que implicaria na ausência do direito de meação, havendo bens particulares o cônjuge ostenta a qualidade de herdeiro necessário em concorrência com descendentes ou ascendentes.[43]

## 5. CONSIDERAÇÕES FINAIS

Considerando o estudo realizado, tem-se que na comunhão parcial de bens, as benfeitorias e os frutos dos bens imóveis particulares de cada cônjuge ou companheiro, auferidas na constância da união, integram a massa de bens comuns do casal. Destacou-se que com a comunicabilidade das benfeitorias e os frutos dos bens imóveis

---

42. Civil. Recurso especial. Recurso interposto sob a égide do NCPC. Sucessões. Ação de habilitação e reconhecimento da qualidade de herdeira necessária. Violação do disposto no inciso I do art. 1.829 do CC/02. Cônjuge sobrevivente concorre com herdeiros necessários quanto aos bens particulares do falecido. Precedente da segunda seção. Recurso especial provido.

1. Aplica-se o NCPC a este recurso ante os termos do Enunciado Administrativo 3, aprovado pelo Plenário do STJ na sessão de 09.03.2016: Aos recursos interpostos com fundamento no CPC/2015 (relativos a decisões publicadas a partir de 18 de março de 2016), serão exigidos os requisitos de admissibilidade recursal na forma do novo CPC.

2. A Segunda Seção do STJ já proclamou que, nos termos do art. 1.829, I, do Código Civil de 2002, o cônjuge sobrevivente, casado no regime de comunhão parcial de bens, concorrerá com os descendentes do cônjuge falecido somente quando este tiver deixado bens particulares (REsp 1368123/SP, rel. Ministro Sidnei Beneti, Rel. p/ ac. Ministro Raul Araújo, DJe 08.06.2015).

3. O Supremo Tribunal Federal, no julgamento do RE 878694/MG, reconheceu a inconstitucionalidade da distinção promovida pelo art. 1.790 do CC/02, quanto ao regime sucessório entre cônjuges e companheiros. Entendimento aplicável ao caso.

4. Tendo o falecido deixado apenas bens particulares que sobrevieram na constância da união estável mantida no regime da comunhão parcial, é cabível a concorrência da companheira sobrevivente com os descendentes daquele.

5. A teor do art. 1.830 do CC/02, deve ser reconhecido o direito sucessório ao cônjuge ou companheiro sobrevivente se, ao tempo da morte do outro, não estavam separados nem judicialmente e nem fato, havendo concurso quanto aos bens particulares. 6. Recurso especial provido.

(REsp 1844229/MT, rel. Ministro Moura Ribeiro, 3ª Turma, julgado em 17.08.2021, DJe 20.08.2021).

43. TJSP, 1ª Câmara de Direito Privado, AgIn 4246064200, rel. Des. Elliot Akel, j. 31.01.2006, v.u.

particulares, não se discute a propriedade do bem imóvel. Este continua incomunicável, obtendo apenas a comunhão nos ganhos futuros ou benfeitorias realizadas.

Demonstrou-se que as benfeitorias são melhoramentos feitos em coisas já existentes. É toda obra realizada pelo homem na estrutura de uma coisa para melhorá-la (benfeitorias úteis), conservá-la (benfeitorias necessárias) ou embelezá-la (benfeitorias voluptuárias).

Foi possível entender que, no tocante as benfeitorias realizadas nos bens imóveis particulares, justifica-se a comunicabilidade, tendo em vista ser possível sua realização dada a presunção do esforço comum nesse regime de bens, notadamente com recursos advindos do proveito econômico do salário de cada cônjuge, o qual integra o patrimônio comum do casal, posto que, uma vez recebido, o proveito econômico do salário integra o patrimônio comum do casal. O que não se comunica é o direito aos proveitos de cada cônjuge. Ainda, que as benfeitorias de tais bens podem ser realizadas com recursos advindos dos frutos dos bens particulares, tais como aluguéis.

Concluiu-se, assim, que não há como afastar a presunção da comunicabilidade dos bens elencados no art. 1.660 do CC (presunção "*juris et juris*"), salvo a imprescindível prova de que as benfeitorias foram realizadas com valor exclusivo, decorrente de bem ou valores existentes anteriormente ao início da união, ou recebidos por doação ou herança.

Quanto ao momento da partilha, no divórcio ou na dissolução da união estável, concluiu-se que será necessário mensurar o valor das benfeitorias que integraram o imóvel particular pela valorização de mercado e, em alguns casos, por perícia judicial, sendo o valor partilhado na proporção de 50% para cada, permanecendo o bem em "si" na massa patrimonial particular de cada cônjuge. No tocante aos frutos, se os valores recebidos à título de aluguel ou arrendamento estiverem depositados em contas bancárias, deverá ser partilhado na mesma proporção. Caso esses os valores, recebidos na constância do casamento, tenha sido utilizado para compra de bens móveis ou outro imóvel, estes serão incorporados na massa de bem comum do casal, portanto, partilhável.

Demonstrou-se, por outro lado, que quando a dissolução do casamento ou união estável se der em decorrência da morte, o reflexo da partilha muda no contexto do bem imóvel propriamente dito. Pois, neste caso, foi possível constatar que, em consonância com o disposto no inciso I ou II, do art. 1.829 do CC, que, além da comunicabilidade à título de meação (massa de bens comuns) das benfeitorias ou frutos, como já delineado, o próprio bem imóvel particular entra na partilha à título de herança, em razão da concorrência sucessória do cônjuge ou companheiro com os descendentes ou ascendentes do falecido. E, ainda, dependendo da ordem de vocação hereditária, (inciso III, art. 1.829 do CC), torna-se possível que o cônjuge ou companheiro sobrevivo receba a integralidade do bem, posto que pertence a massa de bens particulares do falecido.

Por fim, defende-se a importância de instruções à sociedade quanto as regras do regime ~supletivo, como também quanto a possibilidade de um planejamento patrimonial, seja por pacto antenupcial, contrato de convivência ou até mesmo pela alteração do regime de bens, como também pelos instrumentos de planejamento sucessório, situações que evitariam conflitos durante a união e no momento da dissolução.

## 6. REFERÊNCIAS

ALMEIDA, José Luiz Gavião. *Direito Civil – Família*. Rio de Janeiro: Elsevier, 2008.

AMARAL, Jorge Augusto Pais de. *Direito da Família e das Sucessões*. Coimbra. Portugal, 2014.

CALMON, Rafael. *Partilha de Bens na Separação, no Divórcio e na Dissolução de União Estável*. Aspectos materiais e processuais. 2. ed. São Paulo: Saraiva, 2018.

CHINELATO, Silmara Juny. *Comentário ao Código Civil*. São Paulo: Saraiva, 2004.

GOZZO, Débora. *Pacto antenupcial*. São Paulo: Saraiva, 1992.

PEREIRA, Rodrigo da Cunha. *Direito das Famílias*. 2. ed. Rio de Janeiro: Forense. 2020.

ROSENVALD, Nelson. NETTO, Felipe Braga. *Código Civil Comentado*. Salvador. Bahia: JusPodivm, 2021.

MADALENO, Rolf. *Curso de Direito de Família*. 5. ed. Rio de Janeiro: Forense, 2013.

MANFRÉ, José Antonio Encinas. *Regime Matrimonial de Bens no Novo Código Civil*. São Paulo: Juarez de Oliveira, 2003.

PEREIRA, Caio Mario da Silva. *Instituições de direito civil*. Rio de Janeiro: Forense, 1980.

RIZZARDO, Arnaldo. *Direito das Sucessões*. 2. ed. Rio de Janeiro: Forense, 2007.

STOLZE, Pablo. PAMPLONA FILHO, Rodolfo. *Novo Curso de Direito Civil*. 10. ed. São Paulo: Saraiva, 2012. v. 3 – Responsabilidade Civil.

TARTUCE, Flávio. *Direito Civil – Família*. 13. ed. Rio de Janeiro: Forense, 2018. v. 5.

# *TU QUOQUE* E O DIREITO DE FAMÍLIA – UM ENSAIO SOBRE A IMPOSSIBILIDADE DE PARTILHA DIANTE DA OMISSÃO DE BENS NOS ROMPIMENTOS CONJUGAIS

*Simone Tassinari Cardoso Fleischmann*

Doutora em Direito pela Pontifícia Universidade Católica do Rio Grande do Sul. Professora de Direito Civil na Universidade Federal do Rio Grande do Sul. Mediadora. Advogada. sitassinari@hotmail.com.

*Caroline Pomjé*

Mestre em Direito Privado pela Universidade Federal do Rio Grande do Sul. Advogada. caroline@scarparo.adv.br.

**Sumário:** 1. Considerações introdutórias: do controle comportamental do direito civil e da projeção de diretrizes da parte geral à parte especial – 2. Da impossibilidade de partilha em benefício do consorte que omitiu patrimônio comum – 3. Considerações finais – 4 Referências.

## 1. CONSIDERAÇÕES INTRODUTÓRIAS: DO CONTROLE COMPORTAMENTAL DO DIREITO CIVIL E DA PROJEÇÃO DE DIRETRIZES DA PARTE GERAL À PARTE ESPECIAL

Uma das questões mais desafiadoras do Direito Civil contemporâneo relaciona-se ao modelo de análise jurídica dos atos e negócios focados não apenas no resultado final pretendido, mas no processo de construção do resultado. A forma como os vínculos da relação jurídica se estabelecem no momento de sua formação (*antes*), ao longo do seu exercício (*durante*) e após o encerramento do mesmo (*depois*), acabam assumindo tanta importância quanto o conteúdo material da relação jurídica em si. Trata-se da avaliação material do comportamento das partes, com incidência de responsabilidade a partir da conduta realizada ou não.

Ressalta-se que um dos parâmetros mais interessantes no desenvolvimento do tema da confiança pode ser localizado a partir das chamadas cláusulas gerais que consagram o princípio da boa-fé, como o § 242 do BGB. As máximas, que penetram também pela cláusula geral no corpo do direito público e privado, encontram-se em certos princípios constitucionais; nas concepções culturais claramente definidas e susceptíveis de serem objetivadas; na natureza das coisas; e na doutrina e julgados acolhidos.[1]

---

1. SILVA, Clóvis do Couto e. *A obrigação como processo*. Rio de Janeiro: Editora FGV, 2006, p. 32.

No âmbito do Código Civil Brasileiro, o legislador não forneceu balizas hermenêuticas delimitadoras do conteúdo das cláusulas gerais[2] e não procedeu à consagração expressa do princípio no diploma civil brasileiro, ao contrário do Código Civil alemão. O Código Comercial, por sua vez, incluiu referido princípio no campo obrigacional e relacionou-o também com os usos de tráfico. A partir de 1990, o Código de Defesa do Consumidor passou a contemplar a boa-fé objetiva como regra específica no domínio das relações consumeristas.[3]

Fato é que a boa-fé possui múltiplas significações dentro do direito. Seria fastidioso enumerar as diferentes formas de operar desse princípio nos diversos setores jurídicos. Com relação ao das obrigações, manifesta-se como máxima objetiva que determina aumento de deveres, além daqueles que a convenção explicitamente constitui. Endereça-se a todos os partícipes do vínculo e pode, inclusive, criar deveres para o credor, o qual tradicionalmente era apenas considerado titular de direitos.

Assim, a inexistência, no Código Civil, de artigo semelhante ao § 242 do BGB não impede que o princípio tenha vigência em nossas relações jurídicas, pois se trata de proposição jurídica, com significado de regra de conduta. O mandamento de conduta engloba todos os que participam do vínculo obrigacional e estabelece, entre eles, um elo de cooperação diante do fim objetivo a que visam.[4]

Os efeitos da boa-fé objetiva projetam-se para além das relações obrigacionais. Trata-se, efetivamente, de modelo. Modelo para cuja aplicação "não pode o juiz prescindir da articulação coordenada de outras normas integrantes do ordenamento, compondo-as numa unidade lógica de sentido".[5]

A boa-fé objetiva estrutura-se a partir do preceito de não frustração de expectativas legítimas, assumindo, a depender da circunstância, três diferentes papéis: função enriquecedora do vínculo contratual (art. 442, CCB/2002); função mitigadora do vínculo contratual (art. 187, CCB/2002); e função interpretativa ou hermenêutica dos contratos (art. 113). Interessa ao presente estudo, especialmente, a função mitigadora decorrente da aplicação da boa-fé, que enseja a redução da intensidade da forma como os direitos podem ser exercidos.

Nesse cenário, emergem quatro institutos: *supressio*, que enseja a mitigação da intensidade de exercício de determinado direito; *surrectio*, com o surgimento de um direito ao contratante que não existia até então, não fosse o comportamento da contraparte; *venire contra factum proprium*, que enseja a modificação do contrato em

---

2. TEPEDINO, Gustavo. Crise de fontes normativas e técnica legislativa na parte geral do Código Civil de 2002. In: TEPEDINO, Gustavo. *Temas de Direito Civil*. Rio de Janeiro: Renovar, 2006. t. II. p. 03-20, p. 18.
3. MARTINS-COSTA, Judith. A boa-fé como modelo (uma aplicação da teoria dos modelos de Miguel Reale). In: MARTINS-COSTA, Judith; BRANCO, Gerson. *Diretrizes Teóricas do Novo Código Civil Brasileiro*. São Paulo: Saraiva, 2002, p. 187-221, p. 188.
4. SILVA, Clóvis do Couto e. *A obrigação como processo*. Rio de Janeiro: Editora FGV, 2006, p. 33.
5. MARTINS-COSTA, Judith. A boa-fé como modelo (uma aplicação da teoria dos modelos de Miguel Reale). In: MARTINS-COSTA, Judith; BRANCO, Gerson. *Diretrizes Teóricas do Novo Código Civil Brasileiro*. São Paulo: Saraiva, 2002, p. 187-221, p. 198.

virtude do comportamento das duas partes, que geraram a expectativa legítima e recíproca quanto à forma de cumprimento das obrigações; e *tu quoque*,[6-7] entendida como a impossibilidade de que aquele que violou a norma jurídica exerça a situação dela decorrente.[8-9]

---

6. "*Tu quoque* significa, literalmente, 'até tu', 'também tu', e é expressão universalmente consagrada como forma de designar espanto, surpresa, decepção com a atuação inconsistente de certa pessoa". (PEREIRA, Leonardo Bocchi de Oliveira. A função integrativa da boa-fé objetiva, seus conceitos parcelares, sua aplicabilidade e efetividade no Direito Brasileiro. *Brazilian Journal of Development,* Curitiba, v. 7, n. 4, p. 39852-39873, p. 39860).

7. Em tema de direito das obrigações o STJ já tem se pronunciado aplicando a *tu quoque* para impedir a utilização de regra violada pela própria parte, a saber: "Recurso especial. Direito civil e processual civil. CPC/2015. Incorporação imobiliária. Atraso na entrega da obra e na lavratura da escritura. Ação indenizatória e cominatória. Saldo devedor previsto nominalmente no contrato. Pagamento aquém do valor nominal. Inadimplemento do promitente comprador. Direito ao recebimento das chaves. Inocorrência. Inscrição em cadastro de inadimplentes. Cabimento. Descaracterização da mora. Descabimento. Abusividade na cobrança do INCC. Encargo acessório. Tema 972/STJ. Danos morais. Inocorrência. Alegações dissociadas da respectiva questão federal. Óbice da súmula 284/STF.
1. Controvérsia acerca dos danos morais e materiais decorrentes de inscrição em cadastro de inadimplentes e de atraso na entrega do imóvel e na lavratura da escritura. 2. Caso concreto em que a parte autora admitiu que o contrato previa o valor nominal do saldo devedor, montante que não foi adimplido, mesmo após a obtenção do "Habite-se". 3. Nos termos de tese firmada no Tema 28/STJ, o reconhecimento da abusividade nos encargos exigidos no período da normalidade contratual (juros remuneratórios e capitalização) descaracteriza a mora. 4. Por sua vez, no Tema 972/STJ, consolidou-se entendimento no sentido de que "a abusividade de encargos acessórios do contrato não descaracteriza a mora". 5. Aplicação das razões de decidir dos referidos temas ao caso dos autos para se concluir que a abusividade da cobrança do INCC não é suficiente para descaracterizar a mora do promitente comprador que pagou menos do que o valor nominal do saldo devedor. 6. Inexistência de ilicitude na conduta da incorporadora de recusar a entrega das chaves, tendo em vista a cláusula contratual que condicionava essa entrega ao pagamento do saldo devedor. 7. Inexistência de ilicitude na inscrição dos promitentes compradores em cadastro de inadimplentes, tendo em vista a não descaracterização da mora. 8. Afastamento da indenização por danos morais, face à licitude da negativação. 9. Ocorrência de ato ilícito por parte da incorporadora no que tange ao atraso de dois meses na obtenção do "Habite-se". 10. Nos termos do Tema 996/STJ, o atraso na entrega do imóvel gera para o adquirente indenização correspondente ao valor locativo. 11. Necessidade de se fazer distinção para o caso concreto, tendo em vista o comportamento contraditório dos promitentes compradores, que buscaram reprovação para o atraso da incorporadora, pleiteando lucros cessantes, mas também praticaram conduta reprovável contratualmente, ao deixarem de quitar o saldo devedor após a obtenção do "Habite-se". 12. Aplicação do princípio da boa-fé objetiva ao caso, na concreção da fórmula jurídica "tu quoque". 13. Afastamento da condenação da incorporadora ao pagamento de indenização por lucros cessantes. 14. Inviabilidade de se conhecer de questões suscitadas nas razões do apelo nobre sem a correspondente devolução a esta Corte da questão federal controvertida. Óbice da Súmula 284/STF. 15. Recurso especial parcialmente provido". (Superior Tribunal de Justiça, REsp 1823341/SP, rel. Ministro Paulo de Tarso Sanseverino, 3ª Turma, julgado em 05.05.2020, DJe 11.05.2020).

8. "Assim sendo, no plano eficacial a boa-fé (superposta à "confiança legítima"), atuando como "baliza da licitude" indicará as variadas possibilidades técnicas de coibição do exercício de direitos e poderes formativos (dimensão negativa) quando violadores de uma confiança legitimamente suscitada. Essa violação importará em ilicitude por exercício inadmissível (abuso) como ocorre, por exemplo, nas situações em que é vedado *venire contra factum proprium*; ou nos casos de paralisação do exercício de direito subjetivo em formas atípicas, aproximativas da preclusão ou decaimento que podem levar à supressão e à ressurreição de direitos (*supressio e surrectio*); e ainda, na coibição dos casos de contraditoriedade de condutas agrupados sob a rubrica tu quoque para além dos casos em que a boa-fé veda a alegação de nulidades formais, quando as nulidades não atingem a substância do ato, sendo conhecidas pela contraparte, que as tolera" (MARTINS-COSTA, Judith. Os avatares do abuso do direito e o rumo indicado pela boa-fé. Disponível em: https://www.fd.ulisboa.pt/wp-content/uploads/2014/12/Costa-Judith-Os-avatares-do-Abuso-do-direito-
-e-o-rumo-indicado-pela-Boa-Fe.pdf. Acesso em: 11 nov. 2021).

A partir das bases acima delineadas, o presente estudo avança, em caráter exploratório, sobre a problemática envolvendo a partilha dos bens que foram ocultados por um dos ex-cônjuges ou ex-companheiros quando da divisão patrimonial em decorrência do rompimento conjugal. Pretende-se, por meio da investigação realizada, avaliar a possibilidade de utilização, no âmbito do Direito de Família, de ferramentas interpretativas previstas na parte geral do Código Civil Brasileiro. Para tanto, partindo das concepções envolvendo a boa-fé objetiva, prossegue-se no estudo específico sobre o instituto do *tu quoque*, avaliando-se a viabilidade de utilização das diretrizes extraídas da função mitigadora da boa-fé objetiva no cenário familista.

## 2. DA IMPOSSIBILIDADE DE PARTILHA EM BENEFÍCIO DO CONSORTE QUE OMITIU PATRIMÔNIO COMUM

Nos processos de partilha de bens decorrentes de divórcio ou união estável, não são raras as ocasiões em que um dos cônjuges ou companheiros deixa de trazer ao processo bens que pertencem ao casal e que deveriam ser submetidos à divisão. A partilha do patrimônio comum, consequentemente, pode representar uma dificuldade – especialmente em decorrência do desconhecimento, por parte de um dos ex-consortes, da totalidade do patrimônio amealhado.

Existem alternativas procedimentais para fins da descoberta do patrimônio, como por meio de requerimento judicial de arrolamento de bens – medida de natureza cautelar prevista no art. 301 do Código de Processo Civil de 2015 – ou mesmo por intermédio de produção probatória específica nos autos do processo de divórcio

---

"Nesse ponto, pertinente a menção à distinção feita pela doutrina entre *venire* e *tu quoque*, por serem ambas as figuras destinadas a impedir o exercício de direitos em inobservância da boa-fé e pela prática de comportamentos contraditórios.

Pela figura do *tu quoque*, entende-se traduzida para o direito a regra de ouro segundo a qual não se deve fazer para o outro aquilo que não se quer que seja feito a si mesmo. Visando ao respeito à igualdade de tratamento entre as partes, aquele que infringiu uma norma não pode reclamar a infração de outrem, pois estaria utilizando de maneira contraditória os mesmos critérios jurídicos, apenas para beneficiar-se.

Assim, o *tu quoque* é comumente posicionado ao lado do *venire*, para que, juntos, sejam classificados como espécies de um mesmo gênero, o da vedação à contradição. Difeririam-se, porém, porque no *tu quoque* a contradição não está no comportamento do agente propriamente dito, 'mas nas bitolas valorativas por ele utilizadas para julgar e julgar-se'". (TUNALA, Larissa Gaspar. *Comportamento processual contraditório*. A proibição de *venire contra factum proprium* no direito processual civil brasileiro. Salvador: Editora JusPodivm, 2015, p. 77).

9. "A interferência maliciosa no implemento ou frustração de uma condição é um claro exemplo de *tu quoque*, tendo-se em vista que não pode o que agiu maliciosamente beneficiar-se dos efeitos da realização ou não da condição". (PEREIRA, Leonardo Bocchi de Oliveira. A função integrativa da boa-fé objetiva, seus conceitos parcelares, sua aplicabilidade e efetividade no Direito Brasileiro. *Brazilian Journal of Development*, Curitiba, v. 7, n. 4, p. 39852-39873, p. 39861).

"Outro exemplo é o do menor, entre dezesseis e dezoito anos, que oculta dolosamente sua idade e depois deseja invocar a sua incapacidade relativa para eximir-se de uma obrigação. O Código Civil, em seu artigo 180, expressamente veda esta conduta por parte do menor, em homenagem ao *tu quoque*, pela inconsistência e deslealdade perceptíveis no comportamento do menor" (PEREIRA, Vitor Pimentel. A fórmula *tu quoque*: origem, conceito, fundamentos e alcance na doutrina e jurisprudência. *Revista Questio Iuris*, v. 5, n. 1, p. 360-402, p. 377).

ou de dissolução de união estável, com o encaminhamento de ofícios a instituições bancárias e à Receita Federal para fins de identificação do patrimônio existente à data do término conjugal.

No mesmo sentido, buscas junto aos sistemas dos Registros de Imóveis são possíveis. Tais diligências podem ser realizadas, em alguns estados da Federação, com o número de CPF da parte. A título de exemplo, para consultas sobre bens imóveis situados no estado do Rio Grande do Sul é possível a utilização do sistema da Central de Registro de Imóveis – RS, por meio do qual se procede à localização das matrículas ou registros auxiliares que já passaram ou estão vinculadas ao número de CPF pesquisado.[10]

Entretanto, nem todas as aquisições imobiliárias são finalizadas e perfectibilizadas com o registro imobiliário (como exigido pelo art. 1.245, do Código Civil de 2002). São recorrentes os contratos de promessa de compra e venda firmados e que não são submetidos à escrituração pública e ao respectivo registro. Ou ainda, realizados em nome de terceiros, com a finalidade de retirar das possibilidades de busca de bem determinado. Em se tratando de documentos particulares – usualmente denominados de "*contratos de gaveta*" –, é possível antever a dificuldade de que sejam conhecidos por aqueles que não detêm cópias ou não participaram da celebração, em especial se tais aquisições não constarem da declaração de bens do promitente comprador.

Outra circunstância a ser considerada vincula-se aos bens digitais, entendidos como "uma categoria de bens incorpóreos, os quais são progressivamente inseridos na Internet por um usuário, consistindo em informações de caráter pessoal que trazem alguma utilidade àquele, tenham ou não conteúdo econômico".[11] Como destacam Ana Carolina Brochado Teixeira e Livia Teixeira Leal, se o bem digital "tiver funcionalidade patrimonial, é comum ao casal e, por consequência, são atendidas as regras de comunicabilidade dos regimes comunheiros (data e forma de aquisição), fica sujeito à partilha".[12] Um dos desafios atrelados ao patrimônio digital reside na dificuldade de sua localização e de acesso. Consequentemente, tendo um dos cônjuges ou companheiros realizado a aquisição, em nome próprio, de criptomoedas, por exemplo, e não tendo o outro consorte conhecimento sobre a titularidade de tais bens, ter-se-ia grande dificuldade de localização de tais ativos, especialmente se não houver sua menção na declaração de imposto de renda.

Diante do cenário acima indicado, a omissão patrimonial por vezes tem intenção efetiva de retirar bens da partilha dos outros consortes; em outras ocasiões, simples-

---

10. CENTRAL DE REGISTRO DE IMÓVEIS – RS. *Sobre*. Disponível em: https://www.cri-rs.com.br/. Acesso em: 23 out. 2021.

11. LACERDA, Bruno Torquato Zampier. Bens digitais: em busca de um microssistema próprio. In: TEIXEIRA, Ana Carolina Brochado; LEAL, Livia Teixeira. *Herança digital*. Controvérsias e alternativas. Indaiatuba: Editora Foco, 2021, p. 41-53, p. 44.

12. TEIXEIRA, Ana Carolina Brochado; LEAL, Livia Teixeira. Tutela jurídica dos bens digitais ante os regimes de bens comunheiros. In: EHRHARDT JÚNIOR, Marcos; CATALAN, Marcos; MALHEIROS, Pablo (coord.). *Direito Civil e Tecnologia*. 2. ed. rev. e atual. Belo Horizonte: Fórum, 2021, p. 345-358, p. 354.

mente se destina ao prolongamento da discussão patrimonial no tempo, a fim de que, ao longo de tal período permaneça um dos divorciandos na administração dos bens comuns, entregando, ao final – se ainda houver sobrado alguma fração – a parte que cabe ao outro. Outro exemplo corriqueiro vinculado ao campo patrimonial do Direito de Família é representado pela situação de desfazimento do patrimônio, pelo companheiro, ao ter notícia de que a companheira irá ajuizar ação de reconhecimento e dissolução de união estável; por intermédio do desfazimento patrimonial (ainda que simulado), parte ou a totalidade do patrimônio adquirido onerosamente no curso da união não subsistirá ao tempo da sentença, configurando mais uma situação em que o comportamento do consorte se alinha à violação da boa-fé objetiva.

Em regra geral, o Direito de Família clássico traz como efeito para o cônjuge que oculta patrimônio apenas a necessidade de devolução da parte pertencente ao outro. Não há maiores penalidades e questões relacionadas ao exercício abusivo do direito sequer são levantadas nas lides tradicionais. O calvário pertence exclusivamente a quem está sem informações e sem os bens.

Enquanto o Direito Civil clássico investiga o resultado efetivo da relação jurídica – restituir o que seria devido, sob pena de enriquecimento sem causa – o Direito Civil contemporâneo desenvolveu-se para ocupar-se com o conteúdo material das atitudes durante todas as etapas do vínculo jurídico. A conduta anterior ao vínculo, dentro do vínculo e posterior a ele interessam ao Direito. Não somente o conteúdo do negócio ou ato, mas também o comportamento da parte importa.

Esta, aliás, foi a grande contribuição trazida pela boa-fé como princípio geral de direito.[13] Embora sua origem esteja identificada ao campo do direito das obrigações, é preciso que se destaque a identificação de funcionalidades da boa-fé objetiva também dentro do ambiente familiar. É o que se extrai da tese de livre-docência de Clóvis do Couto e Silva, em 1964, perante a Universidade Federal do Rio Grande do Sul. Segundo o autor,

> Nas relações jurídicas em que a cooperação se manifesta em sua plenitude (*nostra res agitur*), como nas de sociedade, em parte nas de trabalho e, principalmente, na comunidade familiar, cuida-se de algo mais do que a mera consideração, pois existe dever de aplicação à tarefa suprapessoal, e exige-se disposição ao trabalho conjunto e a sacrifícios relacionados com o fim comum.[14]

Isso significa dizer que, ao contrário do que se poderia cogitar inicialmente – no sentido de que o boa-fé objetiva não encontraria aplicabilidade no ambiente da

---

13. "(...) após a edição do Código Civil de 2002, conclui-se pela existência, em nosso ordenamento, tanto do princípio da boa-fé, quanto da cláusula geral da boa-fé: princípio porque é um valor a ser observado nos mais diversos ramos do direito, chegando-se a afirmar a qualidade da boa-fé como princípio geral do direito, o qual serve de parâmetro para a análise de adequação de uma série de condutas. Traduz-se por meio de uma cláusula geral porque prevista como técnica legislativa de maneira expressa e genérica no Código Civil atual, notadamente nos artigos 113, 187 e 422, cumprindo a função de mobilidade legislativa a que nos referimos" (TUNALA, Larissa Gaspar. *Comportamento processual contraditório*. A proibição de *venire contra factum proprium* no direito processual civil brasileiro. Salvador: JusPodivm, 2015, p. 71.)

14. SILVA, Clóvis do Couto e. *A obrigação como processo*. Rio de Janeiro: Editora FGV, 2006, p. 34.

família –, tem-se que neste ambiente ela se caracteriza como dever de aplicação. E, como tal, deve encontrar balizas seguras para sua projeção.

Embora se pudesse construir longa digressão sobre os elementos da boa-fé objetiva, o que abrangeria trabalhar com as figuras jurídicas da *supressio*, *surrectio* e também *venire contra factum proprium*, o objetivo final deste texto é apresentar a necessidade de imposição dos efeitos da *tu quoque* ao agente que omite bens na partilha. De acordo com tal fórmula, traduz-se a regra "pela qual a pessoa que viole uma norma jurídica não poderia, sem abuso, exercer a situação jurídica que essa mesma norma lhe tivesse atribuído".[15]

Em geral, a conduta que a vedação da *tu quoque* visa a prevenir é exatamente o aproveitamento dos efeitos de determinada regra jurídica pelo próprio agente que a descumpre – dolosa ou culposamente. Assim, ao se projetar a aplicação de tal vedação na partilha de bens nos regimes comunheiros, tem-se um determinado agente que se recusa a cumprir o regramento de ordem pública que lhe impõe a submissão do patrimônio comum à partilha, recusando-se (culposa ou dolosamente) a entregar a fração destinada ao outro. E, ato contínuo, pretende este agente que seja a mesma regra cumprida em relação a si próprio, solicitando o resguardo de sua meação sobre aquele mesmo bem até então por ele ocultado.

Não seria exatamente esse o objetivo desta figura da boa-fé objetiva? Vedar o aproveitamento dos benefícios da norma que o agente recusa-se a cumprir?

Em termos pragmáticos, o que se defende por intermédio do presente estudo é a impossibilidade de que o agente que omite bens do outro consorte beneficie-se do regramento da partilha, pois ele mesmo o descumpre. Veja-se que não se trata da aplicação da penalidade de sonegados, como parte da doutrina defende.[16] Trata-se da projeção da boa-fé objetiva no ambiente familiar, reconhecendo-se que aquele que se recusa a cumprir a norma,[17] não pode, posteriormente, valer-se dela para receber sua quota parte sobre aquele mesmo bem.

Especificamente em relação às disposições sobre os bens sonegados, previstas no Código Civil Brasileiro nos artigos 1.992 a 1.996, depreende-se da legislação em vigor que se trata de uma garantia aos herdeiros quanto à integridade dos direitos sucessórios,[18] de modo que aquele herdeiro que sonegar bens que deveriam integrar o espólio incorrerá em uma pena civil, consistente "a) na perda do direito que, sobre

---

15. CORDEIRO, António Manuel da Rocha e Menezes. *Da boa fé no Direito Civil*. 3. ed. Coimbra: Almedina, 2007, p. 837.

16. Em que pese se possa destinar outras linhas a refletir sobre a aplicabilidade ou não deste instituto do Direito Sucessório para as partilhas decorrentes de dissolução de uniões estáveis ou divórcios, não é esta a proposta deste artigo.

17. Art. 1.658, CCB/2002, referente à comunhão parcial de bens; art. 1.667, CCB/2002, referente à comunhão universal de bens; art. 1.672, CCB/2002, referente à participação final nos aquestos; e Súmula 377, do STF; c/c art. 1.641, CCB/2002, em relação à separação obrigatória de bens e à partilha dos bens adquiridos no curso do relacionamento.

18. GOMES, Orlando. *Sucessões*. 17. ed. rev. e atual. Atualizada por Mario Roberto Carvalho de Faria. Rio de Janeiro: Forense, 2019, p. 255.

os bens sonegados, lhe cabia; b) no pagamento do valor dos bens ocultados, mais as perdas e danos, se não mais os tiver em seu poder".[19]

Prossegue Orlando Gomes, quando da análise dos sonegados, afirmando que tal reconhecimento e aplicação da respectiva pena civil não são admissíveis "no inventário decorrente de separação ou divórcio, porquanto se destina a imposição de pena cabível unicamente na sucessão hereditária".[20] Restaria ao consorte prejudicado com a omissão de bens na partilha decorrente do término do vínculo conjugal a possibilidade de "reclamar em ação que prescreve em [dez] anos, contados do acordo homologatória ou do trânsito em julgado da sentença".[21]-[22]

Tal solução, no entanto, não parece satisfazer adequadamente as necessidades do Direito Civil contemporâneo. Felipe Cunha de Almeida, baseando-se nas lições de Caio Mário Pereira da Silva, destaca que determinados dispositivos da codificação civil impõem deveres pessoais ao mesmo tempo em que não preveem qualquer sanção expressa a eventual descumprimento, representando "leis imperfeitas".[23]

A circunstância de leis imperfeitas não estarem diretamente vinculadas a punições não significa, no entanto, a impossibilidade de que sejam estabelecidas consequências ao seu descumprimento. Nesse sentido, o descumprimento de tais disposições, "em especial atenção aos *deveres* pessoais impostos pelo Direito de Família, encontram eco em uma interpretação sistemática, para fins de repa-

---

19. GOMES, Orlando. *Sucessões*. 17. ed. rev. e atual. Atualizada por Mario Roberto Carvalho de Faria. Rio de Janeiro: Forense, 2019, p. 256.

20. GOMES, Orlando. *Sucessões*. 17. ed. rev. e atual. Atualizada por Mario Roberto Carvalho de Faria. Rio de Janeiro: Forense, 2019, p. 258.

21. GOMES, Orlando. *Sucessões*. 17. ed. rev. e atual. Atualizada por Mario Roberto Carvalho de Faria. Rio de Janeiro: Forense, 2019, p. 258.

22. Sobre tal aspecto, deve ser considerado o posicionamento jurisprudencial de acordo com o qual a contagem do prazo prescricional de dez anos (conforme art. 205, do Código Civil Brasileiro) para ajuizamento da ação de sobrepartilha em virtude da descoberta de bens que deveriam ter sido incluídos na divisão originária do patrimônio deveria contar por ocasião da ciência do consorte de que existem outros bens que deveriam ter sido partilhados. Tal entendimento é representado, exemplificativamente, pelo julgamento do Recurso de Ap 70077581940, pela 8ª Câmara Cível do TJRS. Na ocasião, restou consignado no inteiro teor do acórdão que "não é razoável fazer incidir o início do prazo de prescrição justamente no dia em que se realizou o acordo no qual houve alegada sonegação. Soubesse da ocultação de bens, desde o acordo, lícito cogitar que a autora sequer teria consentido com a partilha naqueles termos originais. Portanto, é correta a tese recursal no sentido de que o prazo de prescrição deve passar a ocorrer por ocasião da ciência da recorrente de que existem outros bens que deveriam ter sido partilhados (teoria da *actio nata*)". (TJRS, ApCiv 70077581940, 8ª Câmara Cível, rel. Desembargador Rui Portanova, julgado em 22.11.2018). No mesmo sentido é o posicionamento verificado junto à 7ª Câmara Cível do Tribunal de Justiça gaúcho, como se extrai do julgamento do REsp 70083162503, em 26 de novembro de 2019, ocasião em que referida Câmara entendeu que "a pretensão de sobrepartilha está amparada justamente na alegação da omissão de bens na partilha, de modo que somente com o seu conhecimento há o surgimento da referida pretensão, e não a partir do momento da partilha (teoria da *actio nata*)". (TJRS, ApCiv 70083162503, 7ª Câmara Cível, rel. Desembargadora Liselena Schifino Robles Ribeiro, julgado em 26.11.2019).

23. ALMEIDA, Felipe Cunha de. Violação à boa-fé objetiva nas relações familiares como possível fonte do dever de reparação. In: TEIXEIRA, Ana Carolina Brochado; ROSENVALD, Nelson; MULTEDO, Renata Vilela. *Responsabilidade Civil e Direito de Família*. Indaiatuba: Editora Foco, 2021, p. 391-401, p. 398.

ração civil (...), ou seja, se da violação à boa-fé objetiva acarretar a ilicitude da conduta".[24]

Se é fato que a parte geral da Codificação Civil apresenta conteúdo de dimensão geral ao Direito, é preciso que se considere aplicável e exigível a projeção de seus marcadores de condutas para todas as relações cíveis. Bruno Miragem identifica que

> (...) a proteção da confiança é princípio imanente em todo o Direito, e como tal, também se revela como um dos fundamentos do direito civil contemporâneo. Confiança remete à noção de crença em determinada realidade, que assume relevância jurídica na medida em que em razão desta crença se passa a atuar em conformidade com ela, seja em relação à determinada situação constituída, seja em relação a uma expectativa de uma realidade futura a partir de inferência acerca de uma situação atual. (...) Trata-se da confiança como expectativa que surge dentro da comunidade, de um comportamento honesto, normal e cooperativo, a partir de normas estabelecidas por esta mesma comunidade (...) não se exige da generalidade dos atos humanos que sejam formalmente deliberados e executados, senão que se desenvolvam, muitos deles, naturalmente, em vista da ausência de uma precaução exagerada em relação ao comportamento do outro.[25]

As relações familiares não podem estar afastadas destas exigências de ética e boa-fé.[26] Ao contrário, o ambiente familiar deve ser o mais marcado pelos comportamentos éticos e de lealdade. Como espaço de afeto, ainda que se esteja a analisar o momento da ruptura do vínculo jurídico, não há razões para exercícios abusivos de direito e tampouco tentativa de se beneficiar com sua própria conduta lesiva.

Recorda Pietro Perlingieri, que, na família, "a presença simultânea da responsabilidade na liberdade individual requer a exigência da colaboração, da solidariedade e da reciprocidade",[27] sendo tal linha de entendimento verificada também a partir da análise dos princípios que regem o Direito de Família, em especial o princípio da solidariedade familiar. Com efeito, trata-se de princípio que "impõe uma série de deveres jurídicos de uns em relação a outros",[28] pressupondo o agir responsável por parte dos sujeitos que compõem as relações familiares e impondo ao Estado e à sociedade "não apenas o respeito pelas escolhas pessoais, mas também a sua promoção e salvaguarda".[29]

---

24. ALMEIDA, Felipe Cunha de. Violação à boa-fé objetiva nas relações familiares como possível fonte do dever de reparação. In: TEIXEIRA, Ana Carolina Brochado; ROSENVALD, Nelson; MULTEDO, Renata Vilela. *Responsabilidade Civil e Direito de Família*. Indaiatuba: Editora Foco, 2021, p. 391-401, p. 398.

25. MIRAGEM, Bruno. *Teoria Geral do Direito Civil*. Rio de Janeiro: Forense, 2021, p. 27.

26. Flávio Tartuce, ao abordar a temática, afirma que "na nova codificação, a boa-fé objetiva tem três funções básicas: função de interpretação (art. 113, CC), função de controle (art. 187, CC) e função de integração e correção (art. 422, CC). Os três comandos legais não só podem como devem ser aplicados aos institutos de Direito de Família" (TARTUCE, Flávio. *O princípio da boa-fé objetiva no Direito de Família*. Disponível em: https://ibdfam.org.br/assets/upload/anais/48.pdf. Acesso em: 24 nov. 2021, p. 21).

27. PERLINGIERI, Pietro. *O Direito Civil na Legalidade Constitucional*. Rio de Janeiro: Renovar, 2008, p. 975.

28. TEPEDINO, Gustavo; TEIXEIRA, Ana Carolina Brochado. *Direito de Família*. Rio de Janeiro: Forense, 2020, p. 17.

29. TEPEDINO, Gustavo; TEIXEIRA, Ana Carolina Brochado. *Direito de Família*. Rio de Janeiro: Forense, 2020, p. 17.

A partir do cenário acima delineado, informado pelos princípios que regem as relações familiares e pelos direitos e deveres das partes que compõem as relações, tem-se que a circunstância da omissão patrimonial quando da partilha dos bens do casal representa típica relação jurídica em que seria mais efetivo prevenir ou eliminar o ilícito do que reparar eventual dano.

O questionamento que se impõe diante das considerações acima vincula-se à forma de viabilizar a aplicação da regra *tu quoque* nos processos judiciais em que se verifique a ocorrência de ocultação patrimonial por um dos consortes quando da partilha dos bens. Ou seja: sobrevindo a informação sobre a existência de patrimônio que até então era desconhecido por uma das partes, mas que deveria ter sido arrolado pelo outro consorte para fins de divisão em regime comunheiro, como viabilizar a aplicação dos desdobramentos da boa-fé objetiva sobre o comportamento daquele que ocultou os bens?

Considerando a inexistência de previsão legislativa expressa sobre a incidência de consequências específicas – mais severas do que a simples determinação de partilha conforme o regime de bens aplicável –, a operacionalização da aplicação da regra *tu quoque* demanda prévia cientificação das partes sobre as consequências da não apresentação do acervo patrimonial completo para fins de divisão. Poder-se-ia cogitar, em um cenário extrajudicial de resolução do divórcio ou da dissolução de união estável, da notificação promovida por uma das partes em relação ao consorte para que arrole todo o patrimônio a ser partilhado, com a cientificação expressa sobre a possibilidade de que se considere que eventuais bens não indicados e porventura existentes foram ocultados, em violação à boa-fé objetiva que deve reger as relações familiares.

No ambiente judicial, um caminho possível para viabilizar a aplicação da fórmula *tu quoque* seria a determinação do juízo perante o qual se processa a ação de partilha para que as partes indiquem pormenorizadamente os bens que integram o acervo comum e que devem ser objetos de partilha, sob pena de impossibilidade de divisão patrimonial daquele bem em favor daquele que o ocultou. Assim, entende-se que o reconhecimento da aplicabilidade da fórmula *tu quoque* deve se dar pelo juízo da partilha, independentemente de ação própria, não estando sujeita a elementos e requisitos demasiados.

Cabe ressaltar que não se trata de penalidade civil, ou qualquer outra modalidade de punição externa, mas decorrência da conduta única e exclusiva de uma das partes. Trata-se de consequência direta da opção da parte em não levar todos os bens ao conhecimento do outro consorte, pois assim, impede, ela própria de beneficiar-se com a regra que pretendeu descumprir. Sabe-se que ainda que se tenha dúvidas, eticamente, a ação juridicamente esperada e desejável é a redução da assimetria informativa, com apresentação e esclarecimentos extrajudiciais ou judiciais. Qualquer acordo leva em consideração os riscos envolvidos, inclusive, o de discussão judicial; e, na via judicial, se há mínimas dúvidas sobre o patrimônio, este precisa ser resolvido judicialmente.

## 3. CONSIDERAÇÕES FINAIS

Tendo em vista a problemática vinculada à ocultação de bens por parte de um dos consortes quando do rompimento das relações conjugais e à ausência de determinações legais quanto à imposição de penalidades àqueles cônjuges ou companheiros que realizam a omissão de patrimônio do rol de bens partilháveis, o presente estudo pretendeu questionar e avaliar a possibilidade de utilização da *tu quoque* para impedir a possibilidade de receber partilha sobre a quota parte que pretendia não ser partilhada.

Sobre os temas suscitados, destacam-se as seguintes ponderações:

I. O Direito Civil contemporâneo passou a atentar não apenas para o ato/negócio jurídico em si, mas também considerar o conteúdo material das atitudes, nas várias fases do vínculo. Assim, não somente o que se diz no negócio, mas como se atua antes, durante e depois da relação jurídica têm consequências no ambiente das justas expectativas criadas nos vários ramos do Direito;

II. É de se reconhecer que as diretrizes do princípio da boa-fé objetiva devem se projetar para a parte especial do Direito, incluindo-se o Direito de Família, uma vez que as justas expectativas e a confiança têm relevância significativa nesta área do Direito;

III. As relações familiares devem ser pautadas pela ética e pela boa-fé. Reconhecida como *locus* de afeto, a família precisa preservar comportamentos respeitosos e leais, ainda no momento da ruptura do vínculo jurídico. Assim, eventuais atitudes abusivas de direito e a tentativa de benefício de sua própria conduta lesiva precisam ser rechaçadas pelo Poder Judiciário.

IV. Retoma-se Pietro Perlingieri ao destacar que "a presença simultânea da responsabilidade na liberdade individual requer a exigência da colaboração, da solidariedade e da reciprocidade".[30]

V. Há de se frisar, também, que dentre os princípios que regem o Direito de Família está o princípio da solidariedade familiar, com imposição de uma série de deveres jurídicos de uns em relação a outros, tendo por pressuposto o agir responsável pelos sujeitos que compõem as relações familiares e impondo ao Estado e à sociedade tanto o respeito pelas escolhas pessoais, quanto sua promoção e salvaguarda.

VI. Nesse cenário, devem ser observadas as figuras típicas da boa-fé, a saber, *supressio*, que implementa a mitigação da intensidade de exercício de determinado direito; *surrectio*, com a criação de um direito ao contratante que não existia até então, não fosse o comportamento da contraparte; *venire contra factum proprium*, que opera a modificação do contrato em virtude do comportamento das duas partes, ao gerar a expectativa legítima e recíproca quanto à forma de cumprimento das obrigações; e *tu quoque*,[31] compreendida como a impossibilidade de que aquele que violou a norma jurídica exerça a situação dela decorrente;

VII. Assim, a parte que pratica ato que caracteriza a figura da *tu quoque,* fica impedida de exercitar a norma que violou. Logo, tendo o cônjuge ou companheiro inobservado a regra da partilha, impossibilitado estará de utilizar a regra em seu próprio benefício;

---

30. PERLINGIERI, Pietro. O *Direito Civil na Legalidade Constitucional*. Rio de Janeiro: Renovar, 2008, p. 975.

31. "*Tu quoque* significa, literalmente, 'até tu', 'também tu', e é expressão universalmente consagrada como forma de designar espanto, surpresa, decepção com a atuação inconsistente de certa pessoa". (PEREIRA, Leonardo Bocchi de Oliveira. A função integrativa da boa-fé objetiva, seus conceitos parcelares, sua aplicabilidade e efetividade no Direito Brasileiro. *Brazilian Journal of Development*, Curitiba, v. 7, n. 4, p. 39852-39873, p. 39860).

VIII. Cogita-se, para tanto, a possibilidade de realização de intimação específica no âmbito de processo judicial de partilha, ou mesmo notificação extrajudicial, visando à cientificação da contraparte para que indique os bens comuns que devem ser sujeitados à partilha, sob pena de futura exclusão dos bens remanescentes que não forem indicados em tal momento.

IX. Com relação aos efeitos práticos desta negativa de partilha, tem-se restituição da quota parte devida a título de meação em favor do consorte até então prejudicado (como efeito da regra de partilha) e a outra parte a ser recebida a título de reparação do ilícito, não sujeita à tributação de doação, pois não se trata de partilha desigual, mas sim de efeito de perda da possibilidade de uso da regra de ordem pública da partilha, em decorrência da omissão do bem que deveria ter sido submetido à divisão. Trata-se da aplicação dos efeitos da *tu quoque,* que impede o benefício daquele que negou a aplicação da regra da partilha anteriormente.

## 4    REFERÊNCIAS

ALMEIDA, Felipe Cunha de. Violação à boa-fé objetiva nas relações familiares como possível fonte do dever de reparação. In: TEIXEIRA, Ana Carolina Brochado; ROSENVALD, Nelson; MULTEDO, Renata Vilela. *Responsabilidade Civil e Direito de Família*. Indaiatuba: Editora Foco, 2021.

CENTRAL DE REGISTRO DE IMÓVEIS – RS. Sobre. Disponível em: https://www.cri-rs.com.br/. Acesso em: 23 out. 2021.

CORDEIRO, António Manuel da Rocha e Menezes. *Da boa-fé no Direito Civil*. 3. ed. Coimbra: Almedina, 2007.

GOMES, Orlando. Sucessões. 17. ed. rev. e atual. Atual. Mario Roberto Carvalho de Faria. Rio de Janeiro: Forense, 2019.

LACERDA, Bruno Torquato Zampier. Bens digitais: em busca de um microssistema próprio. In: TEIXEIRA, Ana Carolina Brochado; LEAL, Livia Teixeira. *Herança digital*. Controvérsias e alternativas. Indaiatuba: Editora Foco, 2021.

MARTINS-COSTA, Judith. A boa-fé como modelo (uma aplicação da teoria dos modelos de Miguel Reale). In: MARTINS-COSTA, Judith; BRANCO, Gerson. *Diretrizes Teóricas do Novo Código Civil Brasileiro*. São Paulo: Saraiva, 2002.

MARTINS-COSTA, Judith. *Os avatares do abuso do direito e o rumo indicado pela boa-fé*. Disponível em: https://www.fd.ulisboa.pt/wp-content/uploads/2014/12/Costa-Judith-Os-avatares-do-Abuso-do--direito-e-o-rumo-indicado-pela-Boa-Fe.pdf. Acesso em: 11 nov. 2021.

MIRAGEM, Bruno. *Teoria Geral do Direito Civil*. Rio de Janeiro: Forense, 2021.

PEREIRA, Leonardo Bocchi de Oliveira. A função integrativa da boa-fé objetiva, seus conceitos parcelares, sua aplicabilidade e efetividade no Direito Brasileiro. *Brazilian Journal of Development*, Curitiba, v. 7, n. 4, p. 39852-39873.

PEREIRA, Vitor Pimentel. A fórmula tu quoque: origem, conceito, fundamentos e alcance na doutrina e jurisprudência. *Revista Questio Iuris*, v. 5, n. 1, p. 360-402.

PERLINGIERI, Pietro. *O Direito Civil na Legalidade Constitucional*. Rio de Janeiro: Renovar, 2008.

SILVA, Clóvis do Couto e. *A obrigação como processo*. Rio de Janeiro: Editora FGV, 2006.

SUPERIOR TRIBUNAL DE JUSTIÇA, REsp 1823341/SP, rel. Ministro Paulo de Tarso Sanseverino, 3ª Turma, julgado em 05.05.2020, DJe 11.05.2020.

TARTUCE, Flávio. *O princípio da boa-fé objetiva no Direito de Família*. Disponível em: https://ibdfam.org.br/assets/upload/anais/48.pdf. Acesso em: 24 nov. 2021.

TEIXEIRA, Ana Carolina Brochado; LEAL, Livia Teixeira. Tutela jurídica dos bens digitais ante os regimes de bens comunheiros. In: EHRHARDT JÚNIOR, Marcos; CATALAN, Marcos; MALHEIROS, Pablo (Coord.). *Direito Civil e Tecnologia*. 2. ed. rev. e atual. Belo Horizonte: Fórum, 2021.

TEPEDINO, Gustavo. Crise de fontes normativas e técnica legislativa na parte geral do Código Civil de 2002. In: TEPEDINO, Gustavo. *Temas de Direito Civil*. Rio de Janeiro: Renovar, 2006. t. II.

TEPEDINO, Gustavo; TEIXEIRA, Ana Carolina Brochado. Direito de Família. Rio de Janeiro: Forense, 2020.

TRIBUNAL DE JUSTIÇA DO ESTADO DO RIO GRANDE DO SUL, ApCiv 70077581940, 8ª Câmara Cível, rel. Desembargador Rui Portanova, julgado em 22.11.2018.

TRIBUNAL DE JUSTIÇA DO ESTADO DO RIO GRANDE DO SUL, ApCiv 70083162503, 7ª Câmara Cível, rel. Desembargadora Liselena Schifino Robles Ribeiro, julgado em 26.11.2019.

TUNALA, Larissa Gaspar. *Comportamento processual contraditório*. A proibição de *venire contra factum proprium* no direito processual civil brasileiro. Salvador: JusPodivm, 2015.

# ANOTAÇÕES

ANOTAÇÕES